国家级教学团队建设成果

全国会计领军人才丛书
Accounting Scholar Leader
会计系列

Accounting

中级财务会计

（第2版）

◎ 周 华 编著

中国人民大学出版社
·北京·

图书在版编目（CIP）数据

中级财务会计/周华编著. -- 2版. -- 北京：中国人民大学出版社，2025.2. -- （全国会计领军人才丛书）. -- ISBN 978-7-300-33688-6

Ⅰ. F234.4

中国国家版本馆 CIP 数据核字第 20259T35T8 号

国家级教学团队建设成果
全国会计领军人才丛书·会计系列
中级财务会计（第 2 版）
周　华　编著
Zhongji Caiwu Kuaji

出版发行	中国人民大学出版社			
社　　址	北京中关村大街 31 号	邮政编码	100080	
电　　话	010-62511242（总编室）	010-62511770（质管部）		
	010-82501766（邮购部）	010-62514148（门市部）		
	010-62511173（发行公司）	010-62515275（盗版举报）		
网　　址	http://www.crup.com.cn			
经　　销	新华书店			
印　　刷	北京捷迅佳彩印刷有限公司	版　次	2013 年 8 月第 1 版	
开　　本	787 mm×1092 mm　1/16		2025 年 2 月第 2 版	
印　　张	22.5 插页 1	印　次	2025 年 9 月第 3 次印刷	
字　　数	510 000	定　价	56.00 元	

版权所有　侵权必究　　印装差错　负责调换

"会计学原论"系列教材总序

作为国家级教学团队——工商管理核心课程教学团队建设成果和全国会计领军人才培养项目成果，本套教材的宗旨是帮助读者高效率地掌握有用的会计知识，形成稳定合理的知识结构，激发创造性思维，培养较强的就业竞争力和专业胜任能力。本套教材可用作本科及研究生教学的教材和高级管理人员培训的参考读物，对于经济学、法学和管理学等领域的社会科学研究者也具有一定的参考价值。

"会计学原论"系列教材的编写理念

近年来，我国会计理论界跟踪域外理论，引进了很多新颖的概念和做法，这对于丰富理论知识可谓不无裨益。但研究发现，也有不少概念和方法存在以讹传讹的问题，这就导致学习者时常陷入困惑。为了帮助读者从正反两方面分析和评价现有的会计理论知识，笔者自2005年以来历经数载，在校内所用讲义的基础上，编著了这套"会计学原论"系列教材，力求帮助读者掌握研究型学习方法，体会熟能生巧之妙。我们把中国人民大学会计学科的部分研究成果融入本套教材，冀望能够帮助读者明辨是非，快乐学习。

笔者着力编写本套教材，主要出于两个方面的原因。一方面，为了教给学生新颖实用的会计管理技能，培养较强的就业竞争力和专业胜任能力，作为人民教师，我们有责任持之以恒地做好教学这个"良心活"。我们深知，培养人才是学术和教育之本。我国会计理论和会计法规变动频繁，教材水平不一，实令学者手足无措，教师感到困惑，建设具有稳定理论架构的、科学的会计教材实有必要。另一方面，教材是科研的归宿，是教育的核心。我国学者的优秀研究成果有资格进入一流的教材，我们要有这个自信。如果没有一大批高质量的本土教材，就不要指望本土学术能够赢得国际同行的尊重。反之，如果本土教材能够做到让教师爱教、学生爱学，那么，本土学术自然就有了屹立于科学之林的基本条件。在中国这样一个拥有灿烂文化和悠久历史的泱泱大国，会计学术界应当有志气打造出体现中国气派的理论体系。

"会计学原论"系列教材的梯度设计

本套教材秉持"直观教学、辩证施教、中外对照"的教育理念，设计"专业用"和

"非专业用"两个系列。

专业用教材涵盖会计学专业初级、中级和高级阶段的核心课程，包括《会计学基础》《中级财务会计》《高级财务会计》《会计理论》。

《会计学基础》以"快速入门：十个分录学记账"开篇，第1章就带领读者直接动手进行会计实务操作，采用直观教学方法帮助读者掌握实用技能。第2章至第11章讲解《会计基础工作规范》中关于会计凭证、会计账簿、财务报表的规定，帮助读者夯实专业功底，为中高级阶段的学习打下坚实的基础。第12章扼要讲解我国会计法规体系。第13章提供一套模拟实训素材。该书各章所用记账凭证和账页均为作者精心绘制的仿真素材，便于读者身临其境地训练实务技能。该书在教学过程中穿插安排了3套会计实训的内容（其中，第1章为快速入门，第8章为细节训练，第13章为综合实训），实践证明，这样的研究型教学方法符合从实践到认识、再从认识到实践的认识论原理，可以达到理论与实践相结合的效果。该书2013年出版第1版，2020年出版第2版，2023年出版第3版。

《中级财务会计》适合入门之后继续深造之用，其定位是巩固提高、培养自信，帮助读者达到中级会计师的职业水准，以备考"中级会计实务"科目，同时为报考注册会计师考试打下坚实的基础。该书内容覆盖了常用的会计准则（如基本准则，存货，固定资产，无形资产，长期股权投资，投资性房地产，资产减值，职工薪酬，收入，政府补助，金融工具确认和计量，财务报表列报，现金流量表，会计政策、会计估计变更和差错更正，资产负债表日后事项等）。该书根据我国基本法律关于财产权利的规定，按照物权、债权、知识产权、股东权的顺序讲解资产的会计处理。相应地，各章标题依次为货币资金、存货、固定资产、债权、无形资产、股权投资。值得说明的是，该书没有沿袭那种将金融资产单列一章的流行做法。原因在于，国际会计准则和美国证券市场上的公认会计原则所称的金融资产是特指的，理论界对金融资产应当如何定义缺乏共识。更为可取的做法是告诉人们"金融资产"相关准则是如何拼凑而成的。该书2013年出版第1版，2025年出版第2版。

《高级财务会计》的定位是高、精、尖、新、奇、特，帮助读者达到高级会计师的职业水准，以备考注册会计师考试的"会计"科目，同时为报考高级会计师考试的"高级会计实务"科目做好准备。该书对企业会计准则体系中的高难度准则进行深入剖析，内容包括技术含量较高、具有一定难度的会计准则，如所得税、资产减值、企业合并、合并财务报表、套期会计、金融资产转移、金融工具列报、租赁、外币折算、非货币性资产交换、债务重组、政府补助、分部报告、中期财务报告、股份支付和每股收益等。该书注重考察会计规则的设计理念，帮助读者运用会计原理鉴别现行规则的成败与得失，培养创造性思维。全书的显著特色是化繁为简：篇幅比较紧凑，语言比较通俗，操作比较简练。该书2013年出版第1版，2015年出版第2版，2019年出版第3版，2022年出版第4版。

《会计理论》的定位是传道授业、答疑解惑。该书从两个平行的层面展开：其一，对域外会计规则进行辩证分析，全景式地分析公认会计原则和国际会计准则形成和演化的真实历程，力求取其精华、去其糟粕，在扬弃中借鉴西方会计理论；其二，对中国会计理论和会计规则的真实历程进行辩证分析，梳理本土学术成果，为中国会计人提精神、长志气。该书对中外会计理论和会计规则进行对比分析，帮助读者全面把握会计规则的演进历程和发展趋势，从而达到和保持领先的专业水准，培养和造就能够切实加强会计管理的领军人才。该书讲义已试用十多年，拟于近期出版。

上述四部会计学专业教材的梯度与国内多个版本的优秀教材大体相同并略有扩展。除不涉及石油天然气开采、原保险合同、再保险合同等少数准则外，全套专业用教材涵盖了企业会计准则体系的核心内容，如下表所示（表中【】内的数字为企业会计准则的编号，"0"指基本准则）。这种设计旨在帮助读者从总体上把握会计法规体系和会计理论体系，从容应对职业挑战。

专业用教材的梯度设计及其与企业会计准则体系的对应关系

章	《会计学基础》	《中级财务会计》	《高级财务会计》
1	快速入门：十个分录学记账	总论【0】	所得税费用【18】
2	总论	货币资金	长期资产减值【8】
3	会计要素与会计等式	存货【1】	企业合并【20】
4	账户与复式记账法	固定资产【4】	合并财务报表【33】
5	会计凭证	债权【22】	衍生工具会计导论
6	会计账簿	无形资产【6】	套期会计【24】
7	企业主要经济业务的核算	股权投资【2、22】	金融资产转移【23】
8	成本计算	投资性房地产【3】	金融工具列报【37】
9	财产清查	流动负债【9】	租赁合同【21】
10	财务会计报告	非流动负债【13、17、22】	外币折算【19】
11	财务处理程序	所有者权益	非货币性资产交换【7】
12	会计管理相关工作规范	收入、费用和利润【14、15】	债务重组【12】
13	模拟实训	财务会计报告【30、31、36】	政府补助【16】
14		会计政策变更、会计估计变更与前期差错更正【28】	中期财务报告和分部报告【32、35】
15		资产负债表日后事项【29】	股份支付【11】
16			每股收益【34】
17			持有待售的非流动资产、处置组和终止经营【42】
18			公允价值计量【39】

非专业用教材包括《会计学》通用教材和《会计：一日入门》。

《会计学》相当于"《会计学基础》精编版＋《中级财务会计》精编版"，定位是快速入门、培养兴趣，帮助读者快速掌握会计管理的核心技能。内容覆盖入门知识、基础理论和常用会计准则（如基本准则、存货、固定资产、无形资产、长期股权投资、金融工具确认和计量、财务报表列报等），读者学完之后能够熟练编制和阅读财务报表。该教材适合只开设一门会计课程的非会计学专业本科生和研究生（如 MBA、EMBA 学员和在职研究生），也适合管理人员自修或培训使用。该书 2011 年出版第 1 版，2013 年入选"北京高等教育精品教材"，2015 年出版第 2 版，2019 年出版第 3 版，2024 年出版第 4 版。为了配合该课程的教学，笔者开发了"会计学"MOOC 课程，读者可以在学堂在线和中国大学 MOOC 这两个平台上选学，这两个平台均提供免费学习和认证学习两种学习模式。

《会计：一日入门》的主要内容是"快速入门：十个分录学记账"和"会计职业概览"，旨在帮助初涉会计领域的读者克服入门障碍，培养学习兴趣。通常，人们之所以感到会计比较难学，是因为借贷记账法令人困惑。该教材着重推广中国人民大学会计学科的一些先进教学方法，适合有意了解会计知识或有意从事会计职业的读者。读者学完《会计：一日入门》之后可以顺畅地阅读任何系列、任意版本的会计教材。实践已经反复证明，各专业的读者都能在一天之内找到"感觉"。该书拟于近期出版。

"会计学原论"系列教材的特色

本套"会计学原论"系列教材具有四个方面的特色：

第一，既注重讲解现行法规，又注重阐述理论要领，运用中国人民大学会计学科的部分原创成果对会计规则及其理论背景进行辩证分析，帮助读者既知其然又知其所以然。学完这套教材，读者可达到谙熟会计相关法规、把握会计理论走向的领先水平。书中所设专栏不作教学要求，主讲教师可酌情选用。

第二，语言力求简练，读来较为轻松。相对于法规原文而言，这套教材能够让初学者一读就懂、一学就会。

第三，注重学科关联，以"中外对照、辩证施教"为教育理念，侧重于培养复合型人才。本套教材将财政学、金融学、经济法等学科的相关知识融于一体，结合会计处理阐释常用的交叉学科知识点，帮助读者建立起扎实的专业知识结构并能够灵活运用所学知识。本套教材对专业术语给出了英文标注，从而实现与域外优秀教材及域外会计规则的相互衔接，便于读者同步掌握国际财务报告准则（国际会计准则）。为了方便教学，本套教材把法律法规、理论背景和辩证分析的内容统一安排在专栏中，对专栏内容不作教学要求。如此处理，一来可以增强趣味性，支持主讲教师酌情发挥主观能动性，增加课堂信息量；二来可以突出主线，便于读者在辩证思考的基础上全面掌握正文内容，提升专业水平。

第四，与现行会计考试制度直接衔接。本套教材首先带领读者熟练掌握现行会计法规，然后引领读者深入思考会计规则的设计理念及其理论缺陷，最后启发读者形成自己的专业观点。这种研究型教学方法实际上把通过各种会计考试当作初级目标，力求按照"理论源于实践又指导实践"的科学规律开展教学活动。实践证明，研究型教学方法有助于读者从容准备会计考试。

本套教材为会计学科构建了新的理论架构，力求详尽透彻地阐释会计学基本理论和规则，列举并分析不同学说、域外规则和国内外会计理论新的研究成果。这套教材在杨纪琬先生和阎达五先生首创的会计管理活动论这一本土原创会计理论的指导下，着力贯彻笔者和合作者自1999年以来提出的"根据法律事实记账"理论主张。系列教材既着力对会计法规之大义和要点加以分析，也对立法过程中的争议及遗留问题提出独到见解，书中的理论专栏大多源自"会计学原论"系列著作（即《会计制度与经济发展——中国企业会计制度改革的优化路径研究》《法律制度与会计规则——关于会计理论的反思》《会计规则的由来》等）。

上述理念得到兄弟院校教师的大力支持。笔者有幸先后荣获高等教育国家级教学成果二等奖（2014年）和一等奖（2018年）。

例如，基于这一理念，本套教材中的《中级财务会计》按照财产权利的法律属性，在第5章"债权"中讲解"交易性金融资产（债权）""债权投资""其他债权投资"，它们都属于民法上的债权，在第7章"股权投资"中集中讲解现行准则体系中所涉及的股权投资的四种会计处理规则，即"交易性金融资产（股权）""其他权益工具投资""成本法""权益法"。这是因为没有理由将股权投资的会计处理规则分为"金融资产"和"长期股权投资"两章去讲述。该书率先将缺乏合理逻辑的金融资产相关内容按照民事法律关系拆解为债权和股权投资两个部分，历年来的教学实践证明，如此设计的提纲更为简练，知识架构（见下图）更为稳定、合理，可以避免教学内容被会计法规"钳制"，初学者学习起来没有任何障碍。2018年起实施的企业财务报表格式引入了"债权投资""其他债权投资""其他权益工具投资"等项目，这一动态验证了上述教育理念的前瞻性和上述知识图谱的稳定性。

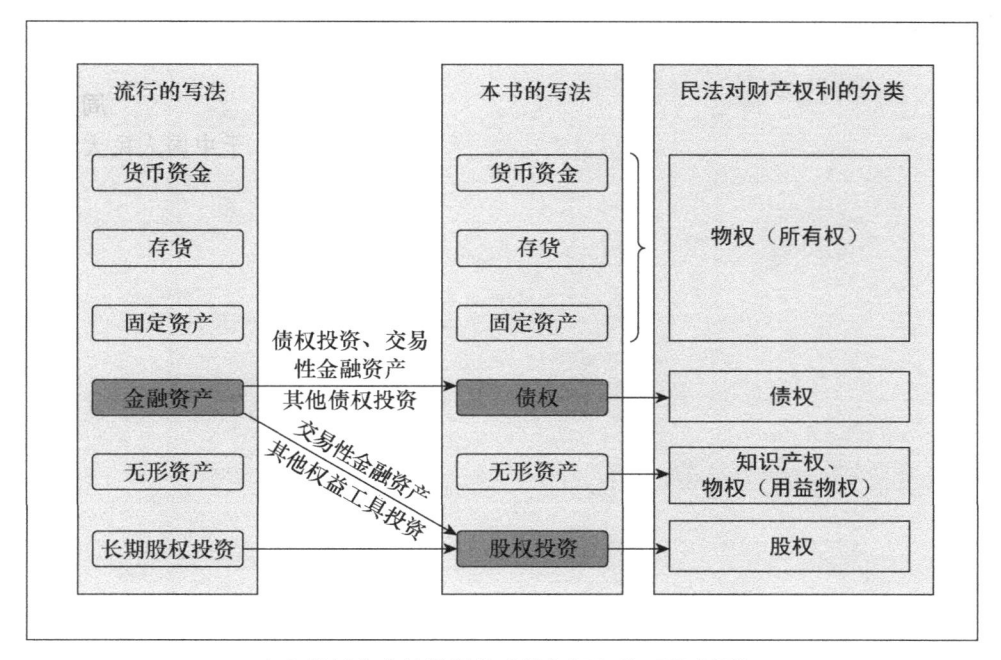

本套教材为会计学科构建的知识架构（示意图）

2017年11月，笔者的专著《法律制度与会计规则——关于会计理论的反思》被业界同人遴选为杨纪琬会计学奖"优秀会计学术专著奖"，2020年12月，荣获第八届高等学校科学研究优秀成果奖（人文社会科学）二等奖。这体现了业界前辈、同人对本土学术成果的厚爱和支持，是对"会计学原论"系列教材的创作理念的肯定和鞭策。在会计界开明氛围的支持下，更多兄弟院校教师开始引入研究型教学方法。有些高校把这些教材用于本科教学或研究生入学考试，有效地推动了教育教学改革。

本套教材是根据中国人民大学会计学科多年积淀的宝贵经验撰写而成的，在系列教材撰写和广泛征求意见的过程中，朱小平、戴德明、耿建新、荆新、于富生、王化成、林钢、徐泓、徐经长、赵西卜、曹伟、支晓强、宋建波、杨万贵、孙蔓莉、王建英、姚岳、蒋砚章、秦玉熙、陈丽京、张小英、文光伟、王平、王彦、钟红山、赵宇斌、宋云、殷建红、李会太、戴璐、徐艳芳、吴武清等同志提出了很好的建议，笔者深表感谢。本套教材自2005年以来先后在中国人民大学商学院、财政金融学院、经济学院的"会计学""财务会计学""会计理论""金融分析与会计准则""财务报表分析""高级财务会计专题"等课程中使用，受到学生的普遍欢迎，在此，我们对学生踊跃提出的反馈意见表示感谢。当然，我们同样期待全国各地兄弟院校的主讲教师和青年学子提出反馈意见。中国人民大学出版社为培育这套著作式教材提供了宝贵支持，于波同志、李文重同志、魏文同志为本套教材付出了大量辛勤的劳动，财政部全国会计领军（后备）人才（学术类）项目、中国人民大学会计创新应用支持中心、中国人民大学财务会计研究所、中国人民大学"面向国家监督体系建设的审计人才培养"跨学科交叉平台也对本套教材提供了大力支持，在此亦致谢意。

本套教材献给所有对会计学感兴趣的读者，献给致力于教给学生们经久耐用的理论知识和实践技能的高校教师。

周　华
于中国人民大学明德楼

前　言

党的二十大报告中强调，"坚持把发展经济的着力点放在实体经济上"。这是党中央立足全局、面向未来作出的重大战略抉择，具有重要而深远的意义。会计教学和研究要紧紧围绕实体经济发展来展开。

《中级财务会计》是会计学专业主干课的中级课程教材。本书的基本立场是：企业会计是面向实体经济的发展，以依法记账、依法纳税、依法分配为主要内容的管理活动。因此，要基于中国特色社会主义法治体系，着力讲清楚会计知识的来龙去脉、是非曲直，提高同学们的专业胜任能力。

本书第 1 版于 2013 年 8 月出版后，得到高校骨干教师、青年学子和实务工作者的厚爱和支持，笔者收到了很多宝贵意见和建议。2014 年以来，财政部发布财务报表列报（修订）、公允价值计量、职工薪酬（修订）、合并财务报表（修订）、合营安排、长期股权投资（修订）、在其他主体中权益的披露、金融工具列报（修订）、金融工具确认和计量（修订）、金融资产转移（修订）、套期会计（修订）、政府补助等具体准则，此外，《企业会计准则——基本准则》也有小幅修改。为方便主讲教师提纲挈领地讲授核心知识点，帮助初学者更好地掌握会计核心技能，笔者结合读者朋友们的反馈建议和公司法、税法、会计准则的修订要点，对本书进行了全面的修订，对篇幅进行了适当的精简，部分内容改为以二维码的形式呈现。

学习本书，只要求读者预先对借贷记账法略有了解。一般地，若事先已经修习过会计（学）基础、基础会计（学）、会计（学）原理、初级会计（学）或者会计：一日入门等任意一门入门类课程，则可顺利进入中级阶段的学习。

本书采用"直观教学、中外对照、辨证施教"的教育理念，致力于向青年才俊传授实用的会计职业技能，帮助读者建立复合型知识结构，养成从法学、经济学和管理学交叉贯通的角度来学习会计学的习惯，从而培养较强的就业竞争力和专业胜任能力。多年的教学实践证明，如此教学，有助于读者形成扎实的、稳定的知识结构。主讲者可以讲得清清楚楚，学习者可以学得明明白白。

本书第 1 章 "总论" 首先结合我国现行会计考试制度阐释中级财务会计在会计学科体系中的地位，意图激发同学们的学习兴趣。然后阐释我国的会计法规体系，帮助读者建立稳定的知识框架。此外，还通过带领读者阅读《企业会计准则——基本准则》原文，阐释会计目标、会计基本假设、会计要素及其确认与计量和会计信息质量要求等知识点。

第 2 章至第 7 章阐释资产的会计处理。本书根据我国基本法律关于民事权利的规定，按照物权、债权、知识产权、股东权的顺序讲解资产的会计处理。相应地，各章标题依次为货币资金、存货、固定资产、债权、无形资产、股权投资。值得说明的是，本书没有沿袭那种将金融资产单列一章的做法。原因在于，国际会计准则和美国证券市场上的公认会计原则所称的金融资产是特指的，其会计处理规则实乃美国金融监管机构权力斗争的产物。理论界对金融资产应当如何定义缺乏共识。主讲者若欲替规则制定者"圆场"，其努力常常归结于徒劳。更为可取的做法是告诉人们"金融资产"相关准则是如何拼凑而成的。在此基础上，本书按照财产权利的法律属性，在第 5 章"债权"中讲解"债权投资"、"其他债权投资"和"交易性金融资产"等内容，它们都属于民法上的债权。在第 7 章"股权投资"中集中展示现行准则体系中所设计的股权投资的四种会计处理规则，即"交易性金融资产"、"其他权益工具投资"、"成本法"和"权益法"的会计处理。这一方面是因为，工商企业的管理实践中鲜见将债券投资划分为交易性金融资产和其他权益工具投资的情形。另一方面是因为，没有理由将股权投资的会计处理规则分为"金融资产"和"长期股权投资"两章去讲述。多年来的教学实践证明，如此设计的提纲更为简练，体系结构更为稳定、合理，可以避免教学内容被会计法规"钳制"，易于初学者学以致用。

第 8 章"投资性房地产"所阐释的会计规则比较独特，实际上是金融分析理念干扰会计理念之结果，可视为传统会计（固定资产、无形资产）与金融分析理念（交易性金融资产）杂糅之后的产物。因此，本书将之放在资产项目的最后予以介绍。在学时有限的情况下，可略去不讲。

第 9 章"流动负债"着重阐释了增值税、消费税的会计处理规则，这既是为了帮助读者体会税收法规与会计规则的协作关系，也是为了帮助读者打下坚实的专业基础。实际上，如果不能熟练地对流转税进行会计处理，就很难对资产进行恰当的账务处理，更不要说培养专业胜任能力了。流转税是企业会计管理的重要方面，是了解工商企业运作（从原料的采购到产品的生产，从商品的定价到利润的实现）的一把钥匙。运用会计知识可以深入理解经济学（或财政学）中所称的价外税与价内税的重要知识点，还可同步掌握经济法（或税法）的对应知识，读者可体会触类旁通之妙，并可建立交叉贯通的知识结构。读者的学习兴趣、学习效率、学习效果可有较大提升。我们还适当引入了"交易性金融负债"的内容，以期帮助读者理解会计报表结构和会计准则体系的完整脉络。

第 10 章"非流动负债"首先讲解长期借款、长期应付款、应付债券的会计处理，这一部分比较简单，相当于长期应收款、债权投资的"映像"。之后，重点放在阐释预计负债和借款费用资本化的会计处理规则。

第 11 章"所有者权益"紧紧围绕《中华人民共和国公司法》阐释实收资本（或股本）、资本公积、盈余公积、未分配利润的会计处理，结合上市公司的实例阐释现金股利、股票股利、配股的会计处理规则。读者可以轻松掌握上市公司利润分配和配股的会计处理方法。

第 12 章"收入、费用和利润"实际上是对上述章节的复习。该章首先指出，现行利润表结构既不满足会计原理中的"收入－费用＝利润"的平衡公式，又不符合基本准则所规定的"营业收入－营业费用＋（计入当期利润的利得－计入当期利润的损失）＝利润总额"的逻辑关系。由此厘清学习者心头的疑迷。然后循序介绍营业收入、营业费用、计入当期利润的利得、计入当期利润的损失。接着讲解利润总额和企业所得税的纳税申报。最后简要阐释递延所得税的计算和净利润的结转。

第13章"财务会计报告"着重讲解资产负债表和利润表的报表项目及列报方法。

第14章"会计政策变更、会计估计变更与前期差错更正"和第15章"资产负债表日后事项"供主讲教师选讲。

本书在阐述会计规则的同时还运用相关学科的知识点来答疑解惑，尤其强调会计规则的法律背景和理论依据。除以上所提及的流转税法、所得税法、公司法，还以二维码的形式扼要讲解了金融法、票据法、知识产权法。将经济法、税法和会计学课程紧密结合起来，能够起到事半功倍的效果。

为便于主讲教师讲授、帮助初学者理解课程的重点难点，笔者带领团队制作了"会计学"慕课（MOOC），内容涵盖会计学基础和中级财务会计的知识点，主讲教师和青年学子可以在"中国大学MOOC"和"学堂在线"等平台的网站、App或者通过国家智慧教育公共服务平台（www.smartedu.cn）搜索得到。

本书所创建的体系结构经过多年实践，取得了良好的效果。在此，我们乐于向兄弟院校的教师和青年才俊们分享这一本土原创的会计教育理念。我们希望能够帮助读者朋友学到实用、新颖、能够经受时间考验的会计专业技能和理论知识。但限于我们的识见和能力，纰缪在所难免，深望读者、方家给予严格的批评和指正。

周　华

于中国人民大学明德楼

目 录

第1章 总 论 ··· 1
  1.1 本书的设计理念 ·· 1
  1.2 我国的会计法规体系 ·· 5
  1.3 《企业会计准则——基本准则》 ·································· 16

第2章 货币资金 ·· 53
  2.1 库存现金 ··· 54
  2.2 银行存款 ··· 56
  2.3 其他货币资金 ··· 58

第3章 存 货 ··· 62
  3.1 商业企业存货的会计处理 ·· 63
  3.2 工业企业存货的会计处理 ·· 66
  3.3 发出存货的计价方法 ·· 72
  3.4 存货跌价准备 ··· 76
  3.5 存货盘盈与盘亏 ·· 80

第4章 固定资产 ·· 83
  4.1 固定资产概述 ··· 83
  4.2 固定资产入账时的会计处理 ··· 84
  4.3 固定资产折旧 ··· 88
  4.4 固定资产减值准备 ··· 92
  4.5 固定资产的后续支出 ·· 94
  4.6 固定资产的盘盈与盘亏 ··· 96
  4.7 固定资产的处置 ·· 97

第5章 债 权 ··· 100
  5.1 会计准则中金融资产分类的逻辑 ·································· 102
  5.2 以摊余成本计量的金融资产 ·· 108
  5.3 以公允价值计量且其变动计入其他综合收益的金融资产（其他债权投资） ··· 131

5.4 金融工具的减值 ······ 134
5.5 债权被指定为"以公允价值计量且其变动计入当期损益的金融资产"的情形 ······ 141
5.6 金融资产的重分类及其核算方法的转换 ······ 143

第6章 无形资产 ······ 147
6.1 无形资产概述 ······ 147
6.2 无形资产入账价值的确定 ······ 148
6.3 无形资产的摊销 ······ 151
6.4 无形资产的减值 ······ 151
6.5 无形资产的处置 ······ 153

第7章 股权投资 ······ 158
7.1 股权投资概述 ······ 159
7.2 长期股权投资 ······ 162
7.3 股权投资被分类为"以公允价值计量且其变动计入当期损益的金融资产"的情形 ······ 175
7.4 股权投资被指定为"以公允价值计量且其变动计入其他综合收益的金融资产"的情形（其他权益工具投资） ······ 178
7.5 股权投资核算方法的转换 ······ 181

第8章 投资性房地产 ······ 187
8.1 投资性房地产入账价值的确定 ······ 187
8.2 采用成本模式计量的投资性房地产 ······ 188
8.3 采用公允价值模式计量的投资性房地产 ······ 190
8.4 投资性房地产用途的转换 ······ 191
8.5 投资性房地产的处置 ······ 193

第9章 流动负债 ······ 196
9.1 短期借款 ······ 196
9.2 应交税费 ······ 197
9.3 合同负债、应付账款和应付票据 ······ 207
9.4 应付职工薪酬 ······ 208
9.5 应付利息、应付股利和其他应付款 ······ 211
9.6 交易性金融负债 ······ 212

第10章 非流动负债 ······ 216
10.1 长期借款 ······ 216
10.2 长期应付款 ······ 218

10.3　应付债券 ·· 219
　　10.4　预计负债 ·· 222
　　10.5　借款费用的资本化或费用化 ······························ 229

第 11 章　所有者权益 ·· 238
　　11.1　实收资本 ·· 239
　　11.2　资本公积 ·· 241
　　11.3　其他综合收益 ··· 242
　　11.4　盈余公积 ·· 243
　　11.5　未分配利润 ·· 244
　　11.6　库存股 ··· 248

第 12 章　收入、费用和利润 ····································· 251
　　12.1　收　入 ··· 252
　　12.2　费　用 ··· 281
　　12.3　直接计入当期利润的利得 ·································· 286
　　12.4　直接计入当期利润的损失 ·································· 288
　　12.5　所得税费用 ·· 291
　　12.6　利　润 ··· 293

第 13 章　财务会计报告 ·· 302
　　13.1　财务会计报告概述 ··· 302
　　13.2　资产负债表 ·· 305
　　13.3　利润表 ··· 308
　　13.4　现金流量表 ·· 313
　　13.5　所有者权益变动表 ··· 316
　　13.6　财务报表附注 ··· 320
　　13.7　其他财务会计报告 ··· 321

第 14 章　会计政策变更、会计估计变更与前期差错更正 ········ 326
　　14.1　会计政策变更 ··· 326
　　14.2　会计估计变更 ··· 332
　　14.3　前期差错更正 ··· 334

第 15 章　资产负债表日后事项 ·································· 341
　　15.1　资产负债表日后事项概述 ·································· 341
　　15.2　资产负债表日后调整事项 ·································· 342
　　15.3　资产负债表日后非调整事项 ································ 343

第 1 章 总 论

素养目标

1. 结合中国特色社会主义法治体系学习会计法规体系。全国性的法律规范包括宪法、法律、行政法规、部门规章和规范性文件。掌握会计法规体系的构成，理解法律事实的含义。掌握发票相关法律知识。学习《中华人民共和国会计法》第九条和《中华人民共和国刑法》第一百六十一条，理解原始凭证的重要意义，增强法治意识。

2. 搜索"违规披露、不披露重要信息罪"的典型案例，理解其犯罪构成，日常学习中要注意持续培养合规管理意识。

3. 阅读《毛泽东文集》第八卷和《习近平谈治国理政》第三卷关于会计监督的重要论述，深化对会计管理基本职能的理解。

4. 了解源远流长的中国会计文化。

学习目标

1. 掌握：会计法律渊源及层级效力。
2. 理解：我国企业会计准则体系的构成；《企业会计准则——基本准则》所提及的会计目标、会计假设、会计原则和会计计量属性。
3. 了解：会计职业资格考试制度；大学教育与职业资格考试的联系和区别。

1.1 本书的设计理念

1.1.1 "中级财务会计"在会计专业课程体系中的地位

自 1992 年会计改革以来，会计学专业逐步形成了新颖而稳定的课程体系。以下循序予以介绍，读者可从中体会"中级财务会计"在本学科中的地位。

1. 入门课程

此类课程一般称作"初级会计（学）""会计（学）基础""基础会计（学）""会计（学）原理"，主要阐释会计基本原理，讲解复式记账法、会计凭证、会计账簿、会计报表等基础知识。正如俗话所说，"基础不牢，地动山摇"。会计基本原理的掌握程度，对后续学习中高级课程具有重大影响。

2. 中级课程

中级课程主要包括以下几门专业课程：

（1）财务会计（学），或称中级财务会计（学）。主要讲解《企业会计准则——基本准则》和常用的10余项具体会计准则①及相关理论知识，课程目标定位于培养能够胜任会计实务工作的专业人才。该课程主要围绕工商企业的核心业务，讲解会计管理的实用技能及相关的理论知识。

（2）成本会计（学）。此课程是财务会计（学）的分支，主要讲解制造业的成本核算方法。

（3）财务管理（学）。主要讲授关于筹资、投资、利润分配、营运资金管理的理论和实践知识。

（4）管理会计（学）。侧重于讲解如何利用会计信息进行生产经营决策，如销售多少产品才能保本等。有的书还会涉及全面预算管理、业绩评价等管理知识。

（5）审计（学）。主要讲授注册会计师审计准则，对政府审计和内部审计也偶有涉及。

（6）会计信息系统，或称计算机会计（学）。主要讲解会计电算化环境下的会计实务，侧重于财务软件的应用。

（7）预算会计，或称政府会计、非营利组织会计、政府与非营利组织会计等。主要涉及行政单位会计、财政总预算会计、事业单位会计（如高校会计和医院会计）、民间非营利组织会计等。

3. 高级课程

这一阶段的课程往往冠以"高级"字样，表示供本科高年级学生和研究生学习使用。

（1）高级会计（学），或称高级财务会计（学）。主要讲解中级财务会计（学）没有涉及的、涉及特殊行业或特殊业务的具体会计准则。

（2）会计理论。主要讲解理论化、系统化的中外会计思想。与其余课程不同，会计理论课程侧重于对中外会计规则及其理论依据的辩证分析，而不再侧重于对现行法规的讲解。

此外，有条件的高校还开设金融企业会计、会计史、财务分析、会计制度设计、行

---

① 企业会计准则体系共有具体准则42项（见表1-2），大多数会计准则都将在中级课程和高级课程中讲授。

业比较会计、国际会计（学）等课程。

从上述专业课程体系可以看出，会计专业本科生和研究生主要是通过中级财务会计、高级财务会计、会计理论等几门课程掌握整个会计准则体系的，因此，从财务会计的角度来看，这些课程对于提升专业胜任能力和学术研究能力具有决定性的意义。

1.1.2 本书的设计理念

本书以培养职业胜任能力为核心，供修习过入门课程的读者进一步学习使用。全书基于以下理念编著而成。

第一，融会贯通，学以致用。本书致力于传授给读者有用的会计知识，帮助读者掌握会计职业的实用知识和技能。学完本书，读者能够对大中型企业的日常业务进行会计处理。对于一些缺乏合理逻辑的流行理论主张，本书在专栏中进行了辩证分析，以期帮助读者明辨是非，建立有助于增强专业自信的理论体系。

第二，与职业资格考试相衔接。本书所涉及的范围与中级资格考试科目的中级会计实务基本一致，相当于注册会计师考试的会计科目考试范围的70%。如此，可克服大学教育与社会实践脱钩之弊端。有所准备的同学在本科毕业后几年内就能够先后通过上述职业资格考试。还有的同学在通过上述考试之后另行考取司法资格考试。这种自主学习的习惯为其职业生涯打下了扎实的基础，也为有志于从事科研工作的青年才俊夯实了理论基础。"考证"不是万能的，但完全忽视考证的正当性是万万不能的。概括地说，大学教育要教给青年才俊比考证更多的、有用的知识。当然，这并不是说在校大学生应当以考证为主要目标，而是说要充分认识到在校期间的课程对职业发展的重要意义，从而以饱满的精神状态投入到各门课程的学习中去。很多青年才俊在毕业数年之后才意识到这一点，往往会有悔不当初的感慨。

第三，理论联系实际。鉴于我国会计职业资格考试存在侧重于实务操作而不强调理论素养的局限性，因此，大学会计教育应当注意克服直接采用职业资格考试教材所存在的弊端。基于这一理念，本书虽然在范围上与职业资格考试相近，但在具体内容上补充了丰富的理论知识，力求对所讲授的内容作正反两方面的分析。本书所设专栏提供了对正文内容的辩证分析，择要收录了与会计管理直接相关的法律法规，有助于读者拓展思维深度。实践证明，这种方法既能够帮助读者切实提高专业胜任能力，又能够帮助读者显著提升应试能力。

第四，中外对照，面向国际。本书给出了关键概念的英文表述，在专栏中简要分析我国会计法规与国际会计准则之间的差异，既有助于读者牢固掌握我国会计法规，又便于读者高效率地了解国际会计准则，从而达到一举多得的效果。

专栏1-1　　会计专业技术资格考试和注册会计师考试

如果你在某个单位担任会计人员，在从事会计工作若干年之后，你就可以报考中级会计专业技术资格考试（即俗称的中级职称考试），获取中级会计师职称。高级会计职称采取考评结合的办法，你首先需要参加高级会计专业技术资格考试（不妨称之为"考高级职称"），然后再申请高级会计专业技术资格评审（即"评职称"）。也就是说，高级职称是"评"出来的，而不仅仅是"考"出来的。

一、会计专业技术资格考试

会计专业技术资格考试属于俗称的"职称考试"，是单位会计人员晋升职称时所参加的考试。《会计专业技术资格考试暂行规定》（财会〔2000〕11号）把会计专业技术资格分为初级资格、中级资格和高级资格。2005年以来，会计专业技术初级资格考试科目为初级会计实务、经济法基础2个科目，中级资格考试科目为中级会计实务、财务管理、经济法3个科目。高级资格（高级会计师资格）实行考试与评审结合的评价制度。

报名参加会计专业技术资格考试的人员，应具备下列基本条件：遵守《中华人民共和国会计法》和国家统一的会计制度等法律法规。具备良好的职业道德，无严重违反财经纪律的行为。热爱会计工作，具备相应的会计专业知识和业务技能。报名参加初级资格考试的人员，还必须具备国家教育部门认可的高中毕业（含高中、中专、职高和技校）及以上学历。报名参加中级资格考试的人员，还必须具备下列条件之一：具备大学专科学历，从事会计工作满5年。具备大学本科学历或学士学位，从事会计工作满4年。具备第二学士学位或研究生班毕业，从事会计工作满2年。具备硕士学位，从事会计工作满1年。具备博士学位。通过全国统一考试，取得经济、统计、审计专业技术中级资格。这就是说，全日制在读大学生是不能报考中级及以上的会计职称考试的。不过，在学习会计学系列课程时高标准要求自己，早做准备，这还是值得提倡的。

初级和中级的会计职称考试实行全国统考，高级会计职称实行考评结合的评价办法。财政部会计财务评价中心负责全国会计专业技术资格考试组织实施和会计人才评价工作，具体包括命制试题、组织编写考试用书等职能。考生可以通过财政部会计财务评价中心官方网站"全国会计资格评价网"的链接进入各省级财政厅（局）的会计考试管理网站进行网上报名。

二、注册会计师考试

《中华人民共和国注册会计师法》规定，注册会计师是依法取得注册会计师证书并接受委托从事审计和会计咨询、会计服务业务的执业人员。会计师事务所是依法设立并承办注册会计师业务的机构。注册会计师执行业务，应当加入会计师事务所。参加注册会计师全国统一考试成绩合格，并从事审计业务工作2年以上的，可以向省、自治区、直辖市注册会计师协会申请注册。

通俗地说，"会计师"是供职于特定单位的会计管理人员；"注册会计师"是面向不特定的客户提供审计和会计咨询等会计专业服务的中介机构执业人员。注册会计师并不是有些刊物上所宣传的"独立职业"，而是必须在会计师事务所执业。截至2021年7月底，全国共有执业注册会计师11.1万人，会计师事务所8782家，行业年度业务收入超过1000亿元，为全国4000多家上市公司、1万多家新三板企业和400多万家企事业单位提供审计鉴证和其他业务服务。

根据《注册会计师全国统一考试办法》(财政部令第 115 号)的规定,具有完全民事行为能力且具有高等专科以上学校毕业学历或者具有会计或者相关专业中级以上技术职称的中国公民,可以报名参加注册会计师全国统一考试;考试划分为专业阶段考试和综合阶段考试,考生在通过专业阶段考试的全部科目后,才能参加综合阶段考试。

专业阶段考试设会计、审计、财务成本管理、公司战略与风险管理、经济法、税法 6 个科目;综合阶段考试设职业能力综合测试 1 个科目。专业阶段考试的单科考试合格成绩 5 年内有效。对在连续 5 个年度考试中取得专业阶段考试全部科目考试合格成绩的考生,财政部考委会颁发注册会计师全国统一考试专业阶段考试合格证书。

对取得综合阶段考试科目考试合格成绩的考生,财政部考委会颁发注册会计师全国统一考试全科考试合格证书。

注册会计师全国统一考试报名均通过中国注册会计师协会"注册会计师全国统一考试网上报名系统"进行。详情可登录中国注册会计师协会网站(www.cicpa.org.cn)查询。

1.2 我国的会计法规体系

企业是在特定的法律环境中开展经营活动的。会计人员在履行对企业经营管理活动的反映和监督职能时,必然需要掌握相应的法律知识。我国的会计考试制度均把经济法律知识列入考试范围。全国性法律规范的渊源包括宪法、法律、行政法规、规章和其他规范性文件。就层级效力而言,下位法应当遵循上位法。我国现行的会计法规体系如表 1-1 所示。

表 1-1 我国现行会计法规体系中的部分法律法规

法律渊源	法律法规示例
法律	《中华人民共和国税收征收管理法》 《中华人民共和国企业所得税法》 《中华人民共和国公司法》 《中华人民共和国会计法》 《中华人民共和国注册会计师法》
行政法规	《总会计师条例》 《企业财务会计报告条例》
规章	《企业会计准则——基本准则》 《注册会计师全国统一考试办法》 《会计基础工作规范》 《会计档案管理办法》
部门规范性文件	《企业会计准则第 1 号——存货》等 42 项具体会计准则 《小企业会计准则》 《会计专业技术资格考试暂行规定》

1.2.1 法律

1. 法律的立法权限

《中华人民共和国立法法》第十条规定，全国人民代表大会和全国人民代表大会常务委员会根据宪法规定行使国家立法权。全国人民代表大会制定和修改刑事、民事、国家机构的和其他的基本法律。全国人民代表大会常务委员会制定和修改除应当由全国人民代表大会制定的法律以外的其他法律；在全国人民代表大会闭会期间，对全国人民代表大会制定的法律进行部分补充和修改，但是不得同该法律的基本原则相抵触。

2. 会计相关法律

《中华人民共和国会计法》是会计工作的根本大法。该法强调了会计信息的真实、完整，严格禁止虚假信息；明确规定单位负责人对本单位的会计工作和会计资料的真实性、完整性负责；要求各单位强化会计监督，建立健全内部会计监督制度，并提出了内部会计监督制度的具体要求；强调了应在国有和国有资产占控股地位或者主导地位的大、中型企业设置总会计师。该法信息量较大，其内容较为直白，无须过度解读，参见专栏1-2。

专栏1-2　　　《中华人民共和国会计法》(2024年修正) 摘录

第一章　总则

第一条　为了规范会计行为，保证会计资料真实、完整，加强经济管理和财务管理，提高经济效益，维护社会主义市场经济秩序，制定本法。

第二条　会计工作应当贯彻落实党和国家路线方针政策、决策部署，维护社会公共利益，为国民经济和社会发展服务。

国家机关、社会团体、公司、企业、事业单位和其他组织（以下统称单位）必须依照本法办理会计事务。

第三条　各单位必须依法设置会计账簿，并保证其真实、完整。

第四条　单位负责人对本单位的会计工作和会计资料的真实性、完整性负责。

第五条　会计机构、会计人员依照本法规定进行会计核算，实行会计监督。

任何单位或者个人不得以任何方式授意、指使、强令会计机构、会计人员伪造、变造会计凭证、会计账簿和其他会计资料，提供虚假财务会计报告。

任何单位或者个人不得对依法履行职责、抵制违反本法规定行为的会计人员实行打击报复。

第六条　对认真执行本法，忠于职守，坚持原则，做出显著成绩的会计人员，给予精神的或者物质的奖励。

第七条　国务院财政部门主管全国的会计工作。

县级以上地方各级人民政府财政部门管理本行政区域内的会计工作。

第八条　国家实行统一的会计制度。国家统一的会计制度由国务院财政部门根据本法制定并公布。

国务院有关部门可以依照本法和国家统一的会计制度制定对会计核算和会计监督有特殊要求的行业实施国家统一的会计制度的具体办法或者补充规定，报国务院财政部门审核批准。

国家加强会计信息化建设，鼓励依法采用现代信息技术开展会计工作，具体办法由国务院财政部门会同有关部门制定。

第二章　会计核算

第九条　各单位必须根据实际发生的经济业务事项进行会计核算，填制会计凭证，登记会计账簿，编制财务会计报告。

任何单位不得以虚假的经济业务事项或者资料进行会计核算。

第十条　各单位应当对下列经济业务事项办理会计手续，进行会计核算：

（一）资产的增减和使用；

（二）负债的增减；

（三）净资产（所有者权益）的增减；

（四）收入、支出、费用、成本的增减；

（五）财务成果的计算和处理；

（六）需要办理会计手续、进行会计核算的其他事项。

第十一条　会计年度自公历1月1日起至12月31日止。

第十二条　会计核算以人民币为记账本位币。

业务收支以人民币以外的货币为主的单位，可以选定其中一种货币作为记账本位币，但是编报的财务会计报告应当折算为人民币。

第十三条　会计凭证、会计账簿、财务会计报告和其他会计资料，必须符合国家统一的会计制度的规定。

使用电子计算机进行会计核算的，其软件及其生成的会计凭证、会计账簿、财务会计报告和其他会计资料，也必须符合国家统一的会计制度的规定。

任何单位和个人不得伪造、变造会计凭证、会计账簿及其他会计资料，不得提供虚假的财务会计报告。

第十四条　会计凭证包括原始凭证和记账凭证。

办理本法第十条所列的经济业务事项，必须填制或者取得原始凭证并及时送交会计机构。

会计机构、会计人员必须按照国家统一的会计制度的规定对原始凭证进行审核，对不真实、不合法的原始凭证有权不予接受，并向单位负责人报告；对记载不准确、不完整的原始凭证予以退回，并要求按照国家统一的会计制度的规定更正、补充。

原始凭证记载的各项内容均不得涂改；原始凭证有错误的，应当由出具单位重开或者更正，更正处应当加盖出具单位印章。原始凭证金额有错误的，应当由出具单位重开，不得在原始凭证上更正。

记账凭证应当根据经过审核的原始凭证及有关资料编制。

第十五条　会计账簿登记，必须以经过审核的会计凭证为依据，并符合有关法律、行政法规和国家统一的会计制度的规定。会计账簿包括总账、明细账、日记账和其他辅助性账簿。

会计账簿应当按照连续编号的页码顺序登记。会计账簿记录发生错误或者隔页、缺号、跳行的，应当按照国家统一的会计制度规定的方法更正，并由会计人员和会计机构负责人（会计主管人员）在更正处盖章。

使用电子计算机进行会计核算的，其会计账簿的登记、更正，应当符合国家统一的会计制度的规定。

第十六条　各单位发生的各项经济业务事项应当在依法设置的会计账簿上统一登记、核算，不得违反本法和国家统一的会计制度的规定私设会计账簿登记、核算。

第十七条　各单位应当定期将会计账簿记录与实物、款项及有关资料相互核对，保证会计账簿记录与实物及款项的实有数额相符、会计账簿记录与会计凭证的有关内容相符、会计账簿之间相对应的记录相符、会计账簿记录与会计报表的有关内容相符。

第十八条　各单位采用的会计处理方法，前后各期应当一致，不得随意变更；确有必要变更的，应当按照国家统一的会计制度的规定变更，并将变更的原因、情况及影响在财务会计报告中说明。

第十九条　单位提供的担保、未决诉讼等或有事项，应当按照国家统一的会计制度的规定，在财务会计报告中予以说明。

第二十条　财务会计报告应当根据经过审核的会计账簿记录和有关资料编制，并符合本法和国家统一的会计制度关于财务会计报告的编制要求、提供对象和提供期限的规定；其他法律、行政法规另有规定的，从其规定。

向不同的会计资料使用者提供的财务会计报告，其编制依据应当一致。有关法律、行政法规规定财务会计报告须经注册会计师审计的，注册会计师及其所在的会计师事务所出具的审计报告应当随同财务会计报告一并提供。

第二十一条　财务会计报告应当由单位负责人和主管会计工作的负责人、会计机构负责人（会计主管人员）签名并盖章；设置总会计师的单位，还须由总会计师签名并盖章。

单位负责人应当保证财务会计报告真实、完整。

第二十二条　会计记录的文字应当使用中文。在民族自治地方，会计记录可以同时使用当地通用的一种民族文字。在中华人民共和国境内的外商投资企业、外国企业和其他外国组织的会计记录可以同时使用一种外国文字。

第二十三条　各单位对会计凭证、会计账簿、财务会计报告和其他会计资料应当建立档案，妥善保管。会计档案的保管期限、销毁、安全保护等具体管理办法，由国务院财政部门会同有关部门制定。

第二十四条　各单位进行会计核算不得有下列行为：

（一）随意改变资产、负债、净资产（所有者权益）的确认标准或者计量方法，虚列、多列、不列或者少列资产、负债、净资产（所有者权益）；

（二）虚列或者隐瞒收入，推迟或者提前确认收入；

（三）随意改变费用、成本的确认标准或者计量方法，虚列、多列、不列或者少列费用、成本；

（四）随意调整利润的计算、分配方法，编造虚假利润或者隐瞒利润；

（五）违反国家统一的会计制度规定的其他行为。

第三章 会计监督

第二十五条 各单位应当建立、健全本单位内部会计监督制度，并将其纳入本单位内部控制制度。单位内部会计监督制度应当符合下列要求：

（一）记账人员与经济业务事项和会计事项的审批人员、经办人员、财物保管人员的职责权限应当明确，并相互分离、相互制约；

（二）重大对外投资、资产处置、资金调度和其他重要经济业务事项的决策和执行的相互监督、相互制约程序应当明确；

（三）财产清查的范围、期限和组织程序应当明确；

（四）对会计资料定期进行内部审计的办法和程序应当明确；

（五）国务院财政部门规定的其他要求。

第二十六条 单位负责人应当保证会计机构、会计人员依法履行职责，不得授意、指使、强令会计机构、会计人员违法办理会计事项。

会计机构、会计人员对违反本法和国家统一的会计制度规定的会计事项，有权拒绝办理或者按照职权予以纠正。

第二十七条 会计机构、会计人员发现会计账簿记录与实物、款项及有关资料不相符的，按照国家统一的会计制度的规定有权自行处理的，应当及时处理；无权处理的，应当立即向单位负责人报告，请求查明原因，作出处理。

第二十八条 任何单位和个人对违反本法和国家统一的会计制度规定的行为，有权检举。收到检举的部门有权处理的，应当依法按照职责分工及时处理；无权处理的，应当及时移送有权处理的部门处理。收到检举的部门、负责处理的部门应当为检举人保密，不得将检举人姓名和检举材料转给被检举单位和被检举人个人。

第二十九条 有关法律、行政法规规定，须经注册会计师进行审计的单位，应当向受委托的会计师事务所如实提供会计凭证、会计账簿、财务会计报告和其他会计资料以及有关情况。

任何单位或者个人不得以任何方式要求或者示意注册会计师及其所在的会计师事务所出具不实或者不当的审计报告。

财政部门有权对会计师事务所出具审计报告的程序和内容进行监督。

第三十条 财政部门对各单位的下列情况实施监督：

（一）是否依法设置会计账簿；

（二）会计凭证、会计账簿、财务会计报告和其他会计资料是否真实、完整；

（三）会计核算是否符合本法和国家统一的会计制度的规定；

（四）从事会计工作的人员是否具备专业能力、遵守职业道德。

在对前款第（二）项所列事项实施监督，发现重大违法嫌疑时，国务院财政部门及其派出机构可以向与被监督单位有经济业务往来的单位和被监督单位开立账户的金融机构查询有关情况，有关单位和金融机构应当给予支持。

第三十一条　财政、审计、税务、金融管理等部门应当依照有关法律、行政法规规定的职责，对有关单位的会计资料实施监督检查，并出具检查结论。

财政、审计、税务、金融管理等部门应当加强监督检查协作，有关监督检查部门已经作出的检查结论能够满足其他监督检查部门履行本部门职责需要的，其他监督检查部门应当加以利用，避免重复查账。

第三十二条　依法对有关单位的会计资料实施监督检查的部门及其工作人员对在监督检查中知悉的国家秘密、工作秘密、商业秘密、个人隐私、个人信息负有保密义务。

第三十三条　各单位必须依照有关法律、行政法规的规定，接受有关监督检查部门依法实施的监督检查，如实提供会计凭证、会计账簿、财务会计报告和其他会计资料以及有关情况，不得拒绝、隐匿、谎报。

第四章　会计机构和会计人员

第三十四条　各单位应当根据会计业务的需要，依法采取下列一种方式组织本单位的会计工作：

（一）设置会计机构；

（二）在有关机构中设置会计岗位并指定会计主管人员；

（三）委托经批准设立从事会计代理记账业务的中介机构代理记账；

（四）国务院财政部门规定的其他方式。

国有的和国有资本占控股地位或者主导地位的大、中型企业必须设置总会计师。总会计师的任职资格、任免程序、职责权限由国务院规定。

第三十五条　会计机构内部应当建立稽核制度。

出纳人员不得兼任稽核、会计档案保管和收入、支出、费用、债权债务账目的登记工作。

第三十六条　会计人员应当具备从事会计工作所需要的专业能力。

担任单位会计机构负责人（会计主管人员）的，应当具备会计师以上专业技术职务资格或者从事会计工作三年以上经历。

本法所称会计人员的范围由国务院财政部门规定。

第三十七条　会计人员应当遵守职业道德，提高业务素质，严格遵守国家有关保密规定。对会计人员的教育和培训工作应当加强。

第三十八条　因有提供虚假财务会计报告，做假账，隐匿或者故意销毁会计凭证、会计账簿、财务会计报告，贪污，挪用公款，职务侵占等与会计职务有关的违法行为被依法追究刑事责任的人员，不得再从事会计工作。

第三十九条　会计人员调动工作或者离职，必须与接管人员办清交接手续。

一般会计人员办理交接手续，由会计机构负责人（会计主管人员）监交；会计机构负责人（会计主管人员）办理交接手续，由单位负责人监交，必要时主管单位可以派人会同监交。

《中华人民共和国税收征收管理法》（2015年修正）规定，纳税人、扣缴义务人按照有关法律、行政法规和国务院财政、税务主管部门的规定设置账簿，根据合法、有效

凭证记账，进行核算。从事生产、经营的纳税人的财务、会计制度或者财务、会计处理办法和会计核算软件，应当报送税务机关备案。纳税人、扣缴义务人的财务、会计制度或者财务、会计处理办法与国务院或者国务院财政、税务主管部门有关税收的规定抵触的，依照国务院或者国务院财政、税务主管部门有关税收的规定计算应纳税款、代扣代缴和代收代缴税款。

《中华人民共和国公司法》（2023年修订）专设第十章"公司财务、会计"，规定了对公司制企业的会计管理工作的基本要求。公司应当依照法律、行政法规和国务院财政部门的规定建立本公司的财务、会计制度。公司应当在每一会计年度终了时编制财务会计报告，并依法经会计师事务所审计。财务会计报告应当依照法律、行政法规和国务院财政部门的规定制作。有限责任公司应当按照公司章程规定的期限将财务会计报告送交各股东。股份有限公司的财务会计报告应当在召开股东会年会的二十日前置备于本公司，供股东查阅；公开发行股份的股份有限公司应当公告其财务会计报告。此外，该法还规定对公司的利润分配程序作出了严格的规定，详见本书第11章。

《中华人民共和国刑法》（2020年修正）第一百六十一条规定，依法负有信息披露义务的公司、企业向股东和社会公众提供虚假的或者隐瞒重要事实的财务会计报告，或者对依法应当披露的其他重要信息不按照规定披露，严重损害股东或者其他人利益，或者有其他严重情节的，对其直接负责的主管人员和其他直接责任人员，处五年以下有期徒刑或者拘役，并处或者单处罚金；情节特别严重的，处五年以上十年以下有期徒刑，并处罚金。前款规定的公司、企业的控股股东、实际控制人实施或者组织、指使实施前款行为的，或者隐瞒相关事项导致前款规定的情形发生的，依照前款的规定处罚。犯前款罪的控股股东、实际控制人是单位的，对单位判处罚金，并对其直接负责的主管人员和其他直接责任人员，依照第一款的规定处罚。第一百六十二条规定，公司、企业进行清算时，隐匿财产，对资产负债表或者财产清单作虚伪记载或者在未清偿债务前分配公司、企业财产，严重损害债权人或者其他人利益的，对其直接负责的主管人员和其他直接责任人员，处五年以下有期徒刑或者拘役，并处或者单处二万元以上二十万元以下罚金。隐匿或者故意销毁依法应当保存的会计凭证、会计账簿、财务会计报告，情节严重的，处五年以下有期徒刑或者拘役，并处或者单处二万元以上二十万元以下罚金。单位犯前款罪的，对单位判处罚金，并对其直接负责的主管人员和其他直接责任人员，依照前款的规定处罚。公司、企业通过隐匿财产、承担虚构的债务或者以其他方法转移、处分财产，实施虚假破产，严重损害债权人或者其他人利益的，对其直接负责的主管人员和其他直接责任人员，处五年以下有期徒刑或者拘役，并处或者单处二万元以上二十万元以下罚金。第二百二十九条规定，承担资产评估、验资、验证、会计、审计、法律服务、保荐、安全评价、环境影响评价、环境监测等职责的中介组织的人员故意提供虚假证明文件，情节严重的，处五年以下有期徒刑或者拘役，并处罚金；有下列情形之一的，处五年以上十年以下有期徒刑，并处罚金：（1）提供与证券发行相关的虚假的资产评估、会计、审计、法律服务、保荐等证明文件，情节特别严重的；（2）提供与重大资产交易相关的虚假的资产评估、会计、审计等证明文件，情节特别严重的；（3）在涉及公共安全的重大工程、项目中提供虚假的安全评价、环境影响评价等证明文件，致使公共财产、国家和人民利益遭受特别重大损失的。有前款行为，同时索取他人财物或者非法收受他人财物构成犯罪的，依照处罚较重的规定定罪处罚。第一款规定的人员，严重不负责任，出具的证明文件有重大失实，造成严重后果的，处三年以下有期徒刑或者拘役，并处或者单处罚金。

1.2.2 行政法规

1. 行政法规的立法权限

《中华人民共和国立法法》（2023年修正）第七十二条规定，国务院根据宪法和法律，制定行政法规。行政法规可以就下列事项作出规定：（1）为执行法律的规定需要制定行政法规的事项；（2）宪法第八十九条规定的国务院行政管理职权的事项。

2. 会计相关行政法规

《企业财务会计报告条例》对财务会计报告的构成、编制、对外提供、法律责任等作出了规定。

《总会计师条例》对总会计师的设置、职权、任免和奖惩作了规定，全民所有制大、中型企业设置总会计师；事业单位和业务主管部门根据需要，经批准可以设置总会计师。总会计师是单位行政领导成员，协助单位主要行政领导人工作，直接对单位主要行政领导人负责。凡设置总会计师的单位，在单位行政领导成员中，不设与总会计师职权重叠的副职。总会计师组织领导本单位的财务管理、成本管理、预算管理、会计核算和会计监督等方面的工作，参与本单位重要经济问题的分析和决策。总会计师具体组织本单位执行国家有关财经法律、法规、方针、政策和制度，保护国家财产。总会计师的职权受国家法律保护。单位主要行政领导人应当支持并保障总会计师依法行使职权。总会计师有权组织本单位各职能部门、直属基层组织的经济核算、财务会计和成本管理方面的工作。总会计师主管审批财务收支工作。除一般的财务收支可以由总会计师授权的财会机构负责人或者其他指定人员审批外，重大的财务收支，须经总会计师审批或者由总会计师报单位主要行政领导人批准。预算、财务收支计划、成本和费用计划、信贷计划、财务专题报告、会计决算报表，须经总会计师签署。涉及财务收支的重大业务计划、经济合同、经济协议等，在单位内部须经总会计师会签。会计人员的任用、晋升、调动、奖惩，应当事先征求总会计师的意见。财会机构负责人或者会计主管人员的人选，应当由总会计师进行业务考核，依照有关规定审批。

1.2.3 规章

1. 规章的定义

规章包括国务院部门规章和地方政府规章。

《中华人民共和国立法法》（2023年修正）第九十一条规定，国务院各部、委员会、中国人民银行、审计署和具有行政管理职能的直属机构以及法律规定的机构，可以根据法律和国务院的行政法规、决定、命令，在本部门的权限范围内，制定规章。部门规章规定的事项应当属于执行法律或者国务院的行政法规、决定、命令的事项。第九十五条规定，部门规章应当经部务会议或者委员会会议决定。第九十六条规定，部门规章由部门首长签署命令予以公布。

2. 会计相关部门规章

《企业会计准则——基本准则》是具体准则的制定依据，在整个企业会计准则体系中扮演着概念框架的角色，起着统驭作用。

《企业财务通则》对国有企业财务管理体制、资金筹集、资产营运、成本控制、收益分配、重组清算、信息管理、财务监督等方面进行了规范。

1.2.4 其他规范性文件

当前，规范性文件缺乏公认的定义，泛指立法法所指的立法性文件（具体包括：宪法；法律；行政法规；地方性法规、自治条例和单行条例，国务院部门规章和地方政府规章）以及由国家机关和其他团体、组织制定的具有约束力的非立法性文件的总和。

通常所称规范性文件，乃是取其狭义，指行政机关制定的规范性文件，如国务院主管部门以部门文件形式印发的各种具有约束力的公务文书。

实务中的会计法规大多属于其他规范性文件。例如：财政部于2006年2月15日以财会〔2006〕3号文件印发的《企业会计准则第1号——存货》等38项具体准则、2006年10月30日以财会〔2006〕18号文件印发的《企业会计准则——应用指南》、2011年10月18日以财会〔2011〕17号文件印发的《小企业会计准则》等，均属于这种规范性文件。

根据立法动态来看，我国企业会计实务已经初步形成大中型企业执行企业会计准则体系，小型企业执行《小企业会计准则》的局面。

1. 企业会计准则体系——面向大中型企业的会计准则

企业会计准则体系包括基本准则、具体准则、应用指南和解释。

我国自1992年以来的会计改革借鉴国际会计准则和美国证券市场上的公认会计原则，于2006年建立了与国际会计准则[①]"实质性趋同"的企业会计准则体系。2006年2月15日，财政部发布了《企业会计准则——基本准则》，同时发布了《企业会计准则

---

① 国际会计准则与国际财务报告准则系同义语，泛指国际会计准则委员会（International Accounting Standards Committee，IASC）及其后继者国际会计准则理事会（International Accounting Standards Board，IASB）先后制定的国际会计准则（International Accounting Standard，IAS）、国际财务报告准则（International Financial Reporting Standard，IFRS）及其解释公告。为简化表述，一般以"国际准则"统称之。

第1号——存货》等38项具体准则，自2007年1月1日起在上市公司范围内施行，迄今已推行于大中型企业和上市公司。

2014年1月以来，财政部陆续修订了14项具体准则，发布了4项新的具体准则，同时，还对《企业会计准则——基本准则》进行了修改。这些准则反映了2006年以来国际准则的变化。

表1-2列示了现行的具体准则，表中的准则名称不要求掌握，读者大体了解即可。本书所涉及的具体准则以符号"▲"标示，其余准则大多在高级财务会计等课程中讲授。

表中的IAS表示由国际会计准则委员会（IASC）设计的国际会计准则，IFRS表示由国际会计准则理事会（IASB）设计的国际财务报告准则。它们都是公众公司证券信息披露规则，主要适用于欧盟境内的证券交易所以及个别国家的证券交易所，以下统称"国际准则"。IASC和IFRS均为私立机构。

表1-2　企业会计准则体系中的具体准则一览表

编号	准则名称	发布日期【修订日期】	对应的国际准则
1	存货▲	2006-02-15	IAS 2 存货
2*	长期股权投资（修订）▲	2006-02-15【2014-03-13】	IAS 27 单独财务报表 IAS 28 在联营企业和合营企业中的投资
3	投资性房地产▲	2006-02-15	IAS 40 投资性房地产
4	固定资产▲	2006-02-15	IAS 16 不动产、厂场和设备 IFRS 5 持有待售的非流动资产和终止经营
5	生物资产	2006-02-15	IAS 41 农业
6	无形资产▲	2006-02-15	IAS 38 无形资产
7*	非货币性资产交换（修订）	2006-02-15【2019-05-09】	IAS 16 不动产、厂场和设备 IAS 38 无形资产 IAS 40 投资性房地产
8	资产减值▲	2006-02-15	IAS 36 资产减值
9*	职工薪酬（修订）▲	2006-02-15【2014-01-27】	IAS 19 雇员福利
10	企业年金基金	2006-02-15	IAS 26 退休福利计划的会计和报告
11	股份支付▲	2006-02-15	IFRS 2 以股份为基础的支付
12*	债务重组（修订）▲	2006-02-15【2019-05-16】	IAS 39 金融工具：确认和计量 IFRS 9 金融工具
13	或有事项▲	2006-02-15	IAS 37 准备、或有负债和或有资产
14*	收入（修订）▲	2006-02-15【2017-07-05】	IAS 18 收入 IFRS 15 客户合同收入
15	建造合同▲	2006-02-15	IAS 11 建造合同

续表

编号	准则名称	发布日期【修订日期】	对应的国际准则
16*	政府补助（修订）▲	2006-02-15【2017-05-10】	IAS 20 政府补助的会计处理和政府援助的披露
17	借款费用▲	2006-02-15	IAS 23 借款费用
18	所得税▲	2006-02-15	IAS 12 所得税
19	外币折算	2006-02-15	IAS 21 汇率变动的影响 IAS 29 恶性通货膨胀经济中的财务报告
20	企业合并	2006-02-15	IFRS 3 企业合并
21*	租赁（修订）	2006-02-15【2018-12-07】	IAS 17 租赁 IFRS 16 租赁
22*	金融工具确认和计量（修订）▲	2006-02-15【2017-03-31】	IAS 39 金融工具：确认和计量 IFRS 9 金融工具
23*	金融资产转移（修订）	2006-02-15【2017-03-31】	
24*	套期会计（修订）	2006-02-15【2017-03-31】	
25	保险合同（修订）	2006-02-15【2020-12-19】	IFRS 4 保险合同 IFRS 17 保险合同
26	再保险合同	2006-02-15	
27	石油天然气开采	2006-02-15	IFRS 6 矿产资源的勘探和评价
28	会计政策、会计估计变更和差错更正▲	2006-02-15	IAS 8 会计政策、会计估计变更和差错更正
29	资产负债表日后事项▲	2006-02-15	IAS 10 资产负债表日后事项
30*	财务报表列报（修订）▲	2006-02-15【2014-01-26】	IAS 1 财务报表的列报
31	现金流量表▲	2006-02-15	IAS 7 现金流量表
32	中期财务报告	2006-02-15	IAS 34 中期财务报告
33*	合并财务报表（修订）	2006-02-15【2014-02-17】	IAS 27 合并财务报表和单独财务报表 IFRS 10 合并财务报表和单独财务报表
34	每股收益	2006-02-15	IAS 33 每股收益
35	分部报告	2006-02-15	IFRS 8 分部报告
36	关联方披露▲	2006-02-15	IAS 24 关联方披露
37*	金融工具列报（修订）	2006-02-15【2014-06-20】【2017-05-02】	IAS 32 金融工具：列报 IFRS 7 金融工具：披露

续表

编号	准则名称	发布日期 【修订日期】	对应的国际准则
38	首次执行企业会计准则	2006-02-15	IFRS 1 首次采用国际财务报告准则
39*	公允价值计量	2014-01-26	IFRS 13 公允价值计量
40*	合营安排	2014-02-17	IFRS 11 合营安排
41*	在其他主体中权益的披露	2014-03-14	IFRS 12 在其他主体中权益的披露
42*	持有待售的非流动资产、处置组和终止经营	2017-04-28	IFRS 5 持有待售的非流动资产和终止经营

说明：以符号 * 标注的为 2014 年以来所发布的新准则或修订后的准则。
资料来源：财政部会计司编写组. 企业会计准则讲解·2010. 北京：人民出版社，2010.

本书后续章节的讲解以企业会计准则体系为准。

建议读者在学习企业会计准则体系时同步阅读准则原文，逐步形成有效积累。这些经济法规对于经济管理类专业人士而言是必不可少的，早学习，早受益。

2. 小企业会计准则——面向小型企业的会计准则

2011 年 10 月 18 日，财政部发布《小企业会计准则》，自 2013 年 1 月 1 日起执行。

《小企业会计准则》适用于在我国境内依法设立的、符合相关文件规定的小型企业标准的企业。下列三类小企业除外：（1）股票或债券在市场上公开交易的小企业；（2）金融机构或其他具有金融性质的小企业；（3）企业集团内的母公司和子公司。母公司，是指控制一个或一个以上主体（含企业、被投资单位中可分割的部分，以及企业所控制的结构化主体等）的主体。子公司，是指被母公司控制的主体。

符合相关标准的微型企业参照执行《小企业会计准则》。

1.3 《企业会计准则——基本准则》[①]

本节简要讲解《企业会计准则——基本准则》（以下简称基本准则）。基本准则的内容即为理论界通常所称的财务会计概念框架，通常被列为会计书籍的"总论"。该文件在法律渊源与层级效力上属于部门规章。

基本准则是比照私立机构国际会计准则理事会的《编制和列报财务报表的框架》（以下简称《框架》）制定而成的。该机构并非国际法意义上的国际组织，其所制定的

---

① 建议初学者首次阅读本节时，粗粗浏览、略有了解即可。本节很多内容缺乏合理逻辑、存有争议，需要待学完后面章节之后才能充分理解。

文件也不属于国际法的范畴。学术界对基本准则的内容尚存争议。因此，为了帮助读者既能把握现行会计法规的全貌，又能切实学到有用的理论知识，本节拟对基本准则给出夹叙夹议的讲解。本节专栏中的辩证分析部分一律不作教学要求，仅供学有余力者参考。

建议读者先行通读原文，然后再去阅读后面的讲解。

专栏1-3 《企业会计准则——基本准则》(2014年修改) 全文及简要注解

（文中注释内容及英文标注均为本书作者所加。）

第一章 总则

第一条 为了规范企业会计确认、计量和报告行为，保证会计信息质量，根据《中华人民共和国会计法》和其他有关法律、行政法规，制定本准则。

第二条 本准则适用于在中华人民共和国境内设立的企业（包括公司，下同）。

第三条 企业会计准则包括基本准则和具体准则，具体准则的制定应当遵循本准则。

第四条 【会计目标】企业应当编制财务会计报告（又称财务报告，下同）。财务会计报告的目标是向财务会计报告使用者提供与企业财务状况、经营成果和现金流量等有关的会计信息，反映企业管理层受托责任履行情况，有助于财务会计报告使用者作出经济决策。

财务会计报告使用者包括投资者、债权人、政府及其有关部门和社会公众等。

第五条 【会计基本假设1：会计主体（accounting entity）】企业应当对其本身发生的交易或者事项进行会计确认、计量和报告。

第六条 【会计基本假设2：持续经营（going concern）】企业会计确认、计量和报告应当以持续经营为前提。

第七条 【会计基本假设3：会计分期（accounting period）】企业应当划分会计期间，分期结算账目和编制财务会计报告。

会计期间分为年度和中期。中期是指短于一个完整的会计年度的报告期间。

第八条 【会计基本假设4：货币计量（monetary unit）】企业会计应当以货币计量。

第九条 企业应当以权责发生制为基础进行会计确认、计量和报告。

第十条 【会计要素（accounting elements）】企业应当按照交易或者事项的经济特征确定会计要素。会计要素包括资产、负债、所有者权益、收入、费用和利润。

第十一条 企业应当采用借贷记账法记账。

第二章 会计信息质量要求

第十二条 【可靠性原则（reliability）】企业应当以实际发生的交易或者事项为依据进行会计确认、计量和报告，如实反映符合确认和计量要求的各项会计要素及其他相关信息，保证会计信息真实可靠、内容完整。

第十三条 【相关性原则（relevance）】企业提供的会计信息应当与财务会计报告使用者的经济决策需要相关，有助于财务会计报告使用者对企业过去、现在或者未来的情况作出评价或者预测。

第十四条 【可理解性原则（understandability）】企业提供的会计信息应当清晰明了，便于财务会计报告使用者理解和使用。

第十五条 【可比性原则（comparability）】企业提供的会计信息应当具有可比性。

同一企业不同时期发生的相同或者相似的交易或者事项，应当采用一致的会计政策，不得随意变更。确需变更的，应当在附注中说明。

不同企业发生的相同或者相似的交易或者事项，应当采用规定的会计政策，确保会计信息口径一致、相互可比。

第十六条 【实质重于形式原则（substance over form）】企业应当按照交易或者事项的经济实质进行会计确认、计量和报告，不应仅以交易或者事项的法律形式为依据。

第十七条 【重要性原则（materiality）】企业提供的会计信息应当反映与企业财务状况、经营成果和现金流量等有关的所有重要交易或者事项。

第十八条 【谨慎性原则（prudence；conservatism）】企业对交易或者事项进行会计确认、计量和报告应当保持应有的谨慎，不应高估资产或者收益、低估负债或者费用。

第十九条 【及时性原则（timeliness）】企业对于已经发生的交易或者事项，应当及时进行会计确认、计量和报告，不得提前或者延后。

第三章 资产

第二十条 资产（asset）是指企业过去的交易或者事项形成的、由企业拥有或者控制的、预期会给企业带来经济利益的资源。

前款所指的企业过去的交易或者事项包括购买、生产、建造行为或其他交易或者事项。预期在未来发生的交易或者事项不形成资产。

由企业拥有或者控制，是指企业享有某项资源的所有权，或者虽然不享有某项资源的所有权，但该资源能被企业所控制。

预期会给企业带来经济利益，是指直接或者间接导致现金和现金等价物流入企业的潜力。

第二十一条 符合本准则第二十条规定的资产定义的资源，在同时满足以下条件时，确认为资产：

（一）与该资源有关的经济利益很可能流入企业；

（二）该资源的成本或者价值能够可靠地计量。

第二十二条 符合资产定义和资产确认条件的项目，应当列入资产负债表；符合资产定义、但不符合资产确认条件的项目，不应当列入资产负债表。

第四章 负债

第二十三条 负债（liability）是指企业过去的交易或者事项形成的、预期会导致经济利益流出企业的现时义务。

现时义务是指企业在现行条件下已承担的义务。未来发生的交易或者事项形成的义务，不属于现时义务，不应当确认为负债。

第二十四条　符合本准则第二十三条规定的负债定义的义务，在同时满足以下条件时，确认为负债：

（一）与该义务有关的经济利益很可能流出企业；

（二）未来流出的经济利益的金额能够可靠地计量。

第二十五条　符合负债定义和负债确认条件的项目，应当列入资产负债表；符合负债定义，但不符合负债确认条件的项目，不应当列入资产负债表。

第五章　所有者权益

第二十六条　所有者权益（owners' equity）是指企业资产扣除负债后由所有者享有的剩余权益。

公司的所有者权益又称为股东权益（stockholders' equity）。

第二十七条　所有者权益的来源包括所有者投入的资本、直接计入所有者权益的利得和损失、留存收益等。

直接计入所有者权益的利得和损失，是指不应计入当期损益、会导致所有者权益发生增减变动的、与所有者投入资本或者向所有者分配利润无关的利得或者损失。

利得是指由企业非日常活动所形成的、会导致所有者权益增加的、与所有者投入资本无关的经济利益的流入。

损失是指由企业非日常活动所发生的、会导致所有者权益减少的、与向所有者分配利润无关的经济利益的流出。

第二十八条　所有者权益金额取决于资产和负债的计量。

第二十九条　所有者权益项目应当列入资产负债表。

第六章　收入

第三十条　收入（revenue）是指企业在日常活动中形成的、会导致所有者权益增加的、与所有者投入资本无关的经济利益的总流入。

第三十一条　收入只有在经济利益很可能流入从而导致企业资产增加或者负债减少、且经济利益的流入额能够可靠计量时才能予以确认。

第三十二条　符合收入定义和收入确认条件的项目，应当列入利润表。

第七章　费用

第三十三条　费用（expense）是指企业在日常活动中发生的、会导致所有者权益减少的、与向所有者分配利润无关的经济利益的总流出。

第三十四条　费用只有在经济利益很可能流出从而导致企业资产减少或者负债增加、且经济利益的流出额能够可靠计量时才能予以确认。

第三十五条　企业为生产产品、提供劳务等发生的可归属于产品成本、劳务成本等的费用，应当在确认产品销售收入、劳务收入等时，将已销售产品、已提供劳务的成本等计入当期损益。

企业发生的支出不产生经济利益的，或者即使能够产生经济利益但不符合或者不再符合资产确认条件的,应当在发生时确认为费用,计入当期损益。

企业发生的交易或者事项导致其承担了一项负债而又不确认为一项资产的,应当在发生时确认为费用,计入当期损益。

第三十六条　符合费用定义和费用确认条件的项目,应当列入利润表。

第八章　利润

第三十七条　利润(profit)是指企业在一定会计期间的经营成果,利润包括收入减去费用后的净额、直接计入当期利润的利得和损失等。

第三十八条　直接计入当期利润的利得和损失,是指应当计入当期损益、会导致所有者权益发生增减变动的、与所有者投入资本或者向所有者分配利润无关的利得或者损失。

第三十九条　利润金额取决于收入和费用、直接计入当期利润的利得和损失金额的计量。

第四十条　利润项目应当列入利润表。

第九章　会计计量

第四十一条　企业在将符合确认条件的会计要素登记入账并列报于会计报表及其附注(又称财务报表,下同)时,应当按照规定的会计计量属性进行计量,确定其金额。

第四十二条　会计计量属性主要包括:

(一)历史成本(historical cost)。在历史成本计量下,资产按照购置时支付的现金或者现金等价物的金额,或者按照购置资产时所付出的对价的公允价值计量。负债按照因承担现时义务而实际收到的款项或者资产的金额,或者承担现时义务的合同金额,或者按照日常活动中为偿还负债预期需要支付的现金或者现金等价物的金额计量。

(二)重置成本(replacement cost)。在重置成本计量下,资产按照现在购买相同或者相似资产所需支付的现金或者现金等价物的金额计量。负债按照现在偿付该项债务所需支付的现金或者现金等价物的金额计量。

(三)可变现净值(net realizable value)。在可变现净值计量下,资产按照其正常对外销售所能收到现金或者现金等价物的金额扣减该资产至完工时估计将要发生的成本、估计的销售费用以及相关税费后的金额计量。

(四)现值(present value)。在现值计量下,资产按照预计从其持续使用和最终处置中所产生的未来净现金流入量的折现金额计量。负债按照预计期限内需要偿还的未来净现金流出量的折现金额计量。

(五)公允价值(fair value)。在公允价值计量下,资产和负债按照市场参与者在计量日发生的有序交易中,出售资产所能收到或者转移负债所需支付的价格计量。

第四十三条　企业在对会计要素进行计量时,一般应当采用历史成本,采用重置成本、可变现净值、现值、公允价值计量的,应当保证所确定的会计要素金额能够取得并可靠计量。

第十章　财务会计报告

第四十四条　财务会计报告是指企业对外提供的反映企业某一特定日期的财务状况和某一会计期间的经营成果、现金流量等会计信息的文件。

财务会计报告包括会计报表及其附注和其他应当在财务会计报告中披露的相关信息和资料。会计报表至少应当包括资产负债表、利润表、现金流量表等报表。

小企业编制的会计报表可以不包括现金流量表。

第四十五条　资产负债表是指反映企业在某一特定日期的财务状况的会计报表。

第四十六条　利润表是指反映企业在一定会计期间的经营成果的会计报表。

第四十七条　现金流量表是指反映企业在一定会计期间的现金和现金等价物流入和流出的会计报表。

第四十八条　附注是指对在会计报表中列示项目所作的进一步说明，以及对未能在这些报表中列示项目的说明等。

第十一章　附则

第四十九条　本准则由财政部负责解释。

第五十条　本准则自 2007 年 1 月 1 起施行。

1.3.1　会计的目标

关于会计的目标（有的书上称作财务报告的目标），理论界流行有两种提法。一种观点主张会计应当反映企业管理层受托责任的履行情况，此即受托责任观（accountability view）；另一种观点主张会计应当有助于财务报告使用者作出经济决策，此即决策有用观（decision usefulness view）。

1. 受托责任观

受托责任观是对会计的传统角色的真实刻画。这种观点主张应当根据实际交易代价即历史成本进行会计处理，可靠地记录收入、费用，采用配比原则（the matching principle）计算企业利润，从而确保会计信息如实反映企业的财产权利、债务以及管理层的经营能力或受托责任。这种传统形态的会计理论，又称历史成本会计（historical cost accounting，HCA）、以成本为基础的会计（cost-based accounting）或收入-费用观（revenue-expense view）。

2. 决策有用观

决策有用观是国际准则和公认会计原则所提出的会计目标理论，认为财务报表的目标是为证券投资者提供对其决策有用的信息。这一目标导向给会计规定了不可能完成的任务。在这种理念下，财务报告要为证券投资者提供企业资产和负债的公允价值信息，这就是公允价值会计理念。"公允价值会计"泛指倡导财务报表反映资产和负债的当前市场价值的理论主张，又称盯市会计（mark-to-market accounting）、现行价值会计（current value accounting）、市值会计（market value accounting）、现行成本会计（current cost accounting）、资产负债观（asset-liability view）或基于价值的会计（value-based accounting）。公允价值会计是金融分析理念的产物：如果财务报表中的资产和负债按公允价值计量,便可以计算出企业的净公允价值(net fair value),从而作为企业价值的估计值。证券行业是公允价值会计理念的积极倡导者。

基本准则第四条所界定的会计目标是前述两种流行观点的杂糅,但明显偏向于决策有用观,例如,投资者被列在财务报告使用者的最前面。决策有用观理念实际上将会计引向了金融分析的道路。

专栏 1-4　　　　　　　辩证分析:"决策有用观"

一、何谓"决策有用观"

公认会计原则方面,1978 年 11 月发布的第 1 号概念公告先是罗列了众多的会计信息的潜在使用者,认为他们的主要目的都是通过会计信息来评价其从目标企业中赚钱的前景。然后在第 30 段将财务报告的目标锁定于满足投资者和债权人的需求——"财务报告的目标是向投资者和债权人提供对决策有用的信息",如果财务报告能够满足投资者和债权人的需求,那么它就能够满足其他利害关系人的需求。这就是会计理论教科书中流行的"决策有用观"。第 37 段要求企业财务报告应当能够用于评估企业的"净现金流的金额、时间和不确定性"(以下概括为"赚钱能力")。

国际准则方面,《框架》的目标导向与之并无二致。该文件提出,财务报表的使用者包括现有的和潜在的投资者、雇员、贷款人、供应商和其他商业债权人、顾客、政府机构和社会公众(见第 9 段);他们的有些信息需求是共同的,由于投资者是企业风险资本的提供者,因此,如果财务报表能够满足投资者的需求,那么它也就能够满足其他使用者的大部分需求(见第 10 段)。该文件所界定的财务报表的目标是提供经济决策所需的关于企业的财务状况、经营业绩和财务状况变动情况的信息;此外,还反映企业管理层的经营管理成果或受托责任。

2004 年,财务会计准则委员会与国际会计准则理事会启动概念框架趋同计划。2010 年 9 月,财务会计准则委员会发布第 8 号概念公告,该公告包括已经成型的未来最终成果的第 1 章和第 3 章。该计划的最终成果将取代此前的概念公告。第 8 号概念公告并没有什么实质性进展,它为人们展现了堆砌文字的一种新做法。关于财务报告的目标,它继续锁定于投资者与债权人,如投资银行与商业银行。它把信息质量特征区分为基础性的质量特征(fundamental qualitative characteristics)和增强性的质量特征(enhancing qualitative characteristics)两个层次。前者是指相关性和如实反映。后者是指可比性、可核实性、及时性和可理解性。

二、"决策有用观"的失当性

决策有用观看似先进,但却不适合作为会计(财务报告或财务报表)的目标。原因在于:

第一,决策有用观实际上是金融分析理念。1972 年,备受指责的美国注册会计师协会委托德勤会计公司合伙人特鲁布拉德(Robert M. Trueblood)研究财务报告的目标,委托刚刚卸任的美国证监会委员惠特(Francis M. Wheat)研究准则制定机构改革事宜,其成果便是决策有用观的确立和财务会计准则委员会的成立。决策有用观也就成了财务会计准则委员会的指导思想。究其实质，公认会计原则仅仅是美国证监会认可的、适用于跨州发行证券的公众公司的信息披露规则。国际准则更是师出无名，仅仅充任若干个大型证券交易所的信息披露规则。它们与人们通常意义上所理解的"会计法规"不具有对等性。它们所宣传的决策有用观实质上是试图取悦于证券交易所的一个金融分析理念。

第二，决策有用观是对现实世界中的会计行为的曲解。会计作为企业管理的重要组成部分，其服务对象首先是企业的战略投资者和管理层。自从民主国家统一工商管理和财税管理以来，会计的任务是为企业经营管理和国民经济管理提供具有法律证据力的财产权利和业绩信息。在股份公司、证券市场形成之前及至形成之后，会计的这一角色未曾改变。自设立登记起，企业行为即当遵循注册地的法律，包括会计行为在内——这是不言自明的道理。也就是说，企业自然应当遵循所在法域的税法依法纳税，遵循所在法域的公司法依法分配，为之服务的依法记账的行为——会计——在任何法域内都是不可替代的。会计是唯一能够为依法纳税和依法分配提供企业利润数字的管理活动。

第三，决策有用观是极端的私人利益导向的体现。在理论上，无法证明投资者的需要比管理当局的需要更重要，更无法证明为何会计信息必须偏重于某一类利害关系人的需要。实际上，在法律介入会计领域以来的300多年里，会计信息的公益性和公信力便一直是会计法规的价值追求。具有法律证据力的会计信息对于所有的利害关系人都是公平的、有用的。证券交易所和美国证监会有何理由让公众公司专门为了投资者的利益而偏离历史成本会计？如果果真为了保护投资者的利益，那么应当确保投资者至少能够像其他利害关系人（如企业管理当局和税务机关等）一样获得具有法律证据力的信息，而不是纵容企业管理当局按照公认会计原则捏造会计数字。

第四，决策有用观是一个虚幻的目标导向。世上没有哪个学科能够可靠地预测未来的证券价格，决策有用观给会计规定了不可能完成的任务。金融资产的价格形成机制与微观经济学中"实体商品的价格由价值决定并围绕价值上下波动"不同，它取决于投资者中多头（long position；bull position）和空头（short position；bear position）的预期，而没有哪个学科能够说清楚影响投资者预期的因素究竟有多少。强迫会计为证券投资者的决策提供估值服务，名义上看是提升了会计的功能定位，实际上却把会计降格为证券分析了。1975年，财务会计准则委员会曾对特鲁布鲁德报告作了一项调查，只有37%的回答者推荐采用决策有用观，22%的人认为应当立即拒绝决策有用观，10%的人认为需要做进一步的研究。反对者的观点是，财务报告的基本职能是向管理层汇报资产管理状况，外部读者的信息需求是次要的。

三、"决策有用观"的潜在危害

公认会计原则的制定者把决策有用观视为救命稻草，试图拿它来当挡箭牌。但在理论上，美国证监会根本不可能制定出联邦统一的会计法规，它对此心知肚明。证券市场所需要的只不过是满足自己需要的统一规则，为此它们不惜凭空捏造出一个虚幻的目标。就笔者所知，未见哪一部证券法胆敢宣称会计应当为证券投资者服务，即便是美国自《1933年证券法》以来的历次联邦证券立法也从未作此规定。然而，财务会计准则委员会的"理论创新"却言之凿凿地把决策有用观写入第1号概念框架，为公认会计原则提供了薪新的"理论"平台。就国际准则而言，它从来就是公共会计师行业为了在证券交易所谋生存而设计出的一套信息披露规则，并非会计规则，更非国际公约，它的《框架》照搬照抄第1号概念公告的决策有用观，当属必然。

这种缺乏实践依据的"理论"创新势必将会计理论引入歧途。自1973年起，财务会计准则委员会逐步形成了自己独特的逻辑，构造了一套又一套的奇妙规则：为了对投资者的决策"有用"，它们设计出复杂的资产减值会计规则，它们制定了公允价值会计规则，它们推出了"管理层意图"（management intention）导向的会计规则，它们要求公司会计师进行"职业判断"（professional judgment）……域外理论画地为牢，把会计绑定在金融分析的战车上。目标导向的方向性偏差，把国际准则和公认会计原则带上了金融分析的道路。

1.3.2　会计的基本假设

基本准则第五条至第九条规定了会计主体、持续经营、会计分期、货币计量等会计基本假设。这些知识点是美国学者莫里斯·穆尼茨（Maurice Moonitz）在20世纪60年代比照自然科学的研究范式，对会计理论进行"公理化"加工的结果。正因如此，我国会计教育领域流行这么一种说法：会计的基本假设（也称会计的基本前提）是企业会计工作的前提，是对会计核算所处时间、空间环境等所作的合理假定。

1961年，美国注册会计师协会所属的会计研究部发布会计研究文集第1辑《会计的基本假设》（The Basic Postulates of Accounting）。该书作者穆尼茨从分析会计环境入手，仿照自然科学的公理化体系推演出一套会计假设，创立了自成一体的理论框架。但是，会计假设的提法忽视了这样一个现实问题：社会科学往往需要从人类社会的现实需要出发展开研究。该文件被后来的公认会计原则的制定者——财务会计准则委员会——所抛弃（该机构仅仅保留持续经营的原则性要求），后者发布的8份财务会计概念公告都没有专门讨论会计假设。但鉴于会计基本假设在我国会计学界甚为流行，故在此略作评价。

上述四项假设与其说是假设，不如说是法律的明文规定（如《中华人民共和国会计法》关于会计年度、记账本位币的规定），或者干脆就是常识（如货币计量）。

1. 会计主体

基本准则第五条规定，"企业应当对其本身发生的交易或者事项进行会计确认、计量和报告"。流行的理论观点认为：会计主体，是指企业会计确认、计量和报告的空间范围。流行的观点还认为，"会计主体不同于法律主体。一般来说，法律主体一定是会计主体，但会计主体不一定是法律主体"。常见的例证有两个。其一，车间不是法律主体，但车间也有会计；其二，企业集团不是法律主体，但企业集团有合并报表。

专栏 1-5　　　　　　　　　　**辩证分析：会计主体**

有人指出，此假设纯属多余。企业记账时，当然是按照管理需要记录自身的法律事实，这是不言自明的道理。此假设无异于假设"某个人的百米赛跑成绩"就是指"某个人本人的百米赛跑成绩"。

至于"车间也有会计，企业集团有合并报表"的说法，其实并不妥当。前半句存在以部分指代整体的偏差，人们通常所称的企业会计，并不能简单地等同于车间会计。后半句也似是而非。流行的说法是，合并报表是以企业集团为会计主体而制作的报表，单个报表是以单个企业为会计主体而制作的报表。其实不然。合并报表只是金融分析报表而非会计报表，虽然会计界习惯上称它为合并会计报表，但它是在单个报表的基础上调整形成的金融分析报表。企业集团并不是一个独立的市场主体，因此，资产、负债、所有者权益、收入、费用、所得税等概念均不适用于企业集团。综上，会计主体假设是不必要存在的。

2. 持续经营

基本准则第六条规定，"企业会计确认、计量和报告应当以持续经营为前提"。流行的理论观点认为，持续经营，是指在可以预见的将来，企业将会按当前的规模和状态继续经营下去，不会停业，也不会大规模削减业务。

《企业会计准则第 30 号——财务报表列报》（2014 年修订）第五条规定，"在编制财务报表的过程中，企业管理层应当利用所有可获得信息来评价企业自报告期末起至少 12 个月的持续经营能力。评价时需要考虑宏观政策风险、市场经营风险、企业目前或长期的盈利能力、偿债能力、财务弹性以及企业管理层改变经营政策的意向等因素。评价结果表明对持续经营能力产生重大怀疑的，企业应当在附注中披露导致对持续经营能力产生重大怀疑的因素以及企业拟采取的改善措施"。该准则第六条规定，"企业如有近期获利经营的历史且有财务资源支持，则通常表明以持续经营为基础编制财务报表是合理的。企业正式决定或被迫在当期或将在下一个会计期间进行清算或停止营业的，则表明以持续经营为基础编制财务报表不再合理。在这种情况下，企业应当采用其他基础编制财务报表，并在附注中声明财务报表未以持续经营为基础编制的事实、披露未以持续经营为基础编制的原因和财务报表的编制基础"。

专栏 1-6　　　　　　　　　　**辩证分析：持续经营**

域外理论提出，企业的会计行为应当以该企业能够持续经营为假设前提，这一假设令人啼笑皆非——恰似体检机构强调"参加体检者必须为活体"。会计信息本属于历史信息，财产权利和债务是针对特定日期而言的，业绩是针对过往的某一时期而言的。至于企业是否行将清算，对会计信息本无影响。如果企业面临清算，那么它将要进行的是清算行为而非会计行为。因此，持续经营假设也是不必要的假设。可以删去持续经营假设。

3. 会计分期

基本准则第七条规定，"企业应当划分会计期间，分期结算账目和编制财务会计报告。会计期间分为年度和中期。中期是指短于一个完整的会计年度的报告期间"。

流行的理论指出，会计分期，是指将一个企业持续经营的生产经营活动划分为一个个连续的、间隔相同的期间，据以结算盈亏，按期编报财务报告。

专栏1-7　　　　　　　　　　辩证分析：会计分期

域外理论提出，企业应当划分会计期间，分期结算账目和编制财务会计报告。这一假设纯属画蛇添足，在我国尤其如此。这是因为，法律法规通常会要求企业提交年度财务会计报告，我国《会计法》直接规定了会计年度的起始日期："会计年度自公历1月1日起至12月31日止"。至于是否以及如何编制半年度、季度乃至月度的会计报表，往往由监管部门直接以部门规章的形式予以规定。可见，会计分期实际上是非常具体的法律规定，因此，称其为"会计假设"是不合适的。

有的观点主张应当取消会计年度的规定。其观点站不住脚。这是因为，我国能够在法律中统一规定会计年度，这是法律制度的优势而不是劣势。就拿坊间常常举例所说的美国来讲，美国证监会允许企业自行确定会计年度起始日期，但这并不是因为其法规比较先进，而是因为美国不存在联邦统一的公司法，因而，其会计年度难以统一。统一会计年度对于企业经营管理和国民经济管理具有较大的便利，在此基础上，确有需要的企业可以根据自己的需要，另行公布自己按照自定会计年度编制的会计报表。法律没有必要把少数企业的个别需求转变为普遍适用的法律规定。

4. 货币计量

基本准则第八条规定，"企业会计应当以货币计量"。流行的理论指出，货币计量，是指会计主体在会计工作中以货币计量，反映会计主体的生产经营活动。

专栏1-8　　　　　　　　　　辩证分析：货币计量

货币计量假设的含义是，企业会计应当在币值稳定的假设前提下，以货币价值形式进行计量。这一假设实属多余。一方面，会计工作的性质本身就是以货币价值形式记录财产权利、债务和经营业绩，货币计量乃是会计工作的现实特色而非假设。另一方面，币值稳定是宏观经济调控的目标，而不是企业这个微观层面上的市场主体所能决定的，也就是说，企业是币值波动的被动接受者。这是世人皆知的道理，用不着再作假设。《会计法》第十二条规定，"会计核算以人民币为记账本位币。业务收支以人民币以外的货币为主的单位，可以选定其中一种货币作为记账本位币，但是编报的财务会计报告应当折算为人民币"。足见,货币计量本来就是法律规定而非假设。因此,单独把货币计量作为"会计假设"也是不必要的。

许多实务工作者指出,上述"会计基本假设"故作高深,莫名其妙,缺乏理论意义和实践价值,对会计管理工作并无大用。以自然科学的公理化体系构建形成的会计理论实属无源之水、无本之木。事实上,在1992年的会计改革之前,我国会计法规从未把上述常识列为会计假设,但会计实务工作依然照常运转。为什么如今的研究者却竭力宣传那些并无大用的会计假设呢?这着实耐人寻味。

1.3.3 会计基础

通常情况下,读者看到会计教材中的"会计基础"概念时往往会感到困惑。这个概念是从域外教材中借鉴过来的。会计基础(accounting base; basis of accounting),是指究竟用什么样的标准来记录各期所付出的代价(即广义的费用)和所收到的对价(即广义的收入),从而计算当期的利润。具体有两种主张,一是收付实现制(cash basis; cash collection basis; collection basis; collection method),二是权责发生制(accrual basis)。

1. 收付实现制

收付实现制(有的书上称作现金收付制或现金制)强调"落袋为安",是以现金的实际收付(即现收现付)为记录收入、费用的标准,在收款时记录收入,在付款时记录费用的做法。

在我国,事业单位会计核算采用财务会计和预算会计自动化"平行记账",权责发生制与收付实现制并行。

2. 权责发生制

权责发生制(有的书上称作应收应付制或令人费解的"应计制"),是指收入、费用的确认应当以收入和费用的实际发生(而不是现金的实际收付)作为确认的标准,合理确认当期损益的一种会计基础。也就是说,凡是当期已经取得的财产权利,均计入当期的收入,无论是否收到款项;凡是当期已经发生的代价,均计入当期的费用,无论是否已经支付款项。例如,在买卖合同成立以后,卖方在依照合同约定取得收款的权利时,就应当记载当期的收入,无论何时能收到款项。又如,对于获得大额贷款的企业来说,有必要每个月都把当月应负担的大额的利息计入当月的财务费用,无论何时实际对外支付利息。简而言之,权责发生制是按照法律事实(即能够证明会计主体的法律关系的产生、变更和消灭的实际情况)来记录各期收入、费用的做法。

权责发生制与收付实现制的对比如表1-3所示。

表 1-3 权责发生制与收付实现制的对比

业务内容	权责发生制	收付实现制
应收账款：3月初实现销售、发货，三个月后（6月初）收到价款。	3月初记录应收账款，同时记录销售收入。 6月初记录所收账款，同时注销应收账款。	3月初不做记录。 6月初记录所收账款，同时记录销售收入。
预收账款：4月初收取货款，三个月后（7月初）交货完毕。	4月初记录所收账款（如银行存款），同时记录债务（预收账款）。 7月初记录销售收入，同时注销债务（预收账款）。	4月初记录所收账款，同时记录销售收入。 7月初不做记录。
按季支付利息：1月初借款，3月底支付利息。	1月、2月、3月逐月记录财务费用，同时记录债务（应付利息）。 3月底，记录所付款项，同时注销债务（应付利息）。	仅在3月底记录所付款项，同时记录财务费用。
年初（1月初）支付本年管理总部大楼的全年租金	在1月初记录所付款项，同时记录债权。 逐月记录管理费用，同时按比例注销上述债权。	仅在1月初记录所付款项，同时全额记录费用。

在我国，企业会计核算采用权责发生制。基本准则第九条规定，"企业应当以权责发生制为基础进行会计确认、计量和报告"。作为对比，目前我国的行政单位会计采用收付实现制，事业单位会计除经营业务可以采用权责发生制外，其他大部分业务采用收付实现制。

1.3.4 会计要素及其确认与计量

基本准则第十条规定了六个会计要素："企业应当按照交易或者事项的经济特征确定会计要素。会计要素包括资产、负债、所有者权益、收入、费用和利润"。

1. 资产

基本准则第二十条规定，"资产是指企业过去的交易或者事项形成的、由企业拥有或者控制的、预期会给企业带来经济利益的资源"。根据资产的定义，资产具有以下几个方面的特征：（1）资产预期会给企业带来经济利益。也就是说，资产具有直接或者间接导致现金和现金等价物流入企业的潜力。（2）资产应为企业拥有或者控制的资源。"由企业拥有或者控制"，是指企业享有某项资源的所有权，或者虽然不享有某项资源的所有权，但该资源能被企业所控制。（3）资产是由企业过去的交易或者事项形成的。其中，"过去的交易或者事项"，包括购买、生产、建造行为或其他交易或者事项。

基本准则第二十一条规定，符合资产定义的资源，在同时满足以下条件时，确认为资产：与该资源有关的经济利益很可能流入企业；该资源的成本或者价值能够可靠地计量。

专栏 1-9   辩证分析：资产的定义和确认条件

基本准则所定义的资产的显著标志是"预期"二字。上述关于资产的定义与民法中关于民事权利的定义存在较大差异（另见专栏1-10）。如此定义资产之后，会计准则就可以堂而皇之地允许企业记录交易性金融资产的升值，记录递延所得税资产，记录商誉等等缺乏原始凭证的信息。可见，基本准则关于资产的定义试图包罗万象，给现行的会计规则编制一个体面的外衣。这也正是会计理论的常态。

上述关于资产的确认标准过于抽象。经济利益如何"流入"企业？什么是"很可能"？显然，如此抽象的条款不适合列作法律规范。

作为对比，民法已经规定了财产权利的界定规则，这些规则是明确、具体、可操作的。

专栏 1-10   对资产的通俗化解读

学界对会计准则关于资产的定义存有争议。上述定义是从国际会计准则翻译而来，读者可能会感到读起来比较拗口。为避免初学者陷入困惑，本专栏特给出通俗化的解读。

资产是企业所拥有的、货币化的民事权利，以其内容划分，包括财产权（如物权和债权）、知识产权和社员权（如股东权）等。

一、财产权

财产权是以财产利益为客体的民事权利。现代民法已经将知识产权和社员权从财产权中划出来，财产权只包括物权和债权，因此，财产权是通过对有体物和权利的直接支配，或者通过对他人请求为一定行为（包括作为和不作为）而享受生活中的利益的权利。

（一）物权

物权，是指权利人依法对特定的物享有直接支配和排他的权利，包括所有权、用益物权和担保物权。物，包括不动产和动产。物权的种类和内容，由法律规定。动产物权的设立和转让，自交付时发生效力，但法律另有规定的除外。不动产物权的设立、变更、转让和消灭，经依法登记，发生效力；未经登记，不发生效力，但法律另有规定的除外。国家对不动产实行统一登记制度。

物权是支配权、绝对权（对世）和具有排他性的权利。物权是权利人支配特定物的权利。就对世权来说，权利人可以对抗一切人，任何人都负有不得妨害、侵害的义务。

1. 所有权。所有权人对自己的不动产或者动产，依法享有占有、使用、收益和处分的权利。所有权人有权在自己的不动产或者动产上设立用益物权和担保物权。用益物权人、担保物权人行使权利，不得损害所有权人的权益。

所有权在资产负债表的"货币资金""存货""固定资产"等项目中列示。

2. 用益物权。用益物权人对他人所有的不动产或者动产，依法享有占有、使用和收益的权利。

企业取得自用的建设用地使用权，通常在资产负债表的"无形资产"项目中列示。

3. 担保物权。债权人在借贷、买卖等民事活动中，为保障实现其债权，需要担保的，可以依照法律规定设立担保物权，包括抵押权、质权、留置权。担保物权人在债务人不履行到期债务或者发生当事人约定的实现担保物权的情形，依法享有就担保财产优先受偿的权利，但法律另有规定的除外。

我国会计理论和会计法规尚未对担保物权给出会计处理规则。

（二）债权

法律上的债，是指特定当事人之间得请求为特定行为的法律关系。根据《中华人民共和国民法典》第一百一十八条的规定，债权是因合同、侵权行为、无因管理、不当得利以及法律的其他规定，权利人请求特定义务人为或者不为一定行为的权利。债权人有权要求债务人按照合同的约定或者依照法律的规定履行义务。根据债是否依当事人自己的意思而发生，可将债的发生原因分为法律行为和法律规定，通常称前者意定之债，后者为法定之债。

债权是对人权和相对权。也就是说，债的主体双方只能是特定的。债是特定当事人之间的法律关系，债权只能在当事人之间发生效力。债的关系是指特定债权人向特定债务人请求给付的法律关系，学说上称之为债权（或债的关系）之相对性。这与物权所具有的对抗一般不特定人的绝对性不同。[①]

债的客体是给付。作为对比，物权的客体原则上为物，知识产权的客体则为智力成果或工商业标记。

根据债的发生原因，债权在资产负债表中分别列示为应收票据、应收账款、预付款项、应收股利、应收利息、其他应收款、持有至到期投资、长期应收款等。

二、知识产权

在大陆法国家，知识产权以前被称作无体财产权，与物权、债权并列于财产权之中。自从"知识产权"一词在国际上流行开来，特别是"世界知识产权组织"成立之后，知识产权就完全取代了"物体财产权"一词。鉴于知识产权具有自身的特点，与财产权大有不同，因此，有学者主张将知识产权从财产权中划分出来。

知识产权是基于创造成果和工商业标记依法产生的权利的统称，是以对于人的智力成果、商业标识等的独占排他的利用从而取得利益为内容的权利。《中华人民共和国民法典》第一百二十三条规定，民事主体依法享有知识产权。知识产权是权利人依法就下列客体享有的专有的权利：（1）作品；（2）发明、实用新型、外观设计；（3）商标；（4）地理标志；（5）商业秘密；（6）集成电路布图设计；（7）植物新品种；（8）法律规定的其他客体。

值得指出的是，知识产权是一个发展的、开放的系统，人们对知识产权的质的规定性，还缺乏统一的认识。实践中，知识产权存在多种多样的称谓。

知识产权通常在资产负债表的"无形资产"项目中列示。

三、社员权

社员是指民法中的社团的成员。社员基于其作为成员的地位与社团发生一定的法律

---

① 王泽鉴. 债法原理（一）基本理论·债之发生. 北京：中国政法大学出版社，2001.

关系，在这个关系中，社员对社团享有的各种权利的总称，称作社员权。社员权不是个人法上的权利，而是团体法上的权利。社员权的权利主体是社员，其相对人是社团。

社员权是一个复合的权利，包括多种权利，既包含经济性质（或财产性质）的权利即自益权，也包含非经济性质（或非财产性质）的权利即共益权。社员权中的具有财产性质的权利（如利益分配请求权），在未经具体分配时是一种抽象的总括的权利，而不是债权，在已进行具体分配、分配金额确定以后，可以转化为债权。

社员权中最重要的一种是营利社团法人（公司）里的社员权，即股东权（shareholder's rights）。股东权是投资主体（如企业或个人）以股东的身份对外投资所形成的财产权利的统称。股东权的产生历史晚于物权和债权，关于股东权的理论研究方兴未艾、亟待加强。

股东权是民事权利的一种，是一种特殊的社员权。广义的股东权，泛指股东得以向公司主张的各种权利，故股东依据合同、侵权行为、不当得利和无因管理对公司享有的债权亦包括在内；狭义的股东权，则仅指股东基于股东资格而享有的、从公司获取经济利益并参与公司经营管理的权利。会计学所涉及的股东权概念仅为狭义的股东权，且侧重于财产权利。

股东权与物权既有联系又有区别。对于投资主体来说，通常是从股权投资所代表的股东权的意义上去理解，而不是从物权的意义上去理解的。同理，企业财务会计报告中所提及的股权投资，也应当从股东权的角度来理解。

股东权分别在资产负债表的"交易性金融资产""其他权益工具投资""长期股权投资"等项目中列示。

2. 负债

基本准则第二十三条规定，"负债是指企业过去的交易或者事项形成的、预期会导致经济利益流出企业的现时义务"。根据负债的定义，负债具有以下几个方面的特征：（1）负债是企业承担的现时义务。现时义务是指企业在现行条件下已承担的义务。未来发生的交易或者事项形成的义务，不属于现时义务，不应当确认为负债。（2）负债预期会导致经济利益流出企业。（3）负债是由企业过去的交易或者事项形成的。

符合负债定义的义务，在同时满足以下条件时，确认为负债：与该义务有关的经济利益很可能流出企业；未来流出的经济利益的金额能够可靠地计量。

专栏 1-11　　　　辩证分析：负债的定义和确认条件

基本准则所定义的负债的显著标志也是"预期"二字。如此定义负债之后，会计准则就可以堂而皇之地允许企业记录交易性金融负债的市值贬值，记录递延所得税负债，记录预计负债等等缺乏原始凭证的信息。

上述关于负债的确认标准也过于抽象。实际上，债是指特定主体之间的权利义务关系，换言之，民事主体之间的债权债务关系必须是明确的，否则就不成其为债。现行会计准则下所记录的预计负债、递延所得税负债等，由于没有明确的债权人，因而并不成其为债。

3. 所有者权益

基本准则第二十六条规定，"所有者权益是指企业资产扣除负债后由所有者享有的剩余权益。公司的所有者权益又称为股东权益"。第二十七条规定，"所有者权益的来源包括所有者投入的资本、直接计入所有者权益的利得和损失、留存收益等"。

目前，根据我国企业会计准则体系的规定，所有者权益根据其核算的内容和要求，可分为实收资本（股本）、其他权益工具、资本公积、其他综合收益、盈余公积和未分配利润等部分。① 其中，盈余公积和未分配利润统称为留存收益。

所有者权益
- 实收资本（或股本） ──┐
- 其他权益工具 ────────┤→ 投资者投入的资金
- 资本公积
  - 资本溢价（或股本溢价）─┘
  - 其他资本公积
- 其他综合收益 ──→ 直接计入所有者权益的利得和损失
- 盈余公积 ──┐
- 未分配利润 ─┴→ 留存收益

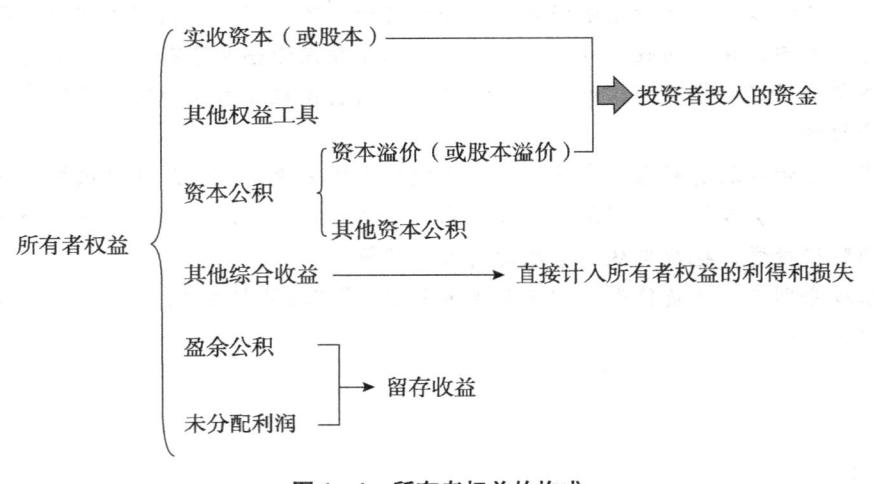

图 1-1 所有者权益的构成

在给出所有者权益的定义的同时，基本准则顺便给出了利得、损失以及直接计入所有者权益的利得和损失的定义。这就清楚地表明，基本准则所采用的会计要素，并不是只有六个。

4. 收入

在会计学入门课程中，我们已经见过如下经营成果等式：

收入－费用＝利润

上述等式中的收入和费用均取其广义。也就是说，在确保记账行为都具有原始凭证支持的前提下，所有导致当期利润总额增加的因素一律称为收入；反之，所有导致当期利润总额减少的因素一律称为费用。

基本准则第十条也采取了类似思路，该条规定，"企业应当按照交易或者事项的经

---

① 其他权益工具超出了本书的范围，不要求掌握，本书不予展开讲解。

济特征确定会计要素。会计要素包括资产、负债、所有者权益、收入、费用和利润"。显然，该条所称的收入和费用也均取其广义。

图1-2直观地展示了利润总额的计算过程。为便于初学者直接将书本知识与会计法规对接起来，培养钻研会计法规的好习惯，以下将以双引号标注出本书对于概念的概括表述，其余概念表述均采用会计准则中的用语。

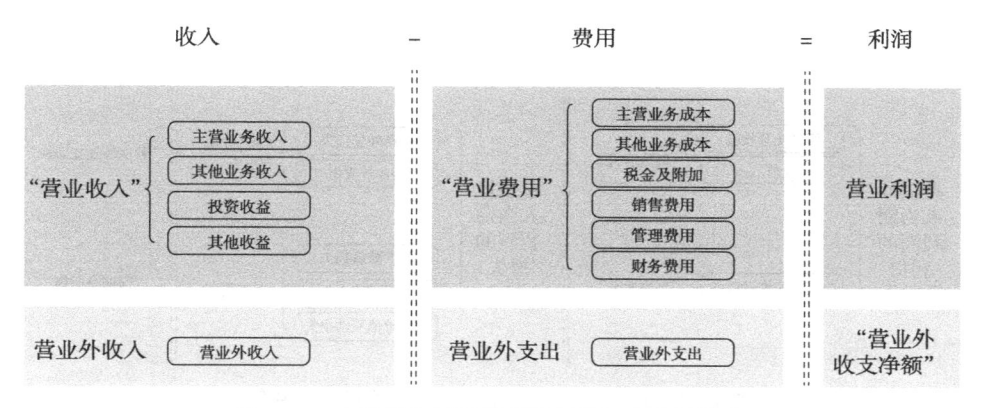

```
收入                 -            费用             =   利润

       ┌ 主营业务收入                  ┌ 主营业务成本
       │ 其他业务收入                  │ 其他业务成本
"营业收入"                 "营业费用"  │ 税金及附加           营业利润
       │ 投资收益                     │ 销售费用
       │ 其他收益                     │ 管理费用
       └                              └ 财务费用

营业外收入  [营业外收入]       营业外支出  [营业外支出]      "营业外
                                                          收支净额"
```

图1-2　会计学入门课程所使用的经营成果等式

现在，我们在上述简单逻辑推理的基础上，逐步添加现行会计准则的一些理念。为了理解其奇特的逻辑，我们需要把握几个关键的知识点。

（1）企业会计准则体系所称的收入，是狭义的，也就是我们前面所称的营业收入。

（2）企业会计准则体系引入了失当的决策有用观作为会计目标，这种理念下的会计规则允许缺乏原始凭证的会计信息进入会计报表。为此，会有一系列的词汇来掩盖这一切。

（3）企业会计准则体系中还引入了失当的谨慎性原则作为会计信息质量特征，也就是会计核算的原则性要求。相应的资产减值会计规则也允许缺乏原始凭证的会计信息进入会计报表。为此，准则又创造了一系列的词汇来遮盖。

我们先来了解一下现行企业会计准则体系下利润总额的计算规则的全貌。注意到，图1-3右侧显示，利润总额由营业利润、"营业外收支金额"和"预期净所得"三部分构成，其中，前两部分与前述的会计学入门课程要求掌握的经营成果等式的对应部分相同。"预期净所得"这一块的内容就是企业会计准则体系所引入的饱受争议的部分，会计造假从这一部分下手往往更"方便"。为了把这一部分添加到会计报表中，企业会计准则体系引入了一个又一个新名词来"论证"其合理性。

接下来，我们逐步拆解企业会计准则体系中的收入、费用和利润的概念。

（1）收入的含义与特征。《企业会计准则——基本准则》第三十条[①]和《企业会计准则第14号——收入》（2017年修订）第二条所定义的收入（revenue），均是指"企业在日常活动中形成的、会导致所有者权益增加的、与所有者投入资本无关的经济利益的

[①] 《企业会计准则——基本准则》第三十条定义的狭义收入概念与第十条使用的广义收入概念是矛盾的。

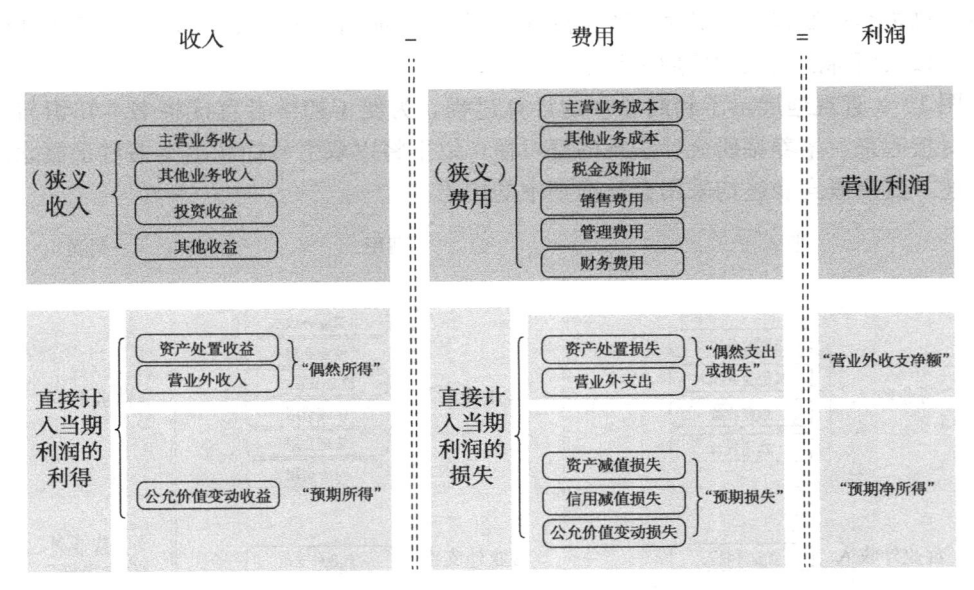

```
    收入        －         费用        ＝      利润

（狭义）收入 ┤ 主营业务收入          （狭义）费用 ┤ 主营业务成本         营业利润
              其他业务收入                          其他业务成本
              投资收益                              税金及附加
              其他收益                              销售费用
                                                    管理费用
                                                    财务费用

直接计入当期   资产处置收益  "偶然所得"  直接计入当期   资产处置损失  "偶然支出  "营业外收支净额"
利润的利得     营业外收入               利润的损失     营业外支出    或损失"

               公允价值变动收益  "预期所得"           资产减值损失  "预期损失"  "预期净所得"
                                                    信用减值损失
                                                    公允价值变动损失
```

图 1-3　企业会计准则体系所使用的经营成果等式

总流入"。也就是说，狭义的收入仅仅是指营业活动的收入，不包括"偶然所得"（即营业外收入、资产处置收益）和"预期所得"（即公允价值变动收益）等利得。①

根据上述定义，收入具有以下特征。

1）收入是企业在日常活动中形成的。日常活动是指企业为完成其经营目标所从事的经常性活动，以及与之相关的活动。例如，工业（或称制造业）企业制造并销售产品，商业（或称商品流通）企业采购并销售商品，服务业提供服务，就属于日常活动。简而言之，收入是指企业从事其营业范围内的业务活动所获得的经济利益的总流入。

2）收入会导致所有者权益的增加。这一特点就使收入得以区别于举债所形成的经济利益的流入。例如，企业获得银行借款时也会导致经济利益流入企业（即银行存款增加），但不应当记录收入，而应当计入负债。

3）收入是与所有者投入资本无关的经济利益的总流入。这一特点就使收入得以区别于股东投资所形成的经济利益的流入。例如，股东以现金投资时，虽然会导致经济利益流入企业（即银行存款增加），但不应当记录收入，而应当计入所有者权益。

显然，如果企业的经营活动取得的经济利益的流入，既不导致负债增加，也不导致所有者权益增加，那么，这样的经济利益的流入就是应当计入利润表的收入。

(2) 收入的确认条件。《企业会计准则第 14 号——收入》（2017 年修订）第五条规定，当企业与客户之间的合同同时满足下列条件时，企业应当在客户取得相关商品控制权时确认收入：1）合同各方已批准该合同并承诺将履行各自义务；2）该合同明确了合同各方与所转让商品或提供劳务（以下简称"转让商品"）相关的权利和义务；3）该合同有明确的与所转让商品相关的支付条款；4）该合同具有商业实质，即履行该合同

---

① 这种狭义的收入定义就导致"营业外收入不属于收入"的奇怪逻辑。

将改变企业未来现金流量的风险、时间分布或金额；5）企业因向客户转让商品而有权取得的对价很可能收回。

符合收入定义和收入确认条件的项目，应当列入利润表。

5. 费用

（1）费用的含义与特征。基本准则第三十三条规定，费用是指企业在日常活动中发生的、会导致所有者权益减少的、与向所有者分配利润无关的经济利益的总流出。可见，准则所称的费用是狭义的，仅仅是指企业当期从事经营活动所付出的代价，不包括"偶然支出或损失"（即营业外支出、资产处置损失）、"预期损失"（即公允价值变动损失、资产减值损失、信用减值损失）。

费用具有以下三项特征：

1）费用是企业在日常活动中发生的。这里的"日常活动"，其含义同收入中的含义。日常活动中所发生的费用，通常包括营业成本（即主营业务成本、其他业务成本）、税金及附加、销售费用、管理费用、财务费用等。作为对比，非日常活动所形成的经济利益的流出不能记录为费用，而应当计入损失。

2）费用会导致所有者权益的减少。这一特点就使费用得以区别于偿债所导致的经济利益的流出。例如，企业清偿债务时也会导致经济利益流出企业（如银行存款减少），但不应当记录费用，而应当冲减负债。

3）费用是与向所有者分配利润无关的经济利益的总流出。这一特点就使费用得以区别于股东减资所形成的经济利益的流出。例如，股东按照公司章程撤资时，虽然会导致经济利益流出企业（如银行存款减少），但不应当记录费用，而应当冲减所有者权益。

显然，如果企业的经营活动所导致的经济利益的流出，既不冲减负债，也不冲减所有者权益，那么，这样的经济利益的流出就是应当计入利润表的费用。

（2）费用的确认条件。费用的确认除了应当符合定义外，至少应当符合以下条件：1）与费用相关的经济利益应当很可能流出企业；2）经济利益流出企业的结果会导致资产的减少或者负债的增加；3）经济利益的流出额能够可靠计量。

符合费用定义和费用确认条件的项目，应当列入利润表。

（3）费用的分类。费用按性质不同，可分为与营业收入直接相关的费用和期间费用。

与营业收入直接相关的费用是指企业本期发生的、与本期营业收入存在直接的对应关系，为取得营业收入而发生的直接的经营代价，包括主营业务成本、其他业务成本、税金及附加。

期间费用是指企业本期发生的、与本期营业收入没有对应关系，而应直接计入当期损益的各项费用，包括管理费用、销售费用和财务费用。

6. 利润

基本准则第三十七条规定，"利润是指企业在一定会计期间的经营成果。利润包括收入减去费用后的净额、直接计入当期利润的利得和损失等"。问题是,如此计算的利润,很难说就是"企业在一定会计期间的经营成果"。

（1）直接计入当期利润的利得。前已述及,会计目标的决策有用观认为,会计信息应当对投资者的投资决策有用。而投资者需要了解资产和负债的公允价值,以便于他们用资产的公允价值减去负债的公允价值,计算出净公允价值,这被视为公司价值的估计值。因此,企业应当按照公允价值记账,而不是按照原始凭证上的历史成本记账。这一理念就是公允价值会计,这是美国证监会前主席理查德·布里登1990年着力推动的会计规则。

按照布里登的意思,资产和负债要按照其公允价值记账,同时,把公允价值变动计入当期利润。例如,会计准则将企业以投机为目的而购入的股票称作交易性金融资产。如果企业花100万元买入交易性金融资产,在年底其最近市价（即公允价值）变成了900万元,那么,企业就要增加记录交易性金融资产800万元,同时增加记录利润800万元。这样,就达到了按照公允价值900万元来计量交易性金融资产的目的,这就是会计准则所称的"以公允价值计量且其变动计入当期损益"。

为了论证允许缺乏原始凭证的800万元"利润"进入会计报表的合理性,国际会计准则和美国证券市场上的公认会计原则发明了一个词,叫作公允价值变动收益。它们说,公允价值变动收益与营业外收入（以及从营业外收入里面独立出来的资产处置收益项目）一样,它们都不属于营业收入,干脆称呼它们为"直接计入当期利润的利得"好了。

我们来概括一下,如图1-3所示,通常有原始凭证支持的"偶然所得"（即资产处置收益、营业外收入）,加上没有原始凭证支持的"预期所得"（即公允价值变动收益）,合称为直接计入当期利润的利得。它再加上狭义的收入（即营业收入）,就计算出了广义的收入。

（2）直接计入所有者权益的利得。布里登的主张遭到了以美联储主席艾伦·格林斯潘（Allen Greenspan）为代表的银行业金融机构的反对。银行业反对按照最新市价来调节资产和利润数字,因为那样会导致银行业的绩效像过山车一样跟着股市行情跑,这会极大地影响银行的市场形象,还会误导银行业监管。

准则制定者一看这两个金主掐起来了,只好提出了折中的办法,允许企业在记录股票升值800万元的同时,不记录利润增加800万元。由于企业此时并未发生实际交易,股票升值本身只是预期,它不是利润,不妨称其为"预期利润"。在复式记账法下,这800万元的"预期利润"不计入利润,那记到哪里去呢?思来想去,准则制定者在所有者权益里面增添了一个叫作"其他综合收益"（other comprehensive income,OCI）的项目,即把800万元的"预期利润"记到所有者权益里面去,美其名曰"直接计入所有者权益的利得"。这个记账规则就叫作"以公允价值计量且其变动计入其他综合收益",采用这套规则的股票称作可供出售金融资产（available-for-sale financial assets）,在我国现在称其为其他权益工具投资。如此,在增记可供出售金融资产（或称其他权益工具投资）800万元的同时,增记所有者权益（其他综合收益）800万元。这套规则既能够以公允价值计量，又不会影响利润，这样就堵住了银行业的嘴，又实现了布里登的愿望。

现在我们就可以来品读准则原文了。基本准则第二十七条规定，利得（gains）是指由企业非日常活动所形成的、会导致所有者权益增加的、与所有者投入资本无关的经济利益的流入。具体包括两类：一类是直接计入当期利润的利得，包括通常有原始凭证支持的"偶然所得"（即资产处置收益、营业外收入），以及没有原始凭证支持的"预期所得"（即公允价值变动收益）。另一类是直接计入所有者权益的利得，即没有原始凭证支持的其他综合收益。

交易性金融资产和可供出售金融资产（或称其他权益工具投资）这两套规则的论证逻辑和形成过程相当魔幻，类似的缺乏原始凭证的记账规则在会计准则中约占一半的篇幅。因此，初学者不宜直接学习会计准则，而应依照我国法律来学习复式记账规则，这样才有希望练好基本功。

（3）直接计入当期利润的损失。谨慎性原则要求企业在对交易或者事项进行会计处理时保持应有的谨慎，不应高估资产或者收益、低估负债或者费用。会计准则中出现的大量的资产减值会计规则，就是这一理念的体现。例如，如果企业采购的库存商品入账价值是 100 万元，而年末的可变现净值①为 70 万元，那么，会计准则就要求企业将存货减记到 70 万元。如此一来，该企业就需要减记存货 30 万元，同时记录资产减值损失 30 万元。

为了论证允许缺乏原始凭证的 30 万元"亏损"进入会计报表的合理性，国际会计准则和美国证券市场上的公认会计原则发明了一个词，叫作资产减值损失。它们说，资产减值损失与营业外支出（以及从营业外支出里面独立出来的资产处置损失项目）一样，它们都不属于费用，干脆称呼它们为直接计入当期利润的损失好了。

我们再来概括一下，如图 1-3 所示，通常有原始凭证支持的"偶然支出或损失"（即资产处置损失、营业外支出），再加上没有原始凭证支持的"预期损失"（即公允价值变动损失、资产减值损失、信用减值损失），合称为直接计入当期利润的损失。它再加上（狭义的）费用（即"营业费用"），就计算出了广义的费用。

（4）直接计入所有者权益的损失。与上面出台直接计入所有者权益的利得这种会计规则的理由一样，准则制定者提供了允许企业在记录公允价值下跌的同时，不在利润表中记录"亏损"的选项。其实，股票贬值本身也只是预期，它不是亏损，不妨称其为"预期损失"。准则制定者允许企业将可供出售金融资产（又称其他权益工具投资）因公允价值下跌形成的"预期损失"计入"其他综合收益"项目，美其名曰"直接计入所有者权益的损失"。这个记账规则也叫作"以公允价值计量且其变动计入其他综合收益"。

现在我们再次来品读准则原文。基本准则第二十七条规定，损失（losses）是指由企业非日常活动所发生的、会导致所有者权益减少的、与向所有者分配利润无关的经济

---

① 可变现净值是指假定资产正常对外销售所能收到现金或者现金等价物的金额，扣减该资产至完工时估计将要发生的成本、估计的销售费用以及相关税费之后的余额。

利益的流出。具体包括两类：一类是直接计入当期利润的损失，包括通常有原始凭证支持的"偶然支出或损失"（即资产处置损失、营业外支出），以及没有原始凭证支持的"预期损失"（即公允价值变动损失、资产减值损失）。另一类是直接计入所有者权益的损失，即没有原始凭证支持的其他综合收益。

综合上述分析，可将企业会计准则体系中的利润总额分解为三个组成部分。一是营业利润，为（狭义）收入与（狭义）费用之差；二是"营业外收支净额"，为"偶然所得"（即营业外收入、资产处置收入）与"偶然支出或损失"（即营业外支出、资产处置损失）之差；三是"预期净所得"，为"预期所得"（即公允价值变动收益）与"预期损失"（即公允价值变动损失、资产减值损失、信用减值损失）之差，如图 1-3 所示。推导过程如下。

$$
\begin{aligned}
\text{利润总额} &= （广义）\text{收入} - （广义）\text{费用} \\
&= \left[（狭义）\text{收入} + \text{直接计入当期利润的利得}\right] - \left[（狭义）\text{费用} + \text{直接计入当期利润的损失}\right] \\
&= \left[（狭义）\text{收入} + \text{"偶然所得"} + \text{"预期所得"}\right] - \left[（狭义）\text{费用} + \text{"偶然支出或损失"} + \text{"预期损失"}\right] \\
&= \left[（狭义）\text{收入} + (\text{营业外收入} + \text{资产处置收益}) + \text{公允价值变动收益}\right] \\
&\quad - \left[（狭义）\text{费用} + (\text{营业外支出} + \text{资产处置损失}) + (\text{公允价值变动损失} + \text{资产减值损失} + \text{信用减值损失})\right] \\
&= \left[（狭义）\text{收入} - （狭义）\text{费用}\right] + \left[(\text{营业外收入} + \text{资产处置收益}) - (\text{营业外支出} + \text{资产处置损失})\right] \\
&\quad + \left[\text{公允价值变动收益} - (\text{公允价值变动损失} + \text{资产减值损失} + \text{信用减值损失})\right] \\
&= \text{营业利润} + \text{"营业外收支净额"} + \text{"预期净所得"}
\end{aligned}
$$

利润表中的实际排列顺序（如表 1-4 所示）与图 1-3 略有出入。因此，读者常常感到会计准则令人费解。建议初学者尽量早记住利润表的格式，为后续的学习打下坚实的基础。

表 1-4 利润表

编制单位：　　　　　　　　　　　年　　月　　　　　　　　　　　会企02表
　　　　　　　　　　　　　　　　　　　　　　　　　　　　　　　　单位：元

项目	本期金额	上期金额
一、营业收入		
减：营业成本		
税金及附加		
销售费用		
管理费用		

续表

项目	本期金额	上期金额
研发费用		
财务费用		
其中：利息费用		
利息收入		
加：其他收益		
投资收益（损失以"—"号填列）		
其中：对联营企业和合营企业的投资收益		
以摊余成本计量的金融资产终止确认收益（损失以"—"号填列）		
净敞口套期收益（损失以"—"号填列）		
公允价值变动收益（损失以"—"号填列）		
信用减值损失（损失以"—"号填列）		
资产减值损失（损失以"—"号填列）		
资产处置收益（损失以"—"号填列）		
二、营业利润（亏损以"—"号填列）		
加：营业外收入		
减：营业外支出		
三、利润总额（亏损总额以"—"号填列）		
减：所得税费用		
四、净利润（净亏损以"—"号填列）		
（一）持续经营净利润（净亏损以"—"号填列）		
（二）终止经营净利润（净亏损以"—"号填列）		
五、其他综合收益的税后净额*		
（一）不能重分类进损益的其他综合收益		
（二）将重分类进损益的其他综合收益		
六、综合收益总额*		
七、每股收益*		
（一）基本每股收益		
（二）稀释每股收益		

＊该内容不作教学要求（不要求掌握）。

专栏 1-12　　　　　　　　辩证分析：会计要素

美国财务会计准则委员会 1985 年 12 月公布的第 6 号财务会计概念公告提出了 10 个要素，它们分别是：资产（assets）、负债（liabilities）、所有者权益（equity, net assets）、业主投资（investments by owners）、派给业主款（distributions to owners）、全面收益（comprehensive income）、收入（revenues）、费用（expenses）、利得（gains）、损失（losses）。其中，业主投资、派给业主款属于所有者权益；全面收益替代了利润，从而形成了"收入－费用＋（利得－损失）＝全面收益"的公式。全面收益是利润和预期利润的合计数，即实际值与预期的合计数。这表明，财务会计准则委员会所认定的财务报表体系已经不再把利润作为会计的核心。国际准则的《框架》采取的是类似的立场，它所概括的财务报表要素共有 5 个：用于反映财务状况的要素是资产、负债、权益。用于反映业绩的要素是收益（income）和费用（expenses）。其中，收益包括"收入"（revenues）和"利得"（gains）；费用的定义是广义的，包括了损失（losses）。

域外理论所称的"资产"和"负债"包含了预期成分，由此所形成的会计报表的法律证据力被大大降低。它们所称的"资产"是指由于过去事项而由企业控制的、预期会导致未来经济利益流入企业的资源；"负债"是指企业由于过去事项而承担的现实义务，该义务的履行预期会导致经济利益流出企业。足见，资产和负债的定义已经全面预期化，采用了金融分析导向，而不是强调法律证据力。它们所称的"利得"和"损失"包含了由于资产价格波动所形成的浮动盈亏。

总之，在域外理论所称的会计报表中，真实数字与预期数字混杂，法律事实与金融预期并存。域外理论还无端地扩大了会计报表的内涵，把现金流量表和股东权益变动表等派生物也称作会计报表。它们甚至都没有搞清楚，如果现金流量表和股东权益也算得上是会计报表的话，那么这些报表的会计要素又该是什么呢？

1.3.5　会计计量属性

《企业会计准则——基本准则》规定的会计计量属性，有历史成本、重置成本、可变现净值、现值和公允价值等五种计量属性。企业在对会计要素进行计量时，一般应当采用历史成本，采用其他计量属性时，应当保证所确定的会计要素金额能够取得并可靠计量。

（1）历史成本。在历史成本计量下，资产按照购置时支付的现金或者现金等价物的金额，或者按照购置资产时所付出的对价的公允价值计量。负债按照因承担现时义务而实际收到的款项或者资产的金额，或者承担现时义务的合同金额，或者按照日常活动中为偿还负债预期需要支付的现金或者现金等价物的金额计量。资产和负债的入账价值通常为其历史成本。

（2）重置成本。在重置成本计量下，资产按照现在购买相同或者相似资产所需支付的现金或者现金等价物的金额计量。负债按照现在偿付该项债务所需支付的现金或者现金等价物的金额计量。例如，盘盈的资产通常按照重置成本入账。

（3）可变现净值。在可变现净值计量下，资产按照其正常对外销售所能收到现金或者现金等价物的金额扣减该资产至完工时估计将要发生的成本、估计的销售费用以及相关税费后的金额计量。例如，企业会计准则要求存货在期末采用成本与可变现净值孰低计量（通常称作"成本与市价孰低法"），如果可变现净值低于成本，则存货就会以可变现净值计量。

（4）现值。在现值计量下，资产按照预计从其持续使用和最终处置中所产生的未来净现金流入量的折现金额计量。负债按照预计期限内需要偿还的未来净现金流出量的折现金额计量。例如，债权投资、其他债权投资、长期应收贷款等债权如果发生减值，则会采用现值计量。固定资产减值后如果按照在用价值（value in use）计量，则也属于按照现值计量。

（5）公允价值。在公允价值计量下，资产和负债按照市场参与者在计量日发生的有序交易中，出售资产所能收到或者转移负债所需支付的价格计量。例如，交易性金融资产和其他权益工具投资采用公允价值计量。

专栏 1-13　　　　　　　　辩证分析：会计计量属性

一、关于确认与计量概念的分拆

在会计实践中，记账原本是一气呵成地根据法律证据在账户中进行记载的行为，但域外理论硬是从中拆分出了确认和计量两个概念：所谓"确认"，是指记账主体决定在账户中进行记载；所谓"计量"，是指记账主体确定在账户中应记载的金额。域外理论还煞有介事地提出了确认的基本标准：可定义性、可计量性、相关性、可靠性。其"理论依据"无非就是前面讨论的会计目标和会计原则。这套学说难以自圆其说。例如，域外理论规定的收入的确认条件是已赚得（earned）、已实现或可实现（realized or realizable），据此，公允价值变动收益等浮动盈亏仅仅是预期盈亏，根本不符合确认条件。但公允价值变动损益的记账规则还是得以大行其道。这说明上述确认标准根本没有发挥作用。单独强调"确认"既不符合实践需要，也不具备理论价值，因此，应当摈弃确认与计量分拆的理论主张。

二、多重会计计量属性并存之失当性

1984年12月发布的第5号概念公告《企业财务报表中的确认与计量》提出了5项计量属性供企业选用，它们分别是：历史成本、现行成本、现行市价、可变现净值和公允价值或现值。国际准则的《框架》采用了相似的立场。国际准则的《框架》提出的计量属性是历史成本、现行成本、可变现价值或结算价值和现值。域外理论指出，历史成本会计是基准的计量属性，其他计量可根据具体情形选用。

域外理论所提出的会计计量属性对我国会计管理工作者和理论工作者的冲击是显而易见的，朴实的人们哪里会想到域外会计理论居然有如此这般的奇思妙想。然而一旦细细思量便不难发现，除历史成本会计外，域外理论所提及的计量属性都很难经得起推敲。第一，现值是典型的金融分析算法，不适合作为会计计量属性。现值仅仅具有理论

价值，从实践的层面来看不具有可操作性。2000年2月发布的第7号概念公告《在会计计量中使用现金流量信息和现值》进一步指出，现值的唯一目的就是估计公允价值。然而，既然不知道资产现在价值几何，又如何知道现值计算公式所需的三套参数（未来现金流量、时间期间和所适用的折现率）？现值存在显著的逻辑问题，导致计算过程具有完全的主观性。这样得到的数字，与会计原理是格格不入的。现值楔入会计规则，是金融分析理念统治域外会计理论的生动写照，是会计理论的耻辱。第二，现行价值、现行成本、可变现价值、结算价值，它们是公允价值的不同提法，均不适合作为会计计量属性。次贷危机期间，公允价值会计暴露了国际准则的重大缺陷。企业的财产权利和债务并不会因为市价波动而发生变更，因此，按公允价值记账的做法缺乏法律事实支持。第三，现行成本没有必要单独列为会计计量属性。对于盘盈的资产，企业需进行相应的税务处理，经过税务处理之后的资产已经获得了法律证据，即已经取得了历史成本。所以，现行成本这个计量属性没有存在的必要。

唯一可以提倡的会计计量属性是历史成本。历史成本是具有法律证据力的信息，它能够保证会计信息的公益性和公信力，是广受支持的计量基础。诚如娄尔行先生20世纪80年代赴美考察后所言：在美国，受重视的做法还是历史成本会计，"只有原始或实际成本才是客观的、可以核实的数据。除此而外，还没有其他令人信服的量度可用"。实际上，其他计量基础所形成的信息完全可以在历史成本会计之外，通过补充披露的途径发挥其功用。佩顿和利特尔顿在那本经典的《公司会计准则导论》一书中早就指出："本书所主张的严格遵照实际成本行事，只适用于财务报表主体中的信息。在财务报表以外提供种种信息，它并不施加限制。会计应不限制有关信息的供给。脚注、括弧数字、增设金额栏、对会计科目作说明以及类似的方法，都可以用来表明重要的估计市值和其他相关的信息，及其对报表中基本数字的关系。这些以市价为依据的信息，只要是用适当的标题，作为辅助性材料而予以揭示的，本书认为应当提倡。"1973年，美国注册会计师协会发布的一份调查报告表明，即使是那些需要公允价值信息的读者也不赞成用公允价值会计取代历史成本会计。

1.3.6 会计信息质量要求

会计信息质量要求（又称会计原则）是对企业财务会计报告中所提供高质量会计信息的基本规范，是使财务会计报告中所提供会计信息对投资者等使用者决策有用应具备的基本特征。

1980年5月，财务会计准则委员会发布的第2号概念公告勾勒出了"会计信息质量特征"（qualitative characteristics of accounting information），如图1-4中（a）所示。该公告认为，决策有用性是最重要的信息质量特征。对决策者有用的会计信息必须满足可理解性的要求。首要的质量要求是相关性和可靠性。相关性是指会计信息应当与投资者的决策相关，这就要求会计信息具有及时性，具备预测价值（predictive value）

和反馈价值（feedback value）。可靠性要求会计信息如实陈述，具有可验证性，并具有中立性。次要的质量特征是可比性和一致性。此外，会计信息质量还受重要性原则和成本效益原则的约束。

国际会计准则理事会公布的《框架》所阐释的信息质量特征与第 2 号概念公告用词有所不同，但并无实质差异（如图 1-4 所示）。该文件提出的四项质量特征（可理解性、相关性、可靠性和可比性）显然是财务会计准则委员会第 2 号概念公告的翻版。

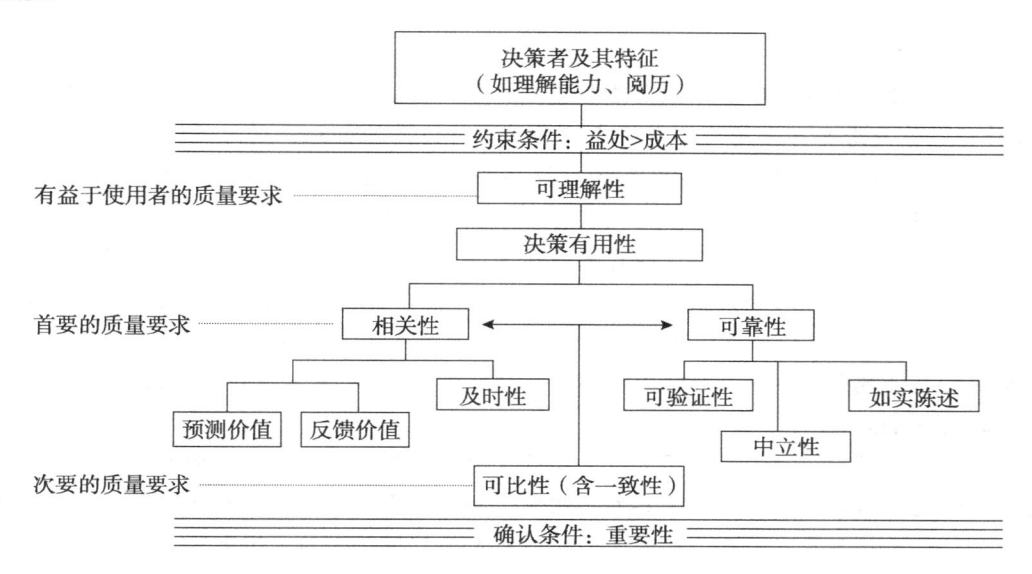

（a）第2号概念公告所提出的会计信息质量特征

资料来源：FASB. Statement of Financial Accounting Concepts No. 2：Qualitative Characteristics of Accounting Information. 1980.

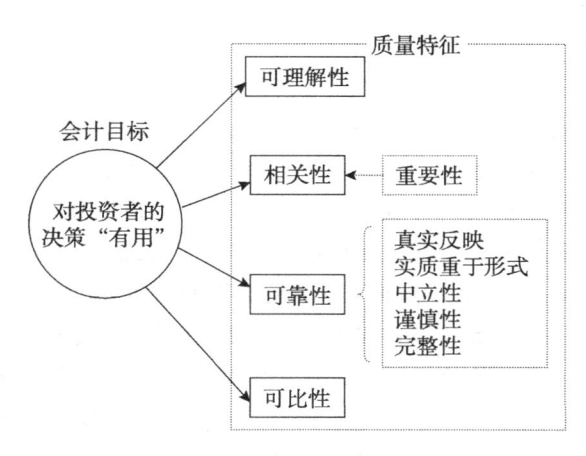

（b）国际准则《框架》所提出的会计信息质量特征

资料来源：作者根据国际准则《框架》整理。

图 1-4　会计信息质量特征示意图

基本准则第十二条至第十九条归纳了可靠性、相关性、可理解性、可比性、实质重于形式、重要性、谨慎性和及时性等会计信息质量要求。详见专栏 1-14。

专栏 1-14　　　　　辩证分析：会计信息质量特征

域外理论所称的会计信息质量特征一度被称作"会计原则"，似乎它们就是会计的基本原则。盛名之下，其实难副。若略作深入考察则不难发现，绝大多数会计原则都是失当的，仅有极个别可以成立。

1. 可理解性原则

域外理论所称的可理解性原则看似有理，但却是画蛇添足。该原则是附有条件的："会计信息使用者具有一定的工商经济活动和会计方面的知识，并且愿意相当努力地去研究信息。"会计信息作为企业信息的交换媒介，自然对提供者和接收者均有对等的前提要求，因此，不必对会计信息规定"可理解性"的要求。域外理论欲盖弥彰，反而暴露了域外规则的显著缺陷：公认会计原则和国际准则所推出的许多规则令人费解，远非常人所能理喻。域外的会计规则的厚度已经达到了令公司会计师们惊叹的地步，如第133号准则《衍生工具与套期活动的会计处理》仅准则本身就长达213页。若说这等令人费解的会计规则能够保证会计信息的"可理解性"，则实在难以令人信服。

2. 相关性原则

域外理论提出，只有对使用者（主要是投资者和债权人）的决策相关的信息才算是有用的信息，因此会计信息必须具备预测价值和反馈价值。然而，会计工作难以担此重任。会计从来就不是以预测企业未来的赚钱能力为目标导向的。历史地看，会计的使命是提供分类统计的历史数据。以投资者和债权人的需要为着眼点的立场，恰恰是规则制定者依傍于投资银行业和商业银行业的真实写照。相关性原则无视企业利害关系人对会计信息的公益性和公信力的要求，存在师出无名的问题。

3. 如实陈述原则

域外理论一度提出了可靠性原则——有用的信息必须是可靠的信息，当没有重要差错或偏向并能如实反映实际情况时，会计信息就是可靠的。这显然是一个正确的主张。但可靠性原则是难以付诸检验的口号。何谓可靠？仍需进一步界定。2010年9月公布的第8号概念公告不再使用"可靠性"一词，改为使用"如实陈述"。然而，如实陈述公允价值变动的记账规则并不符合会计原理，那样所记载的信息虽然也是事实，但不是记账主体的法律事实。因此，那种"如实反映"缺乏原始凭证的支持，违背会计原理。因此，我们提出"根据法律事实记账"的原则取代如实陈述原则。"根据法律事实记账"的原则是能够付诸检验的原则。根据法律事实记账所形成的信息具有公益性和公信力，它对所有的利害关系人而言都是可靠的、真实的。根据这一理念，欲验证会计信息的可靠性，只需检验它是否具备法律事实即可。一切一目了然，没有拖泥带水之嫌。因此，可以用"根据法律事实记账"的原则取代如实反映原则。

4. 可比性原则

域外理论提出，为了帮助投资者了解企业的财务状况和经营业绩的变化趋势，会计信息必须能够帮助投资者比较同一企业在不同时期的财务报表以及不同企业在同一时期的财务报表。也就是说,对于同一企业的不同时期以及同一时期的不同企业应当采用一致的会计方法。国际准则特地强调,遵循国际准则,有助于达到可比性。要求同一企业在不同时期采用一贯的会计方法,这是合理的、不言自明的道理,因为这样有助于企业自身和外部利害关系人更为科学地评价该企业的过往表现。然而,要求不同企业在同一时期采用一致的会计方法,显然是不合理的——要求进行跨行业比较的恰恰是投资银行业(证券分析师)而不是企业管理层和现有的战略投资者。因此,可以删去可比性原则。

5. 中立性原则和完整性原则

中立性原则要求会计信息是"不带偏向的","如果财务报表通过选取和列报信息去影响决策和判断,以求达到预定的效果或结果,那种财务报表就不是中立的"。然而,域外理念所倡导的决策有用观实质上是以投资者为中心的偏向性立场。完整性原则只是一个道义性的口号,对实践的指导意义不大。作为对比,"根据法律事实记账"的原则已经包含中立性原则和完整性原则,根据法律事实记账所形成的信息自然就是完整的,也是公平对待所有利害关系人的中立性信息。

6. 实质重于形式原则

域外规则提出,交易或事项的实质与它的法律形式并不总是一致的,会计信息如果想要真实反映交易或事项,就必须根据它们的经济实质(economic substance),而不是仅仅根据它们的法律形式(legal form)进行核算和反映。融资租赁会计规则是这一原则的典型应用:对于一台可使用10年的全新机器,如果租用1年则构成经营租赁(operating lease),承租人的会计处理只需记录其按月交付的租金即可;如果租用9年则构成融资租赁(finance lease),承租人须将租入资产作为自己的固定资产进行折旧等账务处理。其逻辑如下:虽然从法律形式上看该资产仍然归出租人所有,但是就经济实质而言,与该资产有关的风险和报酬已经转移给承租人了,因此,根据"实质重于形式"原则,承租人要在账簿中把租赁物记载为自己的资产。实质重于形式原则是如此的荒诞,以至于国际准则的制定者如今都不得不修改租赁会计规则。实际上,由于会计信息涉及各种利害关系人的利益,因此,为了保证公平性,会计信息必须以法律事实为基础。《中华人民共和国会计法》第九条规定,"各单位必须根据实际发生的经济业务事项进行会计核算,填制会计凭证,登记会计账簿,编制财务会计报告。任何单位不得以虚假的经济业务事项或者资料进行会计核算"。法律形式虽然只是一种形式,但它却是至关重要的形式,离开了这种必要的形式,会计信息将不再成其为会计信息。诚然,社会经济实践中存在虚构法律形式的现象,会计程序往往并不能识别法律形式是否归于虚构,但并不能因此就允许会计抛弃法律形式。虚构的法律形式(如以合法形式掩盖非法目的)可以在事后被认定无效,而脱离法律形式的会计信息却是事后无法验证的,因此,强调依法记账对于保证会计信息的公益性和公信力是十分必要的,应当取消实质重于形式原则。

7. 谨慎性或稳健性原则

谨慎性或稳健性原则,是我国学术界过度迷信域外观点的典型例证。我国会计理论著作中充斥着对谨慎性原则的溢美之词，却往往对它所导致的现实问题避而不谈。这个外表光鲜的会计原则披着神圣的道德外衣，似乎反对它就是在挑战起码的道德底线。鉴于其强大的影响力，我们不妨对其进行一番深入观察。域外理论提出，在存在不确定因素的情况下，要在判断中加入一定程度的谨慎，以便不虚计资产或收益，也不少计负债或费用。在缺乏法律证据的情况下，要求企业尽量少计资产或利润，多计负债或费用，如此，有望把资产负债表和利润表都尽量"做小"——这就是谨慎性原则的价值导向。

谨慎性原则是规则制定者屈从于强势金融利益集团的产物。在20世纪上半叶，商业银行希望看到贷款申请人提交经过保守处理的会计报表，这就是存货跌价准备兴起的原因。[①] 这个原则与中立性、真实反映、可靠性和一致性等原则是格格不入的。就连第2号概念公告也认识到了该原则的显著缺陷。该公告指出，保守主义至今仍缺乏理论支持；谨慎性原则产生于以资产负债表为主要（甚至是唯一）的会计报表的年代，那时候企业较少对外公布利润等经营业绩信息，当时银行等债权人是会计报表的主要使用者，企业越是低估其资产，银行越是感到安全，而在企业开始对外定期公布业绩信息以后，谨慎性原则的问题开始逐渐显现。如果本期低估资产数字，则以后期间的利润数字将会被高估。[②] 因此，"估计盈余数字时的任何偏差，无论是过度保守（overly conservative）还是谨慎不足（unconservative），受影响的只是利润或损失的记录时点，而利润或损失的总额不会受到影响。因此，没有理由倾向于高估或者低估，否则必将导致一些报表使用者受益而另一些人受损"。该公告正确地指出，"如果把事实告诉报表读者，让他们根据事实形成自己的观点，则财务报表的可靠性必然会大大增强。这应当是会计发展的方向"。遗憾的是，该公告的正确立场并未得到贯彻[③]。谨慎性原则实际上允许企业管理层在缺乏法律事实的情况下调整会计数字，这无疑给会计造假提供了便利，屡见不鲜的"大洗澡"现象是对该原则的现实注解。对此，域外规则象征性地说，谨慎性原则不允许企业计提秘密准备（secret or hidden reserves）。这种欲盖弥彰的姿态无疑是对谨慎性原则的反讽。

企业的确是在不确定性环境中运营的，或许对外公布自己的财务状况和经营成果时尽量"低调"是一种有益的姿态，但这并不构成要求会计处理过程也尽量"低调"的理由。企业完全可以在具有法律证据力的会计信息之外另行进行低调的评估（如对资产和利润数字进行整体性的低估）。在公布真实的会计数字的同时另行公布估计数字的做法显然更为可取。

8. 及时性原则和成本效益原则

域外规则提出，会计信息要及时报告给决策者，会计信息的效益要尽量超过信息成

[①] 会计原则委员会第4号公告指出：通常情况下，资产和负债的计量都是在存在不确定性的情况下进行的。从历史上看，管理者、投资者、会计师在把握可能的出错方向时，往往倾向于低估而不是高估净利润和净资产。这样就形成了保守主义的惯例。

[②] 第3号《会计研究公报》早就论述过这一问题，认为"资产应当按照重估日的市价记录而不是记录保守的价值"。第29号《会计研究公报》循此思路创设了成本与市价孰低法（lower of cost or market rule, LOCOM），试图纠正谨慎性原则的偏差。

[③] 概念公告说到底也仅仅是规则制定者迫不得已时的挡箭牌而已，很难说它有什么实质性的作用。

本。及时性原则本身并无单独成为"原则"的必要，更何况，在会计规则越来越繁杂的背景下，及时性原则已成侈谈——上市公司的会计报告通常在结账两个月之后才公布。如何评价会计信息的效益和成本，这个纯粹主观的问题不应成为会计的原则。如今，所得税会计、资产减值会计使得会计工作的"技术含量"大幅提升，但社会公众怎么可能理解如此形成的会计数字？其成本固然很大，其社会效益又如何衡量？实际上，根据法律事实记账所形成的会计信息更容易保证信息的及时性，因为依法记账使得会计工作更为简单有效。因此，可以删去及时性原则和成本效益原则。

9. 重要性原则

域外理论提出，"如果某项信息的省略或误报会影响使用者根据财务报表做出的经济决策，则该信息就具有重要性"。也就是说，重要性的判定是以使用者的感受为准绳的。该原则的正当用途尚不明确，反而具有显著的负面影响，它常常是企业管理当局恶意篡改会计数字的借口。美国证监会主席阿瑟·莱维特1998年9月28日在纽约大学法律与商务中心发表的题为《数字游戏》的著名演讲中，痛批了常见的造假手法。其中，滥用重要性水平造假被列为典型。他说："一些公司误用重要性的概念。它们有意地在规定的百分比的限界上制造误差，然后它们会为自己的欺骗找借口，辩解打擦边球带来的影响很小，可以忽略不计。如果真是如此，为什么它们这样费力地去制造这些错误？也许因为这种影响是重要的，特别是若利用这种影响能导致其符合预测的盈利，这种影响更为重要。"财务会计准则委员会2010年9月发布的第8号概念框架也承认，它不便对重要性水平进行规定，因为那有赖于记账主体的抉择。综上所述，我们建议删去重要性原则。

总之，学术界根本没有必要凭空构造所谓的会计原则，更不宜以唯我独尊的心态过度拔高会计理论。社会科学研究应从社会实践的现实需要出发，用实践来检验理论的价值。我国从1992年起所流行过的几个版本的会计原则，又有哪个原则被实务界尊奉为金科玉律？作为对比，我国民商法领域所公认的原则为数不多（如平等自愿、等价有偿、公平、诚实信用等），但正是这为数寥寥的基本原则恰能够普遍适用于民商法各个领域，为理论界和实务界共同认可，这种专业共识是值得会计行业借鉴的。鉴于会计应当为企业经营管理和国民经济管理提供具有法律证据力的财产权利和业绩信息，因此，为了保证会计信息的公益性和公信力，就必须要求会计严格地以法律事实为记账依据。"根据法律事实记账"，可视为会计的根本原则。中国的会计理论体系应当形成本土原创的会计原则，唯如此方能保证会计法规的稳定性和合理性。

2018年3月，国际会计准则理事会公布了修订版《财务报告概念框架》（Conceptual Framework for Financial Reporting）。新框架修改了对质量特征的表述方式，但没有作实质性的改变。

1. 基本质量特征

有用的财务信息必须具备的基本质量特征，是相关性和如实陈述。

相关性是指财务信息具有预测价值或者确证价值，或者二者兼具。预测价值是指财务信息可以用作预测时的输入变量。确证价值是指财务信息能够提供对以往评估结果的反馈信息（验证或者改变以往的评估结果）。相关的财务信息还应具有重要性，这需要结合报告主体的特定信息的性质（nature）或量级（magnitude）来评价，如果该信息的遗漏或漏报会影响财务信息使用者的决策，那么该信息就是重要的。

如实陈述是指财务信息应如实列报其所欲列报的经济现象的实质，即应当是完整的描述、中立的描述和无误。审慎性为中立性提供了支持，要求报告主体在不确定条件下做决策时要保持谨慎。

2. 增强性质量特征

增强性质量特征，是指可比性、可验证性、及时性、可理解性。一致性有助于实现可比性的目标。

此外，还要考虑财务报告的成本约束，即结合财务报告所报告信息的效益来判断其成本的适当性。上述概念之间的关系如图1-5所示。

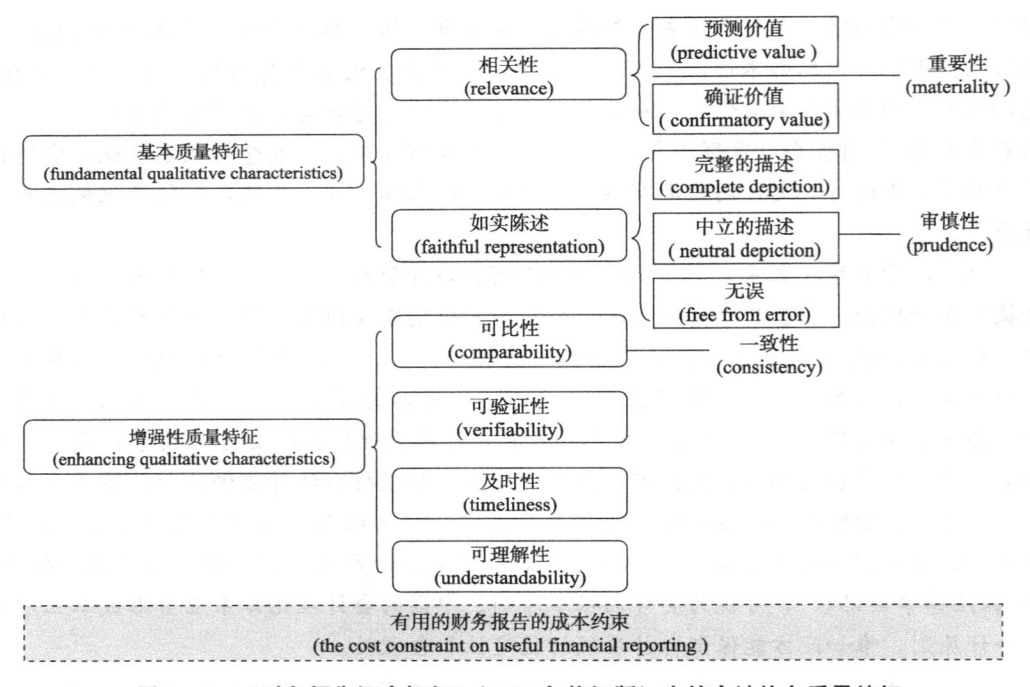

图1-5 《财务报告概念框架》（2018年修订版）中的会计信息质量特征

1.3.6 财务会计报告

基本准则第四十四条规定，"财务会计报告是指企业对外提供的反映企业某一特定日期的财务状况和某一会计期间的经营成果、现金流量等会计信息的文件。财务会计报告包括会计报表及其附注和其他应当在财务会计报告中披露的相关信息和资料。会计报表至少应当包括资产负债表、利润表、现金流量表等报表。"

值得注意的是,基本准则未提及股东权益变动表。

现在,读者可以再度阅读基本准则,必有全新的感受。反复阅读几遍,即可对财务会计的理论框架有深刻的理解。

专栏1-15列示了基本准则所引发的常见问题。

专栏 1-15　　　　实用问答——基本准则引发的困惑

现就该文件中的常见问题解答如下。

1. 为什么把投资者列为首要的会计信息使用者?

答:基本准则是借鉴国际会计准则和美国证券市场上的公认会计原则制定而成的,而这两者均为证券市场上的信息披露规则,它们都把证券投资者列为首要的会计信息使用者。

2. 如何理解基本准则所称的会计目标?

答:关于会计目标,存在两种理论主张。一种观点主张会计应当为衡量企业业绩(即考核企业管理层履行受托责任的情况)服务,根据企业交易的历史成本忠实地记录企业的收入和费用,对其两者进行配比,从而计算各期利润。这种观点称作受托责任观、历史成本会计和收入-费用观。另一种观点主张会计应当为证券投资者的投资决策提供信息,这种观点主张资产和负债按照公允价值记账,公允价值信息比历史成本信息更有用。这种观点称作决策有用观、公允价值会计和资产-负债观。会计理论中的核心问题就是围绕这两种观点展开的。显然,基本准则试图调和这两种观点。但从会计要素的定义来看,基本准则明显是以决策有用观为指导理念设计而成的。

3. 资产和负债的定义为什么都有"预期"二字?如此定义是不是意味着没有原始凭证也能记账?

答:因为会计准则语境下的"会计"要求企业记录资产的升值、减值,但资产价值波动所形成的浮动盈亏并不必然导致企业财产权利或债务发生变化,也就是说,按照传统的会计理念,是没有理由记载资产市价的波动的。因此,会计准则的定义中就引入了"预期"理念。这种定义实际上要求企业在缺乏原始凭证的情况下记账,这与会计原理存在冲突,引发了广泛的争议。

4. 按照准则的定义,收入减去费用并不等于利润,对此应当作何理解?会计要素究竟有几个?

答:的确,基本准则所定义的"收入"是狭义的,实际上指的是"营业收入","费用"实际上指的是"营业费用",两者相减之后得到的只是"营业利润"而不是利润总额。基本准则所定义的利润实际上是收入减去费用后的净额,加上直接计入当期利润的利得,减去直接计入当期利润的损失。从基本准则原文来看,会计要素似乎至少有8个——基本准则第十条规定了6个会计要素,此外还有利得和损失。其中,利得又进一步区分为计入所有者权益的利得和计入当期利润的利得,损失又进一步区分为计入所有者权益的损失和计入当期利润的损失。

5. 现值的计算需要借助于估计，通常都缺乏法律证据，为什么把它列为会计计量基础？

答：这是最近三十年美国证券市场上金融分析理念日益盛行的结果。美国证券行业的金融分析师率先用它来进行证券分析，后来这种方法被引入会计准则。现实中，现值信息难以验证，难以审计。

基本准则存在自相矛盾的问题，很难说它对会计实践有多大的指导意义。越是照本宣科，读者越是困惑。不如让读者自己直接接触原文，这样读者自己就能发现问题所在。在阅读基本准则原文时，对于一时不甚了解的术语可存疑搁置，学到后续章节自然明了。这种存疑读书的态度有益于读者培养研究型学习习惯。如果有批判性思维引导着你，你就会学到更鲜活、更有用的知识。这就是本节正文尽力避免照本宣科的主要原因。以后章节将会在专栏中剖析该文件所涉及的理论问题。

练习题

一、单项选择题

1. 下列各项会计信息质量要求中，对相关性和可靠性起着制约作用的是（　　）。
   A. 及时性　　　　B. 谨慎性　　　　C. 重要性　　　　D. 实质重于形式

2. 下列各项中，不应计入营业外支出的是（　　）。
   A. 支付的合同违约金
   B. 无形资产报废损失
   C. 向慈善机构支付的捐赠款
   D. 在建工程建设期间发生的工程物资盘亏损失

3. 甲公司为从事国家重点扶持的公共基础设施建设项目的企业，根据税法规定，20×9 年度免交所得税。甲公司 20×9 年度发生的有关交易或事项如下：
   (1) 以盈余公积转增资本 5 500 万元；
   (2) 向股东分配股票股利 4 500 万元；
   (3) 接受控股股东的现金捐赠 350 万元；
   (4) 外币财务报表折算差额本年增加 70 万元；
   (5) 因自然灾害发生固定资产净损失 1 200 万元；
   (6) 因会计政策变更调减年初留存收益 560 万元；
   (7) 持有的交易性金融资产公允价值上升 60 万元；
   (8) 因处置联营企业股权相应结转原计入资本公积贷方的金额 50 万元；
   (9) 因债权投资公允价值上升在原确认的减值损失范围内转回减值准备 85 万元。
   要求：根据上述资料，不考虑其他因素，回答下列第 (1) 小题至第 (2) 小题。
   (1) 上述交易或事项对甲公司 20×9 年度营业利润的影响是（　　）万元。
   A. 110　　　　B. 145　　　　C. 195　　　　D. 545

（2）上述交易或事项对甲公司20×9年12月31日所有者权益总额的影响是（　　）万元。

　　A. −5 695　　　　B. −1 195　　　　C. −1 145　　　　D. −635

4. 按照《企业会计准则——基本准则》的规定，下列关于会计要素的表述中，正确的是（　　）。

　　A. 负债的特征之一是企业承担潜在义务

　　B. 资产的特征之一是预期能给企业带来经济利益

　　C. 利润是企业一定期间内收入减去费用后的净额

　　D. 收入是所有导致所有者权益增加的经济利益的总流入

5. 下列各项中，属于累计原始凭证的是（　　）。

　　A. 领料单　　　　　　　　　　　　B. 发生材料汇总表

　　C. 限额领料单　　　　　　　　　　D. 工资结算汇总表

6. 关于会计基本前提，下列说法中不正确的是（　　）。

　　A. 一般来说，法律主体是一个会计主体；但会计主体不一定是法律主体

　　B. 业务收支以人民币以外的货币为主的企业，可以选定其中一种货币作为记账本位币

　　C. 业务收支以人民币以外的货币为主的企业，可以选定一种外币编报财务会计报告

　　D. 会计年度自公历1月1日起至12月31日止

7. 在借贷记账法下，资产类账户的期末余额＝（　　）。

　　A. 期初借方余额＋本期借方发生额−本期贷方发生额

　　B. 期初贷方余额＋本期贷方发生额−本期借方发生额

　　C. 期初借方余额＋本期贷方发生额−本期借方发生额

　　D. 期初贷方余额＋本期借方发生额−本期贷方发生额

二、多项选择题

1. 下列各项关于资产期末计量的表述中，正确的有（　　）。

　　A. 固定资产按照市场价格计量

　　B. 债权投资按照市场价格计量

　　C. 交易性金融资产按照公允价值计量

　　D. 存货按照成本与可变现净值孰低计量

　　E. 应收款项按照账面价值与其预计未来现金流量现值孰低计量

2. 下列各项负债中，不应按公允价值进行后续计量的有（　　）。

　　A. 企业因产品质量保证而确认的预计负债

　　B. 企业从境外采购原材料形成的外币应付账款

　　C. 企业根据暂时性差异确认的递延所得税负债

　　D. 企业为筹集工程项目资金发行债券形成的应付债券

3. 下列各项中，能引起资产与负债同减的有（　　）。

　　A. 支付已宣告现金股利　　　　　　B. 取得短期借款

C. 盈余公积补亏　　　　　　　D. 以现金支付上个月职工工资

三、判断题

1. 企业为应对市场经济环境下生产经营活动面临的风险和不确定性，应高估负债和费用，低估资产和收益。　　　　　　　　　　　　　　　　　　　　（　　）

2. 业务收支以人民币以外的货币为主的企业，可以选定其中一种货币作为记账本位币，但编制的财务报表应当折算为人民币金额。　　　　　　　　　　（　　）

第 2 章　货币资金

> **素养目标**
> 1. 结合中国特色社会主义法治体系学习会计法规体系。学习《现金管理暂行条例》《人民币银行结算账户管理办法》《中华人民共和国票据法》《支付结算办法》。
> 2. 了解大写数字的来历，理解源远流长的会计文化。

> **学习目标**
> 1. 掌握：货币资金的会计处理规则。
> 2. 理解：货币资金项目在资产负债表中的列示方法。
> 3. 了解：《现金管理暂行条例》《支付结算办法》等相关金融法规。

本章主要阐述企业对货币资金及各种短期债权的会计处理方法。根据《企业会计准则第 30 号——财务报表列报》(2014 年修订)第十七条的规定，流动资产是指满足下列条件之一的资产：预计在一个正常营业周期中变现、出售或耗用；主要为交易目的而持有；预计在资产负债表日起一年内变现；自资产负债表日起一年内，交换其他资产或清偿负债的能力不受限制的现金或现金等价物。上述"正常营业周期"，是指自企业购买用于加工的资产起，至其实现营业目的（即收取现金、现金等价物或确立相应的债权）的期间，通常短于一年。对于因生产周期较长等原因导致正常营业周期长于一年的情形，虽然相关资产往往超过一年才变现、出售或耗用，但仍应当划分为流动资产。对于难以确定正常营业周期的情形，应当以一年（12 个月）作为正常营业周期。

在资产负债表中，流动资产大类下的"货币资金"（cash and cash equivalents）项目是根据库存现金、银行存款和其他货币资金三个总账科目的借方余额合计数填列的。"库存现金"和"银行存款"科目的核算内容可顾名思义，兹不赘述。"其他货币资金"科目的核算内容是以票据（本票和汇票）、外埠存款、单位信用卡存款、存出投资款和保证金（如信用证存款）等形式存在的资金。

2.1 库存现金

2.1.1 现金收付的日常业务核算

企业设"库存现金"科目核算库存现金的收付、结存情况。该科目借方登记现金的增加数,贷方登记现金的减少数,期末余额在借方,反映库存现金的余额。收取现金时,借记"库存现金"科目,贷记有关科目。支付现金时,借记有关科目,贷记"库存现金"科目。

企业应当设置库存现金总账和库存现金日记账,分别进行库存现金的总分类核算和明细分类核算。库存现金日记账由出纳人员按照业务发生顺序逐笔登记。每日终了,应当在库存现金日记账上计算出当日的现金收入合计额、现金支出合计额和结余额,并将库存现金日记账的账面结余额与实际库存现金数额相核对,保证账款相符;月度终了,库存现金日记账的余额应当与库存现金总账的余额核对,做到账账相符。

【例 2-1】

正则商贸股份有限公司有关现金的日常业务的会计分录如下:

(1) 将现金 369 000 元存入银行。

  借:银行存款   369 000
    贷:库存现金   369 000

(2) 签发支票,从银行存款账户取出 12 000 元现金。

  借:库存现金   12 000
    贷:银行存款   12 000

2.1.2 现金借支的核算

职工出差预支差旅费,通过"其他应收款"科目核算。职工预支差旅费时,企业应借记"其他应收款"科目,贷记"库存现金"科目。职工凭发票报账时,应按经批准的报销金额,借记"管理费用"科目,贷记原记载的"其他应收款"科目,按照收回的(或者补付的)现金,借记(或贷记)"库存现金"科目。

《会计基础工作规范》规定,职工公出借款凭据,必须附在记账凭证之后。收回借款时,应当另开收据或者退还借据副本,不得退还原借款收据。从外单位取得的原始凭证如有遗失,应当取得原开出单位盖有公章的证明,并注明原来凭证的号码、金额和内容等,由经办单位会计机构负责人、会计主管人员和单位领导人批准后,才能代作原始凭证。如果确实无法取得证明的,如火车、轮船、飞机票等凭证,由当事人写出详细情况,由经办单位会计机构负责人、会计主管人员和单位领导人批准后,代作原始凭证。

在遗失外来原始凭证的情况下,企业通常使用支出证明单等自制原始凭证(如

图2-1所示)，经批准后代作原始凭证。

支出证明单 第　　号

科目________ 账页（　　） 年　月　日

摘要及用途												
金额	（小写）：				（大写）：							
不能取得单据原因												
签署	核准		会计		出纳		主管		验收		经手	

图2-1　支出证明单

【例2-2】

正则商贸股份有限公司总会计师谢霖因公出差，该公司对相关业务编制的会计分录如下：

(1) 谢霖借支现金21 000元。

借：其他应收款——谢霖　　21 000

　贷：库存现金　　21 000

(2) 谢霖差旅费花了15 000元，经批准予以报销。交回相关的发票和现金余款6 000元。

借：库存现金　　6 000

　　管理费用　　15 000

　贷：其他应收款——谢霖　　21 000

上面这个复合分录可以看作下面两个简单会计分录的合成：

借：库存现金　　6 000

　贷：其他应收款——谢霖　　6 000

借：管理费用　　15 000

　贷：其他应收款——谢霖　　15 000

2.1.3　现金盘点发生短缺或溢余时的核算

现金的账面余额必须与库存数相符。若账款不符，则应通过“待处理财产损溢——待处理流动资产损溢”科目核算现金短缺或溢余，按管理权限报经批准后进行账务处理。

企业设“待处理财产损溢——待处理流动资产损溢”科目核算企业在财产清查过程中查明的各种流动资产盘盈、盘亏和毁损的处理情况。该科目可按盘盈、盘亏的资产种类和项目进行明细核算。企业的财产损溢，应查明原因，在期末结账前处理完毕，处理后该科目无余额。在现金短缺的情形下，对于应由责任人赔偿或保险公司赔偿的部分，应记入"其他应收款"科目。对于无法查明原因的现金短缺，企业会计准则体系并未明确规定其会计处理规则，理论上各单位可在管理制度中予以统一规定，例如，可根据管理所需采取如下三种处理方法：一是视为出纳人员失职，因此，出于加强管理、彻底堵住管理漏洞的考虑，可责令其赔偿，记入"其他应收款"科目；二是视为管理水平不高的代价，记入"管理费用"科目，在分析管理质量时可酌情采取针对性措施；三是视为偶然发生的损失，记入"营业外支出"科目。比较而言，第一种处理方法对于加强管理更有效一些，但对出纳人员过于苛刻。后两者好像颇有道理，但给管理制度开了口子。

在现金溢余的情形下，对于应支付给有关人员或单位的部分，应记入"其他应付款"科目。对于无法查明原因的现金溢余，现行法规并未明确规定其会计处理规则，在理论上可视为偶然所得，记入"营业外收入"科目。

值得注意的是，财政部会计财务评价中心编写的全国会计专业技术资格考试辅导教材《初级会计实务》一书给出的会计处理规则如下：无法查明原因的现金短缺，记入"管理费用"科目；无法查明原因的现金溢余，记入"营业外收入"科目。

《现金管理暂行条例》的相关规定

【例 2 - 3】

正明商贸股份有限公司盘点现金的有关业务的会计分录如下：

(1) 现金短缺的情形（实际款数少于账簿记载金额）。

发现现金短缺 900 元。

  借：待处理财产损溢——待处理流动资产损溢   900
    贷：库存现金   900

经查明，有 300 元须向责任人徐永祚追还。其余 600 元无从追还，经批准计入管理费用。

  借：其他应收款——徐永祚   300
    管理费用   600
    贷：待处理财产损溢——待处理流动资产损溢   900

(2) 现金溢余的情形（实际款数多于账簿记载金额）。

发现现金溢余 500 元。

  借：库存现金   500
    贷：待处理财产损溢——待处理流动资产损溢   500

原因不明，经批准记入"营业外收入"科目。

  借：待处理财产损溢——待处理流动资产损溢   500
    贷：营业外收入   500

2.2 银行存款

企业设"银行存款"科目核算其银行存款的收付和结存情况。该科目借方登记银行存款的增加,贷方登记银行存款的减少,期末余额在借方,反映银行存款的余额。企业应使用银行存款日记账(订本式账簿),按照业务发生顺序逐日逐笔登记。该科目可按银行名称和存款种类进行明细核算。有外币存款的企业,还应分别按人民币和外币进行明细核算。企业的外埠存款、银行本票存款、银行汇票存款、信用证保证金存款等,在"其他货币资金"科目核算,不通过"银行存款"科目核算。日常存款和取款的会计处理示例请见例 2-1。

2.2.1 转账结算收款人的会计处理

企业接受付款人交付的支票、银行本票、银行汇票时,应在转账收款完毕时,借记"银行存款"科目,根据具体情形贷记"应收票据"或"应收账款"等科目。

企业接受付款人通过汇兑方式转账支付的款项,收取通过托收承付方式或委托收款方式结算的款项时,应在收到收款通知书时借记"银行存款"科目,根据具体情形贷记"主营业务收入"或"应收账款"等科目。

2.2.2 转账结算付款人的会计处理

企业签发支票支取现金、通过汇兑等转账结算方式支付款项时,借记"库存现金""在途物资""库存商品"等科目,贷记"银行存款"科目。

2.2.3 银行存款的核对

企业银行存款账面余额与银行对账单余额之间如有差额,应通过编制银行存款余额调节表(见表 2-1)调节相符。导致两者产生差异的原因多为记账错误或者存在未达账项。发生未达账项的具体情况有四种:(1)企业已收款入账,银行尚未收款入账;(2)企业已付款入账,银行尚未付款入账;(3)银行已收款入账,企业尚未收款入账;(4)银行已付款入账,企业尚未付款入账。编制银行存款余额调节表的目的只是核对账目,调节表本身并不能作为调整银行存款账面余额的会计凭证。

表 2-1 银行存款余额调节表

项目	金额	项目	金额
银行对账单余额		企业的银行存款日记账余额	
加:企业记增加银行未记增加的金额 　减:企业记减少银行未记减少的金额		加:银行记增加企业未记增加的金额 　减:银行记减少企业未记减少的金额	
调节后应有金额		调节后应有金额	

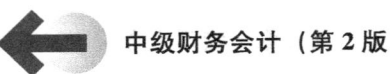

2.3 其他货币资金

会计学中所称的其他货币资金，泛指企业向银行预缴的票据业务存款（即银行汇票存款和银行本票存款）、单位银行卡存款、信用证保证金存款和存出投资款、外埠存款等款项。

企业设"其他货币资金"科目核算其银行汇票存款、银行本票存款、单位银行卡存款、信用证保证金存款、存出投资款、外埠存款等各种其他货币资金。该科目借方登记增加数，贷方登记减少数，期末余额在借方，反映企业持有的其他货币资金余额。该科目可按外埠存款的开户银行，银行汇票或本票、信用证的收款单位，设"银行汇票"、"银行本票"、"银行卡存款"（或"信用卡存款"）、"信用证保证金"、"存出投资款"、"外埠存款"等明细科目进行明细核算。

2.3.1 银行汇票存款和银行本票存款

企业申请办理银行汇票、银行本票时，在预先存入款项时，其会计分录可表示为：

借：其他货币资金——银行汇票　　　　　　　　　　×××
　　　　　　　　——银行本票　　　　　　　　　　×××
　　贷：银行存款　　　　　　　　　　　　　　　　×××

将银行汇票、银行本票用于实际开支时，其会计分录可表示为：

借：在途物资、库存商品等科目　　　　　　　　　　×××
　　贷：其他货币资金——银行汇票　　　　　　　　×××

2.3.2 银行卡存款

凡在中华人民共和国境内办理银行卡业务的商业银行、持卡人、商户及其他当事人均应遵守中国人民银行 1999 年发布的《银行卡业务管理办法》的规定。单位人民币卡账户的资金一律从其基本存款账户转账存入，不得存取现金，不得将销货收入存入单位卡账户。单位人民币卡可办理商品交易和劳务供应款项的结算，但不得透支。

企业从基本存款账户向单位人民币卡账户存入资金时，根据相关凭证，借记"其他货币资金——银行卡存款"科目,贷记"银行存款"科目。完成结算支付时,根据具体情形,借记"管理费用"等科目,贷记"其他货币资金——银行卡存款"科目。

2.3.3 信用证保证金存款

信用证保证金存款是指企业为了开具信用证而存入开证行的信用证保证金专户存款。

下面以国内信用证的相关法规为例,阐释信用证保证金存款的操作规则。

(1) 开证银行与申请人在开证前应签订明确双方权利义务的协议。开证行可要求申请人交存一定数额的保证金,并可根据申请人资信情况要求其提供抵押、质押、保证等合法有效的担保。开证申请人申请开立信用证,须提交其与受益人签订的贸易合同。

(2) 开证行应根据贸易合同及开证申请书等文件,合理、审慎设置信用证付款期限、有效期、交单期、有效地点。

(3) 企业依照约定向开证行缴存信用证保证金时,根据相关凭证,借记"其他货币资金——信用证保证金"科目,贷记"银行存款"科目。完成结算支付时,借记"在途物资"等科目,贷记"其他货币资金——信用证保证金"科目。

2.3.4 存出投资款

存出投资款是指企业已存入证券公司但尚未进行投资的资金。

企业向证券公司划出资金时,借记"其他货币资金——存出投资款"科目,贷记"银行存款"科目。购买证券时,借记"交易性金融资产"等科目,贷记"其他货币资金——存出投资款"科目。

2.3.5 外埠存款

外埠存款是指企业为了在外地进行临时或零星采购而汇到设在外地(采购地)的临时存款账户的款项。该账户除了采购人员可从中提取少量现金外,一律转账。

企业委托本地银行向外地汇出款项时,须填列《汇款委托书》,加盖"采购资金"字样。根据相关凭证,借记"其他货币资金——外埠存款"科目,贷记"银行存款"科目。采购业务员报销使用外埠存款支付的货款等款项时,企业根据相关凭证,借记"在途物资"等科目,贷记"其他货币资金——外埠存款"科目。

专栏 2-1   会计文化漫谈:大写数字的来历

大写数字在会计和金融领域具有重要的应用价值,《会计基础工作规范》和《支付结算办法》均对大写数字作出了严格的规定。

大写数字的形成年代尚存争议。杨宗义在《"大写数字皆武后时所改"辨》一文（《辞书研究》，1988（2））中考证，"壹、贰、叁"至迟在汉代就已借作"一、二、三"了。文物中使用"壹"的证据有：马王堆汉墓帛书《老子》乙本卷前古佚书中的"天明三以定二，则壹晦壹明"（《马王堆汉墓帛书》（壹），北京：文物出版社，1980）；《西岳华山庙碑》中的"五岁壹巡狩"（《隶释》卷三"四部丛刊本"）。文物中使用"贰"的证据有：马王堆汉墓帛书《战国纵横家书·朱己谓魏王章》中的"今不存韩；贰周、安陵必毙"（《战国纵横家书》，北京：文物出版社，1976）。文物中使用"叁"的证据有：马王堆汉墓帛书《战国纵横家书·苏秦献书赵王章》中的"韩亡叁川"；银雀山汉墓竹简《孙膑兵法·八阵》中的"用阵叁分"（《孙膑兵法校理》附《银雀山汉墓竹简·孙膑兵法》（原简摹写本），北京：中华书局，1986）。

黄今许在《大写数字起源于何时》一文（《咬文嚼字》，2006（12））中提及，唐代诗人白居易的宋版《白氏长庆集》中使用了大写数字："况其军一月之费，计实钱贰拾漆捌万贯"（《论行营状请勒魏博等四道兵马却守本界事》）。

朱元璋为了整饬吏治，推行了完整的大写数字写法（壹、贰、叁、肆、伍、陆、柒、捌、玖、拾、佰、仟）。大写数字从此沿用至今。

在资产负债表上，"货币资金"项目是根据"库存现金"、"银行存款"和"其他货币资金"三个总账科目的期末余额的合计数填列的。

思考题

企业办理哪些票据业务和支付结算业务需要向银行预缴款项？哪些业务不需要预缴款项？

练习题

一、单项选择题

1. 下列各项中，不通过"其他货币资金"科目核算的是（　　）。
   A. 信用证保证金存款　　　　　　　　B. 预借给职工的出差备用金
   C. 信用卡存款　　　　　　　　　　　D. 银行本票存款
2. 下列各项中，不会引起其他货币资金发生变动的是（　　）。
   A. 企业销售商品收到商业汇票
   B. 企业用银行本票购买办公用品
   C. 企业将款项汇往外地开立采购专业账户
   D. 企业为购买基金将资金存入证券公司指定银行开立的账户
3. 企业将款项汇往异地银行开立采购专户，编制该业务的会计分录时应当（　　）。

A. 借记"应收账款"科目，贷记"银行存款"科目
B. 借记"其他货币资金"科目，贷记"银行存款"科目
C. 借记"其他应收款"科目，贷记"银行存款"科目
D. 借记"材料采购"科目，贷记"其他货币资金"科目

二、多项选择题

1. 下列各项中，应通过"其他货币资金"科目核算的有（　　）。
   A. 银行汇票存款　　　　　　　　B. 信用卡存款
   C. 外埠存款　　　　　　　　　　D. 存出投资款
2. 下列各项中，应确认为其他货币资金的有（　　）。
   A. 企业持有的 3 个月内到期的债券投资
   B. 企业为购买股票向证券公司划出的资金
   C. 企业汇往外地建立临时采购专户的资金
   D. 企业向银行申请银行本票时拨付的资金

三、判断题

1. 企业采购商品或接受劳务采用银行汇票结算时，应通过"应付票据"科目核算。
（　　）

2. 现金清查中，对于无法查明原因的现金短缺，经批准后应计入营业外支出。
（　　）

四、实务训练题

假设你是某公司主管会计，准备开支票向市农业发展有限责任公司支付农产品采购价款。请根据票据记载事项的相关信息签发支票（只需填写大写日期、大写金额、小写金额）：

（1）支票出票日期是 2019 年 10 月 20 日；
（2）支票金额为人民币 3 097 605.40 元。
以下票样仅供参考。

第 3 章 存 货

素养目标

1. 结合中国特色社会主义法治体系学习会计法规体系。运用《中华人民共和国会计法》第九条，对《企业会计准则第 1 号——存货》中的规则进行辩证分析。
2. 培养辩证思维能力。理解后进先出法被取消的原因，理解存货跌价准备这一会计规则的理论逻辑、历史逻辑和实践逻辑。

学习目标

1. 掌握：商业企业商品采购和商品销售的会计处理方法；工业企业原料采购、生产加工和产品销售的会计处理方法；增值税的会计处理方法；销货成本的计算方法；存货盘盈盘亏的会计处理方法。
2. 理解：成本与市价孰低法的设计思路。
3. 了解：低值易耗品摊销的会计处理方法。

本章结合工商企业的日常业务，介绍《企业会计准则第 1 号——存货》中所规定的会计处理规则。该准则系借鉴《国际会计准则第 2 号——存货》（International Accounting Standard 2: Inventories）制定而成。

本章没有照搬会计准则中"法典化"的编写顺序，而是从实用主义的角度出发，本着简洁、直观的原则，结合完整的企业业务流程来阐释会计处理规则。本章所设专栏旨在引导读者拓宽知识面，激发读者的创造性思维。专栏内容不作教学要求。

资产负债表中的存货项目，是按照"在途物资""原材料""生产成本""库存商品""低值易耗品"等账户的信息汇总列报的。存货（inventory）泛指企业所拥有的除货币资金、固定资产（机器设备及交通工具类）外的有形动产。如工业制造类企业所持有的原材料、在产品、产成品；商品流通企业所持有的商品、包装物；企业所持有的办公耗材之类的自用物品（即会计学所称的低值易耗品）；等等。

企业账簿中所记载的存货，应当具备相应的物权证明，如购货发票、买卖合同、支付结算单据、售货方的收款证明等。

3.1 商业企业存货的会计处理

在我国，物（包括动产和不动产）的流转（采购、销售）以及无形资产（如土地使用权和知识产权等）的交易通常都要涉及增值税（免税的情形除外），因此，熟练掌握增值税的基本知识是学习资产的会计处理规则的前提。

企业买卖货物时，会在增值税专用发票上注明货物的金额和相应的税额，交易的总价款就是价税合计。发票上注明的税额对于卖方来讲就是销项税额，对于买方来讲就是进项税额。例如，润生商贸有限责任公司是增值税一般纳税人，该公司采购了一批名贵服装，价税合计为 33 900 元，其中，金额为 30 000 元，税额为 3 900 元。销售时，价税合计为 56 500 元，其中，金额为 50 000 元，税额为 6 500 元。则其增值税应纳税额＝销项税额－进项税额＝6 500－3 900＝2 600 元。

也就是说，润生商贸有限责任公司的货物销售实现了增值额 20 000 元（50 000－30 000），它的增值税应纳税额等于增值额乘以适用税率，这就是增值税的设计原理。

增值税一般纳税人应当在"应交税费"科目下设置"应交增值税""未交增值税"等明细科目，核算增值税纳税义务的发生及履行情况。在"应交增值税"明细账内，应设置"进项税额""已交税金""销项税额"等专栏[①]。"进项税额"专栏，记录一般纳税人购进货物、无形资产或不动产，接受加工修理修配劳务、服务，而支付或负担的准予从当期销项税额中抵扣的增值税税额。"已交税金"专栏，记录一般纳税人当月已缴纳的应交增值税税额。"销项税额"专栏，记录一般纳税人销售货物、无形资产或不动产，提供加工修理修配劳务、服务，应收取的增值税税额。

一般纳税人购进货物、无形资产或不动产，接受加工修理修配劳务、服务时，按应计入相关成本费用或资产的金额，借记"在途物资""原材料""库存商品""生产成本""无形资产""固定资产""管理费用"等科目；按可抵扣增值税税额，借记"应交税费——应交增值税（进项税额）"科目；按应付或实际支付的金额，贷记"应付账款""银行存款"等科目。

一般纳税人销售货物、无形资产或不动产，提供加工修理修配劳务、服务时，应当按应收或已收的金额，借记"应收账款""银行存款"等科目；按取得的收入金额，贷记"主营业务收入""其他业务收入""固定资产清理""工程结算"等科目；按根据现行增值税制度规定计算的销项税额，贷记"应交税费——应交增值税（销项税额）"

---

① 本书将会用到"应交税费——应交增值税"这个明细账户的"进项税额"专栏和"销项税额"专栏，其余专栏本书从略。

科目。

一般纳税人缴纳当月应交的增值税，借记"应交税费——应交增值税（已交税金）"科目，贷记"银行存款"科目。

下面以一个模拟案例演示增值税的账务处理。

【例3-1】

润生商贸有限责任公司是增值税一般纳税人。该公司20×3年1月2日转账支付11 300元采购一批名贵服装，采购时所收到的增值税专用发票上注明的金额为10 000元，税额为1 300元。同年1月30日（在同一个纳税期间内），以33 900元的价格销售出去，开出的增值税专用发票上注明的金额为30 000元，税额为3 900元。假定在该纳税期间内只发生这两笔业务。

我们称其进货时所支付的增值税税额（1 300元）为进项税额，称其销货时收取的增值税税额（3 900元）为销项税额。则，当期应纳税额＝当期销项税额－当期进项税额＝3 900－1 300＝2 600元。可见，进项税额其实是企业垫付的留待从销项税额中抵扣的税额，可以理解为一项债权（用于冲抵当期的销项税额），因此，在发生时直接借记"应交税费——应交增值税"这个负债类账户（记入借方的"进项税额"专栏）。

读者可以尝试为上述业务编制会计分录，以增加感性认识。

（1）采购时。

这项经济业务的发生，一方面使该公司的库存商品增加10 000元、留待以后扣除的进项税额（可理解为一项债权）增加1 300元，另一方面使该公司的银行存款减少11 300元，因此，这项经济业务涉及"库存商品"、"应交税费——应交增值税"和"银行存款"三个账户。"库存商品"属于资产类账户，其增加额应记入借方。进项税额留待抵减纳税义务，属于负债的减少，应记入"应交税费——应交增值税"的借方（记入"进项税额"专栏）。"银行存款"属于资产类账户，其减少额应记入贷方。综合上述分析，这项业务的会计分录如下：

借：库存商品　　　　　　　　　　　　　　　　　　　　　　　10 000
　　　应交税费——应交增值税（进项税额）　　　　　　　　　 1 300
　　贷：银行存款　　　　　　　　　　　　　　　　　　　　　　　11 300

（2）销售时。

这项经济业务的发生，一方面使该公司的银行存款增加33 900元，另一方面使该公司的主营业务收入增加30 000元、导致纳税义务增加的销项税额增加3 900元，因此，这项经济业务涉及"银行存款"、"主营业务收入"和"应交税费——应交增值税"三个账户。"银行存款"属于资产类账户，其增加额应记入借方。销项税额导致当期纳税义务（负债）增加，应记入"应交税费——应交增值税"的贷方（记入"销项税额"专栏）。"主营业务收入"属于收入类账户，其增加应记入贷方。综合上述分析，这项业务的会计分录如下：

借：银行存款　　　　　　　　　　　　　　　　　　　　　　　33 900
　　贷：主营业务收入　　　　　　　　　　　　　　　　　　　　　30 000
　　　　应交税费——应交增值税（销项税额）　　　　　　　　　 3 900

（3）结转销货成本时。

结转销货成本时，一方面应记载该公司的主营业务成本增加 10 000 元，另一方面要记载该公司的库存商品减少 10 000 元。因此，这项经济业务涉及"主营业务成本"和"库存商品"两个账户。"主营业务成本"属于费用类账户，其增加额应记入借方。"库存商品"属于资产类账户，其减少额应记入贷方。综合上述分析，这项业务的会计分录如下：

借：主营业务成本　　　　　　　　　　　　　　　　　　　　　10 000
　　贷：库存商品　　　　　　　　　　　　　　　　　　　　　　10 000

（4）缴纳增值税时。

这项经济业务的发生，一方面使该公司的增值税纳税义务减少 2 600 元，另一方面使该公司的银行存款减少 2 600 元，因此，这项经济业务涉及"应交税费——应交增值税"和"银行存款"两个账户。"应交税费——应交增值税"属于负债类账户，其减少额应记入借方，已交税金记入该账户下的"已交税金"专栏。"银行存款"属于资产类账户，其减少额应记入贷方。综合上述分析，这项业务的会计分录如下：

借：应交税费——应交增值税（已交税金）　　　　　　　　　　2 600
　　贷：银行存款　　　　　　　　　　　　　　　　　　　　　　2 600

此时，"应交税费——应交增值税"明细账的借方专栏合计与贷方专栏合计金额相等（均为 3 900 元），成为零余额账户（视为关闭），该账户的功能已经履行完毕。在下一个增值税纳税期间，重新开始上述记录。

上述业务可概括如图 3-1 所示。为帮助读者掌握"应交税费——应交增值税"账户的用法，图中特地绘制了该账户的主要专栏，其余账户以 T 型账户表示。

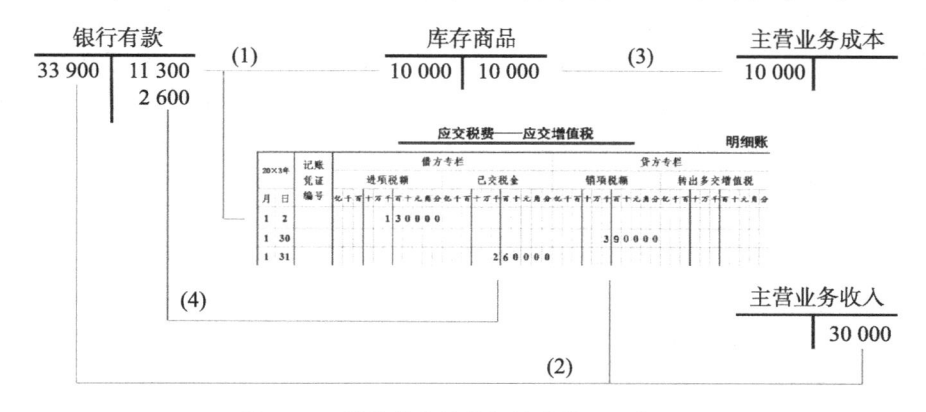

图 3-1　增值税应纳税额的计算（示意图）

现在请你想一想，润生商贸有限责任公司通过此番经营一共新增了多少银行存款？取得了多少营业利润？"应交税费——应交增值税"明细账在其中起到的"跑龙套"作用是不是很有意义？回答了这些问题，大家就可以更深刻地理解会计工作的意义和增值税的会计处理方法。

3.2 工业企业存货的会计处理

3.2.1 采购原材料

企业采购的原材料应当按照实际采购成本入账。实际采购成本包括货物金额、除增值税进项税额以外的相关税费、运输费、装卸费、保险费以及其他可归属于存货采购成本的费用。

企业设置"原材料"科目核算其库存的各种材料，包括原料及主要材料、辅助材料、外购半成品（外购件）、修理用备件（备品备件）、包装材料、燃料等的成本。该科目可按材料的类别、品种、规格或保管地点（仓库位置）等进行明细核算。该科目借方登记增加额，贷方登记减少额，期末借方余额反映的是企业库存材料的成本。

如果付款后需要经过一定的时间间隔才能收货入库，则需设"在途物资"科目进行过渡性账务处理。"在途物资"科目核算其采用实际成本（即进价）进行日常核算的，货款已付但尚未验收入库的原材料、商品等物资的采购成本。该科目可按供应单位进行明细核算。该科目借方登记增加额，贷方登记减少额，期末借方余额反映尚未到达或尚未验收入库的在途材料、商品等物资的采购成本。

【例3-2】
润叶家具有限公司为增值税一般纳税人，20×3年3月接到一份订单，生产一张写字桌和一把椅子。为此，从金秋林业有限公司采购原材料，增值税专用发票上注明的原材料金额为2 000元，增值税税额为260元，价税合计为2 260元。卖方负责运货，货物经长途运输运达润叶家具有限公司。润叶家具有限公司采用实际成本法核算原材料采购成本。其相关业务的会计分录如下：

(1) 支付货款取得增值税专用发票时。

  借：在途物资   2 000
    应交税费——应交增值税（进项税额）   260
   贷：银行存款   2 260

(2) 原材料验收入库时。

  借：原材料   2 000
   贷：在途物资   2 000

上述采购业务的账务处理过程可概括如图3-2所示。

如果在采购时可直接收货入库，则无须通过"在途物资"科目作过渡性账务处理，可直接借记"原材料""应交税费——应交增值税（进项税额）"等科目，贷记"银行存款"等科目。

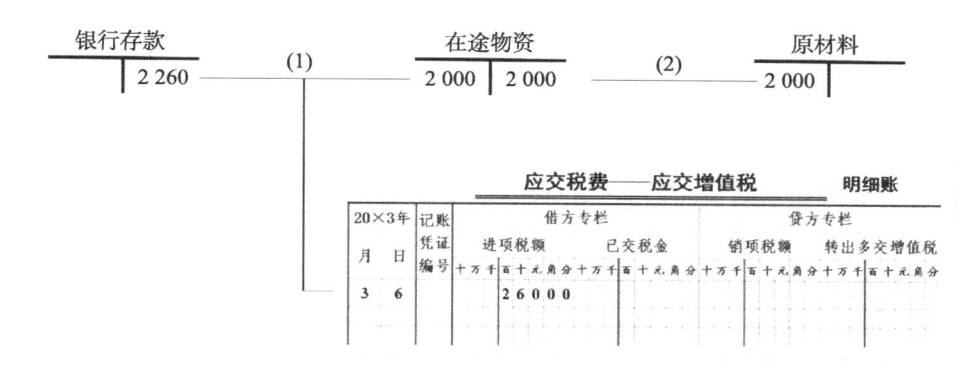

图 3-2 采购业务的账务处理示意图

3.2.2 生产过程中的直接代价

企业设置"生产成本"科目核算在产品制造过程中发生的各种代价，该科目可按产品品种或批次进行明细核算。对于生产过程中发生的与某种产品直接相关的代价（如直接负责生产该产品的工人师傅的薪酬、生产过程中使用的原材料等，这些通常称作直接人工、直接材料），可直接记入"生产成本"科目进行归集；对于与多种产品相关、不便直接计入某种产品的代价（如车间发生的水、电、气开支以及车间管理人员的工资等），则需要先行通过"制造费用"科目进行归集，然后按照企业内部管理制度事先确定的成本计算标准分配记入"生产成本"科目。

"生产成本"科目的借方登记增加额，贷方登记减少额。该科目期末余额在借方，反映企业尚未完成全部工序的在产品的成本。

【例 3-3】

续例 3-2。润叶家具有限公司的定制品生产车间领用该批原材料。写字桌和椅子各用去价值 1 000 元的木料。其会计分录如下：

借：生产成本——写字桌　　　　　　　　　　　　　　　　　　1 000
　　　　　　——椅子　　　　　　　　　　　　　　　　　　　1 000
　　贷：原材料　　　　　　　　　　　　　　　　　　　　　　2 000

【例 3-4】

续例 3-2。润叶家具有限公司的定制品生产车间发放从事直接生产的工人师傅的工资 1 200 元。按照劳动量分配给写字桌的直接人工成本为 900 元，分配给椅子的直接人工成本为 300 元。其相关业务的会计分录如下：

(1) 将直接人工开支分配到各个产品时。

借：生产成本——写字桌　　　　　　　　　　　　　　　　　　　900
　　　　　　——椅子　　　　　　　　　　　　　　　　　　　　300
　　贷：应付职工薪酬　　　　　　　　　　　　　　　　　　　1 200

(2) 发放生产工人工资时。

借：应付职工薪酬　　　　　　　　　　　　　　　　　　　　　　1 200
　　贷：银行存款　　　　　　　　　　　　　　　　　　　　　　　　1 200

3.2.3　生产过程中的间接代价

企业设置"制造费用"科目核算其生产车间、部门为生产产品和提供劳务而发生的各项间接代价，如车间发生的难以直接对应于某种产品而是由多种产品共同分担的水、电、气开支和车间管理人员的工资等。在实务工作中，车间建筑物、机器设备等固定资产的折旧也是先行计入制造费用，然后再分摊计入生产成本。折旧的计算及其相关会计处理参见第4章。

"制造费用"科目可根据管理需要按不同的生产车间、部门和开支项目进行明细核算。该科目借方登记增加额，贷方登记减少额（结转额）。该科目的借方发生额合计数在期末通常应及时结转至"生产成本"科目，因此，除季节性的生产企业外，该科目期末应当无余额。

【例3-5】

续例3-2至例3-4。润叶家具有限公司的定制品生产车间归集该车间发生的与该订单有关的各项间接代价，其中动用银行存款支付了水、电、气等车间开支100元和车间主任薪酬700元。当月对车间的固定资产计提折旧2 000元。其相关业务的会计分录如下：

(1) 归集车间发生的各种间接代价时。

借：制造费用　　　　　　　　　　　　　　　　　　　　　　　　2 800
　　贷：应付职工薪酬　　　　　　　　　　　　　　　　　　　　　　700
　　　　银行存款　　　　　　　　　　　　　　　　　　　　　　　　100
　　　　累计折旧　　　　　　　　　　　　　　　　　　　　　　　2 000

(2) 发放车间主任薪酬时。

借：应付职工薪酬　　　　　　　　　　　　　　　　　　　　　　　700
　　贷：银行存款　　　　　　　　　　　　　　　　　　　　　　　　700

【例3-6】

续例3-5。润叶家具有限公司的定制品生产车间将归集的间接费用分配给各项在产品，分配标准由企业自行确定。按照公司的成本核算办法，公司领导决定由写字桌和椅子平均分摊该车间的制造费用。其会计分录如下：

借：生产成本——写字桌　　　　　　　　　　　　　　　　　　　1 400
　　　　　　　——椅子　　　　　　　　　　　　　　　　　　　　1 400
　　贷：制造费用　　　　　　　　　　　　　　　　　　　　　　　2 800

3.2.4 加工完成的产成品

工业企业设置"库存商品"科目核算企业库存的产成品的成本。该科目可按库存商品的种类、品种和规格进行明细核算。该科目借方登记增加额，贷方登记减少额，期末余额在借方，反映企业库存商品的成本。

产品成本的计算规则

【例 3-7】

续例 3-6。润叶家具有限公司的定制产品已经完成全部工序，产成品（一张写字桌和一把椅子）已经从车间运到仓库。

"生产成本"科目中累积的各种产品的加工成本分别为：

写字桌的加工成本＝1 000＋900＋1 400＝3 300(元)

椅子的加工成本＝1 000＋300＋1 400＝2 700(元)

这项经济业务的发生，一方面使该公司的库存商品增加 6 000 元，另一方面使该公司的生产成本减少 6 000 元，因此，这项经济业务涉及"库存商品"和"生产成本"两个账户。这两个账户均属于资产类账户（或成本类账户），增加额应当记入借方，减少额应当记入贷方。综合上述分析，结转产成品（库存商品）的入账价值时编制的会计分录如下：

借：库存商品——写字桌　　　　　　　　　　　　　　　　　　3 300
　　　　　　——椅子　　　　　　　　　　　　　　　　　　　2 700
　　贷：生产成本——写字桌　　　　　　　　　　　　　　　　　3 300
　　　　　　　　——椅子　　　　　　　　　　　　　　　　　2 700

上述生产业务的账务处理过程可概括如图 3-3 所示。图中括号内的数字对应前面的例题编号。

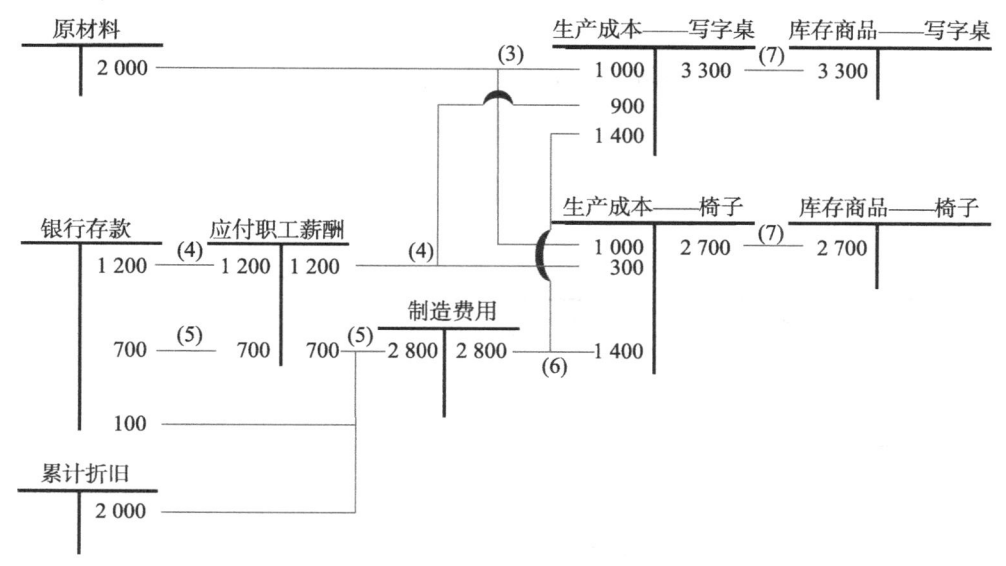

图 3-3 生产业务的账务处理示意图

3.2.5 出售库存商品

出售库存商品时,企业应按所收取的货款(或取得的收款的权利)借记"银行存款"科目(或"应收账款"科目),按库存商品的不含税价格,贷记"主营业务收入"科目,按增值税税额,贷记"应交税费——应交增值税"科目(记入"销项税额"专栏)。同时,按库存商品的实际成本,借记"主营业务成本"科目,贷记"库存商品"科目。

【例 3-8】

续例 3-7。20×3 年 3 月 31 日,润叶家具有限公司依合同约定的价格和交货时间将写字桌和椅子销售给客户。增值税专用发票上注明的金额为 10 000 元,税额为 1 300 元。价税合计为 11 300 元,货款已经划入公司的银行账户。写字桌的成本为 3 300 元,椅子的成本为 2 700 元。其相关业务的会计分录如下:

(1) 取得销售收入时。

借:银行存款　　　　　　　　　　　　　　　　　　　　　11 300
　　贷:主营业务收入　　　　　　　　　　　　　　　　　　10 000
　　　　应交税费——应交增值税(销项税额)　　　　　　　1 300

(2) 结转销售成本时。

借:主营业务成本　　　　　　　　　　　　　　　　　　　　6 000
　　贷:库存商品——写字桌　　　　　　　　　　　　　　　3 300
　　　　　　　　——椅子　　　　　　　　　　　　　　　　2 700

上述销售业务的账务处理过程可概括如图 3-4 所示。

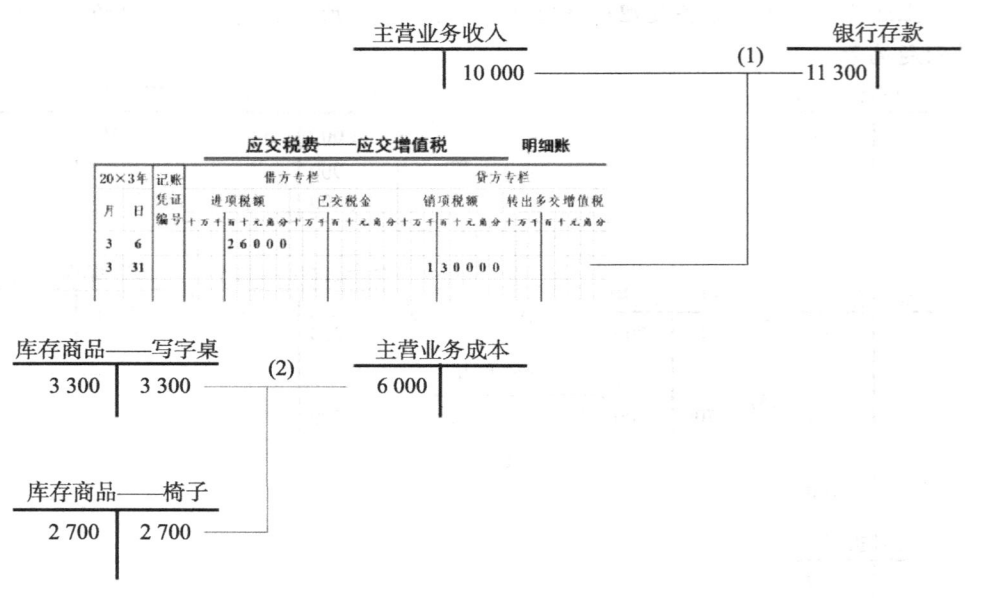

图 3-4　销售业务的账务处理示意图

3.2.6 委托加工物资

企业设置"委托加工物资"科目核算企业委托外单位加工的各种材料、商品等物资的实际成本。该科目可根据管理需要按加工合同、受托加工单位以及加工物资的品种等进行明细核算。

企业交给外单位加工的物资，按实际成本，借记"委托加工物资"科目，贷记"原材料""库存商品"等科目。支付加工费、运杂费时，借记"委托加工物资"等科目，贷记"银行存款"等科目。加工完成验收入库的物资和剩余物资，按加工收回物资的实际成本和剩余物资的实际成本，借记"原材料""库存商品"等科目，贷记"委托加工物资"科目。该科目期末余额在借方，反映企业委托外单位加工、尚未完成的物资的实际成本。

【例3-9】

福堂农贸有限公司发出外购的一批账面价值6 000元的原材料和自己生产的价值2 000元的库存商品，委托俊武科工集团公司生产一批货物。福堂农贸有限公司支付加工费价税合计1 130元，其中加工费的不含税价格为1 000元，增值税税额为130元。收到加工完成的货物后，福堂农贸有限公司以价税合计22 600元将该批货物售出，增值税专用发票上注明的金额为20 000元，税额为2 600元，货款尚未收到。其相关业务的会计分录如下：

（1）交付材料和库存商品时。

借：委托加工物资		8 000
贷：原材料		6 000
库存商品		2 000

（2）支付加工费用时。

借：委托加工物资	1 000
应交税费——应交增值税（进项税额）	130
贷：银行存款	1 130

（3）收回加工完成的货物时。"委托加工物资"科目中累积的加工成本为9 000元（8 000＋1 000）。

借：库存商品	9 000
贷：委托加工物资	9 000

（4）销售货物、结转成本时。

借：应收账款	22 600
贷：主营业务收入	20 000
应交税费——应交增值税（销项税额）	2 600
借：主营业务成本	9 000
贷：库存商品	9 000

涉及消费税的委托加工物资的会计处理见第9章。

3.3 发出存货的计价方法

前面我们举例阐释的工商企业销售成本的计算过程比较简单。在实务工作中,本期销售的货物可能是以前分批次以不同的价格采购而来的,那么,在计算销货成本时就存在多种计算方法,计算方法的不同将会直接关系到所计算出的销货成本、当期的利润和期末结存存货的账面价值。因此,会计准则针对实务中多批量采购的实际情况,规定了商品销售成本的计算规则:企业应当选择采用先进先出法(first-in-first-out,FIFO)、加权平均法(weighted-average)、移动加权平均法(moving weighted-average)或者个别计价法(specific identification method)确定发出存货的实际成本。对于性质和用途相似的存货,应当采用相同的成本计算方法确定发出存货的成本。

【例3-10a】

文豪酒业股份公司某品牌的红葡萄酒购销情况如表3-1所示。

表3-1 库存商品明细账

品名:红葡萄酒　　　　　　　　　　　　　　　　　　　　　数量单位:瓶
　　　　　　　　　　　　　　　　　　　　　　　　　　　　　金额单位:元

20×2年		摘要	收入			发出			结存		
月	日		数量	单价	金额	数量	单价	金额	数量	单价	金额
9	9	采购	①2 000	6	12 000				2 000		
	10	销售				①600			1 400		
	15	采购	②1 000	8	8 000				2 400		
	16	销售				②1 200			1 200		
	20	采购	③2 000	9	18 000				3 200		
	21	销售				③2 000			1 200		
		本月合计	5 000			3 800			1 200		

下面依此例分别介绍上述方法计算销货成本的具体步骤。

3.3.1 先进先出法

先进先出法的理念是假定先购入的存货先发出,按照这样的假设计算发出存货的成本和期末存货的成本。

【例3-10b】

文豪酒业股份公司采用先进先出法计算销货成本的情形如表3-2所示。表中以下划线标示需要计算填列的数据(后面的类似情况亦照此处理)。

表 3-2　库存商品明细账
（采用先进先出法计算）

品名：红葡萄酒

数量单位：瓶
金额单位：元

20×2年		摘要	收入			发出			结存		
月	日		数量	单价	金额	数量	单价	金额	数量	单价	金额
9	9	采购	①2 000	6	12 000				2 000	6	12 000
	10	销售				① 600	6	3 600	1 400	6	8 400
	15	采购	②1 000	8	8 000				1 400 1 000	6 8	8 400 8 000
	16	销售				②1 200	6	7 200	200 1 000	6 8	1 200 8 000
	20	采购	③2 000	9	18 000				200 1 000 2 000	6 8 9	1 200 8 000 18 000
	21	销售				③200 1 000 800	6 8 9	1 200 8 000 7 200	1 200	9	10 800
		本月合计	5 000		38 000	3 800		27 200	1 200	9	10 800

第一次销售时，按照第一次进货时每瓶6元的价格计算销货成本。

第二次进货后，可供销售的红葡萄酒有以单价6元购入的1 400瓶和以单价8元购入的1 000瓶。

第二次销售时，用较早进货的单价6元计算发出的1 200瓶红葡萄酒的销货成本。

其余情形以此类推。采用先进先出法计算的本期销售成本为27 200元，期末库存红葡萄酒的账面价值为10 800元。

先进先出法的优点是据此所计算出的期末结存存货的账面价值比较接近最新市价。其缺点是在手工核算的情形下，工作量比较大。

3.3.2　加权平均法

加权平均法的理念是仅在期末计算本期可供销售的存货的平均成本，然后以此计算发出存货的总成本。由于在这种方法下只在月底计算一次平均单价，因此，该方法又称全月一次加权平均法。

【例3-10c】

文豪酒业股份公司采用加权平均法计算销货成本的情形如表3-3所示。

表 3-3　库存商品明细账
(采用加权平均法计算)

品名：红葡萄酒　　　　　　　　　　　　　　　　　　　　　　数量单位：瓶
　　　　　　　　　　　　　　　　　　　　　　　　　　　　　　金额单位：元

20×2年		摘要	收入			发出			结存		
月	日		数量	单价	金额	数量	单价	金额	数量	单价	金额
9	9	采购	①2 000	6	12 000				2 000		
	10	销售				①600	7.6	4 560	1 400		
	15	采购	②1 000	8	8 000				2 400		
	16	销售				②1 200	7.6	9 120	1 200		
	20	采购	③2 000	9	18 000				3 200		
	21	销售				③2 000	7.6	15 200	1 200		
		本月合计	5 000	7.6	38 000	3 800	7.6	28 880	1 200	7.6	9 120

加权平均单位成本的计算公式如下：

$$加权平均单位成本 = \frac{本期全部可供销售的存货的实际成本}{全部可供销售的存货数量}$$

在本例中，加权平均单位成本计算如下：

$$加权平均单位成本 = \frac{12\,000 + 8\,000 + 18\,000}{2\,000 + 1\,000 + 2\,000} = 7.6(元/瓶)$$

采用加权平均法计算的本期销售成本为 28 880 元，期末库存红葡萄酒的价值为 9 120 元。

采用加权平均法在月末计算得到的平均单价显得比较公道。这种方法的显著特点是，平时只记录发出存货的数量而不记录金额，因此，在手工核算的情形下，该方法有助于减少工作量，但不能随时提供存货的账面价值数据，对于企业管理而言多有不便。

3.3.3　移动加权平均法

移动加权平均法克服了前述加权平均法不能随时提供存货账面价值数据的缺陷。在该方法下，每次进货后都要计算一次当时全部可供销售的存货的加权平均单位成本（即平均单价），从而得以采用该单价计算其后所售货物的销售成本和所结存货物的账面价值。

$$加权平均单位成本 = \frac{每次进货后全部可供销售的存货的实际成本}{每次进货后全部可供销售的存货数量}$$

【例 3-10d】

文豪酒业股份公司采用移动加权平均法计算销货成本的情形如表 3-4 所示。

表 3-4　库存商品明细账
（采用移动加权平均法计算）

品名：红葡萄酒

数量单位：瓶
金额单位：元

20×2年		摘要	收入			发出			结存		
月	日		数量	单价	金额	数量	单价	金额	数量	单价	金额
9	9	采购	①2 000	6	12 000				2 000		
	10	销售				①600	6	3 600	1 400	6	8 400
	15	采购	②1 000	8	8 000				2 400	6.833 3	16 400
	16	销售				②1 200	6.833 3	8 200	1 200	6.833 3	8 200
	20	采购	③2 000	9	18 000				3 200	8.187 5	26 200
	21	销售				③2 000	8.187 5	16 375	1 200	8.187 5	9 825
		本月合计	5 000		38 000	3 800		28 175	1 200	8.187 5	9 825

在本例中，第二次和第三次采购后计算移动加权平均单位成本的情形如下：

9月15日计算的移动加权平均单位成本 $= \dfrac{8\,400+8\,000}{1\,400+1\,000} = 6.833\,3$（元/瓶）

9月20日计算的移动加权平均单位成本 $= \dfrac{8\,200+18\,000}{1\,200+2\,000} = 8.187\,5$（元/瓶）

采用移动加权平均法计算的本期销售成本为 28 175 元，期末库存红葡萄酒的价值为 9 825 元。

移动加权平均法所计算出的加权平均单位成本也显得比较公道。与全月一次加权平均法相比，该方法还可以使管理层及时了解存货的结存情况，有利于对存货进行适时控制。当然，在手工核算的情形下工作量也比较大。

3.3.4　个别计价法

对于不能替代使用的存货（如大型设备）、价格高昂的存货（如名贵珠宝或钟表）、为特定项目专门购入或制造的存货，通常采用个别计价法确定其销售成本。这种方法可顾名思义，兹不赘述。

显然，这种计算方法是最客观的，但在手工核算的情形下工作量比较大。值得庆幸的是，如今条码技术已经比较成熟，大大减少了个别计价法的工作量。

表 3-5 对比分析了不同计价方法对当期主营业务成本和期末结存金额的影响。不难看出，在采购价持续上涨的情况下，采用先进先出法、移动加权平均法、加权平均法和后进先出法（last-in-first-out，LIFO）所计算的当期主营业务成本依次递增，期末结存金额则依次递减（其中，后进先出法的理念是假定后购进的存货先发出，现已被《企业会计准则第1号——存货》取消）。

后进先出法

表 3-5　发出存货的不同计价方法对当期主营业务成本和期末结存金额的影响

计价方法	收入			发出			结存		
	数量（瓶）	单价（元）	金额（元）	数量（瓶）	单价（元）	金额（元）	数量（瓶）	单价（元）	金额（元）
先进先出法	5 000	7.6	38 000	3 800	—	27 200	1 200	9	10 800
加权平均法					7.6	28 880		7.6	9 120
移动加权平均法					—	28 175		8.187 5	9 825
后进先出法					—	30 800		6	7 200

会计准则中所称的"发出存货",兼指发出库存商品（涉及销货成本）和发出原材料（涉及生产成本）等情形。实务中,如果本期生产车间领用的原材料是以前分批次以不同的价格采购而来的,那么,在计算生产过程所耗用的材料成本时也可以选择采用先进先出法、加权平均法、移动加权平均法或者个别计价法进行计算。其操作与前例无异,此处从略。

专栏 3-1　　　　　　　　　低值易耗品的摊销

企业设置"低值易耗品"科目核算企业的低值易耗品的收发和结存情况。该科目可按低值易耗品的种类,设置"在库""在用""摊销"等明细科目进行明细核算。企业购入低值易耗品时,比照"原材料"科目进行账务处理。

企业应当采用一次转销法或者五五摊销法对低值易耗品进行摊销,计入相关资产的成本或者当期损益。一次转销法是指在低值易耗品投入使用时一次性注销其账面记录,在领用时按其账面价值,根据具体情形借记"管理费用""销售费用"等科目,贷记"低值易耗品"科目。五五摊销法是指在低值易耗品投入使用时注销其账面金额的一半,在资产报废时再摊销其账面价值的另一半,即低值易耗品分两次各按 50% 进行摊销。

"低值易耗品"科目期末余额在借方,反映企业在库周转材料的成本以及在用周转材料的摊余价值。包装物、周转材料等比照低值易耗品进行会计处理。

3.4　存货跌价准备

3.4.1　存货跌价准备的计提

《企业会计准则第 1 号——存货》规定,资产负债表日,存货应当按照成本与可变现净值（net realizable value,NRV）孰低计量,存货成本高于其可变现净值的,应当计提存货跌价准备,计入当期损益。其中,资产负债表日是指对外公布财务报表之日,在我国一般是指季末和年末。成本是指存货在本期计提跌价准备前的账面价值。可变现净值，对于已经完工、可立即对外出售的存货（如库存商品以及可直接出售的低值易耗品、原材料等）而言，是指其估计售价减去估计的销售费用和相关税费后的金额；对于不可直接对外出售的存货（如在产品、不可直接出售的原材料）而言，是指该存货加工完成后的产成品的估计售价减去自当前状态加工到可销售状态估计将要发生的成本、估计的销售费用以及相关税费后的金额。

企业在确定存货的可变现净值时，应当以取得的确凿证据为基础，并且考虑持有存货的目的、资产负债表日后事项的影响等因素。其中，确凿证据是指对确定存货的可变现净值有直接影响的客观证明，如产成品或商品的市场销售价格、与产成品或商品相同或类似商品的市场销售价格、销货方提供的有关资料和生产成本资料等。

企业设置"资产减值损失"科目核算其计提的各项非金融资产减值准备所形成的损失。该科目可按照发生资产减值损失的项目进行明细核算。该科目借方登记发生额（增加数），贷方登记结转额（减少数）。期末结转后，该科目无余额。

企业设置"存货跌价准备"科目核算企业对存货计提的跌价准备。该科目是存货项目的备抵科目，可按存货项目或类别进行明细核算。该科目贷方登记计提额（存货跌价准备的增加数），借方登记转回额或转销额（存货跌价准备的减少数），期末余额在贷方，反映企业已计提但尚未转销的存货跌价准备。

计提存货跌价准备时，借记"资产减值损失"科目，贷记"存货跌价准备"科目。

专栏 3-2　　　　　关于"可变现净值"的计算规则的补充说明

以下规则改编自《企业会计准则第1号——存货》和《〈企业会计准则第1号——存货〉应用指南》，供感兴趣的读者参阅。

假如企业为生产而持有的材料等存货的价格下降，如果企业确信最终产成品仍然有利可图，则可不再考虑减记存货；如果企业认为材料价格的下降必然导致产成品的可变现净值低于成本，则该材料就应当按照可变现净值计量。

为执行销售合同或者劳务合同而持有的存货，其可变现净值应当以合同价格为基础进行计算。企业持有存货的数量多于销售合同订购数量的，超出部分的存货的可变现净值应当以市场价格为基础进行计算。

企业通常应当按照单个存货项目计提存货跌价准备。对于数量较多、单价较低的存货，可以按照存货类别计提存货跌价准备。与在同一地区生产和销售的产品系列相关、具有相同或类似最终用途或目的，且难以与其他项目分开计量的存货，可以合并计提存货跌价准备。

【例 3-11】

高盛现代农业股份公司生产的所罗门牌干红葡萄酒账面价值为 9 000 000 元。20×1 年 12 月 31 日，该公司根据确凿证据计算的该批存货的可变现净值为 6 000 000 元。20×2 年 3 月，该公司以不含税价 10 000 000 元将该批货物全部批发售出，价税合计为 11 300 000 元，款项已经到账，货物已经交付。其会计分录如下：

(1) 对该批葡萄酒计提存货跌价准备时。
借：资产减值损失　　　　　　　　　　　　　　　　　　　　　3 000 000
　　贷：存货跌价准备　　　　　　　　　　　　　　　　　　　　　　3 000 000
(2) 实现销售时。
借：银行存款　　　　　　　　　　　　　　　　　　　　　　　11 300 000
　　贷：主营业务收入　　　　　　　　　　　　　　　　　　　　　　10 000 000
　　　　应交税费——应交增值税（销项税额）　　　　　　　　　　　1 300 000
(3) 结转销货成本时。
借：主营业务成本　　　　　　　　　　　　　　　　　　　　　　6 000 000
　　存货跌价准备　　　　　　　　　　　　　　　　　　　　　　3 000 000
　　贷：库存商品　　　　　　　　　　　　　　　　　　　　　　　　9 000 000

企业会计准则规定，在结转销售成本时，如果对已售存货计提了存货跌价准备，则应同时结转已计提的存货跌价准备。例 3-11 在结转销售成本时，一并转销了对存货计提的跌价准备。

【例 3-12】

仁爱建工股份公司为生产而储备的铝材的市价大幅下跌，但该公司使用自有的发明专利生产的具有防盗、隔音、通风、调节亮度、净化空气、安定情绪等多种功效的苏杭牌高科技门窗依然保持较高的市场价格，且行情看好。因此，该批原材料（铝材）不用计提存货跌价准备。

【例 3-13】

蓝猫玩具股份公司库存有 1 000 个怪物史莱克电动毛绒玩具，成本为每个 800 元。其中 700 个是专供葫芦娃商城股份公司的，买卖合同的签约价格是每个 900 元。由于合同规定有巨额的违约责任，蓝猫公司法律部分析后认为葫芦娃公司一定不会违约。该类产品市场状况不佳，按照市价测算的每个玩具的可变现净值为 400 元。则蓝猫公司应计提的存货跌价准备计算如下：

存货的账面价值＝800×300＝240 000(元)
存货的可变现净值＝400×300＝120 000(元)
应计提的存货跌价准备＝240 000－120 000＝120 000(元)

所以，按照企业会计准则的规定，蓝猫公司需计提存货跌价准备 120 000 元。

3.4.2　存货跌价准备的转回

企业计提存货跌价准备以后，在之后的资产负债表日，如果导致以前减记存货的影响因素已经消失，则应恢复以前已经减记的金额，转回已经计提的存货跌价准备。转回的金额不得超过原已计提的存货跌价准备。

转回存货跌价准备时，借记"存货跌价准备"科目，贷记"资产减值损失"科目。

【例3-14a】

仁人保健器械有限公司20×7年创立，年末库存商品智能按摩器的账面成本为100 000元，根据确凿证据，以估计售价减去估计的销售费用和相关税费而计算的可变现净值为92 000元，计提的存货跌价准备为8 000元。其会计分录如下：

借：资产减值损失　　　　　　　　　　　　　　　　　　　　　8 000
　　贷：存货跌价准备　　　　　　　　　　　　　　　　　　　　8 000

【例3-14b】

仁人保健器械有限公司的产品尚未打开销路，20×8年年末，以估计售价减去估计的销售费用和相关税费而计算的可变现净值为70 000元，故补提存货跌价准备22 000元。其会计分录如下：

借：资产减值损失　　　　　　　　　　　　　　　　　　　　　22 000
　　贷：存货跌价准备　　　　　　　　　　　　　　　　　　　　22 000

【例3-14c】

仁人保健器械有限公司的产品借用高科技概念进行宣传，虽仍未打开销路，但公司预期市场反应值得期待。20×9年年末，用估计售价减去估计的销售费用和相关税费而计算的可变现净值为120 000元（因存货跌价准备累计余额为30 000元，故只可转回存货跌价准备30 000元）。其会计分录如下：

借：存货跌价准备　　　　　　　　　　　　　　　　　　　　　30 000
　　贷：资产减值损失　　　　　　　　　　　　　　　　　　　　30 000

专栏3-3　　　　　　　　　　关于存货期末计量的争论

本节所阐释的存货期末计量方法在教材中一般称为成本与市价孰低法，学界对此存有争议。早在20世纪30年代，业界前辈潘序伦先生就曾撰文批评该方法，以杨纪琬先生为代表的当代会计学者也曾在90年代初声讨这一舶来品。

计提存货跌价准备时只要求具备"确凿证据"，会计记录本身是缺乏法律事实的，也就是说，计提存货跌价准备的记账行为缺乏原始凭证的佐证。因此，这个规则很容易被企业滥用，成为操纵报表数据的利器。一种常见的情形是用该规则调节各年度的利润：计提存货跌价准备时，可收到调减资产、调减利润的效果；转回存货跌价准备时，可收到调增资产、调增利润的效果。这样，会计利润就可以在各年度间转移。另一种情形是用于修饰财务报表：对于连年略微亏损的企业来说，可能会采用先进行巨额的存货跌价准备做出巨额亏损，再在以后年度转回存货跌价准备做出利润。可见，计提和转回存货跌价准备所记载的资产和利润的增减仅仅是预期，并不代表企业的法律关系或经营业绩的变动。因此，成本与市价孰低法对报表读者的益处有限而危害甚大。这就是潘序伦先生、杨纪琬先生等业界前辈谴责该方法的主要原因。

依《中华人民共和国企业所得税法》规定，企业如有实质性资产损失，可报请税务机关进行资产核销处理。作为对比，在纳税申报时，税法不允许把资产减值损失列入扣除项目。因此，企业需要针对计提的资产减值损失进行纳税调整。

3.5 存货盘盈与盘亏

存货盘盈与盘亏是指企业在财产清查过程中发现账簿中未予记载的账外存货（即存货盘盈）或者发现账簿中记载的存货发生短缺（即存货盘亏）的情形。

企业设置"待处理财产损溢——待处理流动资产损溢"科目核算企业在清查财产过程中查明的各种流动资产盘盈、盘亏和毁损的价值。企业的财产损溢，应查明原因，在期末结账前处理完毕，处理后该科目应无余额。

3.5.1 存货盘盈的会计处理

在存货盘盈的情况下，应按照重置成本将存货登记入账，以使账实相符，借记"原材料""库存商品"等存货科目，贷记"待处理财产损溢——待处理流动资产损溢"科目。同时，报请企业管理层酌情处理。

查明原因后，应按盘盈原因及处理决定及时入账，借记"待处理财产损溢——待处理流动资产损溢"科目，贷记有关科目。在无法确定具体原因的情形下，一般作冲减企业的管理费用处理，借记"待处理财产损溢——待处理流动资产损溢"科目，贷记"管理费用"科目。

【例3-15】

润生商贸有限责任公司期末盘点库存商品时，发现副食品盘盈，估计的重置成本是1 000元，盘盈原因待查。其会计分录如下：

  借：库存商品   1 000
    贷：待处理财产损溢——待处理流动资产损溢   1 000

经调查，盘盈系收发时衡器误差所致，经批准冲减企业的管理费用。

  借：待处理财产损溢——待处理流动资产损溢   1 000
    贷：管理费用   1 000

3.5.2 存货盘亏的会计处理

在存货盘亏的情况下，应按盘亏的存货的账面价值，借记"待处理财产损溢——待处理流动资产损溢"科目，贷记"原材料""库存商品"等存货科目。同时，报请企业管理层审查处理。

按管理权限报经批准后，应根据盘亏的原因分别进行处理：如果能够确定保险公司的赔款额或者过失责任人的赔偿额，则应根据相应的债权份额借记"其他应收款"科目；如果是由不可抗力因素引起的，则应借记"营业外支出"科目；如果是由管理不善造成的，则应按责任份额借记"管理费用"科目。相应地，贷记"待处理财产损溢——待处理流动资产损溢"科目，并相应转出进项税额。

【例 3 - 16】

润生商贸有限责任公司期末盘点库存商品时，发现绿豆盘亏 1 500 元，原因待查。其会计分录如下：

借：待处理财产损溢——待处理流动资产损溢　　　　1 500
　　贷：库存商品　　　　　　　　　　　　　　　　　　　1 500

经调查，盘亏是由管理不善造成的，经批准计入管理费用（实务中，需要进行增值税进项税额转出的处理，为简化示例，本例从略）。

借：管理费用　　　　　　　　　　　　　　　　　　　1 500
　　贷：待处理财产损溢——待处理流动资产损溢　　　　1 500

在资产负债表上，"存货"项目是按照账面价值列示的。账面价值（carrying amount）是指各个存货科目的借方科目余额（即账面余额）合计数减去存货跌价准备后的净额。

在报表附注中，应单独列示存货跌价准备的年初账面余额、本期增加额、本期减少额（包括转回、转销）和期末账面余额。此外，还应在附注中披露与存货有关的下列信息：(1) 各类存货的期初和期末账面价值。(2) 确定发出存货成本所用的方法。(3) 存货可变现净值的确定依据，存货跌价准备的计提方法，当期计提的存货跌价准备的金额，当期转回的存货跌价准备的金额，以及计提和转回的有关情况。(4) 用于担保的存货账面价值。

思考题

1. 存货采购和销售过程中所涉及的增值税是否在利润表中列示？为什么？
2. 如何评价存货期末计量的成本与市价孰低法？
3. 企业会计准则禁止使用后进先出法计算销货成本，你认为其理由是什么？

练习题

1. 金波实业股份公司为增值税一般纳税人，20×7 年 7 月该公司发生的有关经济业务如下：

(1) 20×7 年 7 月 7 日，采购原材料一批，增值税专用发票上注明的原材料金额为 4 000 000 元，增值税税额为 520 000 元，价税合计为 4 520 000 元。卖方负责运货，货物经长途运输运达公司。

（2）定制品生产车间领用该批原材料。

（3）定制品生产车间发放从事直接生产的工人师傅的工资 2 400 000 元。

（4）定制品生产车间归集该车间发生的与该订单有关的各项间接代价，其中动用银行存款支付了水、电、气等车间开支 200 000 元和车间主任与车间其他管理人员薪酬 1 400 000 元。当月对车间的固定资产计提折旧 4 000 000 元。

（5）定制品生产车间将归集的间接费用分配给各项在产品，分配标准由企业自行确定。按照公司的成本核算办法，公司领导决定由写字桌和椅子平均分摊该车间的制造费用。

（6）定制产品完成全部工序，产成品已经从车间运到仓库。

（7）20×7 年 7 月 31 日，金波实业股份公司依合同约定的价格和交货时间将写字桌和椅子销售给客户。增值税专用发票上注明的金额为 20 000 000 元，增值税税额为 2 600 000 元，价税合计为 22 600 000 元，货款已经划入公司的银行账户。

要求：编制金波实业股份公司与上述业务相关的会计分录。

2. 某食品批零股份公司的方便食品进销两旺，资料如下表所示。

数量单位：千克
金额单位：元

20×7 年		摘要	收入			发出			结存		
月	日		数量	单价	金额	数量	单价	金额	数量	单价	金额
7	7	采购	2 000	8							
	10	销售				1 000					
	15	采购	4 000	9							
	16	销售				2 000					
	20	采购	2 000	10							
	21	销售				3 000					
		本月合计	8 000			6 000					

要求：请用下列方法确定当月的销售成本金额，并注明计算过程：

（1）先进先出法；

（2）加权平均法；

（3）移动加权平均法。

第 4 章 固定资产
Chapter 4

素养目标

1. 结合中国特色社会主义法治体系学习会计法规体系。运用《中华人民共和国民法典》，对《企业会计准则第 4 号——固定资产》中的规则进行辩证分析。
2. 理解会计规则的理论逻辑、历史逻辑和实践逻辑，培养辩证思维能力。针对固定资产减值准备的计算规则，理解现值算法的设计理念及其实践困境。

学习目标

1. 掌握：固定资产入账价值、折旧的计算方法；固定资产盘盈与盘亏的核算规则；固定资产的后续支出的核算规则。
2. 理解：固定资产减值准备的计算规则的设计思路。
3. 了解：固定资产处置的会计处理。

本章结合工商企业的日常业务介绍《企业会计准则第 4 号——固定资产》中规定的会计处理规则。该准则系借鉴《国际会计准则第 16 号——不动产、厂场和设备》（International Accounting Standard 16：Property，Plant and Equipment）制定而成，两者仅有少量差异。

4.1 固定资产概述

企业会计准则所称的固定资产，是指企业为生产商品、提供劳务、出租或经营管理而持有的，使用寿命超过一个会计年度的有形资产。读者可以通过与存货、无形资产作对比来理解这一定义。该定义中没有规定金额标准，具体标准由企业根据管理需要自行确定。① 例如，备品备件和维修设备通常确认为存货，但符合固定资产定义和确认条件的（如民用航空运输企业的高价周转件等），应当确认为固定资产。

2014年10月20日，财政部、国家税务总局发布的《关于完善固定资产加速折旧企业所得税政策的通知》（财税〔2014〕75号）规定，企业持有的单位价值不超过5 000元的固定资产，允许一次性计入当期成本费用在计算应纳税所得额时扣除，不再分年度计算折旧。据此，企业可以将其固定资产的确认标准界定为5 000元。

企业设置"固定资产"科目核算企业持有固定资产的原价。该科目可按固定资产类别和项目进行明细核算。该科目的期末借方余额，反映的是企业固定资产的账面原价。

企业账簿中所记载的固定资产，应当具备《中华人民共和国民法典》所规定的物权证明。具体而言，对于不动产（房屋、建筑物）而言，企业应当依法办理不动产登记并持有不动产权属证书；对于动产而言（机器、机械、运输工具以及其他与生产、经营有关的设备、工具、器具等），企业应当持有购货发票、买卖合同、支付结算单据等法律证据。

专栏4-1　　　　国际会计准则所规定的固定资产的确认条件

固定资产同时满足下列条件的，才能予以确认：
（1）与该固定资产有关的经济利益很可能流入企业；
（2）该固定资产的成本能够可靠地计量。

如果企业拥有的某项固定资产的各组成部分具有不同的使用寿命或者以不同的方式为企业提供经济利益，适用不同的折旧率或折旧方法，则应当分别将该固定资产的各组成部分确认为单项固定资产。

4.2 固定资产入账时的会计处理

固定资产应当按照实际代价（cost）入账。"入账"，在英美教材中一般称作"初始计量"（initial measurement）。

4.2.1 外购固定资产的入账价值

外购固定资产的入账价值，包括购买价款，相关税费（如契税、印花税等，不包括增值税进项税额），使固定资产达到预定可使用状态前所发生的可归属于该项固定资产

---

① 2006年以前的会计法规通常规定有具体的金额标准，如2000年12月发布的《企业会计制度》第二十五条规定，"固定资产，是指企业使用期限超过1年的房屋、建筑物、机器、机械、运输工具以及其他与生产、经营有关的设备、器具、工具等。不属于生产经营主要设备的物品，单位价值在2 000元以上，并且使用年限超过2年的，也应当作为固定资产"。

的运输费、装卸费、安装费和专业人员服务费等。

1. 购入不需安装的机器设备

购入不需安装的机器设备这类可以抵扣增值税进项税额的固定资产时,需要在"应交税费——应交增值税(进项税额)"科目中记录其进项税额。

【例 4-1】

20×9 年 9 月 9 日,神农机械股份公司购入一台不需要安装的龙门刨床,取得的增值税专用发票上注明的货物金额为 400 000 元,税额为 52 000 元。以上款项已经全部转账付清,机器已经验收。其会计分录如下:

借:固定资产　　　　　　　　　　　　　　　　　　　　　　　400 000
　　应交税费——应交增值税(进项税额)　　　　　　　　　　 52 000
　贷:银行存款　　　　　　　　　　　　　　　　　　　　　　 452 000

2. 购入需要安装的机器设备

购入需要安装的机器设备时,需要通过"在建工程"科目汇总记录机器设备达到预定可使用状态前所发生的全部代价。

【例 4-2】

绿园科技股份公司 20×6 年购入了一套牛奶灌装设备,须安装调试(改建、扩建)。增值税专用发票上注明的设备金额为 3 000 000 元,税额为 390 000 元,价税合计为 3 390 000 元。另发生装卸费 6 000 元。安装调试阶段支付了工程项目组的工资 80 000 元。其会计分录如下:

(1) 支付设备价款、装卸费时。

借:在建工程　　　　　　　　　　　　　　　　　　　　　　3 006 000
　　应交税费——应交增值税(进项税额)　　　　　　　　　　390 000
　贷:银行存款　　　　　　　　　　　　　　　　　　　　　 3 396 000

(2) 支付工程项目组的工资时。

借:在建工程　　　　　　　　　　　　　　　　　　　　　　　 80 000
　贷:应付职工薪酬　　　　　　　　　　　　　　　　　　　　 80 000

(3) 安装调试完毕投入使用时。

借:固定资产　　　　　　　　　　　　　　　　　　　　　　3 086 000
　贷:在建工程　　　　　　　　　　　　　　　　　　　　　 3 086 000

3. 分期付款购入的固定资产

购买固定资产时,如果超过正常信用条件延期支付价款,则被会计准则认为"实质上具有融资性质",在这种情况下,应按照"购买价款的现值"(即全款交易的现销价格)来确定固定资产的入账价值。

实际支付的价款与购买价款的现值之间的差额,通常应当在信用期间内计入当期损益。按照《企业会计准则第 17 号——借款费用》的规定应予资本化的除外。

根据增值税相关规定，采取赊销和分期收款方式销售货物，其增值税纳税义务发生时间为书面合同约定的收款日期的当天；无书面合同的或者书面合同没有约定收款日期的，为货物发出的当天。

【例 4-3】

天工机电股份公司从正道地产有限公司处采购独栋楼房作为销售大楼，协议约定，从当年年末起分 5 年期付款，每次在年末付款 2 000 000 元，合计 10 000 000 元。在现销方式下，该独栋楼房的销售价格为 8 000 000 元。

上述业务的金钱利益，从买方的角度来看，可以简化为：第 1 年年初得款 8 000 000 元，从当年年末起，每年年末付款 2 000 000 元，连续付 5 次。经测算，这一金融活动的实际利率（即每个付款间隔期所对应的内含报酬率）为 7.930 826 116 052 86%。实际利率的含义及计算方法见专栏 5-3。摊余成本的计算如表 4-1 所示。

表 4-1 摊余成本计算表 单位：元

	期初摊余成本	借记"财务费用"科目	视同还本	分期付款
	本期①=上期①-上期③	②=①×实际利率	③=④-②	④
第 1 年	8 000 000	634 466	1 365 534	2 000 000
第 2 年	6 634 466	526 168	1 473 832	2 000 000
第 3 年	5 160 634	409 281	1 590 719	2 000 000
第 4 年	3 569 915	283 124	1 716 876	2 000 000
第 5 年	1 853 039	146 961	1 853 039	2 000 000

以第 1 年为例，上表中的计算逻辑如下：第 1 年年初，天工机电股份公司的长期应付款的摊余成本是 8 000 000 元（购买的大楼的全款交易价格），可以把它类比为该公司获得的贷款，该项业务的实际利率是 7.930 826 116 052 86%，即该公司认可的此项金融活动的内含报酬率，则第 1 年在理论上应负担的利息费用是 634 466 元（8 000 000×7.930 826 116 052 86%）。而第 1 年连本带利实际支付的金额是 2 000 000 元，因此，超出理论上应负担的利息费用的部分 1 365 534 元则视为理论上的"偿还本金"。偿还本金之后的摊余成本是 6 634 466 元（8 000 000－1 365 534）。第 2 年的情形可以以此类推。

(1) 采购成立时。

借：固定资产　　　　　　　　　　　　　　　　　　　　　8 000 000
　　未确认融资费用　　　　　　　　　　　　　　　　　　2 000 000
　　贷：长期应付款　　　　　　　　　　　　　　　　　　　10 000 000

(2) 各期付款时（共 5 次，以斜线"/"分隔）。

借：长期应付款　　　2 000 000/2 000 000/2 000 000/2 000 000/2 000 000
　　贷：银行存款　　　2 000 000/2 000 000/2 000 000/2 000 000/2 000 000

(3) 每次计算确认融资费用时（共 5 次，以斜线"/"分隔）。

借：财务费用　　　　　　　　634 466/526 168/409 281/283 124/146 961
　　贷：未确认融资费用　　　　634 466/526 168/409 281/283 124/146 961

此例的关键在于，固定资产是按照全款交易现销价格 8 000 000 元（即准则所称的"购买价款的现值"）入账的。

上述示例为简明起见，没有考虑增值税。若考虑增值税（适用税率为 9%），则每次付款时需要作以下记载：

借：财务费用　　　　　　　　　　180 000/180 000/180 000/180 000/180 000
　贷：银行存款　　　　　　　　　　180 000/180 000/180 000/180 000/180 000

4.2.2 自行建造固定资产的入账价值

自行建造固定资产的成本，包括使该固定资产达到预定可使用状态所发生的所有必要支出。例如，在建工程相关专用借款的利息应当计入建造成本。

企业设"在建工程"科目核算企业基建、更新改造等在建工程发生的支出。该科目可按"建筑工程""安装工程""在安装设备""单项工程"等进行明细核算。该科目的期末借方余额反映企业尚未达到预定可使用状态的在建工程的价值。在建工程发生减值的，可以单独设置"在建工程减值准备"科目进行处理。

企业设"工程物资"科目核算企业为在建工程准备的各种物资的价值，包括工程用材料、尚未安装的设备以及为生产准备的工具、器具等。

【例 4-4】

神农机械股份公司自行建造产品展销厅，其相关业务与会计分录如下：

（1）用银行存款购入建筑工程所需材料一批，增值税专用发票上注明的金额为 1 000 000 元，税额为 130 000 元，价税合计为 1 130 000 元。

借：工程物资　　　　　　　　　　　　　　　　　1 000 000
　　应交税费——应交增值税（进项税额）　　　　　130 000
　贷：银行存款　　　　　　　　　　　　　　　　 1 130 000

（2）建筑工程领用材料 1 000 000 元。

借：在建工程　　　　　　　　　　　　　　　　　1 000 000
　贷：工程物资　　　　　　　　　　　　　　　　 1 000 000

（3）结转建造固定资产应负担的职工工资 200 000 元。

借：在建工程　　　　　　　　　　　　　　　　　　 200 000
　贷：应付职工薪酬　　　　　　　　　　　　　　　 200 000

（4）结转建造固定资产应负担的专用借款利息开支 84 800 元，收到的增值税专用发票上记载的不含税利息金额为 80 000 元，税额为 4 800 元，价税合计为 84 800 元。

借：在建工程①　　　　　　　　　　　　　　　　　　84 800
　贷：银行存款　　　　　　　　　　　　　　　　　　84 800

---

① 根据《营业税改征增值税试点实施办法》第二十七条的规定，购进的贷款服务的进项税额不得从销项税额中抵扣。利息费用的增值税进项税额计入相关成本费用。

(5) 在建工程发生管理费、监理费等杂项开支 6 000 元。
  借：在建工程   6 000
   贷：银行存款   6 000
(6) 建造固定资产完工，经验收合格并投入使用。
  借：固定资产   1 290 800
   贷：在建工程   1 290 800

4.3 固定资产折旧

4.3.1 关于折旧的一般规定

  折旧（depreciation），是指在固定资产的使用寿命（useful life）内，按照特定的方法对应计折旧额进行系统分摊。其中，应计折旧额（depreciable amount），是指应当计提折旧的固定资产的原价扣除其预计净残值后的金额（已计提减值准备的固定资产，还应当扣除已计提的固定资产减值准备累计金额）；预计净残值（residual value），是指假定固定资产预计使用寿命已满并处于使用寿命终了时的预期状态，企业处置该项资产的得款数扣除预计处置费用后的金额。

  企业应当根据固定资产的性质和使用情况，合理确定固定资产的使用寿命和预计净残值。一经确定，不得随意变更。确定固定资产使用寿命时，应当考虑预计生产能力或实物产量、预计有形损耗和无形损耗以及法律法规对资产使用的限制等因素。

  企业应当对所有固定资产计提折旧。固定资产应自达到预定可使用状态时开始计提折旧，终止确认时或划分为持有待售非流动资产时停止计提折旧。已达到预定可使用状态但尚未办理竣工决算的固定资产，应当按照估计价值确认为固定资产，并计提折旧，待办理竣工决算后，再按实际成本调整原来的暂估价值，但不需要调整原已计提的折旧额。

  固定资产应当按月计提折旧，当月增加的固定资产，当月不计提折旧，从下月起计提折旧；当月减少的固定资产，当月仍计提折旧，从下月起不计提折旧。

  固定资产提足折旧后，不论能否继续使用，均不再计提折旧；提前报废的固定资产，也不再补提折旧。提足折旧，是指已经提足该项固定资产的应计折旧额。

4.3.2 折旧的会计处理

  会计准则规定，企业应当按月对所有固定资产计提折旧，并根据用途计入相关资产的成本或者当期损益（为简化起见，以下多以计算年度折旧额为例，不再按月编制会计分录）。

  企业设置"累计折旧"科目核算企业对固定资产计提的累计折旧。该科目属于"固定资产"科目的备抵科目。该科目贷方登记计提的固定资产折旧，借方登记减少的固定资产的已提折旧。该科目可按固定资产的类别或项目进行明细核算。该科目期末贷方余额，反映企业固定资产的累计折旧额。

计提折旧时，按照固定资产的使用部门（即受益对象）分别借记"制造费用"（通常针对各车间的固定资产）、"管理费用"（通常针对管理部门使用的固定资产）、"销售费用"（通常针对销售部门使用的固定资产）等科目。

【例 4 - 5】

20×6 年 9 月，皮皮鲁皮具有限公司的固定资产计提折旧情况如下：车间厂房计提折旧 38 000 元，机器设备计提折旧 45 000 元；管理部门房屋、建筑物计提折旧 65 000 元，运输车辆计提折旧 24 000 元；销售部门房屋、建筑物计提折旧 32 000 元，运输车辆计提折旧 26 300 元。其会计分录如下：

借：制造费用　　　　　　　　　　　83 000　　　（车间受益）
　　管理费用　　　　　　　　　　　89 000　　　（管理部门受益）
　　销售费用　　　　　　　　　　　58 300　　　（销售部门受益）
　　贷：累计折旧　　　　　　　　　　　　230 300

4.3.3 折旧方法

会计准则规定，企业应当根据与固定资产有关的经济利益的预期实现方式，合理选择固定资产折旧方法。可选用的折旧方法包括直线法、工作量法、双倍余额递减法、年数总和法等。折旧方法一经确定，不得随意变更。

1. 直线法

直线法（straight-line depreciation method），又称年限平均法，是指在固定资产预计使用寿命内均衡地分摊应计折旧额。这种计算方法下得出的每期折旧额是相等的。其计算公式为：

$$年折旧额 = \frac{固定资产原价 - 预计净残值}{预计使用年限}$$

$$月折旧额 = 年折旧额 \div 12$$

以折旧率的形式表述，各月应计提折旧额的计算公式如下：

$$年折旧率 = \frac{固定资产原价 - 预计净残值}{固定资产原价} \div 预计使用年限 \times 100\%$$

$$= \left(1 - \frac{预计净残值}{固定资产原价}\right) \div 预计使用年限 \times 100\%$$

$$= (1 - 预计净残值率) \div 预计使用年限 \times 100\%$$

$$月折旧额 = 固定资产原价 \times 年折旧率 \div 12$$

【例 4 - 6】

神农机械股份公司有一台数控牛头刨床原价为 600 000 元，预计使用寿命为 5 年，预计净残值率为4%；假设没有为该设备计提减值准备。采用直线法计提折旧，则折旧额的计算如下：

$$该设备的年折旧额 = 600\,000 \times (1-4\%) \div 5 = 115\,200(元)$$
$$该设备的月折旧额 = 115\,200 \div 12 = 9\,600(元)$$

直线法的优点是计算简便。如果固定资产各期的负荷程度相同、各期应分摊相同的折旧费用，采用直线法计算折旧就很合理。

但从资产的使用效益来看，固定资产在不同使用年限的经济效益是不同的，一般来说，前期工作效率相对较高。从资产的使用代价来看，资产在不同的使用年限所需要的维修费用也不一样，维修费用将随着其使用时间的延长而不断增加。直线法没有考虑这些因素，因此，在有些情况下显得不太合理。

2. 工作量法

工作量法（workload depreciation method），是根据固定资产在各个会计期间的实际工作量计算每期应计提折旧额的一种折旧方法。这种方法下折旧额的计算公式为：

$$单位工作量折旧额 = \frac{固定资产原价 - 预计净残值}{预计工作总量}$$

$$月折旧额 = 当月工作量 \times 单位工作量折旧额$$

【例4-7】

神农机械股份公司的一台数控车床设备原价为680 000元，预计生产产品产量为2 000 000件，预计净残值率为3%，本月生产产品34 000件；假设没有为该机器设备计提减值准备。采用工作量法计算的该机器设备的月折旧额如下：

$$单位工作量折旧额 = 680\,000 \times (1-3\%) \div 2\,000\,000 = 0.329\,8(元/件)$$
$$月折旧额 = 34\,000 \times 0.329\,8 = 11\,213.2(元)$$

采用工作量法计提固定资产折旧，能够将各期负担的折旧费用与固定资产的损耗程度联系起来。当然，如何估计"预计总工作量"，则是颇有技术难度的问题。

3. 双倍余额递减法

双倍余额递减法（double-declining-balance method，DDB），是指最初不考虑固定资产预计净残值，根据每年年初固定资产净值和双倍直线法折旧率计算；在其折旧年限到期前两年内，将固定资产净值扣除预计净残值后的余额平均摊销。

【例4-8】

神农机械股份公司有一台数控牛头刨床原价为600 000元，预计使用寿命为5年，预计净残值率为4%；假设没有为该机器设备计提减值准备。采用双倍余额递减法计算的各年折旧额如下：

$$第1年折旧额 = 600\,000 \times 40\% = 240\,000(元)$$

第 2 年折旧额＝(600 000－240 000)×40％＝144 000(元)

第 3 年折旧额＝(360 000－144 000)×40％＝86 400(元)

从第 4 年起改按年限平均法（直线法）计提折旧。

第 4 年、第 5 年折旧额＝(129 600－600 000×4％)÷2＝52 800(元)

各年折旧额的计算结果如表 4-2 所示。

表 4-2　用双倍余额递减法计算各年折旧额　　　　　　　　　　　　单位：元

年次	年初净值	年折旧率	年折旧额	累计折旧额	年末净值
1	600 000	40％	240 000	240 000	360 000
2	360 000	40％	144 000	384 000	216 000
3	216 000	40％	86 400	470 400	129 600
4		平均	52 800	523 200	76 800
5		平均	52 800	576 000	24 000

4. 年数总和法

年数总和法（sum-of-the-years'-digits method），又称合计年限法，是指将应计折旧额乘以一个以固定资产"尚可使用年限"为分子、以"预计使用年限的年数总和"为分母的逐年递减的分数，来计算每年折旧额的一种方法。这种方法下年折旧率的计算公式如下：

年折旧率＝尚可使用年限÷预计使用年限的年数总和

【例 4-9】

神农机械股份公司有一台数控牛头刨床原价为 600 000 元，预计使用寿命为 5 年，预计净残值率为 4％；假设没有为该机器设备计提减值准备。采用年数总和法计算的各年折旧额如表 4-3 所示。

表 4-3　用年数总和法计算折旧额　　　　　　　　　　　　单位：元

年次	原值－净残值	年折旧率	年折旧额	累计折旧
1	576 000	5/15	192 000	192 000
2	576 000	4/15	153 600	345 600
3	576 000	3/15	115 200	460 800
4	576 000	2/15	76 800	537 600
5	576 000	1/15	38 400	576 000

为便于读者掌握各种折旧方法的计算规则，兹对比如下（见表 4-4）：

表 4-4　各种折旧方法的比较

项目	计提折旧基础	各年折旧率	各年折旧额
直线法	考虑净残值	各年均等	各年均等

续表

项目	计提折旧基础	各年折旧率	各年折旧额
工作量法	考虑净残值	—	取决于工作量
双倍余额递减法	年初净值（最后两年改用直线法）	不变（最后两年改用直线法）	递减（最后两年相等）
年数总和法	考虑净残值	递减	递减

专栏 4-2　　　　　　　　　加速折旧法

加速折旧法（accelerated depreciation method）是一个笼统的概念，泛指在固定资产使用初期计提折旧较多而在后期计提折旧较少，相对于等额折旧来说是"加速"计算折旧的各种方法，就本书而言即指双倍余额递减法和年数总和法。沿用例 4-6、例 4-8 及例 4-9 的资料，将各年折旧额汇总对比如表 4-5 所示。

表 4-5　不同方法下的各年折旧额对比　　　　　　　　　　单位：元

项目	第 1 年	第 2 年	第 3 年	第 4 年	第 5 年
直线法	115 200	115 200	115 200	115 200	115 200
双倍余额递减法	240 000	144 000	86 400	52 800	52 800
年数总和法	192 000	153 600	115 200	76 800	38 400

可见，在其他条件相同的情况下，加速折旧使得企业在固定资产使用前期费用较大、利润较少。

4.3.4　折旧的复核

企业至少应当于每年年度终了，对固定资产的使用寿命、预计净残值和折旧方法进行复核。使用寿命预计数与原先估计数有差异的，应当调整固定资产使用寿命。预计净残值预计数与原先估计数有差异的，应当调整预计净残值。与固定资产有关的经济利益预期实现方式有重大改变的，应当改变固定资产折旧方法。

固定资产使用寿命、预计净残值和折旧方法的改变应当作为会计估计变更。也就是说，从变更当月起直接按照最新的使用寿命、预计净残值和折旧方法计算固定资产的折旧额，但对以往的账务处理不做追溯调整。

4.4　固定资产减值准备

《企业会计准则第 8 号——资产减值》规定，企业应当在资产负债表日（即结账并编制资产负债表之日）考虑计算固定资产的资产减值损失。长期资产减值的计算规则如

图 4-1 所示。

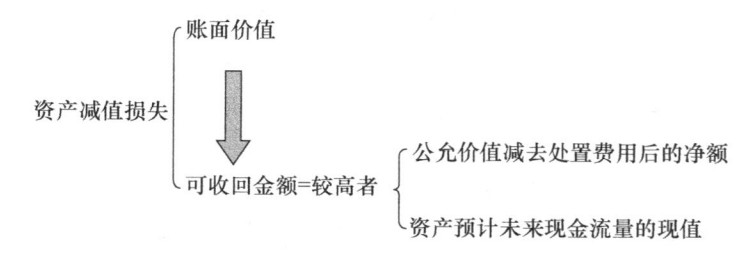

图 4-1 长期资产减值的计算规则示意图

资产存在减值迹象的，应当估计其可收回金额。可收回金额（recoverable amount）应当根据"资产的公允价值减去处置费用后的净额"与"资产预计未来现金流量的现值"两者之间较高者确定。这两者颇耐人寻味，通俗地说，前者可称作变卖净价（net selling price），即固定资产如果出售能够卖多少钱；后者可称作在用价值，即主观上认为该资产价值应为多少。

如果估计结果表明资产的可收回金额低于其账面价值（即账面价值虚高），则应将该资产的账面价值减记至可收回金额。

企业设置"固定资产减值准备"科目核算企业固定资产的减值准备。计算固定资产减值准备时，借记"资产减值损失"科目，贷记"固定资产减值准备"科目。此分录实际上起到了在会计报表上减记资产、减记利润的作用。该科目期末贷方余额，反映企业已计提但尚未转销的固定资产减值准备。

在记载资产减值损失后的会计期间，应当在减值后的账面价值的基础上重新计算该固定资产的折旧额。

【例 4-10】

江南制造股份公司 20×2 年 1 月购入一台坐标镗床，原值为 200 000 元，预计净残值为 8 000 元，预计使用年限为 5 年，采用年限平均法计提折旧。20×3 年 12 月 31 日该机器发生减值，预计可收回金额为 110 000 元。计提减值准备后，该机器设备的剩余预计使用年限为 2 年，预计净残值为 2 000 元。其账务处理如下：

该坐标镗床截至 20×3 年年底的累计折旧 $= (200\,000 - 8\,000) \div (12 \times 5) \times (11 + 12)$
$= 73\,600$（元）

该坐标镗床在 20×3 年年底的账面价值 $= 200\,000 - 73\,600 = 126\,400$（元）

固定资产减值准备 $= 126\,400 - 110\,000 = 16\,400$（元）

借：资产减值损失　　　　　　　　　　　　　　　　　　　　　　16 400
　　贷：固定资产减值准备　　　　　　　　　　　　　　　　　　　　16 400

记载资产减值损失之后的月折旧额 $= (110\,000 - 2\,000) \div 24 = 4\,500$（元）

专栏 4-3　　　　　　　　　　　如何计算可变现净值

资产减值的理论依据尚存争议。实务工作者在计算现值时往往感到非常困惑。现值的计算需要估计未来的现金流量、折现期间、折现率。依准则的规定，企业管理层需以其最佳估计数确定之。兹分述如下：

（1）现金流量的估计。企业管理层应当在合理和有依据的基础上对资产剩余使用寿命内整个经济状况进行最佳估计。应当以经企业管理层批准的最近财务预算或者预测数据，以及该预算或者预测期之后年份稳定的或者递减的增长率为基础。企业管理层如能证明递增的增长率是合理的，可以以递增的增长率为基础。在对预算或者预测期之后年份的现金流量进行预计时，所使用的增长率除非企业能够证明更高的增长率是合理的，不应当超过企业经营的产品所处的市场、行业或者所在国家或者地区的长期平均增长率。

（2）折现期间的估计。建立在预算或者预测基础上的资产未来现金流量最多涵盖5年。企业管理层如能证明更长的期间是合理的，可以涵盖更长的期间。

（3）折现率的估计。折现率是反映当前市场货币时间价值和资产特定风险的税前利率，是企业在购置或者投资资产时所要求的必要报酬率。在预计资产的未来现金流量时已经对资产特定风险的影响作了调整的，估计折现率不需要考虑这些特定风险。如果用于估计折现率的基础是税后的，应当将其调整为税前的折现率。折现率的确定通常应当以该资产的市场利率为依据。无法从市场获得的，可以使用替代利率估计折现率。替代利率可以根据加权平均资本成本、增量借款利率或者其他相关市场借款利率作适当调整后确定。调整时，应当考虑与资产预计未来现金流量有关的特定风险以及其他有关的货币风险和价格风险等。

显然，现值的计算具有很强的主观性。它是一种金融分析方法，不适合作为会计记账的依据。

针对固定资产计算的资产减值损失一经确认，在以后会计期间不得转回。也就是说，即使其可收回金额有所回升，也不应予以记载。处置固定资产时，应当注销原记载的固定资产减值准备。

4.5　固定资产的后续支出

固定资产的后续支出，是指固定资产在使用过程中发生的更新改造支出、修理费用等。满足确认条件的更新改造等后续支出，应当计入固定资产成本，如有被替换的部分，应扣除其账面价值；不满足确认条件的修理开支等，应当在发生时计入当期损益。

1. 计入固定资产成本的后续支出

【例 4-11】

天工机电股份公司采用最新的电气自动化技术，对现有的成套加工设备进行技术改造。其有关账务处理如下：

（1）原固定资产账面原值为 1 800 万元，累计折旧为 700 万元，账面价值（净值）为 1 100 万元，转入在建工程。

  借：在建工程   11 000 000
    累计折旧   7 000 000
    贷：固定资产   18 000 000

（2）原固定资产配置的旧电气设备被拆除，该设备被拆除前的账面价值（净值）是 30 万元。终止确认该电气设备的账面价值，假定作报废处理，无残值。

  借：营业外支出   300 000
    贷：在建工程   300 000

（3）支付技术改造项目的土建工程款 200 万元。

  借：在建工程   2 000 000
    贷：银行存款   2 000 000

（4）购入一套全新高科技装置，投入技术改造，增值税专用发票上注明的金额为 400 万元，税额为 52 万元，价税合计为 452 万元。该设备已经投入安装。

  借：工程物资   4 000 000
    应交税费——应交增值税（进项税额）   520 000
    贷：银行存款   4 520 000
  借：在建工程   4 000 000
    贷：工程物资   4 000 000

（5）转账支付技术改造工程的设计、绘图、管理以及试运转等费用共计 100 万元。

  借：在建工程   1 000 000
    贷：银行存款   1 000 000

（6）技术改造工程完工，成套加工设备交付使用，结转在建工程成本。

  借：固定资产   17 700 000
    贷：在建工程   17 700 000

2. 费用化的后续支出

固定资产在长期使用过程中，由于自然损耗或使用磨损等原因，往往发生部分零部件的损坏。为了保证固定资产的正常运转及使用，企业往往需要对固定资产进行必要的修理。

【例 4-12】

天工机电股份公司 20×6 年 5 月对管理用汽车进行日常修理，以银行存款支付修理费 4 480 元。其会计分录如下：

借：管理费用　　　　　　　　　　　　　　　　　　　　　　　4 480
　　贷：银行存款　　　　　　　　　　　　　　　　　　　　　　　　4 480

4.6　固定资产的盘盈与盘亏

我国现行会计准则及其应用指南分别针对固定资产的盘盈与盘亏制定了不同的会计处理规则。

4.6.1　固定资产盘盈

为了限制企业利用盘盈固定资产来操纵利润，我国现行会计准则及其应用指南要求企业对固定资产盘盈比照会计差错进行账务处理。

企业设"以前年度损益调整"科目，核算企业本年度发生的调整以前年度损益的事项，以及本年度发现的重要前期差错更正涉及调整以前年度损益的事项。该科目结转后应无余额。

发现盘盈时，借记"固定资产"科目，贷记"以前年度损益调整"科目。

记录由于资产盘盈所导致的企业所得税纳税义务时，借记"以前年度损益调整"科目，贷记"应交税费——应交所得税"科目。

将税后净利计入未分配利润时，借记"以前年度损益调整"科目，贷记"利润分配——未分配利润"科目。

4.6.2　固定资产盘亏

固定资产盘亏可比照存货盘亏进行账务处理，通过"待处理财产损溢"科目进行核算。

发现盘亏时，按固定资产的原值，贷记"固定资产"科目；按已计提的折旧额，借记"累计折旧"科目；按已计提的减值准备，借记"固定资产减值准备"科目；按固定资产的账面价值（即净额），借记"待处理财产损溢——待处理固定资产损溢"科目。

经批准处理时，借记"营业外支出"科目，贷记"待处理财产损溢——待处理固定资产损溢"科目。

【例 4-13】

中南电器股份公司年末对固定资产进行清查时，发现丢失一台计量设备，该设备原价 48 000 元，已计提折旧 18 000 元。经查，计量设备丢失的原因在于保管员看守不当。经批准，由保管员赔偿 10 000 元，转出对应固定资产净值部分的进项税额。其有关账务处理如下：

(1) 发现用电计量设备丢失时。

借：待处理财产损溢——待处理固定资产损溢　　　　　　　　33 900
　　累计折旧　　　　　　　　　　　　　　　　　　　　　　18 000
　　贷：固定资产——计量设备　　　　　　　　　　　　　　　　　　48 000
　　　　应交税费——应交增值税（进项税额转出）（(48 000－18 000)×13%）　3 900

(2) 报经批准后。

借：其他应收款　　　　　　　　　　　　　　　　　　　　10 000
　　营业外支出　　　　　　　　　　　　　　　　　　　　23 900
　　贷：待处理财产损溢——待处理固定资产损溢　　　　　　　　　　33 900

4.7 固定资产的处置

1. 处置因自然灾害导致毁损、已丧失使用功能的固定资产的情形

对于因自然灾害导致毁损、已丧失使用功能等原因而报废清理的固定资产，应当将其损失记入"营业外支出"科目。

【例 4-14】

江南制造股份公司 20×7 年 12 月 31 日盘亏一台机器设备，该设备账面余额（账面原价）为 900 000 元，累计折旧为 500 000 元，资产减值准备为 300 000 元。其有关账务处理如下：

(1) 记录盘亏情况时。

借：待处理财产损溢——待处理固定资产损溢　　　　　　　　100 000
　　累计折旧　　　　　　　　　　　　　　　　　　　　　　500 000
　　固定资产减值准备　　　　　　　　　　　　　　　　　　300 000
　　贷：固定资产　　　　　　　　　　　　　　　　　　　　　　　900 000

(2) 经批准核销该项设备时。

借：营业外支出　　　　　　　　　　　　　　　　　　　　100 000
　　贷：待处理财产损溢——待处理固定资产损溢　　　　　　　　　　100 000

2. 正常处置固定资产的情形

企业设置"资产处置损益"科目核算企业出售划分为持有待售的非流动资产（金融工具、长期股权投资和投资性房地产除外）或处置组时确认的处置利得或损失，以及处置未划分为持有待售的固定资产、在建工程、生产性生物资产及无形资产而产生的处置利得或损失。该科目贷方登记发生额（增加数），借方登记结转额（减少数）。企业记录资产处置收益时，借记"银行存款""固定资产清理"等科目，贷记"资产处置损益"科目。期末，企业应根据该科目的本期贷方发生额大于本期借方发生额的差额，借记"资产处置损益"科目，贷记"本年利润"科目，结转后该科目应无余额。

非货币性资产交换产生的利得或损失也通过"资产处置损益"科目核算。

由于固定资产的清理常常涉及拆卸、搬运等工作，房屋、建筑物的清理往往还会涉及不动产登记等法律程序，因此，需要专门设置账户来完整地反映固定资产清理的全过程。企业设置"固定资产清理"科目核算企业因出售、报废和毁损、对外投资等原因转入清理的固定资产价值以及在清理过程中所发生的清理费用等。该科目可按被清理的固定资产项目进行明细核算。该科目期末若有借方余额，则反映企业尚未清理完毕的固定资产清理净损失。

【例 4-15】

天工机电股份公司有一台万能外圆磨床闲置，经批准对外出售。原价为 800 000 元，累计已计提折旧 400 000 元，已计提减值准备 100 000 元。在清理过程中，以银行存款支付清理费用 5 000 元。变卖收入为 230 000 元。其账务处理如下：

(1) 固定资产转入清理时。

借：固定资产清理　　　　　　　　　　　　　　　　300 000
　　累计折旧　　　　　　　　　　　　　　　　　　400 000
　　固定资产减值准备　　　　　　　　　　　　　　100 000
　　贷：固定资产　　　　　　　　　　　　　　　　　　800 000

(2) 发生清理费用时。

借：固定资产清理　　　　　　　　　　　　　　　　5 000
　　贷：银行存款　　　　　　　　　　　　　　　　　　5 000

(3) 收到变卖收入时。

借：银行存款　　　　　　　　　　　　　　　　　　230 000
　　贷：固定资产清理　　　　　　　　　　　　　　　　230 000

(4) 结转处置固定资产净损益时。

借：资产处置损益　　　　　　　　　　　　　　　　75 000
　　贷：固定资产清理　　　　　　　　　　　　　　　　75 000

练习题

一、单项选择题

1. 20×3 年 12 月 31 日，甲公司某项固定资产计提减值准备前的账面价值为 1 000 万元，公允价值为 980 万元，预计处置费用为 80 万元，预计未来现金流量的现值为 1 050 万元。20×3 年 12 月 31 日，甲公司应对该项固定资产计提的减值准备为（　　）万元。

　　A. 0　　　　　　B. 20　　　　　　C. 50　　　　　　D. 100

2. 甲公司一台用于生产 M 产品的设备预计使用年限为 5 年，预计净残值为零。假定 M 产品各年产量基本均衡。下列折旧方法中，能够使该设备第 1 年计提折旧金额最多的是（　　）。

A. 工作量法 B. 年限平均法
C. 年数总和法 D. 双倍余额递减法

二、多项选择题

1. 下列资产中，不需要计提折旧的有（   ）。
A. 已划分为持有待售的固定资产
B. 以公允价值模式进行后续计量的已出租厂房
C. 因产品市场不景气尚未投入使用的外购机器设备
D. 已经完工投入使用但尚未办理竣工决算的自建厂房

2. 下列关于固定资产会计处理的表述中，正确的有（   ）。
A. 已转为持有待售的固定资产不应计提折旧
B. 至少每年年度终了对固定资产的折旧方法进行复核
C. 至少每年年度终了对固定资产的使用寿命进行复核
D. 至少每年年度终了对固定资产的预计净残值进行复核

3. 下列各项中，属于固定资产减值迹象的有（   ）。
A. 固定资产将被闲置
B. 计划提前处置固定资产
C. 有证据表明资产已经陈旧过时
D. 企业经营所处的经济环境在当期发生重大变化且对企业产生不利影响

三、判断题

1. 按暂估价值入账的固定资产在办理竣工决算后，企业应当根据暂估价值与竣工决算价值的差额调整原已计提的折旧金额。（   ）

2. 企业以一笔款项购入多项没有单独标价的固定资产，应将该款项按各项固定资产公允价值占公允价值总额的比例进行分配，分别确定各项固定资产的成本。（   ）

3. 企业持有待售的固定资产，应按账面价值与公允价值减去处置费用后的净额孰低进行计量。（   ）

第 5 章 债 权

素养目标

1. 结合中国特色社会主义法治体系学习会计法规体系。运用《中华人民共和国民法典》，对《企业会计准则第 22 号——金融工具确认和计量》中债权的会计规则进行辩证分析。
2. 理解会计规则的理论逻辑、历史逻辑和实践逻辑，培养辩证思维能力。了解交易性金融资产、债权投资、其他债权投资会计规则的设计理念。
3. 了解次贷危机期间国际财经界对国际财务报告准则的批评，以及《国际财务报告准则第 9 号——金融工具》的编写背景。

学习目标

1. 掌握：短期应收款项的会计处理规则；债权投资、其他债权投资、长期应收款的会计处理规则。
2. 理解：金融资产分类的逻辑。
3. 了解：核算应收款项坏账损失的备抵法。

本章扼要讲解《企业会计准则第 22 号——金融工具确认和计量》（2017 年修订）中所规定的以摊余成本①计量的金融资产（financial asset at amortized cost）、以公允价值计量且其变动计入当期损益的金融资产（financial asset at fair value through profit or loss）和以公允价值计量且其变动计入其他综合收益的金融资产（financial asset at fair value through other comprehensive income）的会计处理规则。该准则系借鉴《国际财务报告准则第 9 号——金融工具》（International Financial Reporting Standard 9：Financial Instruments）制定而成。

---

① 摊余成本是历史成本的变体，其含义留待第 5.2 节阐释。

《国际财务报告准则第 9 号——金融工具》分别为股权和债权规定了多种不同的处理规则，其逻辑比较复杂，缺乏合理依据，初学者往往感到比较费解。为了帮助初学者和实务工作者把握准则的设计理念，增强专业自信，本章对国际准则的设计理念进行了通俗化的解读，阐释了金融资产分类的逻辑。在此基础上，讲解债权的三套会计处理规则。本书第 7 章将会融汇《企业会计准则第 22 号——金融工具确认和计量》《企业会计准则第 2 号——长期股权投资》来阐释股权的四套会计处理规则。

首先需要提醒读者的是，不必试图给《国际财务报告准则第 9 号——金融工具》中所称的"金融资产"和"金融负债"下一个妥帖的定义，原因在于，该准则源于美国证券市场上的公认会计原则，这些规则乃是拼凑而成的，并无完善的理论基础。[①] 该准则中所称的"金融资产"和"金融负债"均为特指，与惯常的理解有所不同。其中，金融资产（financial asset）主要是指企业销售商品、提供劳务和对外放款所形成的债权（贷款及应收款项）以及进行证券投资所取得的股票、债券、基金等金融工具；金融负债主要是指企业购买商品、接受劳务或发行证券等业务所形成的债务（应付款项）和所发行的债券等金融工具。

库存现金、银行存款、其他货币资金等原本并不在准则制定者的考虑之列。故而，读者不必试图把现金、银行存款和货币资金等资产项目归入金融资产，否则你很难解释为什么要对银行存款账户进行公允价值计量或者以摊余成本计量。

长期股权投资也没有被金融工具会计准则的起草者列入金融资产的范畴，而是另由《企业会计准则第 2 号——长期股权投资》予以规范。

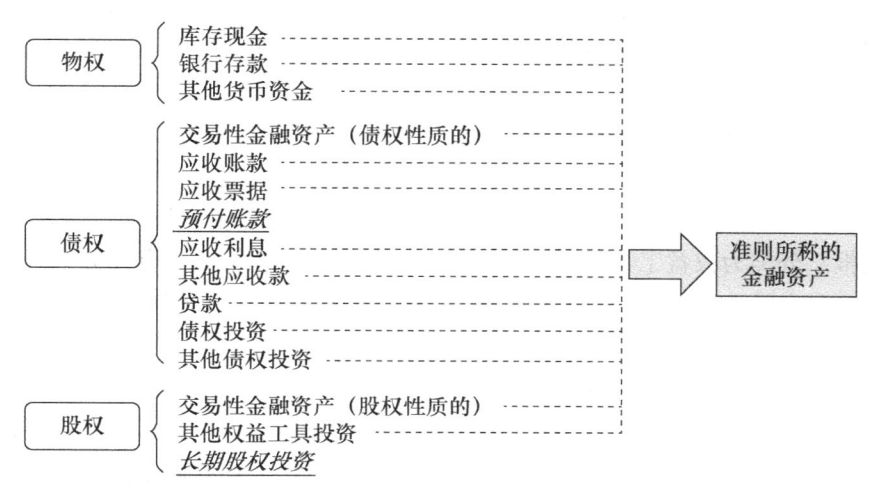

图 5-1　会计准则对金融资产的定义（示意图）

物权：库存现金、银行存款、其他货币资金

债权：交易性金融资产（债权性质的）、应收账款、应收票据、*预付账款*、应收利息、其他应收款、贷款、债权投资、其他债权投资 → 准则所称的金融资产

股权：交易性金融资产（股权性质的）、其他权益工具投资、*长期股权投资*

为了帮助读者将理论与实践联系起来，培养查阅法规原文的习惯，本章设置专栏阐释了相关的法规和理论背景。专栏内容不作教学要求。

[①] 金融资产这一概念的困境在于，何谓金融性质的资产，何谓非金融性质的资产，在民商法上是缺乏合理边界的。

5.1 会计准则中金融资产分类的逻辑

5.1.1 金融资产分类的依据

《企业会计准则第 22 号——金融工具确认和计量》(2017 年修订)第三条所称的金融资产概念,源于国际财务报告准则和美国证券市场上的公认会计原则,是指企业持有的现金、其他方的权益工具以及符合下列条件之一的资产:

(1) 从其他方收取现金或其他金融资产的合同权利(contractual right),也就是将会收取金融资产的债权。例如,工商企业的应收账款、应收票据和商业银行发放的贷款等,均属于企业的金融资产;而预付账款这样的以收取商品或服务为给付标的的债权,则不被准则视为金融资产。

(2) 在潜在有利条件下(under conditions that are potentially favourable to the entity),与其他方交换金融资产或金融负债的合同权利。如企业购入的衍生工具(看涨期权、看跌期权等)。

(3) 将来须用或可用企业自身权益工具(the entity's own equity instruments)进行结算的非衍生工具合同(non-derivative contract),且企业根据该合同将收到可变数量的自身权益工具。这是指股票质押的情形。例如,甲公司根据合同约定支付 900 万元给乙公司,半年后收取乙公司按照市价交付的等值的甲公司普通股,则该合同构成甲公司的金融资产。

(4) 将来须用或可用企业自身权益工具进行结算的衍生工具合同(derivative contract),但以固定数量的自身权益工具交换固定金额的现金或其他金融资产的衍生工具合同除外。其中,企业自身权益工具不包括应当按照《企业会计准则第 37 号——金融工具列报》分类为权益工具的可回售工具或发行方仅在清算时才有义务向另一方按比例交付其净资产的金融工具,也不包括本身就要求在未来收取或交付企业自身权益工具的合同。例如,安民实业股份公司购入 1 000 份布劳证券股份公司发行的以安民实业股份公司股票为基础资产、期限为半年的欧式看涨期权,行权价为每股 40 元,行权日根据期权的公允价值以该公司的股票进行结算。假设行权日的股价为 50 元,则该期权的公允价值为 10 000 元(1 000×(50−40)),安民实业股份公司收取布劳证券股份公司交付的股票 200 股。显然,本例中的衍生工具不属于"以固定数量的自身权益工具交换固定金额的现金"。在这种情况下,安民实业股份公司应当将该看涨期权确认为一项(衍生)金融资产。

《企业会计准则第 22 号——金融工具确认和计量》(2017 年修订)第十六条规定,企业应当根据其管理金融资产的业务模式(business model)和金融资产的合同现金流量特征(contractual cash flow characteristics),对金融资产进行分类,然后分别适用不同的会计处理规则。

1. 企业管理金融资产的业务模式

企业管理金融资产的业务模式，是指企业管理其金融资产从而收取现金流量的方式，具体包括三种业务模式：（1）以收取合同约定的现金流量为目的；（2）以出售金融资产为目的；（3）以上二者兼有，即既以收取合同约定的现金流量为目的，又以出售该金融资产为目的。

准则规定，企业确定管理金融资产的业务模式时，应当以关键管理人员（key management personnel）[①]决定的对金融资产进行管理的特定业务目标为基础，基于客观事实（而不得基于合理预期不会发生的情形）来确定。

2. 金融资产的合同现金流量特征

准则所称金融资产的合同现金流量特征，是指金融工具合同约定的、反映相关金融资产经济特征的现金流量属性。

这一概念比较抽象。结合《企业会计准则第 22 号——金融工具确认和计量》《国际财务报告准则第 9 号——金融工具》的内容来看，用法律思维来分析，其含义只不过就是说，金融资产究竟构成债权债务关系，还是构成信托关系。

（1）债权债务关系。我们先来看债权债务关系。工商企业发生应收账款，企业从事债券投资，银行业金融机构发放贷款，这些业务所形成的金融资产，是典型的债权债务关系。债是因法律规定或合同约定所形成的特定主体之间的权利义务关系，拥有权利的一方为债权人，负有义务的一方为债务人。[②] 债权债务关系的显著特点是，必须要具有明确具体的债权人和债务人，现金流量必须是封闭的、金额是确定的。如果你能够把一项金融资产的现金流量按照时间顺序排列起来，那么这个金融资产就是债权性质的金融资产。如果你无法把一项金融资产的现金流量按照时间顺序排列出来，那么它就不是债权性质的金融资产，这时，它往往构成信托关系。

（2）信托关系。我们再来看信托关系。股票投资、购买基金等行为所形成的法律关系是典型的信托关系。信托关系乃是基于信赖而发生，一方将自己的特定财产交付给另一方，另一方承诺为对方的最佳利益或者为双方的共同利益而作为。

股票就是典型的信托关系，这种信托关系主要存在于股东与公司高级管理人员之间。根据公司法的规定，股东出资后不得抽回出资。股东一旦购买了公司的股票，其所投入的私人财产就转变成了公司的法人财产。公司的法人财产由公司法人的意思表示机关（即股东会）来支配。公司股东只能寄希望于公司管理层认真履行信托责任来实现财富增值，但公司并不会为股东提供明确的现金流量的时间表。也就是说，对于股东来说，未来的现金流量是不确定的，既没有明确的到期日，也没有明确的金额。这就

---

① 根据《企业会计准则第 36 号——关联方披露》的定义，关键管理人员是指有权力并负责计划、指挥和控制企业活动的人员。

② 债的发生原因，通常包括合同之债、侵权之债、不当得利、无因管理等情形。感兴趣的读者，可参阅王利明、杨立新、梁慧星、谢怀栻、王泽鉴、史尚宽等法学家的论著。

与债权债务关系形成了鲜明的对比。

如果债权人发现债务人没有履行合同约定的义务，他是可以向人民法院起诉来主张权利的。而如果是信托关系，那么资产持有人是不大容易去向人民法院主张权利的。

准则对债权性质的金融资产的合同现金流量特征进行了刻画，即相关金融资产在特定日期产生的合同现金流量，仅为对本金以及以未偿付本金金额为基础的利息的支付。通俗地说，债权性质的金融资产的合同现金流量特征是，以后的现金流量就是收取利息、收回本金。其中，本金是指金融资产在初始确认时的公允价值。在金融资产的存续期内，本金金额可能会因提前还款等原因发生变动。利息包括对货币时间价值、与特定时期未偿付本金金额相关的信用风险，以及其他基本借贷风险、成本和利润的对价。其中，货币时间价值是利息要素中仅因为时间流逝而提供对价的部分，不包括为所持有金融资产的其他风险或成本提供的对价，但货币时间价值要素有时可能存在修正。在货币时间价值要素存在修正的情况下，企业应当对相关修正进行评估，以确定其是否满足上述合同现金流量特征的要求。此外，金融资产包含可能导致其合同现金流量的时间分布或金额发生变更的合同条款（如包含提前还款特征）的，企业应当对相关条款进行评估（如评估提前还款特征的公允价值是否非常小），以确定其是否满足上述合同现金流量特征的要求。

5.1.2　金融资产的三分类及其例外条款

1. 金融资产的三分类

准则规定，企业应当根据其管理金融资产的业务模式和金融资产的合同现金流量特征，将金融资产划分为以下三类。对金融资产的分类一经确定，不得随意变更。

（1）以摊余成本计量的金融资产。金融资产同时符合下列条件的，应当分类为以摊余成本计量的金融资产：1）企业管理该金融资产的业务模式是以收取合同现金流量为目标；2）该金融资产的合同条款规定，在特定日期产生的现金流量，仅为对本金和以未偿付本金金额为基础的利息的支付。

（2）以公允价值计量且其变动计入其他综合收益的金融资产。金融资产同时符合下列条件的，应当分类为以公允价值计量且其变动计入其他综合收益的金融资产：1）企业管理该金融资产的业务模式既以收取合同现金流量为目标又以出售该金融资产为目标；2）该金融资产的合同条款规定，在特定日期产生的现金流量，仅为对本金和以未偿付本金金额为基础的利息的支付。

从金融资产的合同现金流量特征来看，以上两类显然都是针对债权性质的金融资产而言的。

（3）以公允价值计量且其变动计入当期损益的金融资产。对于没有划分为前两类的那些金融资产，企业应当将其分类为以公允价值计量且其变动计入当期损益的金融资产。

交易性金融资产应当划分为以公允价值计量且其变动计入当期损益的金融资产。交易性金融资产是指满足下列条件之一的金融资产：1）取得相关金融资产的目的，主要是为了近期出售。例如，企业以赚取差价为目的从二级市场购入的股票、债券和基金等。2) 相关金融资产在初始确认时属于集中管理的可辨认金融工具组合的一部分，且有客观证据表明近期实际存在短期获利模式。在这种情况下，即使组合中有某个组成项目持有的期限稍长也不受影响。其中，"金融工具组合"指金融资产组合或金融负债组合。3) 相关金融资产属于衍生工具。但符合财务担保合同定义的衍生工具以及被指定为有效套期工具的衍生工具除外。例如，未作为套期工具的利率互换或外汇期权，应当被划分为以公允价值计量且其变动计入当期损益的金融资产。

2. 金融资产分类的例外条款

准则给出了一些例外条款。

（1）将非交易性权益工具指定为以公允价值计量且其变动计入其他综合收益的金融资产。在初始确认时，企业可以将非交易性权益工具投资指定为以公允价值计量且其变动计入其他综合收益的金融资产，并按照准则的规定确认股利收入。该指定一经做出，不得撤销。企业在非同一控制下的企业合并中确认的或有对价构成金融资产的，该金融资产应当分类为以公允价值计量且其变动计入当期损益的金融资产，不得指定为以公允价值计量且其变动计入其他综合收益的金融资产。

（2）将金融资产指定为以公允价值计量且其变动计入当期损益的金融资产。在初始确认时，如果能够消除或显著减少会计错配（accounting mismatch），企业可以将金融资产指定为以公允价值计量且其变动计入当期损益的金融资产。该指定一经做出，不得撤销。会计错配，是指当企业以不同的会计确认方法和计量属性，对在经济上相关的资产和负债进行确认或计量而产生利得或损失时，可能导致的会计确认和计量上的不一致。

这意味着，即使某些金融资产依照上述三分类不属于以公允价值计量且其变动计入当期损益的金融资产的类别，企业也可以出于减少会计错配的考虑，而将其指定为以公允价值计量且其变动计入当期损益的金融资产。

综上所述，金融资产的分类如图 5-2 所示。

5.1.3　债权和股权在资产负债表中的列报名称

《企业会计准则第 22 号——金融工具确认和计量》（2017 年修订）借鉴《国际财务报告准则第 9 号——金融工具》所给出的上述分类处理规则相当烦琐。为便于理解，可概括如下。

1. 债权的三种列报名称

对于合同所确立的债权（即投资人所持有的会计学和金融学所称的债务工具），企业可以将其分作三类，分别进行会计处理。

（1）若资产方不以出售该资产为目的，则应划分为以摊余成本计量的金融资产。企业设"债权投资"科目核算企业以摊余成本计量的债权投资的账面余额。该科目可按债

```
债务工具投资
├── 以摊余成本计量的金融资产
│   "债权投资"科目
│   ← 合同约定的现金流量的特征
│     合同条款规定了本金和利息等主要现金流量的具体交割日期
│   ← 业务模式
│     持有目的：获取合同约定的现金流量
│
├── 以公允价值计量且其变动计入其他综合收益的金融资产
│   "其他债权投资"科目
│   （资产减值计入当期损益；其他综合收益可以重分类至损益）
│     持有目的：出售该金融资产

权益工具投资
├── 以公允价值计量且其变动计入当期损益的金融资产
│   "交易性金融资产"科目
│   ← 原则上所有的权益工具投资都应划分为此类
│
├── 以公允价值计量且其变动计入其他综合收益的金融资产
│   "其他权益工具投资"科目
│   （不考虑资产减值问题；其他综合收益不可以重分类至损益）
│     不可逆转的选择权：公允价值变动计入其他综合收益
```

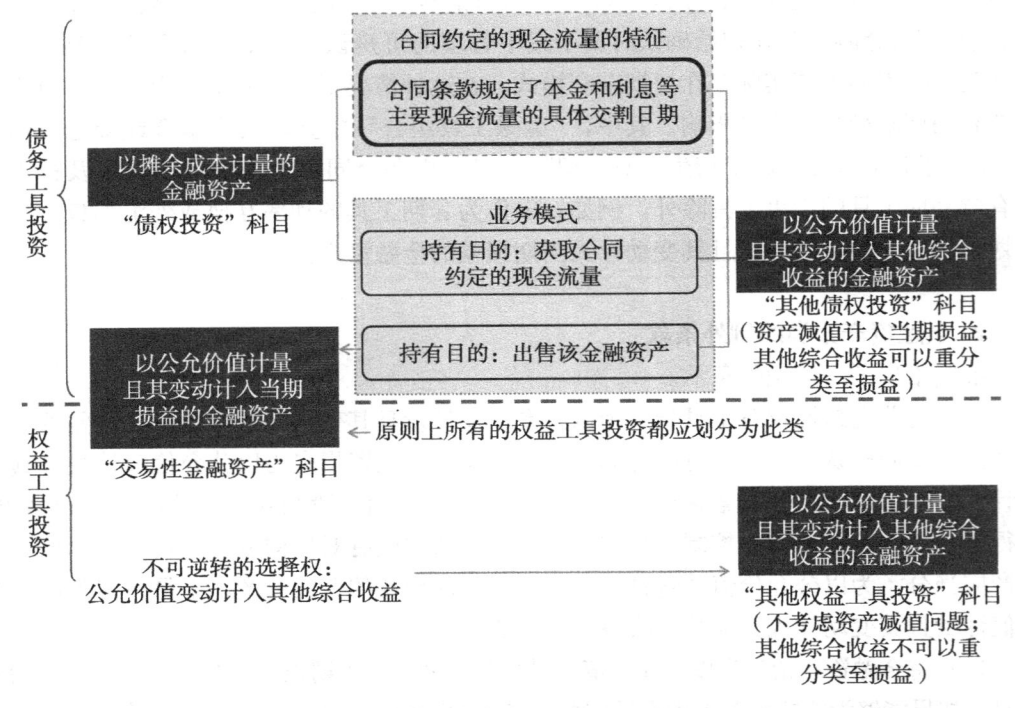

图 5-2 金融资产的分类（示意图）

权投资的类别和品种，分别按"面值""利息调整""应计利息"等进行明细核算。

（2）若资产方持有该资产带有出售该资产的目的，则应划分为以公允价值计量且其变动计入其他综合收益的金融资产。对于划分为"以公允价值计量且其变动计入其他综合收益的金融资产的债权"，其会计规则是：资产减值计入当期损益；所有公允价值变动一律计入其他综合收益；其他综合收益可以在终止确认时转为损益。企业设"其他债权投资"科目核算被划分为以公允价值计量且其变动计入其他综合收益的金融资产的债权。该科目可按金融资产类别和品种，区分"面值""利息调整""公允价值变动"等进行明细核算。

（3）企业可以出于消除或显著减少会计错配的目的，将债权指定为以公允价值计量且其变动计入当期损益的金融资产。企业设"交易性金融资产"科目核算被划分为以公允价值计量且其变动计入当期损益的金融资产，包括债权和股权。该科目可按金融资产的类别和品种，分别按"成本""公允价值变动"等进行明细核算。企业持有的指定为以公允价值计量且其变动计入当期损益的金融资产可在该科目下单设"指定类"明细科目核算。衍生金融资产在"衍生工具"科目核算。

2. 金融工具准则给出的股权的两种列报名称

在《企业会计准则第 22 号——金融工具确认和计量》（2017 年修订）的规范范围内，对于合同所确立的股东权（equity instrument，即会计学、金融学所称的权益工具），企业可以将其分作两类，分别进行会计处理。①

（1）根据准则给出的三分类规则，在原则上，资产方应当将其取得的权益工具（即股东权）划分为以公允价值计量且其变动计入当期损益的金融资产。企业设"交易性金融资产"科目核算被划分为以公允价值计量且其变动计入当期损益的金融资产的股权投资。

（2）根据准则给出的例外条款，企业也可以行使选择权（仅限于行使一次，且不可逆转），从而将其取得的权益工具（即股东权）指定为以公允价值计量且其变动计入其他综合收益的金融资产。对于指定归入此类的股东权，其会计规则是：不考虑资产减值问题；所有公允价值变动（收到的作为投资回报的股利除外）一律计入其他综合收益；其他综合收益不可以在终止确认时转为损益，而应计入留存收益（记入"利润分配——未分配利润""盈余公积——法定盈余公积"等科目）。企业设"其他权益工具投资"科目核算企业指定为以公允价值计量且其变动计入其他综合收益的股权投资。该科目可按其他权益工具投资的类别和品种，分别按"成本""公允价值变动"等进行明细核算。

债权和股权在资产负债表中的列报如图 5-3 所示。

资产	期末余额	年初余额
流动资产：		
货币资金（含"银行存款"）		
交易性金融资产		
衍生金融资产		
应收票据		
应收账款		
预付款项		
其他应收款		
存货		
合同资产		
持有待售资产		
一年内到期的非流动资产		
其他流动资产		
流动资产合计		
非流动资产：		
债权投资		
其他债权投资		
长期应收款		
长期股权投资		
其他权益工具投资		
投资性房地产		
固定资产		

以公允价值计量且其变动计入当期损益的金融资产（债权或股权）→ 交易性金融资产

以摊余成本计量的金融资产 → 债权投资

以公允价值计量且其变动计入其他综合收益的金融资产（债权）→ 其他债权投资

以公允价值计量且其变动计入其他综合收益的金融资产（股权）→ 其他权益工具投资

图 5-3 债权和股权在资产负债表中的列报（示意图）

---

① 除此以外，《企业会计准则第 2 号——长期股权投资》（2014 年修订）要求企业分别采用权益法和成本法来核算其对被投资方的影响力达到重大影响、共同控制和控制的股权投资。因此，在企业会计准则体系下，股权投资共有四套会计规则。详见本书第 7 章。

综上可知，虽然准则在名义上将金融资产分作了三类（即以摊余成本计量的金融资产、以公允价值计量且其变动计入其他综合收益的金融资产和以公允价值计量且其变动计入当期损益的金融资产），但其中的"以公允价值计量且其变动计入其他综合收益的金融资产"却又区分债权和股权而分别规定了不同的规则（即"其他债权投资"和"其他权益工具投资"这两套规则）。这使得该准则呈现出空前的复杂性，其玄妙程度可见一斑。

5.2 以摊余成本计量的金融资产

前已述及，准则规定，金融资产同时符合下列条件的，应当分类为以摊余成本计量的金融资产：（1）企业管理该金融资产的业务模式以收取合同现金流量为目标。（2）该金融资产的合同条款规定，在特定日期产生的现金流量，仅涉及支付本金和利息（该利息是以未偿付本金金额为基础计算的）。

通俗地说，"以摊余成本计量的金融资产"也就是指常规性的债权，其核算基础依然是基于历史成本的，只不过采取了"摊余成本"这种变体。

以下先来阐释列入流动资产的债权的会计处理，这些债权通常适用简化的处理方法。然后介绍列入非流动资产的债权的会计处理，这些债权完整地采用了以摊余成本计量的金融资产的会计规则。

5.2.1 归类为流动资产的以摊余成本计量的金融资产

本节阐释应收账款、应收票据、预付账款、应收利息、应收股利和其他应收款等的会计处理。上述项目均为短期的债权，列示于资产负债表的流动资产项目下。

1. 应收账款

企业设"应收账款"科目核算以摊余成本计量的，企业因销售商品、提供劳务等经营活动应收取的款项。该科目可按债务人进行明细核算。该科目期末借方余额，反映企业尚未收回的应收账款。

（1）应收账款的日常核算。企业的应收账款如果不包含《企业会计准则第14号——收入》所定义的重大融资成分，或者根据该准则的规定而不考虑不超过一年的合同的融资成分，就可以按照根据该准则确定的交易价格进行初始计量。

企业记录应收账款时，按应收金额，借记"应收账款"科目，按确认的营业收入，贷记"主营业务收入"等科目。收回应收账款时，借记"银行存款"等科目，贷记"应收账款"科目。涉及增值税销项税额的，还应进行相应的处理。

代购货单位垫付的包装费、运杂费，借记"应收账款"科目，贷记"银行存款"等科目。收回代垫费用时，借记"银行存款"科目，贷记"应收账款"科目。

【例5-1】

正明商贸股份公司销售给金波实业有限公司一批产品，按照价目表上标明的价格计算，其不含税售价金额为 20 000 元，由于是批量销售，正明商贸股份公司给予金波公司 10% 的商业折扣。适用的增值税税率为 13%。正明商贸股份公司为金波公司代垫运费 100 元。

(1) 销售成立，记录债权时。

借：应收账款	20 440
贷：主营业务收入	18 000
应交税费——应交增值税（销项税额）	2 340
库存现金	100

(2) 正明商贸股份公司收到上述价款时。

借：银行存款	20 440
贷：应收账款	20 440

专栏 5-1　　　　　　　商业折扣和现金折扣

商业折扣（commercial discount）就是大家所熟悉的"打折"，是指销售方针对商品价目单明示的价格所给予的减价优惠。会计环节所处理的实际结算金额本身已经是扣除商业折扣后的实际成交价款。因此，会计上不需要专门对商业折扣进行账务处理。商业折扣只是销售环节的一种促销策略，而与会计处理环节无关。

现金折扣（cash discount），是指在赊销方式的交易中，销售方为鼓励采购方在约定期限内尽早付款而提供的付款优惠，严格地说就是"提前付款折扣"。例如，购销双方可能会在买卖合同中约定，购货方应在 30 天内付款，如果在 10 天内付款，则可享受 2% 的折扣，如果在 20 天内付款，则可享受 1% 的折扣。这样的付款条件在国际商务中常常简写为"2/10，1/20，n/30"，但此类付款条件在我国的合同实务中不大常见。可见，现金折扣是实际成交价格形成之后销售方推出的鼓励采购方提前付款的收款策略，因此，销售方（和采购方）需要对现金折扣进行会计处理。

(2) 现金折扣的会计处理。现金折扣属于《企业会计准则第 14 号——收入》（2017 年修订）所称的可变对价。根据该准则第十六条的规定，合同中存在可变对价的，企业应当按照期望值（the expected value）或最可能发生金额（the most likely amount）确定可变对价的最佳估计数，但包含可变对价的交易价格，应当不超过在相关不确定性消除时累计已确认收入极可能不会发生重大转回的金额。企业在评估累计已确认收入是否极可能不会发生重大转回时，应当同时考虑收入转回的可能性及其比重。

每一资产负债表日，企业应当重新估计应计入交易价格的可变对价金额。对于已履行的履约义务，其分摊的可变对价后续变动额应当调整变动当期的收入。

【例 5-2a】

超人时装股份公司 20×7 年 6 月 1 日向白雪商贸有限公司销售一批夏装，不含税售价为 10 000 000 元，增值税税额为 1 300 000 元，价税合计为 11 300 000 元。

为了使货款尽快到账，超人时装股份公司给出的现金折扣条款是：白雪商贸有限公司应当在8月31日前付款。若在6月30日前付款,则可享受2%的现金折扣;若在7月31日前付款,则可享受1%的现金折扣。

6月1日,超人时装股份公司预计白雪商贸有限公司最有可能在6月30日前付款,按照最可能发生金额226 000元(11 300 000×2%)确定可变对价的最佳估计数,包含可变对价的价格为9 774 000元(10 000 000-226 000)。

6月19日,超人时装股份公司收到货款。

(1) 6月1日销售时。

借:应收账款(11 300 000×98%)   11 074 000
    贷:主营业务收入(10 000 000-226 000)   9 774 000
        应交税费——应交增值税(销项税额)   1 300 000

(2) 6月19日收到货款时。

借:银行存款   11 074 000
    贷:应收账款   11 074 000

【例5-2b】

沿用例5-2a的资料。假定白雪商贸有限公司未在6月30日前付款。

6月30日,超人时装股份公司重新估计应计入交易价格的可变对价金额。预计白雪商贸有限公司最有可能在7月31日前付款,按照最可能发生金额113 000元(11 300 000×1%)确定可变对价的最佳估计数,包含可变对价的价格为9 887 000元(10 000 000-113 000)。因此,需要调增应收账款和主营业务收入113 000元(9 887 000-9 774 000)。

7月19日,超人时装股份公司收到货款。

(1) 6月1日销售时。

借:应收账款(11 300 000×98%)   11 074 000
    贷:主营业务收入(10 000 000-226 000)   9 774 000
        应交税费——应交增值税(销项税额)   1 300 000

(2) 6月30日重新估计应计入交易价格的可变对价金额时。

借:应收账款   113 000
    贷:主营业务收入   113 000

(3) 7月19日收到货款时。

借:银行存款   11 187 000
    贷:应收账款   11 187 000

2. 应收票据

企业设"应收票据"科目核算以摊余成本计量的,企业因销售商品、提供劳务等而收到的商业汇票(包括银行承兑汇票和商业承兑汇票)。该科目可按债务人(开出或承兑商业汇票的单位)进行明细核算。该科目期末借方余额,反映企业持有的商业汇票的票面金额。

企业应当设置"应收票据备查簿",逐笔登记商业汇票的种类、号数和出票日、票面金额、交易合同号和付款人、承兑人、背书人的姓名或单位名称、到期日、背书转让日、贴现日、贴现率和贴现净额以及收款日和收回金额、退票情况等资料。商业汇票到期结清票款或退票后，在备查簿中应予以注销。

（1）接受商业汇票和收款时的会计处理。企业因销售商品、提供劳务等而收到开出、承兑的商业汇票，按商业汇票的票面金额，借记"应收票据"科目，按确认的营业收入，贷记"主营业务收入"等科目。涉及增值税销项税额的，还应进行相应的处理。

商业汇票到期，应按实际收到的金额，借记"银行存款"科目，按商业汇票的票面金额，贷记"应收票据"科目。

（2）商业汇票贴现时的会计处理。持未到期的商业汇票向银行贴现，应按实际收到的金额（即减去贴现息后的净额），借记"银行存款"等科目，按贴现息部分，借记"财务费用"等科目，按商业汇票的票面金额，贷记"应收票据"科目（适用于不带追索权的情形）或者"短期借款"科目（适用于带有追索权的情形）。

（3）商业汇票背书的会计处理。将持有的商业汇票背书转让以取得所需物资，按应计入取得物资成本的金额，借记"材料采购"或"原材料""库存商品"等科目，按商业汇票的票面金额，贷记"应收票据"科目，如有差额，借记或贷记"银行存款"等科目。涉及增值税进项税额的，还应进行相应的处理。

3. 预付账款[①]

企业设"预付账款"科目核算企业依照合同约定预付的款项。该科目可按供货单位进行明细核算。该科目期末借方余额，反映企业预付的款项。

企业因购货而预付的款项，借记"预付账款"科目，贷记"银行存款"等科目。

收到所购物资，按应计入购入物资成本的金额，借记"材料采购"或"原材料""库存商品"等科目，按应支付的金额，贷记"预付账款"科目。补付的款项，借记"预付账款"科目，贷记"银行存款"等科目；退回多付的款项作相反的会计分录。涉及增值税进项税额的，还应进行相应的处理。

4. 应收利息和应收股利

企业设"应收利息"科目核算企业发放的贷款、各类债权投资、存放中央银行款项、拆出资金、买入返售金融资产等应收取的利息。该科目可按借款人或被投资单位进行明细核算。记录应收利息时，借记"应收利息"科目，贷记相关科目（如"投资收益"科目等）；实际收到利息时，借记"银行存款"等科目，贷记"应收利息"科目。该科目期末借方余额，反映企业尚未收回的利息。企业购入的一次还本付息的债权投资持有期间取得的利息，在"债权投资"科目核算。

企业设"应收股利"科目核算企业应收取的现金股利和应收取的被投资单位分配的

---

① 预付账款是典型的债权，但在国际财务报告准则中，却不被视为金融资产。原因在于，金融资产是胡乱拼凑出来的失当概念，根本不可能有科学的定义。按照国际会计准则的定义，金融资产是指从其他方收取现金或其他金融资产的合同权利，因为预付账款往往会换来货物，而不是货币，因此，它不是金融资产。对于那种错误的理论知识，初学者略作了解即可。

利润。该科目可按被投资单位进行明细核算。该科目的期末余额在借方,反映企业尚未收回的现金股利或利润。投资方在被投资单位宣告发放现金股利或利润时,按应享有的份额,借记"应收股利"科目,贷记"投资收益"等科目。实际收到现金股利或利润时,借记"银行存款"等科目,贷记"应收股利"科目。

5. 其他应收款

企业设"其他应收款"科目核算分类为以摊余成本计量的,企业除存出保证金、买入返售金融资产、应收票据、应收账款、预付账款、应收股利、应收利息、应收代位追偿款、应收分保账款、应收分保未到期责任准备金、应收分保保险责任准备金、长期应收款等经营活动以外的其他各种应收、暂付的款项,如应收的各种赔款、罚款,职工因公出差借支的现金,为职工垫付的款项等。该科目可按债务人(单位或个人)进行明细核算。企业发生其他各种应收、暂付款项时,借记"其他应收款"科目,贷记"银行存款""库存现金"等科目;收回或转销该债权时,借记"库存现金""银行存款"等科目,贷记"其他应收款"科目。该科目期末借方余额,反映企业尚未收回的其他应收款。

6. 坏账准备

《企业会计准则第 22 号——金融工具确认和计量》(2017 年修订)规定,企业应当以预期信用损失为基础进行减值会计处理并确认损失准备(loss allowance)。为避免重复,本章在第 5.2.2 节集中阐释以摊余成本计量的金融资产的资产减值规则。

坏账损失核算的直接转销法和备抵法

对于由《企业会计准则第 14 号——收入》规范的交易所形成的应收款项或合同资产,企业应当始终按照相当于整个存续期内预期信用损失的金额计量其损失准备。该应收款项或合同资产应符合下列条件之一:(1)该项目未包含《企业会计准则第 14 号——收入》所定义的重大融资成分,或企业根据《企业会计准则第 14 号——收入》规定不考虑不超过一年的合同中的融资成分。(2)该项目包含《企业会计准则第 14 号——收入》所定义的重大融资成分,同时企业做出会计政策选择,按照相当于整个存续期内预期信用损失的金额计量损失准备。企业应当将该会计政策选择适用于所有此类应收款项和合同资产,但可对应收款项类和合同资产类分别做出会计政策选择。

简单地说,对于应收账款(trade receivables)和短期租赁合约中的应收款项(lease receivables)等短期性的债权,由于其通常不包含重大融资成分,因此,企业在报告日可以简单地按照该资产在其后续存续期限内的预期信用损失计提坏账准备。

企业可在计量预期信用损失时运用简便方法。例如,对于应收账款的预期信用损失,企业可参照历史信用损失经验,编制应收账款逾期天数与固定准备率对照表(如:若未逾期,为 1%;若逾期不到 30 日,为 2%;若逾期天数为 30~90(不含)日,为 3%;若逾期天数为 90~180(不含)日,为 20% 等)。以此为基础计算预期信用损失。

企业设"信用减值损失"科目核算企业按照《企业会计准则第 22 号——金融工具确认和计量》(2017 年修订)的要求,针对债权计提减值准备所记录的预期信用损失。该科目借方登记发生额（增加数），贷方登记结转额（减少数）。期末结转后，该科目无余额。

企业设"坏账准备"科目核算企业以摊余成本计量的应收款项等金融资产以预期信用损失为基础计提的损失准备。

资产负债表日，应收款项发生减值的，按应减记的金额，借记"信用减值损失"科目，贷记"坏账准备"科目。以后期间，如果当期应计提的坏账准备大于期初账面余额，则应按其差额计提；如果应计提的坏账准备小于期初账面余额，则应按其差额冲减已计提的坏账准备。

对于确实无法收回的应收款项，按管理权限报经批准后作为坏账处理，转销应收款项时，借记"坏账准备"科目，贷记"应收账款""应收票据""预付账款""其他应收款"等科目。

以前期间已转销的应收款项以后又收回时，应按实际收回的金额，借记"应收账款""应收票据""预付账款""其他应收款"等科目，贷记"坏账准备"科目；同时，借记"银行存款"科目，贷记"应收账款""应收票据""预付账款""其他应收款"等科目。也可以将以上两步分录合为一步，即按照实际收回的金额，借记"银行存款"科目，贷记"坏账准备"科目。

下面以应收账款为例阐释计提和转销坏账准备的会计处理。其他债权的坏账准备可比照处理。

【例 5-3】

正明商贸股份公司从 20×1 年开始计提坏账准备。最近三年的情形如下。

（1）20×1 年年末应收账款余额为 1 200 000 元。按照相当于整个存续期内预期信用损失的金额计量其损失准备，计提比例为 5‰。则

当年的坏账准备提取额 = 1 200 000 × 5‰ = 6 000（元）

借：信用减值损失　　　　　　　　　　　　　　　　　　　　　　6 000
　　贷：坏账准备　　　　　　　　　　　　　　　　　　　　　　　6 000

上述处理的结果是，通过借记"信用减值损失"科目把预期信用损失计入利润表，同时通过贷记"坏账准备"科目降低应收账款的列报金额（因为资产负债表上的"应收账款"项目是按照"应收账款"总账余额减去"坏账准备"账户的贷方余额后的净额列报的）。

（2）20×2 年 9 月，企业发现有 1 600 元的应收账款（东南实业）无法收回，经批准后作坏账处理。

借：坏账准备　　　　　　　　　　　　　　　　　　　　　　　1 600
　　贷：应收账款——东南实业　　　　　　　　　　　　　　　　　1 600

上述处理的结果表明，在实际损失发生后，企业借记的是"坏账准备"科目而不是"信用减值损失"科目。原因在于，情形（1）中已经通过借记"信用减值损失"科目把预期信用损失计入利润表，因此，即便本期发生了实际损失，也不可再度把实际损失计入利润表。

（3）20×2 年 12 月 31 日，企业应收账款余额为 1 440 000 元。按照相当于整个存续期内预期信用损失的金额计量其损失准备，计提比例为 5‰。则应计提的坏账准备金额

为 7 200 元（1 440 000×5‰）。这是 20×2 年年末坏账准备的应有余额。而在年末计提坏账准备前，"坏账准备"科目的贷方余额为 4 400 元（6 000－1 600）。则

本年度应补提的坏账准备金额＝7 200－4 400＝2 800(元)

  借：信用减值损失   2 800
    贷：坏账准备   2 800

（4）20×3 年 6 月，接银行通知，企业上年度已冲销的 1 600 元应收账款又收回了，款项已存入银行。

此时，需要以相反方向记录原已注销的债权，从而在应收账款中恢复债权人的信用记录。然后，按照常规对实现的债权作账务处理。

有关会计分录如下：

  借：应收账款——东南实业   1 600
    贷：坏账准备   1 600
  借：银行存款   1 600
    贷：应收账款——东南实业   1 600

有的书上将上述两个分录合并为一个分录：

  借：银行存款   1 600
    贷：坏账准备   1 600

但这种合成的会计分录不便于在"应收账款——东南实业"账户中完整地如实反映该客户的信用状况。

专栏 5-2 坏账准备记账规则的设计理念

1. 根据法律事实记账的情形

第一年年末，某公司的应收账款余额为 10 万元。第二年，上述应收账款发生 5 万元的坏账损失，计入营业外支出（借记"营业外支出"科目 5 万元，贷记"应收账款"科目 5 万元）。根据法律事实记账的情形如图 5-4 所示。

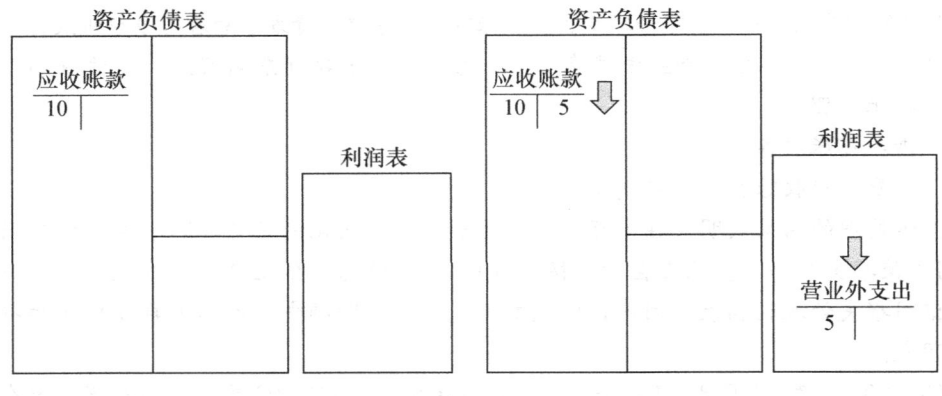

(a) 第一年   (b) 第二年

图 5-4 根据法律事实记账的情形

2. 计提坏账准备的情形

该公司在第一年年末计提坏账准备 5 万元（借记"信用减值损失"科目 5 万元，贷记"坏账准备"科目 5 万元）。不考虑所得税，这个账务处理的结果是，资产负债表中的资产减少 5 万元、所有者权益减少 5 万元，利润表中的净利润减少 5 万元，如图 5-5 (a) 所示。这种账务处理在本质上是把预期损失当作实际损失计入了会计报表，计提多少坏账准备，就意味着以后给管理层核销应收账款而不计入利润表留下了多少空间。

以下分别以核销坏账 1 万元、2 万元、3 万元、4 万元、5 万元，来直观地展示坏账准备账户的使用效果。

情形 1：第二年年末，该公司实际发生坏账损失 1 万元。此时，直接使用以前已经准备好的、用于以后核销坏账的额度，注销坏账准备 1 万元、注销应收账款 1 万元（即借记"坏账准备"科目 1 万元，贷记"应收账款"科目 1 万元）。如此处理之后，"应收账款"科目借方余额为 9 万元，"坏账准备"科目贷方余额为 4 万元，在资产负债表上列示的"应收账款"项目的账面价值为 5 万元，如图 5-5 (b1) 所示。

情形 2：第二年年末，该公司实际发生坏账损失 2 万元，此时，直接使用以前已经准备好的、用于以后核销坏账的额度，注销坏账准备 2 万元、注销应收账款 2 万元（即借记"坏账准备"科目 2 万元，贷记"应收账款"科目 2 万元）。如此处理之后，"应收账款"科目借方余额为 8 万元，"坏账准备"科目贷方余额为 3 万元，在资产负债表上列示的"应收账款"项目的账面价值为 5 万元，如图 5-5 (b2) 所示。

情形 3：第二年年末，该公司实际发生坏账损失 3 万元，此时，直接使用以前已经准备好的、用于以后核销坏账的额度，注销坏账准备 3 万元、注销应收账款 3 万元（即借记"坏账准备"科目 3 万元，贷记"应收账款"科目 3 万元）。如此处理之后，"应收账款"科目借方余额为 7 万元，"坏账准备"科目贷方余额为 2 万元，在资产负债表上列示的"应收账款"项目的账面价值为 5 万元，如图 5-5 (b3) 所示。

情形 4：第二年年末，该公司实际发生坏账损失 4 万元，此时，直接使用以前已经准备好的、用于以后核销坏账的额度，注销坏账准备 4 万元、注销应收账款 4 万元（即借记"坏账准备"科目 4 万元，贷记"应收账款"科目 4 万元）。如此处理之后，"应收账款"科目借方余额为 6 万元，"坏账准备"科目贷方余额为 1 万元，在资产负债表上列示的"应收账款"项目的账面价值为 5 万元，如图 5-5 (b4) 所示。

情形 5：第二年年末，该公司实际发生坏账损失 5 万元，此时，直接使用以前已经准备好的、用于以后核销坏账的额度，注销坏账准备 5 万元、注销应收账款 5 万元（即借记"坏账准备"科目 5 万元，贷记"应收账款"科目 5 万元）。如此处理之后，"应收账款"科目借方余额为 5 万元，"坏账准备"科目贷方余额为 0，在资产负债表上列示的"应收账款"项目的账面价值为 5 万元，如图 5-5 (b5) 所示。

总之，第一年计提了 5 万元的坏账准备之后，以后期间任何不超过 5 万元的坏账损失均不再对利润表造成影响，只需要动用坏账准备核销应收账款即可。银行业监管规则中的"贷款拨备"（即贷款损失准备）就是根据这种逻辑设计的。

3. 超预期的坏账损失的账务处理

如果第二年年末该公司实际发生的坏账损失超过了原已计提的坏账准备，那么，超

(a) 第一年计提坏账准备5万元

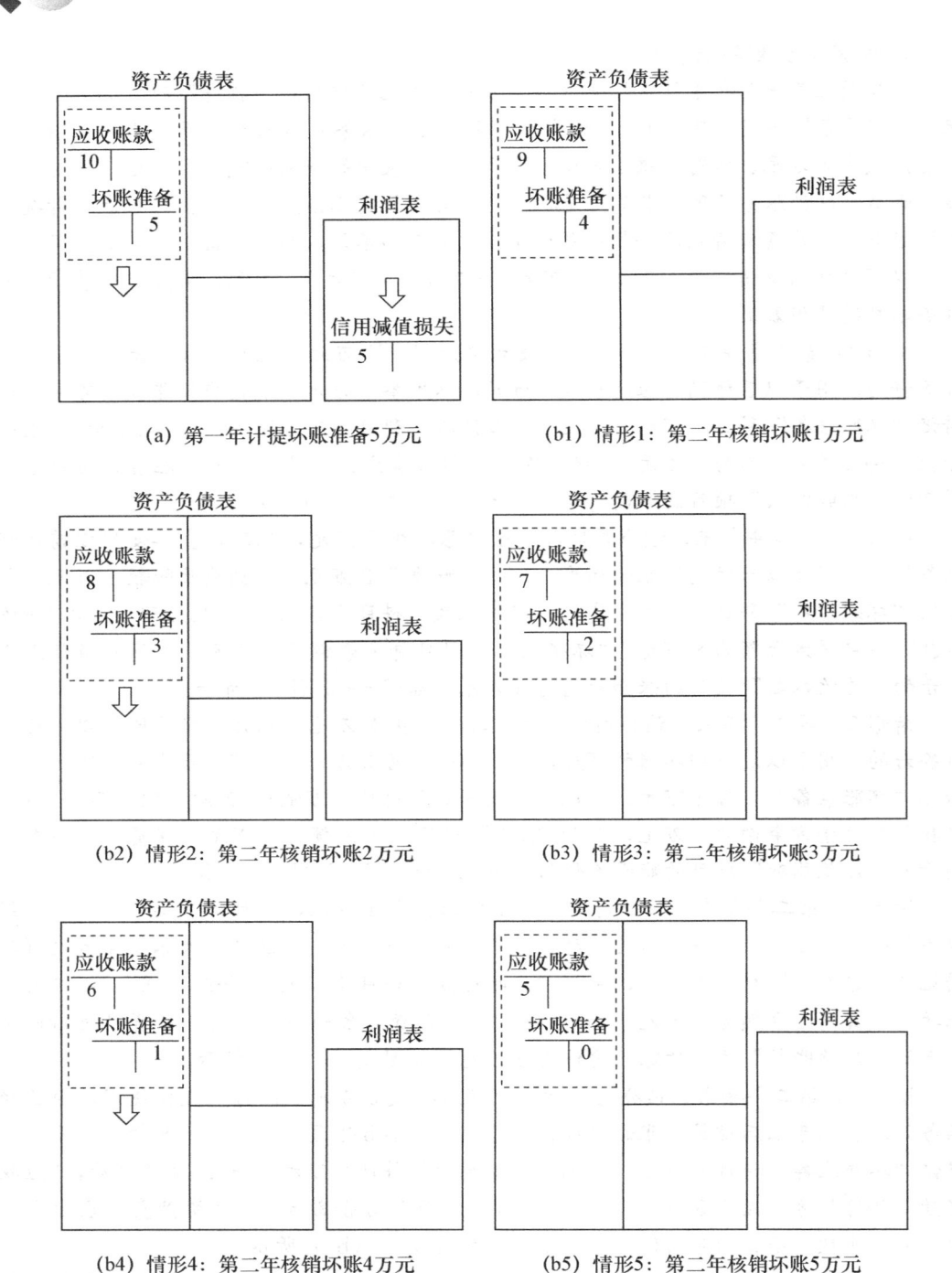

(b1) 情形1：第二年核销坏账1万元

(b2) 情形2：第二年核销坏账2万元

(b3) 情形3：第二年核销坏账3万元

(b4) 情形4：第二年核销坏账4万元

(b5) 情形5：第二年核销坏账5万元

图 5-5 计提坏账准备的情形

出的部分将会出现在利润表中。

例如，在第一年计提坏账准备 5 万元之后，如果第二年年末该公司实际发生的坏账损失为 6 万元，那么，企业先动用以前已经准备好的、用于以后核销坏账的额度，注销坏账准备 5 万元、注销应收账款 5 万元（即借记"坏账准备"科目 5 万元，贷记"应收账款"科目 5 万元）。然后，按照实际发生的坏账损失超出原已计提的坏账准备的差额，借记"信用减值损失"科目 1 万元，贷记"应收账款"科目 1 万元，如图 5-6 所示。

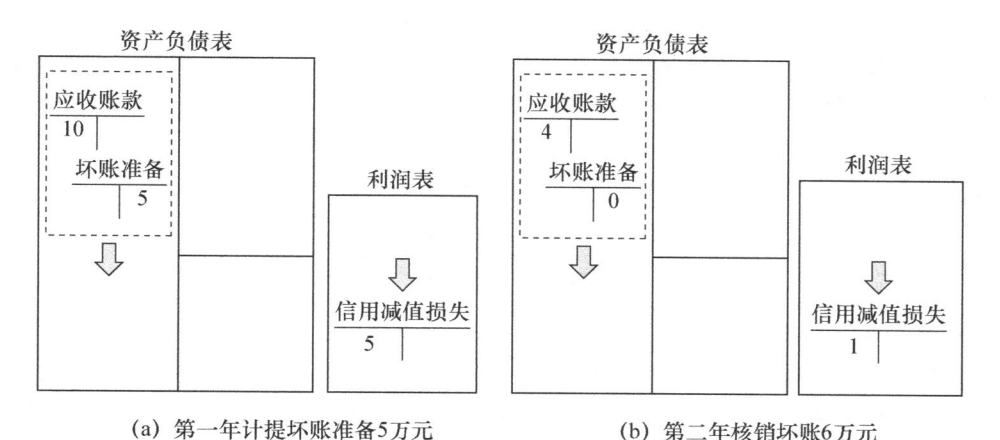

（a）第一年计提坏账准备 5 万元　　　　（b）第二年核销坏账 6 万元

图 5-6　发生超预期损失的情形

可见，计提坏账准备（即记录以后将予以核销的应收账款的额度）之后，如果所发生的坏账损失未超出上述额度，则直接可以据实冲减坏账准备和应收账款；如果所发生的坏账损失超出了上述额度，则计入利润表的损失仅为该超出的部分。这里，大家可以看出，第一年年末计提的坏账准备的作用，是使以后年度尽量少记载令人吃惊的坏账损失。

从上述示例中可以看出，坏账准备的实质是未来可以直接核销债权却不影响当期利润的核销额度。这意味着，坏账准备给银行业金融机构的管理层提供了滥用债权核销制度寻租的可能。

5.2.2　归类为非流动资产的以摊余成本计量的金融资产

本书所涉及的以摊余成本计量的金融资产（包括长期应收款、债权投资、贷款）和以摊余成本计量的金融负债（包括长期应付款、应付债券）的会计处理规则均需要按照准则的规定，采用实际利率法来计算投资方的投资收益或者筹资方的财务费用。

为便于后续内容的学习，专栏 5-3 先对实际利率的含义给出了通俗的解读。

专栏 5-3　　　　　　　　　实际利率的含义及其计算方法

一、何谓"实际利率"

实际利率（effective interest）是会计准则中的专用术语，特指某个特定的报酬率，使用该报酬率，可以使某项活动的未来现金流入的现值恰好等于其未来现金流出的现值。

实际利率的含义可以借助一个简单的设问而通俗地予以解释。在金融投资活动中，债权人（或投资方）为什么愿意现在投入一定的资产、在以后期间再收回本金和利息呢？那一定是因为他相信存在"某个特定的、内在的报酬率"，使得他未来的现金流入的现值恰好等于他现在投入的资产的价值。同样地，债务人（或被投资方）为什么愿意现在接受某种资产、在以后期间再偿付本金和利息呢？那一定是因为他相信存在"某个特定的、内在的报酬率"，使得他未来的现金流出的现值恰好等于他现在收到的资产的价值。这个所谓的"某个特定的、内在的报酬率"，就是会计准则中所说的实际利率。

可以用公式将上述思想简要表达如下：如果某个特定的报酬率 r，使得某项业务的未来现金流入的现值恰好等于其未来现金流出的现值，即

$$\sum_{t=0}^{n}\frac{\text{第}\,t\,\text{期的现金流入}}{(1+r)^t}=\sum_{t=0}^{n}\frac{\text{第}\,t\,\text{期的现金流出}}{(1+r)^t}$$

则称 r 为该业务的实际利率。

企业会计准则所称的"实际利率"，其含义等价于管理会计或财务管理等学科中所称的"内含报酬率"（internal rate of return，IRR），也等价于金融学等学科中所称的"到期收益率"（yield to maturity，YTM）。

准则规定，实际利率，是指将金融资产或金融负债在预计存续期的估计未来现金流量，折现为该金融资产账面余额或该金融负债摊余成本所使用的利率。在确定实际利率时，应当在考虑金融资产或金融负债所有合同条款（如提前还款、展期、看涨期权或其他类似期权等）的基础上估计预期现金流量，但不应当考虑预期信用损失。

注意：实际利率总是针对特定的现金流的间隔期而言的。如果现金流的计算间隔期是一个季度，则所计算出的实际利率便是就一个季度而言的报酬率；如果现金流的计算间隔期是半年，则所计算出的实际利率便是就半年而言的报酬率。

二、实际利率的计算方法

（一）采用插值法计算实际利率

有的教材上提到了使用插值法计算实际利率。其思路是，将计算实际利率的公式，改写成计算净现值的公式，然后求出使净现值为零的那个报酬率，就得到了实际利率。

净现值（net present value，NPV）是指未来各期现金流入的现值减去各期现金流出的现值后的余额。

$$NPV=\text{各期现金流入的现值}-\text{各期现金流出的现值}$$
$$=\sum_{t=0}^{n}\frac{\text{第}\,t\,\text{期的现金流入}}{(1+r)^t}-\sum_{t=0}^{n}\frac{\text{第}\,t\,\text{期的现金流出}}{(1+r)^t}$$

由上式可知，使净现值为零的那个报酬率就是我们所要计算的实际利率。这样，我们就可以用试错的方法近似地算出实际利率，如果一个较高的报酬率使得净现值略小于零，而一个较低的报酬率使得净现值略大于零，那么我们就可以运用比和比例的关系式求出使得净现值为零的报酬率。这种方法就是插值法。使用插值法的优点是，会计师不必依赖于计算机软件或者带科学计算功能的计算器，仅仅借助于普通计算器或者算盘就能进行计算。

如果某个项目需要现在投资 200 美元，该项目在之后三年的每年年底分别会带来

50美元、100美元和150美元的现金流入。那么该项目的实际利率是多少?

$$NPV = 各期现金流入的现值 - 各期现金流出的现值$$
$$= \frac{50}{(1+r)^1} + \frac{100}{(1+r)^2} + \frac{150}{(1+r)^3} - 200$$

我们很难一眼就看出使净现值为零的报酬率究竟应该是多少。只好用试错的方法逐个测试每个可能的报酬率,来求得最有可能使净现值为零的那个报酬率。采用试错法寻找使净现值为零的报酬率的过程如表5-1和图5-7所示。

表5-1 采用试错法寻找使得净现值为零的报酬率

折现率	净现值	折现率	净现值	折现率	净现值
1%	93.12	14%	22.05	27%	-25.40
2%	86.48	15%	17.72	28%	-28.38
3%	80.07	16%	13.52	29%	-31.27
4%	73.88	17%	9.44	30%	-34.09
5%	67.90	18%	5.49	31%	-36.84
6%	62.11	19%	1.65	32%	-39.51
7%	56.52	20%	-2.08	33%	-42.12
8%	51.11	21%	-5.71	34%	-44.65
9%	45.87	22%	-9.22	35%	-47.13
10%	40.80	23%	-12.64	36%	-49.54
11%	35.89	24%	-15.97	37%	-51.89
12%	31.13	25%	-19.20	38%	-54.18
13%	26.52	26%	-22.34	39%	-56.42

注意到,使用19%的报酬率计算出的净现值为1.65美元,而使用20%的报酬率计算出的净现值是-2.08美元。我们猜想,使净现值为零的报酬率应该在19%~20%之间。

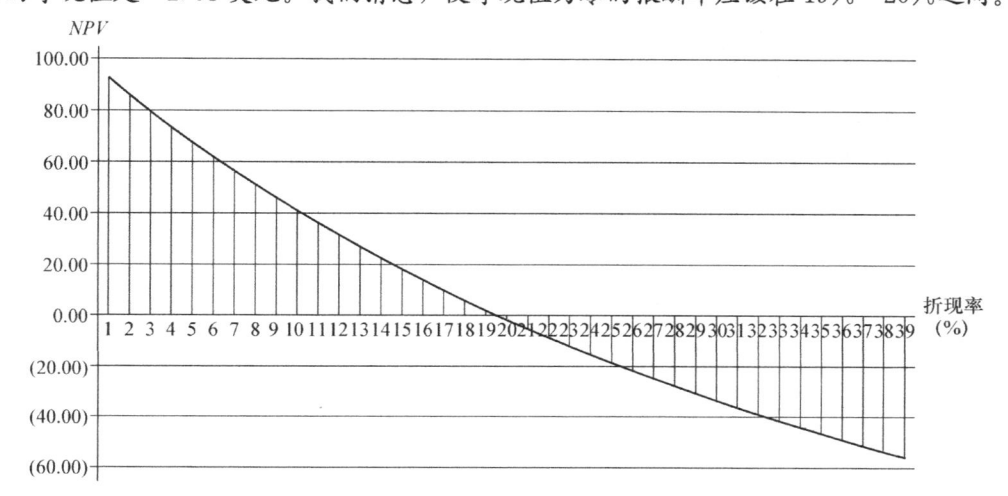

图5-7 使用不同的折现率(报酬率)计算的净现值

为了近似地计算内含报酬率（IRR），可以把19%、IRR（有待求解）、20%及其所对应的净现值1.65、0、−2.08列示如图5-8所示。这样就可以看出，插值法的本质就是借助相似三角形的性质来求解IRR。

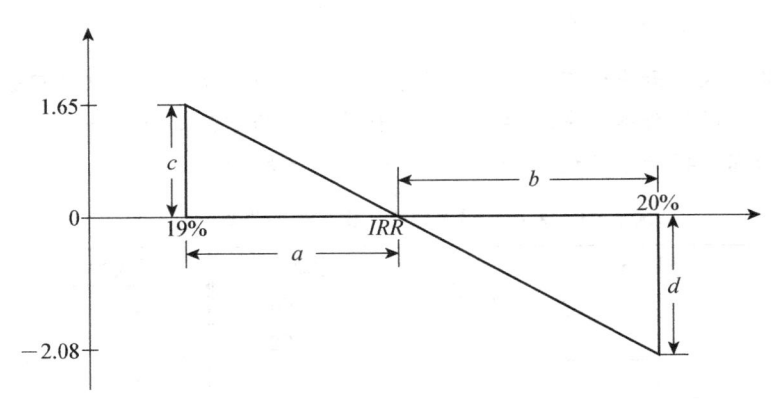

图5-8 插值法示意图

根据相似三角形的性质，有

$$\frac{a}{b}=\frac{c}{d}$$

运用上述比例关系，便可求解IRR。以下插值法的计算结果保留六位小数。

上述示例中，已知：$a=IRR-19\%$，$b=20\%-IRR$，$c=1.65$，$d=2.08$，所以，有

$$\frac{a}{b}=\frac{c}{d}\Rightarrow\frac{IRR-19\%}{20\%-IRR}=\frac{1.65}{2.08}\Rightarrow IRR\approx 19.442\,359\%$$

有的书上没有使用上述比例关系的简练公式，而是使用上述公式的变体：

$$\frac{a}{b}=\frac{c}{d}\Rightarrow\frac{a}{b}+1=\frac{c}{d}+1\Rightarrow\frac{a+b}{b}=\frac{c+d}{d}\Rightarrow\frac{20\%-19\%}{b}=\frac{1.65+2.08}{2.08}$$

$$\Rightarrow\frac{20\%-19\%}{20\%-IRR}=\frac{1.65+2.08}{2.08}$$

其中，$a+b=20\%-19\%=1\%$。

为便于理解，书中常常将上式改写为（等式两边均取倒数）：

$$\frac{20\%-IRR}{20\%-19\%}=\frac{-2.08-0}{-2.08-1.65}\Rightarrow IRR\approx 19.442\,359\%$$

有的书上使用了另外一种变体：

$$\frac{b}{a}=\frac{d}{c}\Rightarrow\frac{b}{a}+1=\frac{d}{c}+1\Rightarrow\frac{b+a}{a}=\frac{d+c}{c}$$

$$\Rightarrow\frac{20\%-19\%}{a}=\frac{2.08+1.65}{1.65}$$

$$\Rightarrow\frac{20\%-19\%}{IRR-19\%}=\frac{2.08+1.65}{1.65}$$

为便于理解，书中常常将上式改写为（等式两边均取倒数）：

$$\frac{IRR-19\%}{20\%-19\%}=\frac{0-1.65}{-2.08-1.65}\Rightarrow IRR\approx 19.442\,359\%$$

不难看出，上述两种变体的几何直观性均不及前述的相似三角形的简练公式。因此，本书推荐运用相似三角形的简单比例关系来理解求解内含报酬率的插值法。

（二）使用 Excel 计算实际利率

如果借助计算机软件，可以很方便地计算出任何类型的现金流的实际利率。使用 Excel 计算实际利率很方便。以下我们就用 Excel 演示如何计算实际利率。

打开 Excel 程序后，首先，在某一列中依次填写各期的现金流入或现金流出金额。在图 5-9 中，我们在 B2、B3、B4、B5 单元格中分别填写了首次的现金流 -200 美元（用负号注明是现金流出）、后续第 1 次的现金流 50 美元、后续第 2 次的现金流 100 美元、后续第 3 次的现金流 150 美元。

	A	B	C
1	现金流量	数据与计算结果	
2	首次的现金流	-200	
3	后续第1次的现金流	50	
4	后续第2次的现金流	100	
5	后续第3次的现金流	150	
6	基于上述现金流所计算的内含报酬率	19.4377099624137000000000000000000%	

图 5-9　使用 Excel 计算实际利率

说明：上图中显示的汉字是编者为了帮助读者理解每一单元格的数字的含义而键入的文字，在实际应用时，读者可以自行设计方便实用的会计函数。

然后，把某个单元格定义为上一步使用的几个单元格的函数，计算实际利率。在图 5-9 中，我们在 B6 单元格中键入"=IRR(B2：B5)"，其含义是，调用 IRR 函数（这是一个比较常用的财务函数），计算在单元格 B2 到 B5 中所列示的现金流的实际利率。键入该函数后，按"回车"键，B6 单元格中就立即得出了我们想要计算的实际利率，即 19.437 709 962 413 7%。读者可以根据需要设定小数点的位数。使用 IRR 函数时，必须用负号把现金流入和现金流出的数字区分开来，否则系统会显示出错信息。

对比上述计算结果不难看出，使用 Excel 计算比使用插值法算出的实际利率更精确一些。

除了使用插值法和使用计算机软件计算实际利率，读者还可以使用带有数值计算功能的科学计算器计算实际利率。具备编程功能的计算器可以方便地用于计算各种财务和金融指标。

1. 债权投资

通俗地解释，债权投资是企业以获取利息为目的而进行的债券投资。

前已述及，企业设"债权投资"科目核算企业以摊余成本计量的债权投资的账面余额。该科目可按债权投资的类别和品种，区分"面值""利息调整""应计利息"等进行明细核算。该科目期末借方余额，反映债权投资的摊余成本。

（1）入账金额的确定。以摊余成本计量的金融资产的入账金额，应当按照公允价值计量。但是，企业初始确认的应收账款未包含《企业会计准则第 14 号——收入》所定义的重大融资成分，或根据《企业会计准则第 14 号——收入》规定不考虑不超过一年的合同中的融资成分的，应当按照该准则定义的交易价格进行初始计量。

以摊余成本计量的金融资产的相关交易费用（transaction costs）[1]，应当计入初始确认金额。

取得债权投资时，企业应按照债券的面值，借记"债权投资——面值"科目；如果所支付的价款中包含已宣告发放的债券利息，则应按已宣告发放的利息，借记"应收利息"科目；按照投资时所支付的全部代价（债券的交易价格和相关交易费用之和），贷记"银行存款"等科目。上述账户借方合计与贷方合计如有差额，则该差额应借记或贷记"债权投资——利息调整"科目。

（2）持有期间的投资收益的处理。对于以摊余成本计量的金融资产，应当按照摊余成本进行后续计量。准则规定，摊余成本应当以该金融资产的初始确认金额经下列调整后的结果确定：1）扣除已偿还的本金。2）加上或减去采用实际利率法将该初始确认金额（initial amount）与到期日金额（maturity amount）之间的差额进行摊销形成的累计摊销额。3）扣除累计计提的损失准备。[2]

实际利率法，是指计算金融资产或金融负债的摊余成本以及将利息收入或利息费用分摊计入各会计期间的方法。实际利率，是指将金融资产或金融负债在预计存续期的估计未来现金流量，折现为该金融资产账面余额（即未扣除减值准备的摊余成本）或该金融负债摊余成本所使用的利率。在确定实际利率时，应当在考虑金融资产或金融负债所有合同条款（如提前还款、展期、看涨期权或其他类似期权等）的基础上估计预期现金流量，但不应当考虑预期信用损失。

企业应当按照实际利率法确认利息收入。利息收入应当根据金融资产账面余额（即未扣除减值准备的摊余成本）乘以实际利率计算确定。

合同各方之间支付或收取的、属于实际利率或经信用调整的实际利率组成部分的各项费用、交易费用及溢价或折价等，应当在确定实际利率或经信用调整的实际利率时予以考虑。

企业通常能够可靠估计金融工具（或一组类似金融工具）的现金流量和预计存续期。在极少数情况下，金融工具（或一组金融工具）的估计未来现金流量或预计存续期无法可靠估计的，企业在计算确定其实际利率（或经信用调整的实际利率）时，应当基于该金融工具在整个合同期内的合同现金流量。

以下区分分期付息、一次还本的债券和一次还本付息的债券，分别举例说明债权投

---

[1] 交易费用，是指企业因购买、发行或者处置金融工具所发生的增量费用，即若未购买、发行或者处置金融工具就不会发生的费用，如支付给代理机构、咨询公司、券商、证券交易所、政府有关部门等的手续费、佣金、相关税费，以及其他必要支出。作为对比，增量费用不包括债券溢价、折价、融资费用、内部管理成本、持有成本等因素。

[2] 准则所述的摊余成本的计算规则比较抽象，需要结合后面的示例来理解。

资的入账金额和投资收益的会计处理。

对于分期付息、一次还本的债券投资，应按票面利率计算确定的应收未收利息，借记"应收利息"科目，按债权投资摊余成本和实际利率计算确定的利息收入，贷记"投资收益"科目，按其差额，借记或贷记"债权投资——利息调整"科目。

【例 5-4】

分期付息一次还本债券：溢价购入债券的情形。

舒克旅游股份公司20×3年1月1日购入贝塔隧道有限公司当天发行的5年期债券，作为债权投资。该债券的面值总额为1 000 000元，票面年利率为10%，每半年付息一次，付息日为6月30日和12月31日，到期一次还本。

舒克旅游股份公司实际支付价款和交易费用共计1 207 000元。该公司按照摊余成本和实际利率计算确认利息收入，计入投资收益。经测算，每个收款间隔期（即半年）所对应的实际利率为2.620 137 417 349 36%。

其相关会计分录如下：

（1）购入债券时。

借：债权投资——面值　　　　　　　　　　　　　　　1 000 000
　　　　　　——利息调整　　　　　　　　　　　　　　　207 000
　　贷：银行存款　　　　　　　　　　　　　　　　　　1 207 000

投资收益的计算结果如表5-2所示。

表5-2　投资收益的计算　　　　　　　　　　　　　　　　　　单位：元

日期	票面利息额 借：应收利息 ①按票面利率计算	投资收益 贷：投资收益 ②=摊余成本×实际利率	视同还本的金额 贷：债权投资——利息调整 ③=①－②	摊余成本 ④=上期④－③
20×3-01-01				1 207 000
20×3-06-30	50 000	31 625	18 375	1 188 625
20×3-12-31	50 000	31 144	18 856	1 169 769
20×4-06-30	50 000	30 650	19 350	1 150 418
20×4-12-31	50 000	30 143	19 857	1 130 561
20×5-06-30	50 000	29 622	20 378	1 110 183
20×5-12-31	50 000	29 088	20 912	1 089 271
20×6-06-30	50 000	28 540	21 460	1 067 811
20×6-12-31	50 000	27 978	22 022	1 045 789
20×7-06-30	50 000	27 401	22 599	1 023 190
20×7-12-31	50 000	26 809*	23 191*	1 000 000
合计	500 000	293 000	207 000	—

* 含尾差调整。

表 5-2 中的金融分析逻辑如下：第 1 年年初，舒克旅游股份公司债权投资的成本是 1 207 000 元，该项投资每半年的实际利率是 2.620 137 417 349 36%（各期现金流的间隔期为半年），即该公司所认可的此项金融活动的内含报酬率，则在第一个半年，投资方（舒克旅游股份公司）在理论上应享有的投资收益是 31 625 元（1 207 000×2.620 137 417 349 36%），而它在第一个半年连本带利实际收取的现款是 50 000 元，因此，超出理论上应享有的投资收益的部分 18 375 元则视为理论上的"收回本金"。在理论上，收回本金之后的摊余成本（即调整后的成本）便为 1 188 625 元（1 207 000－18 375）。此时，舒克旅游股份公司的债权投资账户余额恰为 1 188 625 元，这就是说，债权投资是以摊余成本计量的金融资产。其余每半年的情形可以此类推。

(2) 第一次计算投资收益时（其余各次可比照处理）。

借：应收利息　　　　　　　　　　　　　　　　　　　　　50 000
　　贷：投资收益　　　　　　　　　　　　　　　　　　　　31 625
　　　　债权投资——利息调整　　　　　　　　　　　　　　18 375

(3) 实际收到利息时，借记"银行存款"等科目，贷记"应收利息"科目。

(4) 一次性收回本金时。

借：银行存款　　　　　　　　　　　　　　　　　　　　　1 000 000
　　贷：债权投资——面值　　　　　　　　　　　　　　　　1 000 000

【例 5-5】

分期付息一次还本债券：折价购入债券的情形。

东北重工股份公司 20×3 年 1 月 1 日购入中原轻工股份公司当天发行的 5 年期债券。该公司根据其管理该债券投资的业务模式和该债券的合同现金流量特征，将该债券分类为以摊余成本计量的金融资产，采用"债权投资"科目核算。该债券的面值总额为 1 000 000 元，票面年利率为 10%，每半年付息一次，付息日为 6 月 30 日和 12 月 31 日，到期还本。

东北重工股份公司实际支付价款和交易费用共计 936 526 元。该公司采用实际利率法进行摊销，经测算，每个收款间隔期（即半年）所对应的实际利率为 5.856 556 940 232 37%。

其相关会计分录如下：

(1) 购入债券时。

借：债权投资——面值　　　　　　　　　　　　　　　　　1 000 000
　　贷：债权投资——利息调整　　　　　　　　　　　　　　63 474
　　　　银行存款　　　　　　　　　　　　　　　　　　　　936 526

投资收益的计算结果如表 5-3 所示。

表 5-3　投资收益的计算　　　　　　　　　　　　　　　　　　　　　　单位：元

日期	票面利息额 借：应收利息 ①按票面 利率计算	投资收益 贷：投资收益 ②＝摊余成本 ×实际利率	调整额 借：债权投资—— 利息调整 ③＝②－①	摊余成本 ④＝上期④＋③
20×3-01-01				936 526

续表

日期	票面利息额 借：应收利息 ①按票面利率计算	投资收益 贷：投资收益 ②=摊余成本×实际利率	调整额 借：债权投资——利息调整 ③=②-①	摊余成本 ④=上期④+③
20×3-06-30	50 000	54 848	4 848	941 374
20×3-12-31	50 000	55 132	5 132	946 506
20×4-06-30	50 000	55 433	5 433	951 939
20×4-12-31	50 000	55 751	5 751	957 690
20×5-06-30	50 000	56 088	6 088	963 778
20×5-12-31	50 000	56 444	6 444	970 222
20×6-06-30	50 000	56 822	6 822	977 044
20×6-12-31	50 000	57 221	7 221	984 265
20×7-06-30	50 000	57 644	7 644	991 909
20×7-12-31	50 000	58 091*	8 091*	1 000 000
合计	500 000	563 474	63 474	

*含尾差调整。

表5-3中的金融分析逻辑如下：第1年年初，东北重工股份公司债权投资的成本是936 526元，该项投资每半年的实际利率是5.856 556 940 232 37%（各期现金流的间隔期为半年），即该公司所认可的此项金融活动的内含报酬率，则在第一个半年，投资方（东北重工股份公司）在理论上应享有的投资收益是54 848元（936 526×5.856 556 940 232 37%），而它在第一个半年连本带利实际收取的现款是50 000元。因此，投资方在理论上新增债权4 848元，将它加到投资本金中去，可知其摊余成本（即调整后的成本）为941 374元。此时，东北重工股份公司的债权投资账户余额恰为941 374元，这就是说，债权投资是以摊余成本计量的金融资产。其余每半年的情形可以此类推。

（2）第一次计算投资收益时（其余各次可比照处理）。

借：应收利息　　　　　　　　　　　　　　　　　　　50 000
　　债权投资——利息调整　　　　　　　　　　　　　　4 848
　　贷：投资收益　　　　　　　　　　　　　　　　　　54 848

（3）实际收到利息时，借记"银行存款"等科目，贷记"应收利息"科目。

（4）一次性收回本金时。

借：银行存款　　　　　　　　　　　　　　　　　　　1 000 000
　　贷：债权投资——面值　　　　　　　　　　　　　　1 000 000

对于一次还本付息的债券投资，企业应于资产负债表日，按票面利率计算确定的应收未收利息，借记"债权投资——应计利息"科目，按债权投资摊余成本和实际利率计算确定的利息收入，贷记"投资收益"科目，按其差额，借记或贷记"债权投资——利息调整"科目。

【例 5-6】

到期一次还本付息债券：溢价购入债券的情形。

范鑫商贸股份公司 20×6 年 1 月 1 日购入西子服装股份公司当天发行的 3 年期债券。该公司根据其管理该债券投资的业务模式和该债券的合同现金流量特征，将该债券分类为以摊余成本计量的金融资产，采用"债权投资"科目核算。该债券的票面价值总额为 200 000 元，票面年利率为 10%，每半年计息一次，到期一次还本付息。

范鑫商贸股份公司用银行存款支付价款和交易费用共计 210 000 元。该公司每半年计算一次投资收益。经测算，此项目的实际利率（即付款间隔为半年的内含报酬率）为 3.623 679 402 673 98%。

其相关会计分录如下：

（1）购入债券时。

借：债权投资——面值　　　　　　　　　　　　　　　200 000
　　　　　　——利息调整　　　　　　　　　　　　　　 10 000
　　贷：银行存款　　　　　　　　　　　　　　　　　　210 000

投资收益的计算结果如表 5-4 所示。

表 5-4　投资收益的计算　　　　　　　　　　　　　　　　　　单位：元

日期	票面利息额 借：债权投资 ——应计利息 ①按票面利率计算	投资收益 贷：投资收益 ②＝摊余成本×实际利率	调整额 贷：债权投资——利息调整 ③＝①－②	摊余成本 ④＝上期④＋①－③ ＝上期④＋②
20×6-01-01				210 000
20×6-06-30	10 000	7 610	2 390	217 610
20×6-12-31	10 000	7 885	2 115	225 495
20×7-06-30	10 000	8 171	1 829	233 666
20×7-12-31	10 000	8 467	1 533	242 133
20×8-06-30	10 000	8 774	1 226	250 907
20×8-12-31	10 000	9 093*	907*	260 000
合计	60 000	50 000	10 000	—

*含尾差调整。

表 5-4 中的金融分析逻辑如下：第 1 年年初，范鑫商贸股份公司债权投资的成本是 210 000 元，该项投资每半年的实际利率是 3.623 679 402 673 98%（各期现金流的间隔期为半年），即该公司所认可的此项金融活动的内含报酬率，则在第一个半年，投资方（范鑫商贸股份公司）在理论上应享有的投资收益是 7 610 元（210 000×3.623 679 402 673 98%）。但它未收到一分一毫的现款，因此，将 7 610 元加到投资本金中去，可知其摊余成本（即调整后的成本）为 217 610 元（210 000＋7 610）。摊余成本的计算也可以用另外一种思路去理解。由于在理论上投资方（范鑫商贸股份公司）有权

在第一个半年收取 10 000 元的利息（只不过需要等到债券到期才能兑现），投资方在"债权投资——应计利息"账户中借记的金额为 10 000 元，而采用实际利率法计算的、理论上应享有的投资收益是 7 610 元，因此，两者之差 2 390 元视为投资成本的收回。按照这种思路，摊余成本同样为 217 610 元（210 000＋10 000－2 390）。此时，范鑫商贸股份公司的债权投资账户余额恰为 217 610 元，这就是说，债权投资是以摊余成本计量的金融资产。其余每半年的情形可以此类推。

（2）每半年确认一次投资收益时（共 6 次）。

借：债权投资——应计利息　　　10 000/10 000/10 000/10 000/10 000/10 000
　　贷：债权投资——利息调整　　　2 390/2 115/1 829/1 533/1 226/907
　　　　投资收益　　　　　　　　　7 610/7 885/8 171/8 467/8 774/9 093

到期日，"债权投资"科目余额为 260 000 元，其中，"面值"为 200 000 元，"应计利息"为 60 000 元。

（3）到期收回本息时。

借：银行存款　　　　　　　　　　　　　　　　　　　　260 000
　　贷：债权投资——面值　　　　　　　　　　　　　　　　200 000
　　　　　　　　——应计利息　　　　　　　　　　　　　　 60 000

【例 5-7】

到期一次还本付息债券：折价购入债券的情形。

中原钢铁股份公司 20×6 年 1 月 1 日支付价款和交易费用共计 190 000 元购入洛阳机械股份公司当天发行的 3 年期债券。该公司根据其管理该债券投资的业务模式和该债券的合同现金流量特征，将该债券分类为以摊余成本计量的金融资产，采用"债权投资"科目核算。该债券的面值总额为 200 000 元，票面年利率为 10%，到期一次还本付息。中原钢铁股份公司每半年计算一次投资收益。经测算，此项目的实际利率（即付款间隔为半年的内含报酬率）为 5.366 678 809 522 7%。

其相关会计分录如下：

（1）购入债券时。

借：债权投资——面值　　　　　　　　　　　　　　　　200 000
　　贷：银行存款　　　　　　　　　　　　　　　　　　　190 000
　　　　债权投资——利息调整　　　　　　　　　　　　　　10 000

投资收益的计算结果如表 5-5 所示。

表 5-5　投资收益的计算　　　　　　　　　　　　　　　　　单位：元

日期	票面利息额　借：债权投资——应计利息　①按票面利率计算	投资收益　贷：投资收益　②=摊余成本×实际利率	调整额　借：债权投资——利息调整　③=②-①	摊余成本　④=上期④+①+③　=上期④+②
20×6-01-01				190 000

续表

日期	票面利息额 借：债权投资——应计利息 ①按票面利率计算	投资收益 贷：投资收益 ②=摊余成本×实际利率	调整额 借：债权投资——利息调整 ③=②-①	摊余成本 ④=上期④+①+③ =上期④+②
20×6-06-30	10 000	10 197	197	200 197
20×6-12-31	10 000	10 744	744	210 941
20×7-06-30	10 000	11 321	1 321	222 261
20×7-12-31	10 000	11 928	1 928	234 189
20×8-06-30	10 000	12 568	2 568	246 757
20×8-12-31	10 000	13 242*	3 242*	260 000*
合计	60 000	70 000	10 000	—

*含尾差调整。

表5-5中的金融分析逻辑如下：第1年年初，中原钢铁股份公司债权投资的成本是190 000元，该项投资每半年的实际利率是5.366 678 809 522 7%（各期现金流的间隔期为半年），即该公司所认可的此项金融活动的内含报酬率，则在第一个半年，投资方（中原钢铁股份公司）在理论上应享有的投资收益是10 197元（190 000×5.366 678 809 522 7%）。但它未收到一分一毫的现款，因此，将10 197元加到投资本金中去，可知其摊余成本（即调整后的成本）为200 197元（190 000+10 197）。摊余成本的计算也可以用另一种思路去理解。由于在理论上投资方（中原钢铁股份公司）有权在第一个半年收取10 000元的利息（只不过需要等到债券到期才能兑现），投资方在"债权投资——应计利息"账户中借记的金额为10 000元，而采用实际利率法计算的理论上应享有的投资收益是10 197元，因此，两者之差197元（债权）视为追加的投资成本。按照这种思路，摊余成本同样为200 197元（190 000+10 000+197）。此时，中原钢铁股份公司的债权投资账户余额恰为200 197元，这就是说，债权投资是以摊余成本计量的金融资产。其余每半年的情形可以此类推。

（2）每半年确认一次投资收益时（共6次）。

借：债权投资——应计利息　　　　10 000/10 000/10 000/10 000/10 000/10 000
　　　　　——利息调整　　　　　　197/744/1 321/1 928/2 568/3 242
　　贷：投资收益　　　　　　　　　10 197/10 744/11 321/11 928/12 568/13 242

到期日，"债权投资"科目余额为260 000元，其中，"面值"为200 000元，"应计利息"为60 000元。

（3）到期收回本息时。

借：银行存款　　　　　　　　　　　　　　　　　　　　　　260 000
　　贷：债权投资——面值　　　　　　　　　　　　　　　　　200 000
　　　　　　　　——应计利息　　　　　　　　　　　　　　　60 000

（3）持有期间的利得或损失的处理。以摊余成本计量且不属于任何套期关系的一部分的金融资产所产生的利得或损失，应当在终止确认、按照准则规定重分类、按照实际利率法摊销或按照准则规定确认减值时，计入当期损益。如果企业将以摊余成本计量的金融资产重分类为其他类别，应当按照准则的规定处理其利得或损失。

以摊余成本计量且不属于任何套期关系的一部分的金融负债所产生的利得或损失，应当在终止确认时计入当期损益或在按照实际利率法摊销时计入相关期间损益。

（4）出售债权投资时的处理。企业应当将出售所取得价款与该投资账面价值之间的差额确认为投资收益。应按实际收到的金额，借记"银行存款"等科目，按其账面余额，以相反方向登记"债权投资"及其各明细科目，按其差额，贷记或借记"投资收益"科目。已计提减值准备的，还应同时结转债权投资减值准备。

2. 长期应收款

我们已经在分期付款采购固定资产的示例中了解了长期应付款的会计处理规则。长期应收款的会计处理规则可以根据该示例进行类推。

企业设置"长期应收款"科目核算其分类为以摊余成本计量的长期应收款，以及包含《企业会计准则第14号——收入》所定义的重大融资成分的应收款项。该科目可按债务人进行明细核算，期末借方余额反映企业尚未收回的长期应收款。

企业设置"未实现融资收益"科目核算企业尚未计入损益的未实现融资收益。该科目可按未实现融资收益的具体项目进行明细核算，期末贷方余额反映企业尚未转入当期收益的未实现融资收益。

（1）长期应收款的入账处理。长期应收款的入账金额应当按照本金和交易费用之和确定。采用递延方式分期收款销售商品或提供劳务等经营活动产生的长期应收款，满足收入确认条件的，按应收的合同或协议价款，借记"长期应收款"科目，按应收合同价款的公允价值（折现值），贷记"主营业务收入"等科目，按其差额，贷记"未实现融资收益"科目。涉及增值税的，还应进行相应的处理。

（2）未实现融资收益的处理。如前所述，企业按照实际利率法（即采用"摊余成本×实际利率"的公式）计算利息收入（或投资收益）。

在收款期内采用实际利率法按期计算确定利息收入时，借记"未实现融资收益"科目，贷记"财务费用"科目。

【例5-8】

正道地产有限公司向天工机电股份公司销售一栋楼盘。买卖合同约定从当年年末起分5年收款，每年收款2 000 000元，合计10 000 000元。在现销方式下，该独栋楼房的销售价格为8 000 000元。经测算，此项业务的实际利率（即每个付款间隔期所对应的内含报酬率）为7.930 826 116 052 86%。

对于合同中的长期应收款，正道地产有限公司根据其管理该债权的业务模式和该债权的合同现金流量特征，将其分类为以摊余成本计量的金融资产，采用"长期应收款"科目核算。

正道地产有限公司的会计分录如下：

(1) 销售成立时。

借：长期应收款 10 000 000
　　贷：主营业务收入 8 000 000
　　　　未实现融资收益 2 000 000

上述示例为简明起见，没有考虑增值税。若考虑增值税（适用税率为9%），则每次收款时需要做以下记载（增值税纳税义务发生时间为合同约定的收款日）：

借：银行存款 180 000
　　贷：应交税费——应交增值税（销项税额） 180 000

(2) 每次收到分期收款时。

借：银行存款 2 000 000
　　贷：长期应收款 2 000 000

(3) 每次计算融资收益时（共5次）。

借：未实现融资收益 634 466/526 168/409 281/283 124/146 961
　　贷：财务费用 634 466/526 168/409 281/283 124/146 961

采用实际利率法计算期初摊余成本的结果如表5-6所示。

表5-6　采用实际利率法计算摊余成本　　　　　　　　　　　　　　　单位：元

	期初摊余成本	当期记录的"财务费用"（理论上应得的利息收入）	理论上视为收回本金的金额	实际现金流入
	本期①＝上期①－上期③	②＝①×实际利率	③＝④－②	④
销售日	8 000 000	—	—	—
第1年	8 000 000	634 466	1 365 534	2 000 000
第2年	6 634 466	526 168	1 473 832	2 000 000
第3年	5 160 634	409 281	1 590 719	2 000 000
第4年	3 569 915	283 124	1 716 876	2 000 000
第5年	1 853 039	146 961	1 853 039	2 000 000
合计		2 000 000	8 000 000	10 000 000

为帮助读者理解表5-6所示的金融活动的逻辑，此处特地给出了通俗的解读。第1年年初，正道地产有限公司长期应收款的摊余成本是8 000 000元（出售的楼盘的现值），可以将它类比为该公司发放的贷款。该项业务的实际利率是7.930 826 116 052 86%，即该公司所认可的此项金融活动的内含报酬率，则第1年它在理论上应享有的利息收入是634 466元（8 000 000×7.930 826 116 052 86%）（鉴于工商企业不适用"利息收入"科目，因此以贷记"财务费用"科目的方式来代替），而它第1年连本带利实际收现金额是2 000 000元，因此，超出理论上应享有的利息收入的部分1 365 534元则视为理论上的"收回本金"。收回本金之后的摊余成本是6 634 466元（8 000 000－1 365 534）。第2年的情形可以此类推。

资产负债表上的"长期应收款"项目是按照"长期应收款"科目的借方余额减去"未实现融资收益"科目的贷方余额之后的金额列报的（计提有坏账准备的，还应减去"坏账准备"科目的贷方余额)。例如,本例中第 1 年年末,"长期应收款"科目的借方余额为 8 000 000 元 (10 000 000－2 000 000);"未实现融资收益"科目的贷方余额 1 365 534 元 (2 000 000－634 466)。如此,资产负债表上的"长期应收款"项目的列报金额为 6 634 466 元 (8 000 000－1 365 534)。恰为表 5-6 中所列示的第 1 年年末的摊余成本 6 634 466 元。

综上可知,长期应收款是采用实际利率法以摊余成本计量的金融资产。

(3) 长期应收款发生减值时的处理。对于包含重大融资成分的应收账款(即长期应收款)、合同资产和租赁合约中的应收款项等债权,在报告日,企业可以做出会计政策选择,既可以比照债权投资按照一般模型进行减值处理,也可以简单地按照该资产在整个存续期内的预期信用损失进行减值处理。

在记录长期应收款的减值准备时,企业应按减记的金额借记"信用减值损失"科目,贷记"坏账准备"科目。

(4) 处置或者收回长期应收款时的处理。企业处置长期应收款时,按取得的价款与长期应收款账面价值之间的差额确认当期损益。收到债务人支付的价款时,借记"银行存款"等科目,贷记"长期应收款"科目。以前计提有减值准备的,还应作相应的注销处理。

贷款、委托贷款的会计处理,在原理上与债权投资、长期应收款相同。限于篇幅,本书从略。

5.3 以公允价值计量且其变动计入其他综合收益的金融资产(其他债权投资)

实际上,《企业会计准则第 22 号——金融工具确认和计量》(2017 年修订)在以公允价值计量且其变动计入其他综合收益的金融资产名义下,分别针对债权和股权,给出了两套不同的处理规则。本节先讲解债权被划分为以公允价值计量且其变动计入其他综合收益的金融资产的情形下的会计处理,即其他债权投资的会计处理。[①]

前已述及,企业设"其他债权投资"科目,核算被划分为以公允价值计量且其变动计入其他综合收益的金融资产的债权。该科目可按金融资产类别和品种,区分"面值""利息调整""公允价值变动"等进行明细核算。

1. 入账金额的确定

以公允价值计量且其变动计入其他综合收益的金融资产的入账金额,应当按照公允价值计量。但是,企业初始确认的应收账款未包含《企业会计准则第 14 号——收入》所定义的重大融资成分或根据《企业会计准则第 14 号——收入》规定不考虑不超过一年的合同中的融资成分的,应当按照该准则定义的交易价格进行初始计量。

其他债权投资的相关交易费用,应当计入初始确认金额。

[①] 股权投资被划分为以公允价值计量且其变动计入其他综合收益的金融资产时,通过"其他权益工具投资"科目核算。详见第 7.4 节。

2. 持有期间的利得或损失

（1）采用实际利率法计算的该金融资产的利息，计入当期损益。

（2）减值损失（或利得）和汇兑损益，计入当期损益。

（3）除减值损失（或利得）和汇兑损益之外的其他利得或损失，计入其他综合收益，直至该金融资产终止确认或被重分类。①

其他债权投资计入各期损益的金额应当与视同其一直按摊余成本计量（即按照债权投资处理）而计入各期损益的金额相等。

3. 终止确认时的处理

其他债权投资终止确认时，之前计入其他综合收益的累计利得（或损失）应当从其他综合收益中转出，计入当期损益。

【例 5-9】

2×13 年 1 月 1 日，汝州实业有限公司支付 9 100 000 元从证券交易所购入正阳农商有限公司同日发行的 5 年期公司债券 10 000 000 元。该债券的票面年利率为 5%，每年年末支付利息（500 000 元），本金在债券到期时偿还。债券发行方有权在遇到特定情况时将债券赎回，且无须为提前赎回支付额外款项。

汝州实业有限公司在购买该债券时，预计发行方不会提前赎回。该公司根据其管理该项债券投资的业务模式和该债券的合同现金流量特征，将该债券分类为以公允价值计量且其变动计入其他综合收益的金融资产。

经测算，该债券投资的实际利率（表 5-7 中以 IRR 表示）为 7.207 208 092 249 71%。

假定由于利率波动，该债券的市场交易价格（在表 5-7 中以"公允价值"表示）出现较大的波动，资料如表 5-7 所示。

2×17 年 3 月 6 日，汝州实业有限公司售出该项投资，得款 10 100 000 元。

表 5-7 其他债权投资的会计处理 单位：元

日期	票面利息 借：应收利息 ①	投资收益 贷：投资收益 ②=上期④×IRR	折价摊销 借：其他债权投资——利息调整 ③=②-①	摊余成本 ④=上期④+③	公允价值 ⑤	公允价值变动 借：其他债权投资——公允价值变动 贷：其他综合收益 ⑥=⑤-④-上期⑦	公允价值变动累计额 ⑦=上期⑦+⑥
2×13-01-01				9 100 000	9 100 000	0	0

---

① 企业将该金融资产重分类为其他类别金融资产的，应当根据准则的相应规定，对之前计入其他综合收益的累计利得或损失进行相应处理。

续表

日期	票面利息 借：应收利息 ①	投资收益 贷：投资收益 ②=上期④×IRR	折价摊销 借：其他债权投资——利息调整 ③=②-①	摊余成本 ④=上期④+③	公允价值 ⑤	公允价值变动 借：其他债权投资——公允价值变动 贷：其他综合收益 ⑥=⑤-④-上期⑦	公允价值变动累计额 ⑦=上期⑦+⑥
2×13-12-31	500 000	655 856	155 856	9 255 856	9 300 000	44 144	44 144
2×14-12-31	500 000	667 089	167 089	9 422 945	9 600 000	132 911	177 055
2×15-12-31	500 000	679 131	179 131	9 602 076	9 500 000	−279 131	−102 076
2×16-12-31	500 000	692 042	192 042	9 794 118	9 800 000	107 958	5 882*
2×17-03-06	0	—	—	9 794 118	10 100 000	−5 882	0
合计	2 000 000	2 694 118	694 118	—	—	—	—

* 因债券提前售出，此项只需要直接将公允价值变动累计额转出即可。

汝州实业有限公司的有关账务处理如下：

(1) 2×13年1月1日，购入公司债券时。

借：其他债权投资——面值　　　　　　　　　　　　　10 000 000
　　贷：其他债权投资——利息调整　　　　　　　　　　　　900 000
　　　　银行存款　　　　　　　　　　　　　　　　　　 9 100 000

(2) 2×13年至2×16年每年年底，采用实际利率法记录投资收益时。

借：应收利息　　　　　　　　　　　500 000/500 000/500 000/500 000
　　其他债权投资——利息调整　　　 155 856/167 089/179 131/192 042
　　贷：投资收益　　　　　　　　　 655 856/667 089/679 131/692 042

实际收到债券利息时，借记"银行存款"等科目，贷记"应收利息"科目。

(3) 2×13年至2×16年每年年底，记录公允价值变动时。

借：其他债权投资——公允价值变动　　44 144/132 911/−279 131/107 958
　　贷：其他综合收益——其他债权投资公允价值变动
　　　　　　　　　　　　　　　　　 44 144/132 911/−279 131/107 958

(4) 2×17年3月6日，按照销售价格与摊余成本之差记载转让价差（投资收益）时。

借：银行存款　　　　　　　　　　　　　　　　　10 100 000
　　其他债权投资——利息调整　　　　　　　　　　　205 882　　　┐
　　贷：其他债权投资——面值　　　　　　　　　　10 000 000　　 ├摊余成本：9 794 118元
　　　　投资收益　　　　　　　　　　　　　　　　　305 882　　　┘

(5) 注销其他综合收益时。

借：其他综合收益——其他债权投资公允价值变动　　　　　5 882
　　贷：其他债权投资——公允价值变动　　　　　　　　　　　5 882

上述会计分录（4）和（5）也可以采用一种比较烦琐的方式来理解和操作，以下分别以（4s）和（5s）标示。

（4s）2×17年3月6日，按照当日的销售价格与2×16年12月31日的公允价值之差，记载转让价差（投资收益）时。

借：银行存款　　　　　　　　　　　　10 100 000
　　其他债权投资——利息调整　　　　　　205 882
　贷：其他债权投资——面值　　　　　　　10 000 000　　公允价值：9 800 000元
　　　　　　　　　——公允价值变动　　　　　5 882
　　　投资收益　　　　　　　　　　　　　　300 000

（5s）将其他综合收益转入投资收益时。

借：其他综合收益——其他债权投资公允价值变动　　5 882
　贷：投资收益　　　　　　　　　　　　　　　　　　5 882

如图5-10所示，上述两种操作方式的最终结果是一样的。在本质上，债券出售的价差就是305 882元，会计处理方法的不同不会改变交易的实质。从最终结果来看，公允价值信息是可有可无的信息。

```
2×17年3月6日的出售价格 —— 10 100 000
                              300 000
2×16年12月31日的公允价值 —— 9 800 000       305 882
                              5 882
2×16年12月31日的摊余成本 —— 9 794 118
```

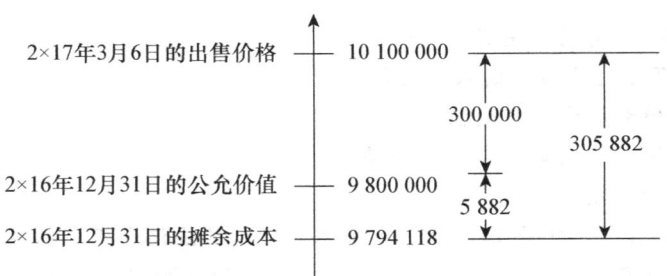

图5-10　其他债权投资出售时的投资收益的计算（示意图）

综合上述所有损益类科目的信息，可计算汝州实业有限公司该项其他债权投资的盈亏水平如下：

$$\text{按照实际利率法计算的投资收益} + \text{转让该项投资时的投资收益} = 2\,694\,118 + 305\,882$$
$$= 3\,000\,000（元）$$

$$\text{持有期间实际收到的利息} + \text{买卖价差} = 2\,000\,000 + (10\,100\,000 - 9\,100\,000)$$
$$= 3\,000\,000（元）$$

以上两种计算方法的结果是一样的。

5.4　金融工具的减值

现行企业会计准则体系针对不同类别的资产，分别规定有不同的资产减值会计处理规则。①

准则规定，企业应当以预期信用损失为基础进行减值会计处理并确认损失准备。损失准备，泛指针对以摊余成本计量的金融资产、租赁应收款和合同资产的预期信用损失计提的准备，针对以公允价值计量且其变动计入其他综合收益的金融资产计提的累计减值金额，以及针对贷款承诺和财务担保合同的预期信用损失计提的准备。

金融工具准则对金融资产减值的规定通常称为"预期信用损失模型"（expected credit loss model）。该方法与《国际会计准则第39号——金融工具：确认和计量》（同《企业会计准则第22号——金融工具确认和计量》（2006年））所主张的、根据实际已发生减值损失确认减值准备的方法，即已发生损失模型（incurred loss model），有着根本性不同。在预期信用损失法下，减值准备的计提不以减值的实际发生为前提，而是以未来可能的违约事件造成的损失的期望值，来计量当前（资产负债表日）应当确认的减值准备。

本节阐释的是以摊余成本计量的金融资产（即债权投资）的减值规则。

5.4.1 债权投资的信用减值损失

企业设置"债权投资减值准备"科目核算企业以摊余成本计量的债权投资以预期信用损失为基础计提的损失准备。该科目可按债权投资类别和品种进行明细核算。该科目期末贷方余额，反映企业已计提但尚未转销的债权投资减值准备。

计提债权投资减值准备时，按应减记的金额，借记"信用减值损失"科目，贷记"债权投资减值准备"科目。如果资产负债表日计算的预期信用损失小于该金融工具（或组合）当前减值准备的账面金额（例如，从按照整个存续期预期信用损失计量损失准备转为按照未来12个月预期信用损失计量损失准备时，可能会出现这种情况），则应当将差额确认为减值利得，作相反的会计分录，即借记"债权投资减值准备"科目，贷记"信用减值损失"科目。

【例5-10】

本例与例5-9作对比。为便于读者阅读，这里将沿用的题干加下划线表示。

<u>2×13年1月1日，汝州实业有限公司支付9 100 000元从证券交易所购入正阳农商有限公司同日发行的5年期公司债券10 000 000元。该债券的票面年利率为5%，每年年末支付利息（500 000元），本金在债券到期时偿还。债券发行方有权在遇到特定情况时将债券赎回，且无须为提前赎回支付额外款项。</u>

<u>汝州实业有限公司在购买该债券时，根据其管理该项债券投资的业务模式和该债券的合同现金流量特征，将该债券分类为以摊余成本计量的金融资产（即债权投资）。</u>

<u>经测算，该债券投资的实际利率（表5-8中以IRR表示）为7.207 208 092 249 71%。</u>

---

① 业界对资产减值会计存有争议，在银行业监管领域，围绕贷款损失准备的争议更是旷日持久。感兴趣的读者可参阅：周华，戴德明. 贷款损失准备的监管规则：问题与可能解. 中国人民大学学报，2011（4）；周华，戴德明. 资产减值会计的合理性辨析. 经济管理，2016（3）.

资料如表 5-8 所示。

表 5-8　债权投资的会计处理　　　　　　　　　　　　　　　　　单位：元

日期	票面利息 借：应收利息 ①	投资收益 贷：投资收益 ②＝上期④×IRR	折价摊销 借：债权投资——利息调整 ③＝②－①	摊余成本 ④＝上期④＋③
2×13-01-01				9 100 000
2×13-12-31	500 000	655 856	155 856	9 255 856
2×14-12-31	500 000	667 089	167 089	9 422 945
2×15-12-31	500 000	679 131	179 131	9 602 076
2×16-12-31	500 000	692 042	192 042	9 794 118
2×17-12-31	500 000	705 882	205 882	10 000 000
合计	2 500 000	3 400 000	900 000	—

汝州实业有限公司的有关账务处理如下：

(1) 2×13 年 1 月 1 日，购入公司债券时。

借：债权投资——面值　　　　　　　　　　　　　　　　　　　　　　10 000 000
　　贷：债权投资——利息调整　　　　　　　　　　　　　　　　　　　　900 000
　　　　银行存款　　　　　　　　　　　　　　　　　　　　　　　　　9 100 000

(2) 2×13 年至 2×17 年每年年底，采用实际利率法记录投资收益时。

借：应收利息　　　　　　　500 000/500 000/500 000/500 000/500 000
　　债权投资——利息调整　　155 856/167 089/179 131/192 042/205 882
　　贷：投资收益　　　　　　655 856/667 089/679 131/692 042/705 882

(3) 实际收到债券利息时，借记"银行存款"等科目，贷记"应收利息"科目。

(4) 2×17 年 12 月 31 日，收回债券面值时。

借：银行存款　　　　　　　　　　　　　　　　　　　　　　　　　10 000 000
　　贷：债权投资——面值　　　　　　　　　　　　　　　　　　　　10 000 000

【例 5-11】

计提损失准备后又转回的情形。

沿用例 5-10 的资料。为便于读者阅读，这里将沿用的题干加下划线表示。

2×13 年 1 月 1 日，汝州实业有限公司支付 9 100 000 元从证券交易所购入正阳农商有限公司同日发行的 5 年期公司债券 10 000 000 元。该债券的票面年利率为 5%，每年年末支付利息（500 000 元），本金在债券到期时偿还。

汝州实业有限公司在购买该债券时，根据其管理该项债券投资的业务模式和该债券的合同现金流量特征，将该债券分类为以摊余成本计量的金融资产（即债权投资）。

经测算，该债券投资的实际利率（表 5-9 中以 IRR 表示）为 7.207 208 092 249 71%。

资料如表 5-9 所示。

表 5-9 债权投资的会计处理　　　　　　　　　　　　　　　　　　　单位：元

日期	票面利息 借：应收利息 ①	投资收益 贷：投资收益 ②=上期④×IRR	折价摊销 借：债权投资—— 利息调整 ③=②-①	摊余成本 ④=上期④+③
2×13-01-01				9 100 000
2×13-12-31	500 000	655 856	155 856	9 255 856
2×14-12-31	500 000	667 089	167 089	9 422 945
2×15-12-31	500 000	679 131	179 131	9 602 076 （减值）2 000 000
2×16-12-31	500 000	692 042	192 042	9 794 118 （转回减值）2 000 000
2×17-12-31	500 000	705 882	205 882	10 000 000
合计	2 500 000	3 400 000	900 000	—

汝州实业有限公司的有关账务处理如下：

(1) 2×13 年 1 月 1 日，购入公司债券时。

　　借：债权投资——面值　　　　　　　　　　　　　　　　　10 000 000
　　　　贷：债权投资——利息调整　　　　　　　　　　　　　　　　900 000
　　　　　　银行存款　　　　　　　　　　　　　　　　　　　　9 100 000

(2) 2×13 年至 2×15 年投资收益和减值准备的计算。

在 2×13 年、2×14 年年底，汝州实业有限公司认为，其所购入的金融工具（债券）的违约风险较低，从近期来看发行人具有较强的偿付合同现金流量义务的能力，从长期来看经济环境和企业经营环境的不利变化可能会但并不必然会降低发行人偿付合同现金流量义务的能力，因此，汝州实业有限公司将该金融工具视为具有较低信用风险的金融工具。这种情形属于金融工具的信用风险自初始确认后未显著增加的情形，该公司应按照相当于该金融工具未来 12 个月内的预期信用损失的金额计量其损失准备，按照该金融资产的账面余额（即不扣除减值准备的余额）采用实际利率法计算利息收入。

假定汝州实业有限公司在 2×13 年、2×14 年年底确定的该金融工具未来 12 个月内的预期信用损失的金额均为 0。

假定 2×15 年年底，汝州实业有限公司认为该债券的信用风险自初始确认后已显著增加但未发生信用减值。按照准则的规定，汝州实业有限公司应按照相当于该金融工具整个存续期的预期信用损失的金额计量损失准备 2 000 000 元，但继续按照该金融资产的账面余额采用实际利率法计算利息收入。

2×13 年至 2×15 年按照账面余额计算投资收益的分录如下：

　　借：应收利息　　　　　　　　　　　　　　　　　500 000/500 000/500 000
　　　　债权投资——利息调整　　　　　　　　　　　　155 856/167 089/179 131
　　　　贷：投资收益　　　　　　　　　　　　　　　　655 856/667 089/679 131

实际收到债券利息时，借记"银行存款"等科目，贷记"应收利息"科目。

2×13年至2×15年确认损失准备的分录如下：

借：信用减值损失　　　　　　　　　　　　　　　　　0/0/2 000 000
　　贷：债权投资减值准备　　　　　　　　　　　　　　0/0/2 000 000

（3）2×16年12月31日，汝州实业有限公司发现该金融工具已不再属于自初始确认后信用风险显著增加的情形，于是就依照准则的规定，在当日改为按照相当于未来12个月内的预期信用损失的金额，计量该金融工具的损失准备。

该公司计算确定的该金融工具未来12个月内的预期信用损失的金额为0。因此，应当转回以前计提的2 000 000元的损失准备，作为减值利得计入当期损益。

借：债权投资减值准备　　　　　　　　　　　　　　　2 000 000
　　贷：信用减值损失　　　　　　　　　　　　　　　　2 000 000

（4）2×16年、2×17年年底，采用实际利率法记录投资收益时。

借：应收利息　　　　　　　　　　　　　　　　　500 000/500 000
　　债权投资——利息调整　　　　　　　　　　　　192 042/205 882
　　贷：投资收益　　　　　　　　　　　　　　　　692 042/705 882

实际收到债券利息时，借记"银行存款"等科目，贷记"应收利息"科目。

（5）到期收回债券面值时。

借：银行存款　　　　　　　　　　　　　　　　　　　10 000 000
　　贷：债权投资——面值　　　　　　　　　　　　　　10 000 000

【例 5-12】

发生信用减值的情形。

沿用例5-10的资料。为便于读者阅读，这里将沿用的题干加下划线表示。

2×13年1月1日，汝州实业有限公司支付9 100 000元从证券交易所购入正阳农商有限公司同日发行的5年期公司债券10 000 000元。该债券的票面年利率为5%，每年年末支付利息（500 000元），本金在债券到期时偿还。

汝州实业有限公司在购买该债券时，根据其管理该项债券投资的业务模式和该债券的合同现金流量特征，将该债券分类为以摊余成本计量的金融资产（即债权投资）。

经测算，该债券投资的实际利率（表5-10中以 IRR 表示）为7.207 208 092 249 71%。

资料如表5-10所示。

表 5-10　债权投资的会计处理　　　　　　　　　　　　　　　　　单位：元

日期	票面利息 借：应收利息 ①	投资收益 贷：投资收益 ②＝上期④×IRR	折价摊销 借：债权投资 ——利息调整 ③＝②－①	摊余成本 ④＝上期④＋③
2×13-01-01				9 100 000
2×13-12-31	500 000	（按账面余额计算） 655 856	155 856	9 255 856

续表

日期	票面利息 借：应收利息 ①	投资收益 贷：投资收益 ②＝上期④×IRR	折价摊销 借：债权投资 ——利息调整 ③＝②－①	摊余成本 ④＝上期④＋③
2×14-12-31	500 000	（按账面余额计算） 667 089	167 089	9 422 945
2×15-12-31	500 000	（按账面余额计算） 679 131	179 131	9 602 076 －（减值额）3 000 000 ＝6 602 076
2×16-12-31	500 000	（按摊余成本计算） 475 825	－24 175	6 577 901 －（减值额）4 000 000 ＝2 577 901
2×17-12-31	500 000	（按摊余成本计算） 185 795	－314 205	10 000 000
合计	2 500 000	2 663 696	163 696	—

汝州实业有限公司的有关账务处理如下：

(1) 2×13年1月1日，购入公司债券时。

　　借：债权投资——面值　　　　　　　　　　　　　　　　　　10 000 000
　　　　贷：债权投资——利息调整　　　　　　　　　　　　　　　　900 000
　　　　　　银行存款　　　　　　　　　　　　　　　　　　　　9 100 000

(2) 在2×13年、2×14年年底，汝州实业有限公司认为，其所购入的金融工具（债券）的违约风险较低，从近期来看发行人具有较强的偿付合同现金流量义务的能力，从长期来看经济环境和企业经营环境的不利变化可能会但并不必然会降低发行人偿付合同现金流量义务的能力，因此，汝州实业有限公司将该金融工具视为具有较低信用风险的金融工具。这种情形属于金融工具的信用风险自初始确认后未显著增加的情形，该公司应按照相当于该金融工具未来12个月内的预期信用损失的金额计量其损失准备，按照该金融资产的账面余额采用实际利率法计算利息收入。

假定汝州实业有限公司在2×13年、2×14年年底计算确定的该金融工具未来12个月内的预期信用损失的金额均为0。

假定2×15年12月31日，该债券发生信用减值。按照准则的规定，汝州实业有限公司应按照相当于该金融工具整个存续期的预期信用损失的金额（假定为3 000 000元）计量其损失准备。后续期间，按照该金融资产的摊余成本采用实际利率法计算利息收入。

2×13年至2×15年按照账面余额计算投资收益的分录如下：

　　借：应收利息　　　　　　　　　　　　　　　500 000/500 000/500 000
　　　　债权投资——利息调整　　　　　　　　　155 856/167 089/179 131
　　　　贷：投资收益（按"账面余额×实际利率"计算）　655 856/667 089/679 131

实际收到债券利息时，借记"银行存款"等科目，贷记"应收利息"科目。

2×13 年至 2×15 年确认损失准备的分录如下：

借：信用减值损失　　　　　　　　　　　　　　　　　　　0/0/3 000 000
　　贷：债权投资减值准备　　　　　　　　　　　　　　　　0/0/3 000 000

（3）2×16 年 12 月 31 日，确认投资收益时。根据准则的规定，在发生信用减值后，应按照该金融资产的摊余成本（6 602 076元）采用实际利率法计算利息收入。

借：应收利息　　　　　　　　　　　　　　　　　　　　　　500 000
　　贷：投资收益（按"摊余成本×实际利率"计算）　　　　　475 825
　　　　债权投资——利息调整　　　　　　　　　　　　　　 24 175

（4）2×16 年 12 月 31 日，该债券发生信用减值。按照准则的规定，汝州实业有限公司按照相当于该金融工具整个存续期的预期信用损失的金额（假定为7 000 000元）计量其损失准备，因此，补提4 000 000元的损失准备。

借：信用减值损失　　　　　　　　　　　　　　　　　　　　4 000 000
　　贷：债权投资减值准备　　　　　　　　　　　　　　　　4 000 000

（5）2×17 年 12 月 31 日，根据准则的规定，应按照该金融资产的摊余成本（2 577 901元）采用实际利率法计算已发生信用减值的金融资产的利息收入。

借：应收利息　　　　　　　　　　　　　　　　　　　　　　500 000
　　贷：投资收益（按"摊余成本×实际利率"计算）　　　　　185 795
　　　　债权投资——利息调整　　　　　　　　　　　　　　314 205

（6）债券到期时，假定汝州实业有限公司仅收回面值2 000 000元。

"债权投资——利息调整"
明细科目的贷方余额 $=900\,000-163\,696=736\,304（元）$

借：银行存款　　　　　　　　　　　　　　　　　　　　　　2 000 000
　　投资收益　　　　　　　　　　　　　　　　　　　　　　1 263 696
　　债权投资——利息调整　　　　　　　　　　　　　　　　 736 304
　　债权投资减值准备　　　　　　　　　　　　　　　　　　7 000 000
　　贷：债权投资——面值　　　　　　　　　　　　　　　　10 000 000
　　　　应收利息　　　　　　　　　　　　　　　　　　　　1 000 000

$$\text{上述会计处理}\atop\text{所记载的投资收益} = \underset{\text{(持有期间的投资收益)}}{2\,663\,696} - \underset{\text{(处置损失)}}{1\,263\,696} - \underset{\text{(信用减值损失)}}{7\,000\,000}$$
$$= -5\,600\,000（元）$$

$$\text{从现金流量的角度}\atop\text{分析的投资收益} = \underset{\text{(收回的部分面值本金)}}{2\,000\,000} + \underset{\text{(持有期间的利息)}}{1\,500\,000} - \underset{\text{(投资额)}}{9\,100\,000}$$
$$= -5\,600\,000（元）$$

专栏 5-4　　　　　　　　关于预期信用损失模型的反思

预期信用损失都是预期损失而不是实际损失。因此，无论如何都设计不出科学合理的预期信用损失计量模型。

次贷危机爆发后,国际会计准则理事会曾经设计过一个非常复杂的计算方法,但遭到广泛的抵制。于是,该机构就推出了目前的这个版本。目前的算法也很复杂,而且在发生信用减值时还涉及对利息收入的计算口径的调整,因此,读者理解起来势必会感到非常蹊跷。这种算法缺乏合理依据,说明国际财务报告准则和银行业审慎监管规则等金融监管规则仍然缺乏合理的理论支撑。

5.5 债权被指定为"以公允价值计量且其变动计入当期损益的金融资产"的情形

企业设"交易性金融资产"科目核算企业分类或指定为以公允价值计量且其变动计入当期损益的金融资产。该科目可按金融资产的类别和品种,设置"成本"(用于核算投资所付出的代价,不包含交易费用)、"公允价值变动"(用于核算债券的公允价值变动)等明细科目进行明细核算。企业持有的指定为以公允价值计量且其变动计入当期损益的金融资产可在该科目下单设"指定类"明细科目核算。衍生金融资产在"衍生工具"科目核算。

交易性金融资产的交易费用计入当期损益(借记"投资收益"科目),不计入资产的入账价值。

取得交易性金融资产时,投资方应当将债券发行人已宣告但尚未发放的利息记入"应收利息"科目,不计入资产的入账价值。

在持有交易性金融资产的期间,应收利息计入当期损益。

【例 5-13】

本例与例 5-9 作对比。为便于读者阅读,这里将沿用的题干加下划线表示。

2×13年1月1日,汝州实业有限公司支付 9 100 000 元(其中含有交易费用 100 000 元)从证券交易所购入正阳农商有限公司同日发行的 5 年期公司债券 10 000 000 元。该债券的票面年利率为 5%,每年年末支付利息(500 000 元),本金在债券到期时偿还。债券发行方有权在遇到特定情况时将债券赎回,且无须为提前赎回支付额外款项。

汝州实业有限公司在购买该债券时,预计发行方不会提前赎回。该公司根据其管理该债券的业务模式和该债券的合同现金流量特征,将该债券指定为以公允价值计量且其变动计入当期损益的金融资产。

假定利率波动导致该债券的市场交易价格(在表 5-11 中以"公允价值"表示)出现较大的波动,资料如表 5-11 所示。

表 5-11 交易性金融资产的会计处理 单位:元

日期	票面利息	公允价值	公允价值变动	累计公允价值变动
2×13-01-01		9 000 000	—	—

续表

日期	票面利息	公允价值	公允价值变动	累计公允价值变动
2×13-12-31	500 000	9 300 000	300 000	300 000
2×14-12-31	500 000	9 600 000	300 000	600 000
2×15-12-31	500 000	9 500 000	−100 000	500 000
2×16-12-31	500 000	9 800 000	300 000	800 000
2×17-03-06	0	10 100 000	——	——
合计	2 000 000	——	——	——

汝州实业有限公司的有关账务处理如下：

(1) 2×13年1月1日，购入公司债券时。

借：交易性金融资产——成本　　　　　　　　　　　　　　　9 000 000
　　　投资收益　　　　　　　　　　　　　　　　　　　　　　100 000
　　贷：银行存款　　　　　　　　　　　　　　　　　　　　　9 100 000

(2) 2×13年至2×16年每年年底，收取利息时。

借：应收利息　　　　　　　　　　　　　　　　　　　　　　500 000
　　贷：投资收益　　　　　　　　　　　　　　　　　　　　　500 000
借：银行存款　　　　　　　　　　　　　　　　　　　　　　500 000
　　贷：应收利息　　　　　　　　　　　　　　　　　　　　　500 000

(3) 2×13年至2×16年每年年底，记录公允价值变动时。

借：交易性金融资产——公允价值变动　　300 000/300 000/−100 000/300 000
　　贷：公允价值变动损益　　　　　　　300 000/300 000/−100 000/300 000

(4) 2×17年3月6日，按照销售价格与账面价值之差记载转让价差（投资收益）时。

借：银行存款　　　　　　　　　　　　　　　　　　　　　10 100 000
　　贷：交易性金融资产——成本　　　　　　　　　　　　　　9 000 000
　　　　　　　　　　——公允价值变动　　　　　　　　　　　　800 000
　　　　投资收益　　　　　　　　　　　　　　　　　　　　　300 000

(5) 将公允价值变动损益转入投资收益时。

借：公允价值变动损益　　　　　　　　　　　　　　　　　　800 000
　　贷：投资收益　　　　　　　　　　　　　　　　　　　　　800 000

综合上述所有损益类科目的信息，可计算汝州实业有限公司该项交易性金融资产的盈亏水平如下：

利息收入＋买卖价差−交易费用
＝2 000 000＋(10 100 000−9 000 000)−100 000
＝3 000 000(元)

上述计算结果与例5-9的结果一致。显然，无论将该项债券投资分类为以公允价值计量且其变动计入其他综合收益的金融资产（即"其他债权投资"），还是指定为以公允价值计量且其变动计入当期损益的金融资产（即"交易性金融资产"），其计算结果都是一样的。两者的主要区别在于是否把持有期间的公允价值变动计入利润表。

5.6 金融资产的重分类及其核算方法的转换

《企业会计准则第22号——金融工具确认和计量》（2017年修订）规定，企业改变其管理金融资产的业务模式时，应当按规定对所有受影响的相关金融资产进行重分类（reclassification）。以下情形不属于业务模式变更：（1）企业持有特定金融资产的意图改变。企业即使在市场状况发生重大变化的情况下改变对特定资产的持有意图，也不属于业务模式变更。（2）金融资产特定市场暂时性消失从而暂时影响金融资产出售。（3）金融资产在企业具有不同业务模式的各部门之间转移。

企业对金融资产进行重分类，应当自重分类日①起采用未来适用法进行相关会计处理，不得对以前已经确认的利得、损失（包括减值损失或利得）或利息进行追溯调整。

为便于读者理解和识记，这里特地在图 5-2 的基础上，将债权重分类的六种情形概括如图 5-11 所示。

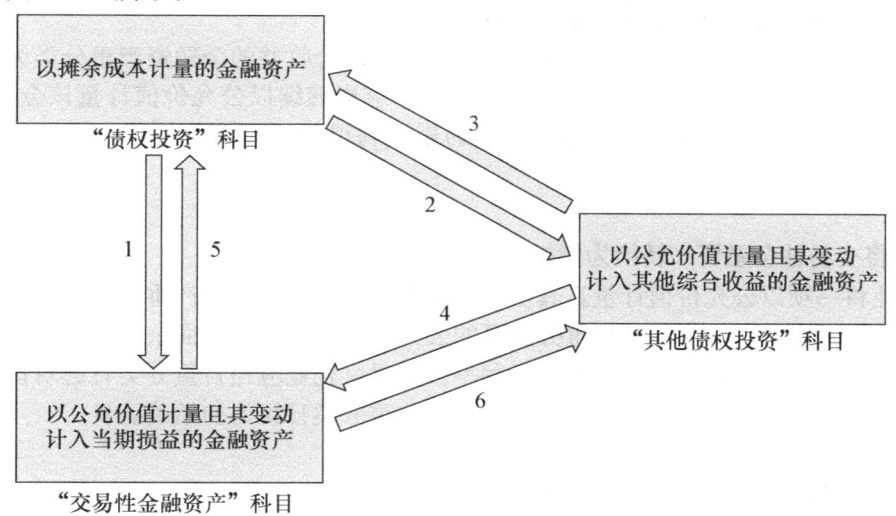

图 5-11 债权重分类的常见情形

1. 将债权投资转换为交易性金融资产

企业将一项以摊余成本计量的金融资产重分类为以公允价值计量且其变动计入当期

---

① 重分类日，是指导致企业对金融资产进行重分类的业务模式发生变更后的首个报告期间的第一天。例如，某上市公司于2×17年3月15日改变了某金融资产的业务模式，则重分类日是指2×17年4月1日（即下一个季度会计期间的期初）。又如，某上市公司于2×17年8月9日改变了某金融资产的业务模式，则重分类日是指2×17年10月1日（即下一个季度会计期间的期初）。

损益的金融资产的,应当按照该资产在重分类日的公允价值进行计量。原账面价值与公允价值之间的差额计入当期损益(公允价值变动损益)。

2. 将债权投资转换为其他债权投资

企业将一项以摊余成本计量的金融资产重分类为以公允价值计量且其变动计入其他综合收益的金融资产的,应当按照该金融资产在重分类日的公允价值进行计量。原账面价值与公允价值之间的差额计入其他综合收益。该金融资产重分类不影响其实际利率和预期信用损失的计量。

3. 将其他债权投资转换为债权投资

企业将一项以公允价值计量且其变动计入其他综合收益的金融资产重分类为以摊余成本计量的金融资产的,应当将之前计入其他综合收益的累计利得或损失转出,调整该金融资产在重分类日的公允价值,并以调整后的金额作为新的账面价值,即视同该金融资产一直以摊余成本计量。该金融资产重分类不影响其实际利率和预期信用损失的计量。

4. 将其他债权投资转换为交易性金融资产

企业将一项以公允价值计量且其变动计入其他综合收益的金融资产重分类为以公允价值计量且其变动计入当期损益的金融资产的,应当继续以公允价值计量该金融资产。同时,企业应当将之前计入其他综合收益的累计利得或损失从其他综合收益转入当期损益。

5. 将交易性金融资产转换为债权投资

企业将一项以公允价值计量且其变动计入当期损益的金融资产重分类为以摊余成本计量的金融资产的,应当以其在重分类日的公允价值作为新的账面余额,并根据该金融资产在重分类日的公允价值确定其实际利率。同时,企业应当自重分类日起对该金融资产适用准则关于金融资产减值的相关规定,并将重分类日视为初始确认日。

6. 将交易性金融资产转换为其他债权投资

企业将一项以公允价值计量且其变动计入当期损益的金融资产重分类为以公允价值计量且其变动计入其他综合收益的金融资产的,应当继续以公允价值计量该金融资产,并根据该金融资产在重分类日的公允价值确定其实际利率。同时,企业应当自重分类日起对该金融资产适用准则关于金融资产减值的相关规定,并将重分类日视为初始确认日。

思考题

如何评价资产减值会计的利弊得失?

练习题

一、单项选择题

1. 企业销售商品确认收入后,对于客户实际享受的现金折扣,应当(   )。
   A. 确认当期财务费用
   B. 冲减当期主营业务收入
   C. 确认当期管理费用
   D. 确认当期主营业务成本

2. 企业已计提坏账准备的应收账款确实无法收回,按管理权限报经批准作为坏账转销时,应编制的会计分录是(   )。
   A. 借记"信用减值损失"科目,贷记"坏账准备"科目
   B. 借记"管理费用"科目,贷记"应收账款"科目
   C. 借记"坏账准备"科目,贷记"应收账款"科目
   D. 借记"坏账准备"科目,贷记"信用减值损失"科目

3. 20×8年7月1日,甲公司从二级市场以2 100万元(含已到付息日但尚未领取的利息100万元)购入乙公司发行的债券,另发生交易费用10万元,指定为交易性金融资产。当年12月31日,该交易性金融资产的公允价值为2 200万元。假定不考虑其他因素,当日,甲公司应就该资产确认的公允价值变动损益为(   )万元。
   A. 90   B. 100   C. 190   D. 200

4. 某企业20×8年8月1日赊销一批商品,售价为120 000元(不含增值税),适用的增值税税率为13%,规定的现金折扣条件为"2/10,1/20,n/30",计算现金折扣时考虑增值税。客户于20×8年8月15日付清货款,该企业收款金额为(   )元。
   A. 118 800   B. 137 592   C. 134 244   D. 140 400

5. 甲公司20×8年7月1日购入乙公司20×8年1月1日发行的债券,支付价款为2 100万元(含已到付息期但尚未领取的债券利息40万元),另支付交易费用15万元。该债券面值为2 000万元,票面年利率为4%(票面利率等于实际利率),每半年付息一次,甲公司将其指定为交易性金融资产。甲公司20×8年度该项交易性金融资产应确认的投资收益为(   )万元。
   A. 25   B. 40   C. 65   D. 80

6. 某企业于20×7年7月1日按面值发行5年期、到期一次还本付息的公司债券,该债券面值总额为8 000万元,票面年利率为4%,自发行日起计息。假定票面利率与实际利率一致,不考虑相关税费,20×8年12月31日该应付债券的账面余额为(   )万元。
   A. 8 000   B. 8 160   C. 8 320   D. 8 480

二、多项选择题

1. 下列各项中,影响债权投资摊余成本因素的有(   )。
   A. 确认的减值准备
   B. 分期收回的本金

C. 利息调整的累计摊销额
D. 对到期一次付息债券确认的票面利息

2. 下列各项中，会引起应收账款账面价值发生变化的有（　　）。
A. 计提坏账准备
B. 收回应收账款
C. 转销坏账准备
D. 收回已转销的坏账

第 6 章
Chapter 6　无形资产

> **素养目标**
>
> 1. 结合中国特色社会主义法治体系学习会计法规体系。运用《中华人民共和国民法典》以及知识产权法律知识，结合我国证券市场的案例，对《企业会计准则第 6 号——无形资产》中的规则进行辩证分析。
> 2. 理解会计规则的理论逻辑、历史逻辑和实践逻辑，培养辩证思维能力。理解研发支出会计处理规则的设计理念及其实践困境。

> **学习目标**
>
> 1. 掌握：研发支出的会计处理规则；无形资产摊销、处置的会计处理规则。
> 2. 理解：无形资产减值准备的计算规则的设计思路。
> 3. 了解：无形资产的常见种类。

　　本章结合工商企业的日常业务介绍《企业会计准则第 6 号——无形资产》中所规定的会计处理常用规则。该准则系借鉴《国际会计准则第 38 号——无形资产》(International Accounting Standard 38: Intangible Assets) 制定而成。

6.1　无形资产概述

　　无形资产 (intangible asset)，是指企业拥有或者控制的没有实物形态的可辨认非货币性资产。主要是指：(1) 知识产权，如专利（或购入的专利使用权）、商标（或购入的商标使用权）、著作权等；(2) 用益物权，一般是指土地使用权；(3) 其他财产权利，如非专利技术（或购入的非专利技术使用权）、特许经营权等。现行会计准则所称的无形资产不包括商誉。其中,"可辨认"是指满足下列条件之一:(1)能够从企业中分离或者划分出来,并能单独或者与相关合同、资产或负债一起,用于出售、转移、授予许可、租赁或者交换。(2)根据合同约定或法律规定,该项权利是可以单独辨认的。

企业设置"无形资产"科目核算企业持有的无形资产,包括专利(或购入的专利使用权)、商标(或购入的商标使用权)、著作权、非专利技术(或购入的非专利技术使用权)、土地使用权等。该科目可按无形资产项目进行明细核算。该科目期末借方余额,反映企业无形资产的成本。

企业账簿中所记载的无形资产,应当具备相应的法律证据。具体而言,对于知识产权,应当取得知识产权法所规定的知识产权证明文件;对于用益物权(土地使用权),应当依法办理不动产登记并持有不动产权属证书;对于其他合同上的财产权利(如非专利技术、特许经营权等),企业应当持有相应的合同、公证书等法律证据。

专栏 6-1　　　　国际会计准则所规定的无形资产的确认条件

无形资产同时满足下列条件的,才能予以确认:
(1) 与该无形资产有关的经济利益很可能流入企业;
(2) 该无形资产的成本能够可靠地计量。

企业在判断无形资产产生的经济利益是否很可能流入时,应当对无形资产在预计使用寿命内可能存在的各种经济因素作出合理估计,并且应当有明确证据支持。

6.2　无形资产入账价值的确定

无形资产应当以实际成本作为入账价值。企业自创商誉以及内部产生的品牌、报刊名等,不应确认为无形资产。原因在于,很难确切地界定它们的实际成本。

6.2.1　外购的无形资产

外购无形资产的成本,包括购买价款、相关税费以及直接归属于使该项资产达到预定用途所发生的其他支出。

1. 购入土地使用权和自然资源使用权的情形

自然资源使用权是指海域使用权、探矿权、采矿权、取水权和其他自然资源使用权(不含土地使用权)。

根据营改增的相关规定,购买土地使用权的增值税适用税率为9%,购买自然资源使用权的增值税适用税率为6%。

企业应当按照除增值税进项税额以外的,为购入土地使用权和自然资源使用权所发生的全部代价入账。

2. 购入知识产权（商标、专利、著作权）、非专利技术的情形

根据营改增的相关规定，购买知识产权（商标、专利、著作权）、非专利技术的交易涉及增值税，适用税率为6%。企业应将增值税进项税额记入"应交税费——应交增值税（进项税额）"科目，将其余全部代价计入无形资产的入账价值。

购买无形资产的价款超过正常信用条件延期支付，实质上具有融资性质的，无形资产的成本以购买价款的现值为基础确定。实际支付的价款与购买价款的现值之间的差额，应当在信用期间内计入当期损益（按照《企业会计准则第17号——借款费用》的规定应予资本化的除外）。

6.2.2 研发支出

研发支出究竟应当如何进行会计处理，是国际上的一大难题。理论上，存在三种可能。一是全部计入当期损益，此即"费用化"（expensing）。其结果往往是"丑化"了当期利润表。二是全部以某种名目（如"无形资产"）列入资产，作挂账处理，此即"资本化"（capitalization）。其结果往往是"美化"了当期利润表，但资产数字显然过于浮夸。三是在以上两者之间进行折中，实行"附条件的资本化"。我国的企业会计准则和国际会计准则采取的做法是方法三。

准则规定，企业内部研究开发项目，应当区分为研究阶段与开发阶段。研究阶段的支出全部作"费用化"处理，应当于发生时记入"管理费用"科目。无法区分研究阶段支出和开发阶段支出的，应当将其所发生的研发支出全部费用化，记入"管理费用"科目。开发阶段的支出，实行"附条件的资本化"，同时满足下列条件才能确认为无形资产：（1）完成该无形资产以使其能够使用或出售在技术上具有可行性；（2）具有完成该无形资产并使用或出售的意图；（3）无形资产产生经济利益的方式，包括能够证明运用该无形资产生产的产品存在市场或无形资产自身存在市场，无形资产将在内部使用的，应当证明其有用性；（4）有足够的技术、财务资源和其他资源支持，以完成该无形资产的开发，并有能力使用或出售该无形资产；（5）归属于该无形资产开发阶段的支出能够可靠地计量。

专栏6-2　　　　　　　　区分研究阶段与开发阶段的困难性

国际准则规定了区分研究阶段与开发阶段的操作指南。

研究（research）是指为获取并理解新的科学或技术知识而进行的独创性的有计划调查。研究阶段是探索性的，为进一步开发活动进行资料及相关方面的准备，已进行的研究活动将来是否会转入开发、开发后是否会形成无形资产等均具有较大的不确定性。比如，意在获取知识而进行的活动，研究成果或其他知识的应用研究、评价和最终选择，材料、设备、产品、工序、系统或服务替代品的研究，新的或经改进的材料、设备、产品、工序、系统或服务的可能替代品的配制、设计、评价和最终选择等，均属于研究活动。

开发（development）是指在进行商业性生产或使用前，将研究成果或其他知识应用于某项计划或设计，以生产出新的或具有实质性改进的材料、装置、产品等。相对于研究阶段而言，开发阶段应已完成研究阶段的工作，在很大程度上已具备形成一项新产品或新技术的基本条件。比如，生产前或使用前的原型和模型的设计、建造和测试，不具有商业性生产经济规模的试生产设施的设计、建造和运营等，均属于开发活动。

读罢国际会计准则，人们往往会感到困惑。显然，上述规定并不能帮助实务工作者很好地区分研究阶段与开发阶段，因为根本不存在作此区分的证据。因此，也就不难理解为何研发支出的会计处理会成为一大难题。

企业设置"研发支出"科目核算企业进行研究与开发无形资产过程中发生的各项支出。该科目期末借方余额，反映企业正在进行中的研究开发项目的支出。

【例 6-1】

中兴科技股份公司的研究开发项目本年度共发生开支 9 600 000 元，均以银行存款支付。其中，符合资本化条件的开发阶段支出为 9 000 000 元，且已获得发明专利；其余均作费用化处理。其账务处理如下：

(1) 发生研发支出时。

  借：研发支出   9 600 000
    贷：银行存款   9 600 000

(2) 作资本化处理时。

  借：无形资产   9 000 000
    贷：研发支出   9 000 000

(3) 作费用化处理时。

  借：管理费用   600 000
    贷：研发支出   600 000

6.2.3 土地使用权的处理规则

企业取得的土地使用权通常应确认为无形资产。但改变土地使用权用途，用于赚取租金或资本增值的，应当将其转为投资性房地产。

自行开发建造厂房等建筑物，相关的土地使用权与建筑物应当分别进行处理。外购土地使用权及建筑物所支付的价款应当在建筑物与土地使用权之间进行分配；难以合理分配的，应当全部作为固定资产。

房地产开发企业所取得的用于建造对外出售的房屋建筑物的土地，相关的土地使用权账面价值应当计入所建造的房屋建筑物的成本。

6.3 无形资产的摊销

企业应当于取得无形资产时分析判断其使用寿命。无形资产的使用寿命有限的,应当估计该使用寿命的年限或者构成使用寿命的产量等类似计量单位数量。其应摊销金额应当在使用寿命内以系统合理的方式予以摊销。应摊销金额为其成本扣除预计残值后的金额(已计提减值准备的,还应扣除已计提的减值准备累计金额)。预计残值一般为零。

使用寿命有限的无形资产,其常见情形是:企业拥有的著作权、专利;购入的商标使用权等。

摊销期间自可供使用时起至不再作为无形资产确认时止。摊销方法应当反映与该项无形资产有关的经济利益的预期实现方式,具体计算方法可比照固定资产的折旧方法处理。无法可靠确定预期实现方式的,应当采用直线法摊销。

摊销金额一般应当计入当期损益。若无形资产包含的经济利益通过所生产的产品或其他资产而实现,则可将摊销金额计入产品或其他资产的成本。

企业设置"累计摊销"科目核算对使用寿命有限的无形资产计提的累计摊销。该科目期末贷方余额,反映企业无形资产累计摊销额。

【例6-2】

神农机械股份公司20×5年1月转账支付6 360 000元购得一项商标的使用权,使用期限为10年。增值税专用发票上注明的金额为6 000 000元,税额为360 000元,价税合计为6 360 000元。其会计分录如下:

(1) 取得无形资产时。

借:无形资产 6 000 000
　　应交税费——应交增值税(进项税额) 360 000
　贷:银行存款 6 360 000

(2) 当月摊销时。

借:管理费用 50 000
　贷:累计摊销 50 000

使用寿命不确定的无形资产,不应摊销。无法预见无形资产为企业带来经济利益期限的,应当视为使用寿命不确定的无形资产。

6.4 无形资产的减值

按照《企业会计准则第8号——资产减值》的规定,企业应当在资产负债表日(即结账、编制资产负债表之日)考虑计算无形资产的资产减值损失。

使用寿命的确定及其复核

资产存在减值迹象的，应当估计其可收回金额。可收回金额应当根据"资产的公允价值减去处置费用后的净额"与"资产预计未来现金流量的现值"两者之间较高者确定。如果估计结果表明无形资产的可收回金额低于其账面价值（即账面价值虚高），则应将该无形资产的账面价值减记至可收回金额（见图6-1）。

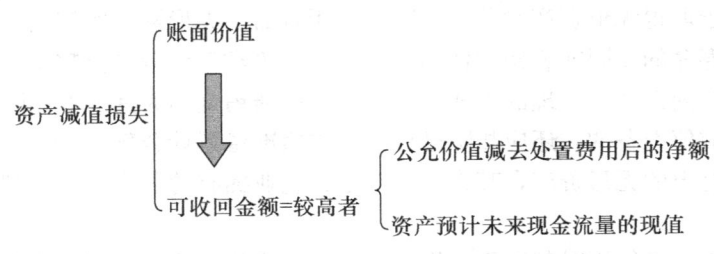

图6-1 无形资产减值损失的计算

企业设置"无形资产减值准备"科目核算企业无形资产发生减值时计提的减值准备。该科目可按无形资产项目进行明细核算。计算无形资产减值准备时，借记"资产减值损失"科目，贷记"无形资产减值准备"科目。此分录实际上起到了在会计报表上减记资产、减记利润的作用。该科目期末贷方余额，反映企业已计提但尚未转销的无形资产减值准备。

如果涉及摊销，则在记载资产减值损失后的会计期间，应当在减值后的账面价值的基础上重新计算该无形资产的摊销额。

【例6-3】

沿用例6-2的资料。20×8年12月31日，神农机械股份公司认为该商标使用权存在减值迹象。计算的预计未来现金流量为1 800 000元，公允价值为1 600 000元。预计该商标使用权的剩余使用年限为3年。其会计分录如下：

（1）计算该商标使用权在计提减值准备前的账面价值。

　　账面价值＝6 000 000－(6 000 000÷10×4)＝3 600 000(元)

（2）计提减值准备。

　　应计提的减值准备＝3 600 000－1 800 000＝1 800 000(元)

　借：资产减值损失　　　　　　　　　　　　　　　　　　　1 800 000
　　　贷：无形资产减值准备　　　　　　　　　　　　　　　　　　1 800 000

（3）计算剩余使用年限内年摊销额。

　　剩余使用年限内的年摊销额＝1 800 000÷3＝600 000(元)

针对无形资产计算的资产减值损失一经确认，在以后会计期间不得转回。也就是说，即使其可收回金额有所回升，也不应予以记载。处置无形资产时，应当注销原记载的无形资产减值准备。

专栏6-3　　　　　　　　　　无形资产的摊销和减值

概括准则条文可知，寿命有限的无形资产（如专利、著作权、购入的商标使用权等）应当先摊销再考虑减值，寿命不确定的无形资产（如企业拥有的商标等）不考虑摊销事宜，只需考虑减值（如图 6-2 所示）。

```
寿命有限的 → 摊销 → 减值
寿命不确定的 ────────→ 减值
```

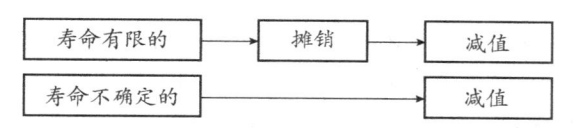

图 6-2　无形资产的后续会计处理规则示意图

长期资产的减值是会计学中颇有争议的问题。本书第 5 章避开这一敏感话题不谈，是为了突出固定资产减值与折旧的关系，并有意让读者对之存疑。本着"不愤不启，不悱不发"的理念，以下简要阐释减值算法的理论问题。

可收回金额是资产的公允价值减去处置费用后的净额和资产预计未来现金流量的现值两者之中的较高者。两者的计算均具有一定的主观性。由于长期资产通常不具有同质性，新旧程度、色彩差异等细微因素均会影响固定资产的"公允价值"，在实际处置之前"处置费用"也是估计确定的，因此，"净额"的主观性是显而易见的。"现值"的计算更是令会计管理工作者感到困惑，因为现值存在逻辑上的问题，它实际上要求企业在不知道现在的公允价值的情况下必须知道未来的现金流量、时间和折现率。这些参数又要借助于管理层的最佳估计。总之，管理层只能通过估计来得到可收回金额，资产减值损失的主观性可想而知。就原理而论，资产减值会计是缺乏原始凭证支持的会计行为。

《国际会计准则第 36 号——资产减值》大量地借鉴了美国证券市场上的所谓"公认会计原则"（《财务会计准则公告第 145 号——长期资产的减值》）所推出的现值算法，无疑给了管理层更大的自由度。

6.5　无形资产的处置

1. 转销无形资产时的会计处理

无形资产预期不能为企业带来经济利益的，应当将该无形资产的账面价值予以转销。

转销无形资产时，冲销与该无形资产有关的全部账户记录，即贷记"无形资产"科目，同时，借记"累计摊销""无形资产减值准备"科目。

【例 6-4】

江南制造有限公司决定注销某项发明专利。账面原价为 1 000 000 元，累计摊销额为 500 000 元，无形资产减值准备为 300 000 元。残值为 0。其账务处理如下：

借：累计摊销	500 000
无形资产减值准备	300 000
营业外支出	200 000
贷：无形资产	1 000 000

2. 出售无形资产时的会计处理

企业出售无形资产，应当将取得的价款与该无形资产账面价值的差额计入当期损益。按照收到的对价，借记"银行存款"等资产类科目，同时注销该无形资产有关的全部账户记录（即贷记"无形资产"科目，同时，借记"累计摊销""无形资产减值准备"科目）。按所收对价与所付代价之差，借记或贷记"资产处置损益"科目。

【例 6-5】

江南制造有限公司转让一项发明专利。账面原值为 390 000 元，累计摊销为 300 000 元，未计提减值准备。增值税专用发票上注明的交易金额为 100 000 元，税额为 6 000 元，价税合计为 106 000 元。款项已存入银行。其会计分录如下：

```
借：银行存款                                        106 000
    累计摊销                                        300 000
  贷：无形资产                                      390 000
      应交税费——应交增值税（销项税额）              6 000
      资产处置损益                                   10 000
```

专栏 6-4 "甜饼罐"和"大洗澡"

1. 甜饼罐

甜饼罐（cookie jar）是指企业管理层利用资产减值会计规则，计提各种资产减值准备，即减记计提当年的资产和利润，留待以后年份需要"做大"时增记资产和利润，从而达到随意调节各期利润数据的目的。例如，某公司以 900 万元入账的库存商品，在下一年以 1 000 万元售出，则在如实记账的情况下，其利润总额在购入当年为 0，在下一年为 100 万元（见图 6-3）。若其在购入库存商品的当年年底记录资产减值损失和存货

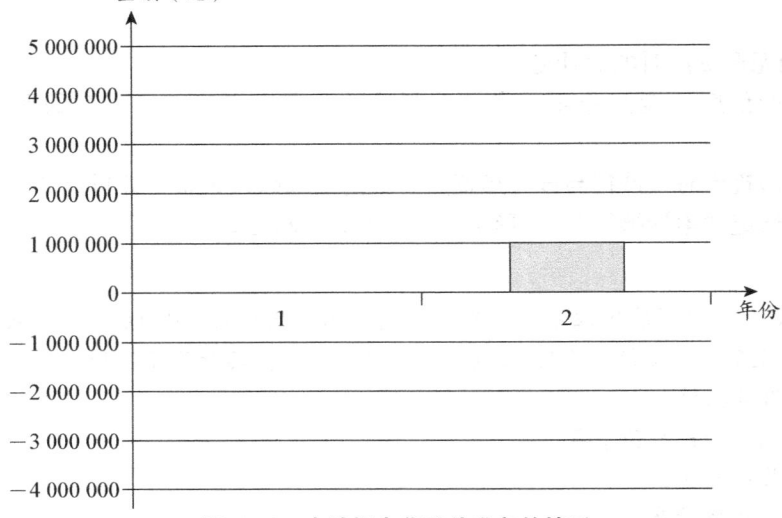

图 6-3　未计提存货跌价准备的情形

跌价准备300万元，则下一年的利润总额就会是400万元。显然，该公司所计提的存货跌价准备（如图6-4中第1年的阴影部分所示）可以随时用于"做大"后续年份的利润总额——这不就是"欲扬先抑"的手法吗？故而，存货跌价准备就像是甜饼罐，可供"饥饿"的企业管理层用于满足其对利润数据的欲望。

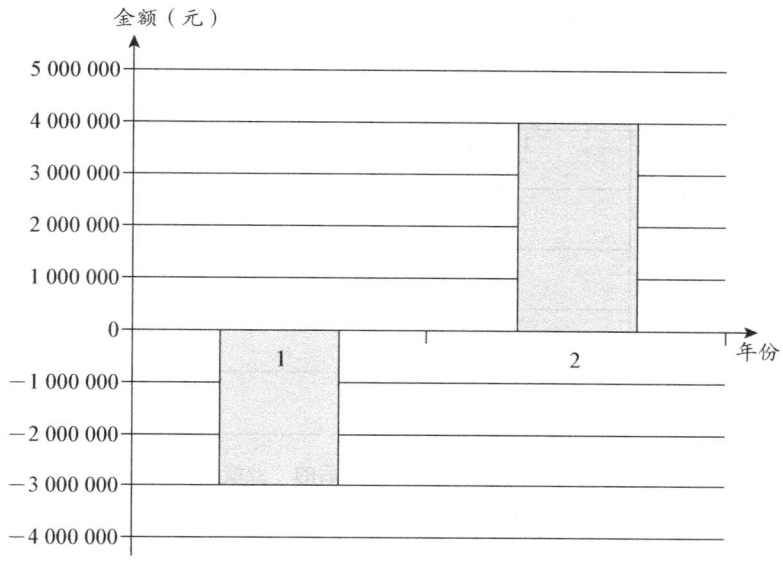

图6-4 计提存货跌价准备的情形

会计准则体系允许存货跌价准备、坏账准备、债权投资减值准备在以后期间转回，也就是说，企业甚至不必出售资产也能在账上"做出"利润。至于固定资产减值准备、无形资产减值准备等准则不允许转回的项目，企业也可以通过出售资产的方式"做出来"资产处置损益。显然，会计准则一旦允许企业在没有法律证据（即原始凭证）的情况下计提减值准备，则必然陷入难以遏制企业造假的被动境地。

2. 大洗澡

大洗澡（big bath）是指企业管理层利用资产减值会计规则，计提巨额的各种资产减值准备，从而记录巨额的亏损，然后在以后年份逐步转回资产减值准备。例如，某公司新一届管理层刚刚上任，预测该公司未来10年每年均亏损10万元（见图6-5）。

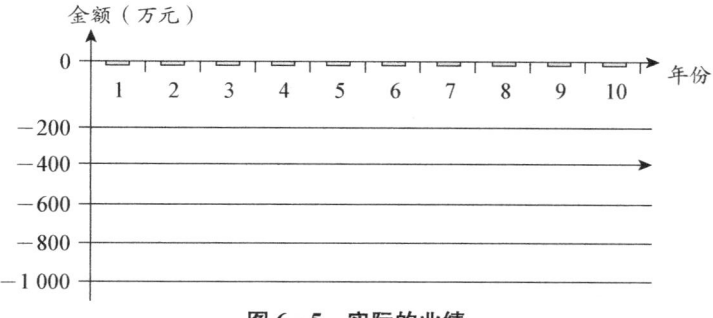

图6-5 实际的业绩

如何使业绩变得更为好看？管理层决定，在第一年计提存货跌价准备1 000万元，然后在后续的9年每年都转回存货跌价准备100万元，如此，就可以把"连续十年亏损"转变为"一年亏损、九年盈利"（见图6-6）。看到这里，读者大概就能理解为什么新官上任三把火大多会选择"让我一次亏个够"了。

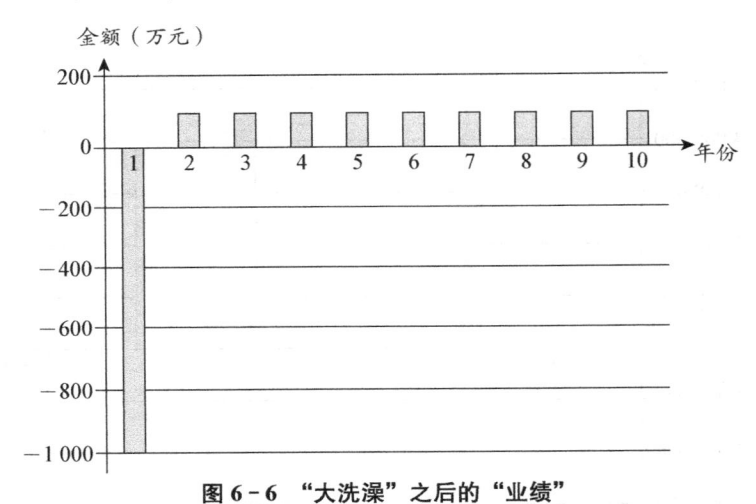

图6-6 "大洗澡"之后的"业绩"

由于会计规则的弹性化，利润数据就变成了任人打扮的小姑娘。

思考题

1. 现行准则关于研发支出的会计处理规则存在哪些问题？你认为应当如何予以改进？

2. 有人认为，"现值不适合作为会计的计量基础"。试评价之。

练习题

一、单项选择题

1. 甲公司自行研发一项新技术，累计发生研究开发支出800万元，其中符合资本化条件的支出为500万元。研发成功后向国家专利局提出专利权申请并获得批准，实际发生注册登记费8万元；为使用该项新技术发生的有关人员培训费为6万元。不考虑其他因素，甲公司该项无形资产的入账价值为（　　）万元。

A. 508　　　　　B. 514　　　　　C. 808　　　　　D. 814

2. 20×8年1月1日起，企业对其确认为无形资产的某项非专利技术按照5年的期限进行摊销，由于替代技术研发进程的加快，20×9年1月，企业将该无形资产的剩余摊销年限缩短为2年，这一变更属于（　　）。

A. 会计政策变更　　　　　　　　B. 会计估计变更
C. 前期差错更正　　　　　　　　D. 本期差错更正

二、多项选择题

下列关于无形资产后续计量的表述中，正确的有（　　）。

A. 至少应于每年年度终了对以前确定的无形资产残值进行复核
B. 应在每个会计期间对使用寿命不确定的无形资产的使用寿命进行复核
C. 至少应于每年年度终了对使用寿命有限的无形资产的使用寿命进行复核
D. 至少应于每年年度终了对使用寿命有限的无形资产的摊销方法进行复核

三、判断题

1. 企业用于生产某种产品的、已确认为无形资产的非专利技术，其摊销金额应计入当期管理费用。（　　）
2. 使用寿命有限的无形资产应自取得的次月起摊销。（　　）

四、计算分析题

甲公司自20×8年6月开始自行研究开发一项新产品专利技术，20×9年7月专利技术获得成功，达到预定用途。20×8年在研究开发过程中发生材料费用300万元、人工工资150万元，以及支付的相关费用50万元，共计500万元，其中，符合资本化条件的支出为200万元；20×9年在研究开发过程中发生材料费220万元、人工工资80万元，以及支付的相关费用20万元，共计320万元，其中，符合资本化条件的支出为160万元。

要求：编制甲公司20×8年度和20×9年度有关研究开发专利权的会计分录。

第 7 章 股权投资

素养目标

1. 结合中国特色社会主义法治体系学习会计法规体系。运用《中华人民共和国民法典》，结合我国证券市场的案例，对《企业会计准则第 2 号——长期股权投资》《企业会计准则第 22 号——金融工具确认和计量》中的股权投资会计规则进行辩证分析。
2. 理解会计规则的理论逻辑、历史逻辑和实践逻辑，培养辩证思维能力。理解交易性金融资产、其他权益工具投资、长期股权投资会计规则的设计理念及其实践困境。
3. 了解次贷危机期间国际财经界对国际财务报告准则的批评，以及《国际财务报告准则第 9 号——金融工具》的编写背景。
4. 培养交叉学科思维能力。关于股权投资会计规则及其金融学背景知识，可观看影片《监守自盗》（2011 年奥斯卡最佳纪录片），阅读论文《法律制度、金融预期与会计准则》（《中国人民大学学报》2009 年第 6 期）、《股权投资的会计处理规则研究——从"权益法"的理论缺陷谈起》（《财贸经济》2011 年第 10 期）。

学习目标

1. 掌握：交易性金融资产、其他权益工具投资的核算方法；长期股权投资会计核算的成本法和权益法。
2. 理解：交易性金融资产、其他权益工具投资的会计规则的来历；权益法的设计思路。
3. 了解：长期股权投资减值准备的计算方法。

现行企业会计准则体系要求投资方根据其对被投资单位的影响程度，以及其股权投资是否存在活跃市场、公允价值能否可靠计量等因素，分别采用"成本法"（cost method）和"权益法"（equity method）、"以公允价值计量且其变动计入当期损益的金融资产"①、"以公允价值计量且其变动计入其他综合收益的金融资产"② 四套规则进行股权投资的会计处理。

上述四套会计规则中，成本法、权益法这两套会计规则，是《企业会计准则第2号——长期股权投资》（2014年修订）从私立机构国际会计准则理事会公布的《国际会计准则第28号——在联营企业和合营企业中的投资》借鉴而来的。其中，权益法起源于20世纪70年代初美国证券市场的公认会计原则，即《会计原则委员会意见书第18号——普通股投资的权益法》。

交易性金融资产、其他权益工具投资这两套会计规则，是《企业会计准则第22号——金融工具确认和计量》（2017年修订）从《国际财务报告准则第9号——金融工具》借鉴而来的。这两套会计规则起源于20世纪90年代初美国证券市场的公认会计原则，即《财务会计准则公告第115号——特定债券和权益证券的会计处理》。

由于国际会计准则原文中存在缺乏理论依据乃至缺乏合理逻辑的问题，我国的会计管理工作者在这一领域多有困扰，故有必要对之予以辩证分析。

本章将沿着时间线索，即按照会计规则在美国证券市场的公认会计原则中的出场顺序，依次讲解成本法、权益法、交易性金融资产和其他权益工具投资的设计理念、操作要点及其理论缺陷。本章对相关理论缺陷的探讨采取启而不发的态度，冀望引起读者的深入思考。本章所设专栏旨在引导读者拓宽知识面，激发创造性思维，专栏内容不作教学要求。

7.1 股权投资概述

7.1.1 解读"股东权"

依法理而论，企业以股东的身份对外投资所形成的财产权利统称为股东权（shareholder's rights）。股东权的产生历史晚于物权和债权，关于股东权的理论研究亟待加强。③

第一，股东权是民事权利的一种，是一种特殊的社员权④。广义的股东权，泛指股东得以向公司主张的各种权利，故股东依据合同、侵权行为、不当得利和无因管理对公

---

① 企业设"交易性金融资产"科目核算其分类为以公允价值计量且其变动计入当期损益的金融资产的股权投资，以下将此类金融资产及其会计规则简称为"交易性金融资产"。
② 企业设"其他权益工具投资"科目核算其分类为以公允价值计量且其变动计入其他综合收益的金融资产的股权投资，以下将此类金融资产及其会计规则简称为"其他权益工具投资"。
③ 作为对比，法学理论的通说认为，物权和债权是保护财产静态安全和动态安全的两大民事权利，具有成熟的理论体系。
④ 社员权又称成员权，是指社团法人的社员（成员）对社团法人享有的独特的民事权利，有别于物权和债权。社员对社团法人出资、取得社员资格后，即对其出资丧失了所有权。社团法人作为独立民事主体对社员的全部出资及其孳息享有民法上的所有权。

司享有的债权亦包括在内；狭义的股东权，则仅指股东基于股东资格而享有的、从公司获取经济利益并参与公司经营管理的权利。① 股东权既包含财产权利，也包含非财产权利。会计学所涉及的股东权概念仅为狭义的股东权，且侧重于财产权利。

第二，股东权与物权既有联系又有区别。对于投资方来说，通常是从股权投资所代表的股东权的意义上去理解，而不是从物权的意义上去理解的。实际上，结合股权流通的便利性来说，对有限责任公司的股权投资是难以从物权的意义上去理解的。② 因此，企业财务会计报告中所提及的股权投资，应当从股东权（而不是物权）的角度来理解。

第三，会计程序只能定位于记载股东权的取得成本，而难以定位于反映股东权的确切价值。这是因为，股东权是多种抽象的财产权利和人身权的总称，对它很难给出定价。这与债权形成鲜明对照。在真实交易价格形成之前，并不存在公认的股东权定价规则。记账者所能观测到的只是股东权的实际成交价格，此即"历史成本"。至于股票的最新市价，它所反映的仅仅是边际投资者（marginal investor）或者说少数转让股权的投资者所形成的交易价格，并非就全部股权而言的股权价值。因此，股票的最新市价既非"公允"亦非"价值"。

当今时代，没有哪一个学科能够科学地计算股权的价值，林林总总的金融估值手法中没有哪一个是被普遍接受的。③ 在这种背景下，四种适用于股权投资的会计处理规则陆续设计出台。

7.1.2 企业会计准则体系所规定的股权投资的会计处理规则

1.《企业会计准则第 2 号——长期股权投资》（2014 年修订）所规定的会计规则

《企业会计准则第 2 号——长期股权投资》（2014 年修订）所称的长期股权投资，并非字面意义上的期限较长的股权投资④，而是特指以下三种情形的股权投资。

（1）投资方能够对被投资单位实施控制（control）的权益性投资（equity investment），即对子公司的投资。控制，是指投资方拥有对被投资单位的权力，通过参与被投资单位的相关活动而享有可变回报，并且有能力运用对被投资单位的权力影响其回报金额。

准则规定，投资方应当采用成本法核算其能够对被投资单位实施控制的长期股权投资（即对子公司的股权投资）。在成本法下，投资方按照其股权投资的成本列报其长期股权投资，除计提长期股权投资减值准备的情形外，对其账面价值不作调整。

企业设"长期股权投资"科目核算其采用成本法核算的股权投资（即对子公司的股

---

① 刘俊海. 股份有限公司股东权的保护（修订本）. 北京：法律出版社，2004：45-49.
② 刘俊海. 现代公司法. 北京：法律出版社，2008：178-187.
③ 在名为"金融学"、"公司财务"（corporate finance，又译作"公司金融"）、"财务管理"的学科中，充斥着花式繁多的估值模型（pricing model，常常不恰当地译作"定价模型"），其本质是根据特定的假设进行估计。
④ "长期股权投资"这一词汇是我国会计准则制定者在 20 世纪 90 年代借鉴美国证券市场上的公认会计原则时，所设计的一个缺乏合理论证的词汇。当时的会计规则区分短期投资、长期投资（进一步区分为长期债权投资与长期股权投资）分别设计了会计规则，与现在的会计规则存在较大差异。但"长期股权投资"这个名不符实的词汇一直沿用至今。

权投资)。该科目为资产类科目，借方登记增加数，贷方登记减少数，余额在借方。

(2) 投资方能够与其他合营方一起，对被投资单位实施共同控制（joint control）的权益性投资，即对合营企业（joint venture）的投资。共同控制，是指按照相关约定对某项安排所共有的控制，并且该安排的相关活动必须经过分享控制权的参与方一致同意后才能决策。投资方与其他方对被投资单位实施共同控制的，被投资单位为其合营企业。合营企业，是指合营方仅对该安排的净资产享有权利的合营安排。

(3) 投资方对被投资单位具有重大影响（significant influence）的权益性投资，即对联营企业（associate）的投资。重大影响，是指投资方对被投资单位的财务和经营政策有参与决策的权力，但并不能够控制或者与其他方一起共同控制这些政策的制定。投资方能够对被投资单位施加重大影响的，被投资单位为其联营企业。在确定能否对被投资单位施加重大影响时，应当考虑投资方和其他方持有的被投资单位当期可转换公司债券、当期可执行认股权证等潜在表决权因素。

准则规定，投资方应当采用权益法核算其对合营企业和联营企业的投资。在权益法下，长期股权投资的账面价值要随着被投资单位的所有者权益变动而相应变动，大体上反映投资方在被投资单位所有者权益中占有的份额。

企业设"长期股权投资"科目，并在该科目下设"成本""损益调整""其他权益变动""其他综合收益"等明细科目，核算其采用权益法核算的股权投资（即对合营企业、联营企业的股权投资）。

值得注意的是，根据上述定义，《企业会计准则第 2 号——长期股权投资》（2014 年修订）不涉及投资方对被投资单位不具有控制、共同控制或重大影响的股权投资，那些股权投资一律遵照《企业会计准则第 22 号——金融工具确认和计量》（2017 年修订）进行账务处理。

为便于初学者理解，这里将《企业会计准则第 2 号——长期股权投资》（2014 年修订）所规定的会计规则归纳如图 7-1 所示。值得注意的是，图中所示的概念和术语大多是会计准则特有的提法，与日常生活用语不完全对应，也不是法律用语。

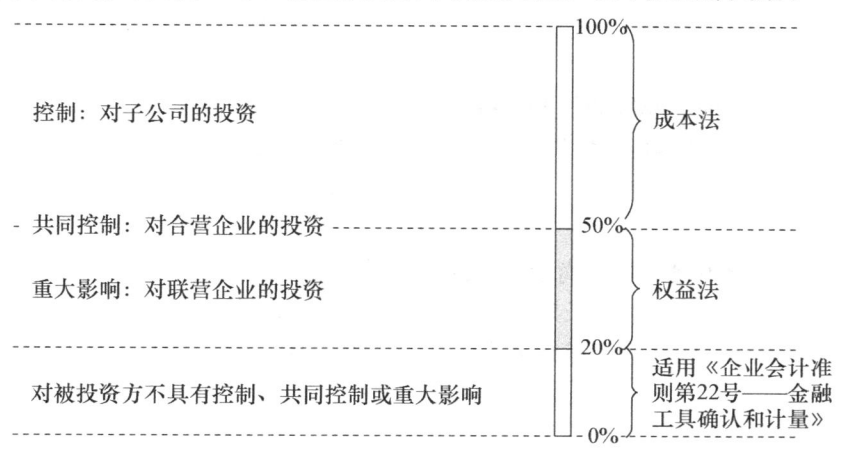

图 7-1　长期股权投资的"成本法"与"权益法"的适用情形（示意图）

2. 《企业会计准则第 22 号——金融工具确认和计量》（2017 年修订）所规定的适用于股权投资的规则

如本书第 5 章所述，《企业会计准则第 22 号——金融工具确认和计量》（2017 年修订）要求企业根据其管理金融资产的业务模式，和金融资产的合同现金流量特征，将金融资产划分为以下三类，并分别给出了会计处理规则。

(1) 以摊余成本计量的金融资产。企业设"债权投资"科目核算其分为此类的债权。

(2) 以公允价值计量且其变动计入其他综合收益的金融资产。这一类资产又分别债权和股权，给出了不同的会计规则。企业设"其他债权投资"核算其分为此类的债权，设"其他权益工具投资"核算其指定为此类的股权投资。

(3) 以公允价值计量且其变动计入当期损益的金融资产。企业设"交易性金融资产"科目核算其分为此类的股权或指定为此类的债权。

这意味着，该准则所规范的股权的会计规则实际上有两个，一个是指定为以公允价值计量且其变动计入当期损益的金融资产（即"交易性金融资产"），另一个是指定为以公允价值计量且其变动计入其他综合收益的金融资产（即"其他权益工具投资"）。这两套会计规则均采用公允价值计量属性，所不同的是，前者将公允价值变动计入当期损益（即公允价值变动损益），后者将公允价值变动计入其他综合收益。

7.2 长期股权投资

7.2.1 长期股权投资入账价值的确定

1. 支付现款取得的长期股权投资

对于支付现款取得的长期股权投资，投资方应按实际支付的购买价款（包括手续费等必要支出）作为入账价值，借记"长期股权投资"科目，贷记"银行存款"科目。

2. 发行权益性证券换得的长期股权投资

对于发行权益性证券换得的长期股权投资，应当按照发行权益性证券的公允价值作为入账价值，借记"长期股权投资"科目，贷记"股本""资本公积——股本溢价"科目。

3. 投资时筹资方已宣告但尚未领取的现金股利或利润的处理

企业无论以何种方式取得长期股权投资，实际支付的价款或对价中包含的已宣告但尚未领取的现金股利或利润，应作为应收项目单独核算，不作为取得的长期股权投资的成本。

【例 7-1】

天安商城股份公司于 20×7 年 3 月 1 日从证券市场购入地王置业股份公司 10% 的股份，共计 40 000 000 股，实际支付价款 90 000 000 元。另外，在购买过程中支付手续费等相关费用 2 000 000 元。地王置业股份公司已于 20×7 年 2 月 3 日宣告每 10 股派发现金股利 0.30 元，股权登记日至 20×7 年 3 月 1 日尚未公布。天安商城股份公司取得该部分股权后能够对地王置业股份公司的财务及经营政策施加重大影响。

投资时，享有已宣告尚未派发的现金股利为 1 200 000 元（40 000 000÷10×0.30）。

借：长期股权投资　　　　　　　　　　　　　　　　　90 800 000
　　应收股利　　　　　　　　　　　　　　　　　　　　1 200 000
　　贷：银行存款　　　　　　　　　　　　　　　　　　92 000 000

【例 7-2】

20×6 年 3 月，高盛现代农业股份公司通过增发 90 000 000 股取得汇润肉联有限公司 15% 的股权，双方认定的该股份的公允价值（按增发前后的平均股价计算）为 156 000 000 元。高盛现代农业股份公司为此支付了 6 000 000 元的交易费用（手续费、佣金）。

（1）发行股票换得长期股权投资时。

借：长期股权投资　　　　　　　　　　　　　　　　　156 000 000
　　贷：股本　　　　　　　　　　　　　　　　　　　　90 000 000
　　　　资本公积——股本溢价　　　　　　　　　　　　66 000 000

（2）支付佣金和手续费时。

借：资本公积——股本溢价　　　　　　　　　　　　　　6 000 000
　　贷：银行存款　　　　　　　　　　　　　　　　　　6 000 000

如果股权投资实现了对被投资单位的控制，则需要按照现行会计法规编制合并报表。为便于编制合并报表，此种情形下，会计准则区分同一控制下的企业合并和非同一控制下的企业合并，规定了长期股权投资的入账价值的特殊算法。鉴于合并报表在理论上颇具争议，本章对其不作教学要求。

合并报表情境下的长期股权投资

7.2.2　成本法

准则规定，长期股权投资入账后，投资方应当根据其对被投资单位的影响程度，分别采用成本法与权益法核算其长期股权投资。

企业应当采用成本法核算其持有的能够对被投资单位实施控制的权益性投资。

成本法的要点有二：第一，初始投资（或追加投资）时，按照初始投资（或追加投资）的代价（成本）记录长期股权投资的账面价值，借记"长期股权投资"科目，贷记"银行存款"等科目。第二，当被投资单位宣告分派现金股利或利润时，投资方把应收数额确认为当期的投资收益，借记"应收股利"科目，贷记"投资收益"科目。

【例 7-3a】

东北制药股份公司 20×1 年 4 月 1 日以每股 12.12 元的价格购入西南制药股份公司股份 50 000 股，占其享有表决权资本的 3%，并准备长期持有。另支付相关税费 3 200 元。

初始投资成本 = 50 000 × 12.12 + 3 200 = 609 200（元）

借：长期股权投资　　　　　　　　　　　　　　　　　　　609 200
　　贷：银行存款　　　　　　　　　　　　　　　　　　　　　　609 200

【例 7 - 3b】
　　续例 7 - 3a。西南制药股份公司于 20×1 年 5 月 6 日宣告分派现金股利，每股 0.20 元。
借：应收股利　　　　　　　　　　　　　　　　　　　　　10 000
　　贷：投资收益　　　　　　　　　　　　　　　　　　　　　　10 000

7.2.3　权益法

　　准则规定，投资方应当采用权益法核算其持有的、能够与其他合营方一起对被投资单位实施共同控制的权益性投资（即对合营企业的投资），以及其持有的能够对被投资单位施加重大影响的权益性投资（即对联营企业的投资）。

　　在确定能否对被投资单位实施控制或施加重大影响时，应当考虑投资方和其他方持有的被投资单位当期可转换公司债券、当期可执行认股权证等潜在表决权因素。

　　在权益法下，长期股权投资的账面价值要随着被投资单位的所有者权益变动而相应变动，大体上反映在被投资单位所有者权益中占有的份额。

专栏 7 - 1　　　　　　　　如何判断是否具有"重大影响"？

　　实务界普遍感到难以判断股权投资是否对被投资单位具有重大影响。为了尽可能地统一操作口径，国际会计准则给出了参考标准。

　　如果投资方直接地或通过子公司间接地拥有被投资单位 20% 以上、50% 以下的表决权股份，国际会计准则就认为该投资方对被投资单位具有重大影响，除非有相反的证据存在。

　　如果投资方拥有被投资单位有表决权股份的比例低于 20%，国际会计准则就认为该投资方对被投资单位不具有重大影响，但下列情形除外：(1) 投资方在被投资单位的董事会或类似的权力机构中派有代表，并享有相应的实质性的参与决策权；(2) 投资方参与被投资单位的政策制定过程，并且在制定政策过程中可以为其自身利益提出建议和意见，由此可以对被投资单位施加重大影响；(3) 投资方与被投资单位之间发生重要交易，有关的交易因对被投资单位的日常经营具有重要性，由此可以对被投资单位施加重大影响；(4) 投资方向被投资单位派出管理人员，并且该管理人员有权力并负责被投资单位的财务和经营活动，从而对被投资单位施加重大影响；(5) 被投资单位的生产经营依赖投资方的技术资料，从而表明投资方对被投资单位具有重大影响；(6) 投资方其他足以证明投资方对被投资单位具有重大影响的情形。

　　不难看出，即便如此，"重大影响"的判断仍然存在相当大的主观性。会计理论界至今仍无法对"为何以 20% 作为权益法的起始适用标准"给出合理的解释，这导致权益法成了理论界以讹传讹的典型。实践中，也的确存在围绕这一比例做文章的现象。

采用权益法核算时，企业在"长期股权投资"科目下设置"成本""损益调整""其他综合收益""其他权益变动"等明细科目。作为对比，在成本法下，不需要设置这些明细科目。

专栏 7-2　　"权益法"名称的由来

我们先用一个例子来了解权益法最初的设计思路。中恒投资股份公司斥资 3 000 000 元对德意商贸有限公司投资，占后者表决权比例 30%。在投资时，后者的股东权益（又称净资产，下同）为 10 000 000 元。

（1）投资时的会计处理。

　　借：长期股权投资——成本　　　　　　　　　　　　　　　3 000 000
　　　贷：银行存款　　　　　　　　　　　　　　　　　　　　　　　3 000 000

此时，"长期股权投资"总账金额为 3 000 000 元，恰为被投资单位净资产（10 000 000 元）的 30%。

（2）分享被投资单位的净利润（或分担被投资单位的净亏损）时的会计处理。

投资后，德意商贸有限公司的年度财务会计报告显示其实现的净利润为 5 000 000 元，其净资产增长至 15 000 000 元。据此，中恒投资股份公司根据假想的对被投资单位净利润的分享额作如下记载：

　　借：长期股权投资——损益调整　　　　　　　　　　　　　1 500 000
　　　贷：投资收益　　　　　　　　　　　　　　　　　　　　　　　1 500 000

如此，"长期股权投资"总账金额为 4 500 000 元，恰为被投资单位股东权益（15 000 000 元）的 30%。

（3）收到利润或现金股利时的会计处理。

德意商贸有限公司宣布利润分配方案，共向有表决权的股东分配现金股利 2 000 000 元，分配后，其净资产将减少至 13 000 000 元。中恒投资股份公司的应收股利为 600 000 元。据此，中恒投资股份公司作如下记载：

　　借：应收股利　　　　　　　　　　　　　　　　　　　　　　　600 000
　　　贷：长期股权投资——损益调整　　　　　　　　　　　　　　　600 000

如此，"长期股权投资"总账金额为 3 900 000 元，恰为被投资单位股东权益（13 000 000 元）的 30%。计算结果如表 7-1 所示。

表 7-1　计算结果　　　　　　　　　　　　　　　　　　　　　单位：元

	投资方的"长期股权投资"账面价值	被投资单位的所有者权益账面价值
投资时	3 000 000	10 000 000
被投资单位实现净利润时	4 500 000	15 000 000
被投资单位分配净利润时	3 900 000	13 000 000

权益法的效果是以"持股比例×被投资单位的股东权益"的金额来列报股权投资。

权益法因此而得名，如图 7-2 所示。

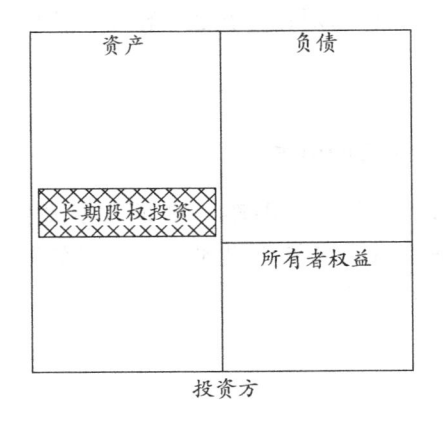

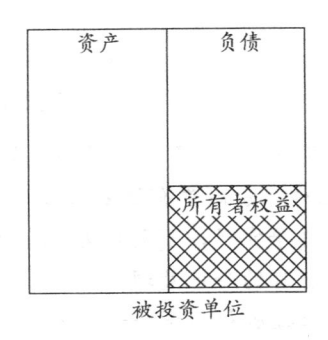

图 7-2 权益法示意图

不难看出，权益法实质上是要求投资方按照合并报表的编制思路进行会计处理。因此，域外理论将权益法称作"单行合并"（one-line consolidation），以区别于合并报表的"逐行合并"（line-by-line consolidation）的做法（即把母公司和子公司的资产及负债逐行进行合并）。但是，根据会计原理可知，关于"损益调整"的记录是缺乏法律证据（原始凭证）支持的，所记载的"投资收益"也仅仅是当时的预期而非真实的投资收益，因此，权益法漏洞多多，很难算得上是国际先进经验。

国际会计准则所推行的权益法的最新版本更加令人费解。原因在于，过去的权益法要求按照"被投资单位股东权益的账面价值×投资方的持股比例"记载股权投资，如今的权益法却是要求按照"被投资单位股东权益的公允价值×投资方的持股比例"记载股权投资。

1. 长期股权投资入账价值的调整

对合营企业或联营企业投资后，投资方应比较"初始投资成本"与"投资时应享有的被投资单位的净公允价值份额"（有的书上称作"投资时应享有被投资单位可辨认净资产公允价值份额"），对于两者之间的差额，应区别情况处理。

（1）如果"初始投资成本"小于"投资时应享有的被投资单位的净公允价值份额"，则视为负商誉（negative goodwill），比照《企业会计准则第 20 号——企业合并》作营业外收入处理，按其差额，借记"长期股权投资——成本"科目，贷记"营业外收入"科目。①

---

① 准则制定者认为，"两者之间的差额体现为双方在交易作价过程中转让方的让步，该部分经济利益流入应计入取得投资当期的营业外收入，同时调整增加长期股权投资的账面价值"。参见《企业会计准则第 2 号——长期股权投资》。

【例 7 - 4a】

福堂实业股份公司以 20 000 000 元取得金波电子股份公司 30% 的股权，取得投资时被投资单位可辨认净资产的公允价值为 70 000 000 元。福堂实业股份公司对金波电子股份公司具有重大影响。

（1）取得投资时。

借：长期股权投资——成本　　　　　　　　　　　　20 000 000
　　贷：银行存款　　　　　　　　　　　　　　　　　　　　20 000 000

（2）调整初始投资成本。

借：长期股权投资——成本　　　　　　　　　　　　 1 000 000
　　贷：营业外收入　　　　　　　　　　　　　　　　　　　 1 000 000

本例中，福堂实业股份公司的投资成本（20 000 000 元）小于投资时应享有的被投资单位的净公允价值份额（21 000 000 元），所以，按照准则的规定，应调整初始投资成本（即把初始投资成本调增至 21 000 000 元）。

作上述调整后，长期股权投资就是按照被投资单位股东权益的公允价值（可辨认净资产的公允价值）的 30% 列报的。这就是公允价值理念下的权益法。

（2）如果"初始投资成本"大于"投资时应享有的被投资单位的净公允价值份额"，则视为隐性商誉（implicit goodwill），比照《企业会计准则第 20 号——企业合并》作挂账处理，不再调整已确认的初始投资成本。①

【例 7 - 4b】

福堂实业股份公司以 20 000 000 元取得西方股份公司 30% 的股权，取得投资时被投资单位可辨认净资产的公允价值为 60 000 000 元。福堂实业股份公司对西方股份公司具有重大影响。

取得投资时的会计分录：

借：长期股权投资——成本　　　　　　　　　　　　20 000 000
　　贷：银行存款　　　　　　　　　　　　　　　　　　　　20 000 000

本例中，福堂实业股份公司的投资成本（20 000 000 元）大于投资时应享有的被投资单位的净公允价值份额（18 000 000 元），所以，按照准则的规定，不应调整初始投资成本，也即应把该差额（即隐性商誉）隐藏在长期股权投资中。②

2. 分享或分担被投资单位的净损益

准则规定，投资方取得长期股权投资后，应当按照理论上应享有（或应分担）的被投资单位净损益的份额，确认投资损益并调整长期股权投资的账面价值。根据被投资单

---

① 准则制定者认为，"该部分差额是投资方在取得投资过程中通过作价体现出的与所取得股权份额相对应的商誉价值，这种情况下不要求对长期股权投资的成本进行调整"。参见《企业会计准则第 2 号——长期股权投资》。

② 这体现的是证券行业（即投资银行业）等金融中介的独特逻辑：对于账面上摆不平的不利差额，应想方设法予以掩盖。如果实在找不到合适的资产科目来掩盖，那就凭空捏造一个科目，"商誉"科目就是这么硬造出来的。后来，会计准则制定者干脆就把找不到资产科目来掩盖的不利差额称作"隐性商誉"了。如此一来，凡是金融中介主导的业务，利润数据就决不能走低。

位的净利润（或经调整的净利润）计算应享有的份额时，借记"长期股权投资——损益调整"科目，贷记"投资收益"科目。分担亏损的情形反之。

投资方应当按照被投资单位宣告分派的利润或现金股利计算应分得的部分，相应减少长期股权投资的账面价值。按照应收的股利，借记"应收股利"科目，贷记"长期股权投资——损益调整"科目。

投资方在账上分享或分担被投资单位的净损益时，应考虑下列因素，对被投资单位的账面净利润进行适当的调整，以调整后的净利润确认应享有的份额。

（1）被投资单位采用的会计政策及会计期间与投资方不一致的，应当按照投资方的会计政策及会计期间对被投资单位的财务报表进行调整，并据以确认投资损益。[①]

（2）应当以取得投资时被投资单位的固定资产、无形资产的公允价值为基础，重新计算折旧额或者摊销额，并结合以投资方取得投资时的公允价值为基础计算确定的资产减值准备等信息，对被投资单位报告的净利润进行调整，并据以确认投资损益。[②] 其逻辑相当蹊跷。有观点认为，这种调整"从基本的会计理论来讲，是要落实资本保全原则。在有关股权性交易发生在股东之间，并未影响到被投资单位作为一个独立的会计主体日常核算的情况下，其自身原已持有的资产、负债在持续经营情况下应保持原有账面价值不变，而该账面价值如与新的投资方进入时所确定的相应资产、负债的公允价值不同，则对投资方来讲，其所获得的投资背后包含的被投资单位每一单项资产、负债的成本为投资取得时点的公允价值，如以被投资单位的资产、负债账面价值为基础计算确认投资损益，则可能产生投资方的有关成本未能得到完全补偿的情况，进而违背资本保全原则"。[③] 这种解释的逻辑仍然颇似关公战秦琼。

【例 7-5】

中恒投资股份公司于 20×7 年 1 月 1 日取得对联营企业 30% 的股权，取得投资时被投资单位的固定资产公允价值为 14 000 000 元，账面价值为 6 000 000 元，固定资产的预计剩余使用年限为 10 年，净残值为 0，按照直线法计提折旧。假定不考虑所得税影响。

被投资单位 20×7 年度利润表中净利润为 5 000 000 元，其当期利润表中已按固定资产账面价值计算的折旧费用为 600 000 元。

按照取得投资时固定资产的公允价值计算确定的折旧费用为 1 400 000 元。

投资方据此计算的被投资单位的净利润被调整为 4 200 000 元（5 000 000－800 000），按照持股比例计算确认的当期投资收益应为 1 260 000 元（4 200 000×30%）。

[①] 准则制定者认为，"权益法下，是将投资方与被投资单位作为一个整体对待，作为一个整体其所产生的损益，应当在一致的会计政策基础上确定，被投资单位采用的会计政策与投资方不同的，投资方应当基于重要性原则，按照本企业的会计政策对被投资单位的损益进行调整"。参见《企业会计准则第 2 号——长期股权投资》。

[②] 准则制定者认为，"被投资单位利润表中的净利润是以其持有的资产、负债账面价值为基础持续计算的，而投资方在取得投资时，是以被投资单位有关资产、负债的公允价值为基础确定投资成本，取得投资后应确认的投资收益代表的是被投资单位资产、负债在公允价值计量的情况下在未来期间通过经营产生的损益中归属于投资方的部分。投资方取得投资时，被投资单位有关资产、负债的公允价值与其账面价值不同的，未来期间，在计算归属于投资方应享有的净利润或应承担的净亏损时，应考虑被投资单位计提的折旧额、摊销额以及资产减值准备金额等进行调整"。参见《企业会计准则第 2 号——长期股权投资》。

[③] 中国注册会计师协会. 会计. 北京：中国财政经济出版社，2021：92.

【例 7-6】

甲公司于 20×7 年 1 月 10 日购入乙公司 30% 的股份，购买价款为 3 300 万元，并自取得投资之日起派人参与乙公司的财务和生产经营决策。取得投资当日，乙公司可辨认净资产公允价值为 9 000 万元，除表 7-2 所列项目外，乙公司其他资产、负债的公允价值与账面价值相同。

表 7-2　权益法下的投资收益的计算　　　　　　　　　　　单位：万元

项目	账面原价	已提折旧或摊销	乙公司预计使用年限	公允价值	甲公司取得投资后剩余使用年限
存货	750			1 050	
固定资产	1 800	360	20	2 400	16
无形资产	1 050	210	10	1 200	8
合计	3 600	570		4 650	

假定乙公司于 20×7 年实现净利润 900 万元，其中，在甲公司取得投资时的账面存货有 80% 对外出售。甲公司与乙公司的会计年度及采用的会计政策相同。固定资产、无形资产均按年限平均法（直线法）提取折旧或摊销，预计净残值均为 0。假定甲、乙公司间未发生任何内部交易。

甲公司在确定因持有乙公司投资应享有的投资收益时，应在乙公司实现净利润的基础上，根据取得投资时乙公司有关资产的账面价值与其公允价值差额的影响进行调整（假定不考虑所得税影响）：

存货账面价值与公允价值的差额应调整减少的利润 $=(1\,050-750)\times 80\%=240$（万元）

固定资产公允价值与账面价值的差额应调整增加的折旧额 $=2\,400\div 16-1\,800\div 20=60$（万元）

无形资产公允价值与账面价值的差额应调整增加的摊销额 $=1\,200\div 8-1\,050\div 10=45$（万元）

调整后的净利润 $=900-240-60-45=555$（万元）

甲公司应享有份额 $=555\times 30\%=166.50$（万元）

确认投资收益的会计分录如下：

借：长期股权投资——损益调整　　　　　　　　　　　　1 665 000
　　贷：投资收益　　　　　　　　　　　　　　　　　　　　　　　1 665 000

鉴于上述"公允价值调整"甚为复杂且在理论上存有争议，因此企业会计准则应用指南制定了豁免条款。存在下列情况之一的，可以不再进行公允价值调整，而是仍然按照被投资单位的账面净损益与持股比例计算确认投资损益，但应当在附注中说明这一事实及其原因：(1) 无法可靠确定投资时被投资单位各项可辨认资产等的公允价值；(2) 投资时被投资单位可辨认资产等的公允价值与其账面价值之间的差额较小；(3) 其他原因导致无法对被投资单位净损益进行调整。

3. 被投资单位出现超额亏损

(1) 被投资单位出现超额亏损时的会计处理。

首先，冲减长期股权投资的账面价值（以减记至零为限），借记"投资收益"科目，贷记"长期股权投资——损益调整"科目。

其次，对于未确认的投资损失，在长期股权投资的账面价值减记至零的情况下，需冲减其他实质上构成对被投资单位净投资的长期权益（通常是指长期应收项目，比如，长期债权若没有明确的清收计划，且在可预见的未来期间不准备收回，则实质上构成对被投资单位的净投资。但不包括投资方与被投资单位之间因销售商品、提供劳务等日常活动所产生的长期债权），借记"投资收益"科目，贷记"长期应收款"科目。

再次，因合同约定导致投资方需要承担额外损失弥补等义务的，应继续确认当期损失，同时应按预计将会承担的义务金额确认预计负债，借记"投资收益"科目，贷记"预计负债"科目。

最后，如果仍然存在未确认的应分担被投资单位的损失，则只需在账外的备查簿中登记。

【例 7-7a】

范蠡儒商股份公司持有西子服装有限公司 30% 的股权，采用权益法核算该项长期股权投资。20×7 年 12 月 31 日，范蠡儒商股份公司长期股权投资的账面价值为 1 200 000 元（其中，"成本"为 1 000 000 元，"损益调整"为 200 000 元）；长期应收款账面价值为 300 000 元，属于实质上构成对西子服装有限公司净投资的长期权益。

假定范蠡儒商股份公司在取得该投资时，西子服装有限公司各项可辨认资产、负债的公允价值与其账面价值相等，双方所采用的会计政策及会计期间也相同。

20×7 年度，西子服装有限公司发生巨额亏损，以可辨认资产等的公允价值为基础调整后的净亏损为 5 300 000 元。

应分担的投资损失 = 5 300 000 × 30% = 1 590 000（元）

未确认的投资损失 = 1 590 000 - 1 500 000 = 90 000（元）

未确认的投资损失在备查簿中登记。

范蠡儒商股份公司 20×7 年年末在账上反映被投资单位的净亏损的分担份额时应作会计分录如下：

借：投资收益　　　　　　　　　　　　　　　　　　　　1 500 000
　　贷：长期股权投资——损益调整　　　　　　　　　　　1 200 000
　　　　长期应收款　　　　　　　　　　　　　　　　　　　300 000

20×7 年年末，与被投资单位西子服装有限公司有关的长期股权投资、长期应收款账面价值均为 0。

(2) 以后期间被投资单位恢复盈利时的会计处理。

在确认了有关的投资损失以后的期间，被投资单位以后实现净利润的，投资方在其收益分享额弥补未确认的亏损分担额后，应按与上述顺序相反的顺序处理，减记已确认预计负债的账面余额,恢复其他实质上构成对被投资单位净投资的长期权益及长期股权投资的账面价值,同时确认投资收益。即应当按顺序分别借记"预计负债""长期应收款""长期股权投资"等科目,贷记"投资收益"科目。

【例 7 - 7b】

20×8 年度,西子服装有限公司以可辨认资产等公允价值为基础调整后实现的净利润为 3 300 000 元。

范鑫儒商股份公司 20×8 年度相关会计处理如下:

应享有的投资收益＝3 300 000×30％＝990 000(元)
实际确认的投资收益＝990 000－90 000＝900 000(元)

借：长期应收款　　　　　　　　　　　　　　　　　　300 000
　　长期股权投资——损益调整　　　　　　　　　　　600 000
　贷：投资收益　　　　　　　　　　　　　　　　　　900 000

20×8 年年末,长期股权投资账面价值为 600 000 元,长期应收款账面价值为 300 000 元。

4. 被投资单位其他综合收益变动

采用权益法核算时,被投资单位其他综合收益发生变动的,投资方应当按照持股比例计算在理论上归属于本企业的部分,调整长期股权投资的账面价值,同时增加或减少其他综合收益。

【例 7 - 8】

华生高科股份公司持有安盛化工股份公司 30％的股份,能够对其施加重大影响。当期安盛化工股份公司因持有的其他权益工具投资的公允价值变动而计入其他综合收益的金额为 2 000 万元。假定两家公司的会计政策、会计期间相同,投资时被投资单位各项可辨认资产、负债的公允价值与其账面价值亦相同。双方在当期及以前期间未发生任何内部交易。不考虑所得税等其他因素。

华生高科股份公司的相关会计处理如下：

应计入其他综合收益的金额＝2 000×30％＝600(万元)

借：长期股权投资——其他综合收益　　　　　　　　6 000 000
　贷：其他综合收益　　　　　　　　　　　　　　　6 000 000

5. 被投资单位所有者权益的其他变动

采用权益法核算时,投资方对于被投资单位除净损益、其他综合收益以及股利分配以外所有者权益的其他变动(主要包括：被投资单位接受其他股东的资本性投入、被投资单位发行可分离交易的可转换公司债券中包含的权益成分、以权益结算的股份支付等),应按照持股比例计算在理论上归属于本企业的部分,调整长期股权投资的账面价值,同时增加或减少资本公积(其他资本公积),即借记(或贷记)"长期股权投资——

其他权益变动"科目，贷记（或借记）"资本公积——其他资本公积"科目。

【例 7-9】

能人投资股份公司 20×7 年 9 月 1 日出资 30 000 000 元取得民智实业股份公司 30% 的股权，对其有重大影响。取得投资后民智实业股份公司可辨认净资产的公允价值为 100 000 000 元。

民智实业股份公司 20×7 年的净利润为 30 000 000 元，因持有的其他权益工具投资公允价值的变动计入其他综合收益的金额为 6 000 000 元，接受其他股东的资本性投入 20 000 000 元。

20×8 年 3 月 1 日，民智实业股份公司分配现金股利 10 000 000 元。能人投资股份公司当日收到现金股利 3 000 000 元。

假定两家公司适用的会计政策、会计期间相同，投资时被投资单位有关资产、负债的公允价值与其账面价值亦相同，双方当期及以前期间未发生任何内部交易。

能人投资股份公司上述业务的账务处理如下：

(1) 20×7 年 9 月 1 日，取得投资时。

借：长期股权投资——成本　　　　　　　　　　　　　　30 000 000
　　贷：银行存款　　　　　　　　　　　　　　　　　　　30 000 000

(2) 根据被投资单位的净利润调整长期股权投资的账面价值时。投资后，被投资单位 20×7 年的利润表显示其净利润为 30 000 000 元。据此，投资方根据假想的对被投资单位净利润的分享额作如下记载：

借：长期股权投资——损益调整　　　　　　　　　　　　9 000 000
　　贷：投资收益　　　　　　　　　　　　　　　　　　　9 000 000

(3) 根据被投资单位其他综合收益的变动调整长期股权投资的账面价值时。

借：长期股权投资——其他综合收益　　　　　　　　　　1 800 000
　　贷：其他综合收益　　　　　　　　　　　　　　　　　1 800 000

(4) 根据被投资单位的其他权益变动调整长期股权投资的账面价值时。

借：长期股权投资——其他权益变动　　　　　　　　　　6 000 000
　　贷：资本公积——其他资本公积　　　　　　　　　　　6 000 000

(5) 收到现金股利时。

借：银行存款　　　　　　　　　　　　　　　　　　　　3 000 000
　　贷：长期股权投资——损益调整　　　　　　　　　　　3 000 000

注意到，长期股权投资的账面价值一直是按照"被投资单位的股东权益×投资方的持股比例"列报的，如表 7-3 所示。

表 7-3　权益法的操作示例　　　　　　　　　　　　　　　　　　　　单位：元

	投资方的"长期股权投资"科目					被投资单位的所有者权益账面价值
	成本	损益调整	其他综合收益	其他权益变动	合计数	
投资时	30 000 000				30 000 000	100 000 000

续表

	投资方的"长期股权投资"科目					被投资单位的所有者权益账面价值
	成本	损益调整	其他综合收益	其他权益变动	合计数	
＋分享被投资单位的净利润	30 000 000	9 000 000			39 000 000	130 000 000
＋被投资单位其他综合收益的变动	30 000 000	9 000 000	1 800 000		40 800 000	136 000 000
＋被投资单位的其他权益变动	30 000 000	9 000 000	1 800 000	6 000 000	46 800 000	156 000 000
－被投资单位分配的净利润	30 000 000	6 000 000	1 800 000	6 000 000	43 800 000	146 000 000

实务操作中，持股比例的变化会导致成本法与权益法之间的转换，可参考前述成本法与权益法的设计思路，按照企业会计准则的规定操作。本书从略。

专栏7-3　　　　　　　　长期股权投资会计规则的理论问题

长期股权投资的核算规则是很奇妙的，爱思考的读者可能会感到十分蹊跷。流行的会计理论认为国际会计准则是最先进的会计规则。然而实际情况表明，国际会计准则虽然已经在证券市场中沉浮数十年，但它却连股权投资的会计处理规则这样的基本问题都没有阐释清楚。若要说国际会计准则是国际先进的会计规则，那就需要解释如下一系列的问题。

（1）为什么要考虑投资方对被投资单位的影响力？同样是股权投资，难道影响力大和影响力小的情形下会计规则就应该不一样吗？理由何在？当然，也有人反问："影响力大的投资方和影响力小的投资方，难道会计处理就不应该有所不同吗？"就会计学原理而言，影响力大的投资方没有理由采用与影响力小的投资方不同的会计核算规则。因为，影响力大的投资方预期其占据更有利的地位，但是这并非能够用证据证明的现实的权利，故而，没有原始凭证能够证明这种预期，会计规则没有理由要求企业在缺乏法律证据的情况下记账。

（2）为什么要制定出"三节棍"式的规则？国际会计准则为长期股权投资制定了一个被坊间戏称为"三节棍"式的会计规则（如图7-1所示）：1）如果能够控制被投资单位（通常指持股比例超过50%），则应采用成本法核算；2）如果能够与他人联手对被投资单位实施共同控制或者对被投资单位具有重大影响（通常指持股比例不低于20%、不超过50%），则应采用权益法核算，权益法实质上把企业合并的公允价值规则推广到了20%~50%的持股区间。在成本法下，长期股权投资在入账后其账面价值不再增加，以后收到的股利原则上按应享有份额计入投资收益。而权益法则十分复杂且存在不少问题：在权益法之始，需要处理前文所述的隐性商誉、负商誉；之后，需在每个会计期间调整长期股权投资的账面价值，使之恰等于被投资单位的股东权益（净公允价值）乘以持股比例所得到的净公允价值份额（权益法正是因此而得名）。然而，为什么同样的业务却同时存在两种不同的会计规则呢？为什么以20%、50%作为分界点呢？此规则的合理性迄今尚存争议。

(3) 权益法的大量记录是缺乏法律证据的，如何保证会计信息的证据力？在贷记"投资收益"科目时，并没有任何法律证据能够证明企业资产的增加、利润的增加。权益法下贷记的投资收益是典型的黄粱美梦般的利润。

(4) 公允价值规则与权益法的捆绑使用更加剧了问题的严重性。新的权益法的操作规则与之前相比，最大的变化在于，新准则套用企业合并的思路，引入了隐性商誉、负商誉的规则。如果说原准则的权益法是把长期股权投资的账面价值盯到"持股百分比×被投资单位股东权益的账面价值"，那么新准则的权益法就是把长期股权投资的账面价值盯到"持股百分比×被投资单位股东权益的公允价值"。权益法本身就广受争议，公允价值思路的引入显然使问题变得更为复杂。

目前并不存在统一的投资核算规则。由于准则的调整范围存在交叉现象，因此，如果不给出合理的界定，投资方将会有理由选择使用会计准则。在国际会计准则下，针对股权投资实际上并存着成本法、权益法、交易性金融资产、其他权益工具投资等四套会计规则，如表7-4所示。

表7-4 股权投资的四种会计处理规则

	成本法	权益法	交易性金融资产	其他权益工具投资
入账金额	全部代价	全部代价	不包括手续费、佣金	全部代价
适用情形	能够控制被投资方的情形	能够与第三方联合对被投资单位实施共同控制或者对被投资方具有重大影响	投机性的且公允价值能够可靠取得的股权投资	非投机性的且公允价值能够可靠取得的股权投资
持股比例参考标准	(50%，100%]	[20%，50%]	—	—

面对这一局面，为避免企业管理层自行选择会计规则，国际会计准则索性给出规定：如果所投资的股票已上市交易，就不能采用成本法或权益法。这在理论上更是无法进行合理解释。如何设计统一的股权投资核算规则，是很有研究价值的重要问题。

资料来源：周华，刘俊海，戴德明．质疑国际财务报告准则的先进性．财贸经济，2010 (1).

7.2.4 长期股权投资减值准备的计提

1. 对子公司、合营企业及联营企业的股权投资的减值

对子公司、合营企业及联营企业的股权投资若存在减值迹象，则应按《企业会计准则第8号——资产减值》的规定计提减值准备。

长期股权投资的可收回金额低于其账面价值时，应按两者的差额计提长期股权投资减值准备。可回收金额，是指长期股权投资的公允价值减去其处置费用的净额与长期股

权投资预计未来现金流量的现值中的较高者。

2. 对不具有重大影响，且公允价值不能可靠计量的长期股权投资的减值

对于不具有重大影响，在活跃市场上没有报价且公允价值不能可靠计量的长期股权投资，若有客观证据表明该项投资发生减值，则应当按照该类投资的账面价值与按类似金融资产当时市场收益率对其未来现金流量折现所确定的现值的差额，计提减值准备。

7.2.5 长期股权投资的处置

处置长期股权投资时，其账面价值与实际取得价款的差额，应当计入当期损益。采用权益法核算的长期股权投资，因被投资单位除净损益以外所有者权益的其他变动而计入所有者权益的，处置该项投资时应当将原计入所有者权益的部分按相应比例转入当期损益。

【例7-10】

高盛畜产股份公司原持有三汇食品有限公司40%的股权。20×6年9月9日，高盛畜产股份公司决定出售对三汇食品有限公司10%的股权，出售所得价款1 410万元。出售时其长期股权投资的相关明细账信息如下："成本" 3 600万元，"损益调整"（借方）960万元，"其他权益变动"（借方）600万元。假定不考虑其他因素，其账务处理为：

(1) 确认处置损益。

借：银行存款　　　　　　　　　　　　　　　　　　14 100 000
　　贷：长期股权投资——成本　　　　　　　　　　　　9 000 000
　　　　　　　　　　——损益调整　　　　　　　　　　2 400 000
　　　　　　　　　　——其他权益变动　　　　　　　　1 500 000
　　　　投资收益　　　　　　　　　　　　　　　　　　1 200 000

(2) 结转资本公积。

借：资本公积——其他资本公积　　　　　　　　　　　1 500 000
　　贷：投资收益　　　　　　　　　　　　　　　　　　1 500 000

7.3 股权投资被分类为"以公允价值计量且其变动计入当期损益的金融资产"的情形

1. 概述

准则规定，对于以公允价值计量且其变动计入当期损益的金融资产，要在资产负债表日将原账面价值调整为公允价值，同时将调整额计入利润表。

企业应当将其所持有的交易性金融资产划分为以公允价值计量且其变动计入当期损益的金融资产。交易性金融资产，是指满足下列条件之一的金融资产：（1）取得该金融资产的目的，主要是为了近期内出售，比如企业以赚取差价为目的从二级市场购入的股票、债券、基金等。(2) 属于进行集中管理的可辨认金融工具组合的一部分，且有客观证据表明企业近期采用短期获利方式对该组合进行管理，比如企业基于其投资策略和风险管理的需要，将某些金融资产进行组合从事短期获利活动。(3) 未用于套期保值的衍生工具，如远期、期货、期权、互换等。

企业可以把某些不符合交易性金融资产定义的金融资产指定为以公允价值计量且其变动计入当期损益的金融资产。这主要是针对基金公司等金融机构而言的，不感兴趣者可以忽略此部分内容。

企业设"交易性金融资产"科目核算企业以公允价值计量且其变动计入当期损益的金融资产，包括债权和股权。该科目可按金融资产的类别和品种，下设"成本""公允价值变动"等明细科目。该科目期末借方余额，反映企业持有的以公允价值计量且其变动计入当期损益的金融资产的公允价值。

2. 会计处理规则

（1）入账时的处理。企业取得的交易性金融资产，按其公允价值，借记"交易性金融资产——成本"科目，按发生的交易费用，借记"投资收益"科目，按已到付息期但尚未领取的利息或已宣告但尚未发放的现金股利，借记"应收利息"或"应收股利"科目，按实际支付的金额，贷记"银行存款"科目。

（2）取得股利和利息时的处理。交易性金融资产持有期间被投资单位宣告发放的现金股利，或在资产负债表日按分期付息、一次还本债券的票面利率计算的利息，借记"应收股利"或"应收利息"科目，贷记"投资收益"科目。

（3）期末盯市的处理。资产负债表日，交易性金融资产的公允价值高于其账面余额的差额，借记"交易性金融资产——公允价值变动"科目，贷记"公允价值变动损益"科目；公允价值低于其账面余额的差额作相反的会计分录。

（4）出售时的处理。出售交易性金融资产时，应将取得的价款与该金融资产账面价值之间的差额，计入投资损益。按实际收到的金额，借记"银行存款"等科目，按账面余额，注销（即以相反方向记录）"交易性金融资产"及其各明细科目，按其差额，贷记或借记"投资收益"科目。

3. 实务处理

【例 7-11】

20×5 年 1 月初，京都实业股份公司用闲置的银行存款在证券市场购入拟短期持有的正阳科技股份公司股票 20 000 股，每股成交价 100 元。购入前，已宣告但未发放的现金股利为每股 1 元。另发生交易费用 300 元。

（1）投资时。

借：交易性金融资产——成本	1 980 000
投资收益	300
应收股利	20 000
贷：银行存款	2 000 300

(2) 1月中旬,收到上述已经宣告发放的现金股利。
　　借:银行存款　　　　　　　　　　　　　　　　　　　　20 000
　　　贷:应收股利　　　　　　　　　　　　　　　　　　　　　　　20 000
(3) 3月初,正阳科技股票发放现金股利,每股股利0.50元。
　　借:银行存款　　　　　　　　　　　　　　　　　　　　10 000
　　　贷:投资收益　　　　　　　　　　　　　　　　　　　　　　　10 000
(4) 6月30日,正阳科技的股票市价下跌至收盘价每股90元。
　　借:公允价值变动损益　　　　　　　　　　　　　　　180 000
　　　贷:交易性金融资产——公允价值变动　　　　　　　　　　180 000
(5) 8月初,公司将正阳科技股票以每股140元全部售出。
　　借:银行存款　　　　　　　　　　　　　　　　　　2 800 000
　　　　交易性金融资产——公允价值变动　　　　　　　　180 000
　　　贷:交易性金融资产——成本　　　　　　　　　　　　　1 980 000
　　　　　投资收益　　　　　　　　　　　　　　　　　　　　1 000 000

专栏7-4　公允价值会计的倡导者——美国证监会前主席布里登

公允价值会计,又称盯市会计、现行价值会计、现行成本会计、市场价值会计,主张以公允价值记载资产和负债。律师出身的美国证监会前主席布里登是盯市会计的主推手。布里登曾协助布什总统处理美国20世纪80年代储贷危机的遗留问题。他认为,为了及时观测金融机构的证券投资的风险程度,有必要让金融机构以公允价值(最新市场价值)列报其证券投资,并将浮动盈亏计入利润表。这就是"交易性金融资产"的处理规则。

后来,由于美联储和美国财政部等机构的强烈反对,布里登的设想有所改变,增加了"可供出售金融资产"(我国现行准则所称的"其他权益工具投资""其他债权投资")的处理规则。

4. 报表列示与附注披露

资产负债表上的"交易性金融资产"项目,是按照"交易性金融资产"总账借方余额列报的。

在报表附注中,按照以下格式披露相关信息,见表7-5。

表7-5　交易性金融资产的附注披露

项目	期末账面价值	年初账面价值
1. 交易性债券投资		
2. 交易性权益工具投资		
3. 其他交易性金融资产		

续表

项目	期末账面价值	年初账面价值
4. 指定为以公允价值计量且其变动计入当期损益的金融资产		
合计		

专栏 7-5　　　　　公允价值既非公允，亦非价值

　　金融资产的价格的形成机制与微观经济学上价格取决于价值并受供求关系影响而上下波动的规律不同。金融资产的价格是由交易各方的预期决定的，至于影响预期的因素有多少，则很难予以穷尽。林林总总的估值模型，很难说哪一个更可靠。

　　金融资产的最新市价并不是全体投资者意思表示一致的结果，而仅仅是一部分投资者（即边际投资者）预期达到一致所形成的成交价格。以股票为例，一只股票的当期最新市价并不是全体股东所认可的价格，而仅仅是一部分股东基于各自的预期进行买卖所形成的价格。就此而论，媒体上常见的说法"市值蒸发若干万亿"，其隐含的思想是用边际投资者的成交价格乘以全部股本来估算全部股份的市值，那种说法在理论上缺乏合理依据，在实践中的作用往往是引发市场恐慌。

7.4　股权投资被指定为"以公允价值计量且其变动计入其他综合收益的金融资产"的情形（其他权益工具投资）

1. 会计处理规则

　　如第5章以及本章前文所述，现行会计准则实际上在"以公允价值计量且其变动计入其他综合收益的金融资产"这个名目下，分别针对债权投资和股权投资，设计了"其他债权投资"和"其他权益工具投资"这两套会计处理规则。本节阐释"其他权益工具投资"的会计处理规则。

　　企业设"其他权益工具投资"科目核算被指定为以公允价值计量且其变动计入其他综合收益的金融资产的股权投资的成本及其公允价值变动。该科目可按投资对象的类别和品种设"成本""公允价值变动"等明细科目进行核算。该科目期末借方余额，反映企业其他权益工具投资的公允价值。

　　企业设"其他综合收益"科目核算其他权益工具投资（即被指定为以公允价值计量且其变动计入其他综合收益的金融资产）的公允价值变动所形成的直接计入所有者权益的利得。该科目贷方登记增加额，借方登记减少额，期末贷方余额反映的是其他综合收益的累计额。

　　（1）入账时的会计处理。其他权益工具投资的入账价值，按照取得时所支付的全部对价确定。支付的价款中所包含的已宣告而尚未发放的现金股利，应单独确认为应收项目。按其公允价值与交易费用之和，借记"其他权益工具投资——成本"科目，按支付的价款中包含的已宣告但尚未发放的现金股利，借记"应收股利"科目，按实际支付的金额，贷记"银行存款"等科目。

（2）资产负债表日的盯市处理。对于公允价值变动形成的利得或损失，应当直接记入"其他综合收益"科目。资产负债表日，其他权益工具投资的公允价值高于其账面余额的差额，借记"其他权益工具投资——公允价值变动"科目，贷记"其他综合收益"科目；公允价值低于其账面余额的差额，作相反的会计分录。

（3）持有期间的现金股利的处理。其他权益工具投资的现金股利，应当在被投资单位宣告发放股利时计入当期损益。

（4）出售时的会计处理。出售其他权益工具投资时，应将原直接计入所有者权益的公允价值变动累计额对应处置部分的金额转出，调整留存收益。按实际收到的金额，借记"银行存款"等科目，按账面余额，以相反方向记录"其他权益工具投资"及其明细科目，以相反方向记录"其他综合收益"科目，按其差额，贷记或借记"利润分配——未分配利润""盈余公积——法定盈余公积"等所有者权益项目。

"其他权益工具投资"这个概念，源于美国证券市场上的公认会计原则所创设的"可供出售金融资产"这一概念。它就是一个"筐"的名字，装到这个"筐"的证券投资的会计处理规则，是"以公允价值计量且其变动计入其他综合收益"。对它的名称切不可望文生义。可见，经过这么一番定义后，其他权益工具投资与交易性金融资产的相同点是，二者均为公允价值会计规则（即在资产负债表日把资产和负债的账面价值调整为公允价值）；不同点是，交易性金融资产的调整额计入利润表（"公允价值变动收益"项目），而其他权益工具投资的调整额列入资产负债表（"其他综合收益"项目）。这在本质上属于"管理层意图导向"（management intention approach）的弹性化会计规则。实务工作者常常对此感到困惑。

2. 实务处理示例

以下举例分析购入股票分别划分为交易性金融资产或其他权益工具投资，在账务处理方面的主要区别。

【例7-12】

北方电器股份公司20×1年5月6日支付10 160 000元（含交易费用10 000元，已宣告现金股利150 000元）购入江南制造股份公司发行的股票2 000 000股，占该公司有表决权股份的0.5%。

20×1年5月10日，收到投资时已宣告现金股利150 000元。

20×1年6月30日，该股票市价为每股5.20元。

20×1年12月31日，该股票市价为每股4.80元。

20×2年5月9日，江南制造股份公司宣告现金股利40 000 000元。

20×2年5月13日，收到现金股利200 000元。

20×2年5月20日，北方电器股份公司以每股4.90元转让全部股票。

假定该公司每年在分配当年税后利润时均提取10%的法定盈余公积。将该购入股票分别划分为交易性金融资产或其他权益工具投资的会计处理规则如表7-6所示。

表 7-6　会计处理规则的比较　　　　　　　　　　　　　　　　　　单位：元

日期	交易性金融资产	其他权益工具投资
20×1-05-06	借：应收股利　　　　　　　　　150 000 　　交易性金融资产——成本 　　　　　　　　　　　　　10 000 000 　　投资收益　　　　　　　　　　10 000 　贷：银行存款　　　　　　　10 160 000	借：应收股利　　　　　　　　　150 000 　　其他权益工具投资——成本 　　　　　　　　　　　　　10 010 000 　贷：银行存款　　　　　　　10 160 000
20×1-05-10	收到时，借记"银行存款"科目，贷记"应收股利"科目。	收到时，借记"银行存款"科目，贷记"应收股利"科目。
20×1-06-30	借：交易性金融资产——公允价值变动 　　　　　　　　　　　　　　400 000 　贷：公允价值变动损益　　　　400 000	借：其他权益工具投资——公允价值变动 　　　　　　　　　　　　　　390 000 　贷：其他综合收益——其他权益工具投 　　　资公允价值变动　　　　390 000
20×1-12-31	借：公允价值变动损益　　　　　800 000 　贷：交易性金融资产——公允价值变动 　　　　　　　　　　　　　　800 000	借：其他综合收益——其他权益工具投资 　　　公允价值变动　　　　　800 000 　贷：其他权益工具投资——公允价值 　　　变动　　　　　　　　　800 000
20×2-05-09	借：应收股利　　　　　　　　　200 000 　贷：投资收益　　　　　　　　200 000 收到时，借记"银行存款"科目，贷记"应收股利"科目。	借：应收股利　　　　　　　　　200 000 　贷：投资收益　　　　　　　　200 000 收到时，借记"银行存款"科目，贷记"应收股利"科目。
20×2-05-20	借：银行存款　　　　　　　　9 800 000 　　交易性金融资产——公允价值变动 　　　　　　　　　　　　　　400 000 　贷：交易性金融资产——成本 　　　　　　　　　　　　　10 000 000 　　投资收益　　　　　　　　　200 000	借：银行存款　　　　　　　　9 800 000 　　其他权益工具投资——公允价值变动 　　　　　　　　　　　　　　410 000 　贷：其他权益工具投资——成本 　　　　　　　　　　　　　10 010 000 　　盈余公积——法定盈余公积 20 000 　　利润分配——未分配利润　180 000 借：盈余公积——法定盈余公积 41 000 　　利润分配——未分配利润　369 000 　贷：其他综合收益——其他权益工具投 　　　资公允价值变动　　　　410 000

专栏 7-6　　令人费解的"其他权益工具投资"

"其他权益工具投资"这个概念，源于美国证券市场上的公认会计原则所创设的"可供出售金融资产"这一概念。既然所有的金融资产都是可供出售的，为什么还要单独规定"可供出售"的金融资产呢？原来，这是美国资本市场上银行业和证券业"斗法"的结果。

美国证监会前主席布里登的本意是要求证监会所管辖的公众公司在会计报表中一律按照市价列报其证券投资，即全面推行"交易性金融资产"的处理规则，但盯市记账本身是缺乏法律证据（原始凭证）的。交易性金融资产的规则导致资产和利润数字随同证券市场行情而波动，这势必迫使企业管理当局关注短期的业绩波动，干扰它们生产优质产品和提供优质服务。因此，以美联储前主席格林斯潘为代表的商业银行业坚决反对，他们担心那样的会计处理所导致的利润波动会影响商业银行发挥其授信职能。当时负责制定美国证券市场的会计准则的财务会计准则委员会于是从中调停，设计出了一个新的项目——"其他权益工具投资"，其规则是"以公允价值计量且其变动计入当期股东权益"。这样就一举解决了证监会和美联储的"面子"问题：既推行了布里登所倡导的公允价值会计规则，又打消了格林斯潘担心利润表随证券行情而波动的顾虑。这套有趣的折中规则就这样出台了。

这个故事启示我们，没有理由盲目崇拜美国的"经验"，"国际先进经验"未必就是先进的。本质上，美国证监会所推行的规则并不符合会计原理，直接计入所有者权益的利得或损失往往是预期的好处或坏处而不是实际的收入或亏损。因此，其他综合收益缺乏法律证据的支持，通常是不能用于转增资本（股本）的。

资产负债表上的"其他权益工具投资"项目，是按照"其他权益工具投资"总账借方余额列报的。

企业应当遵循《企业会计准则第 37 号——金融工具列报》在报表附注中进行信息披露。

7.5 股权投资核算方法的转换

股权投资的四种处理方法中，仅有成本法是符合会计原理的，其他三种方法本质上都是金融分析规则而不是会计规则。在这套拼装而成的规则下，股权投资持股比例的增减变动会带来处理方法的转换，如图 7-3 所示。

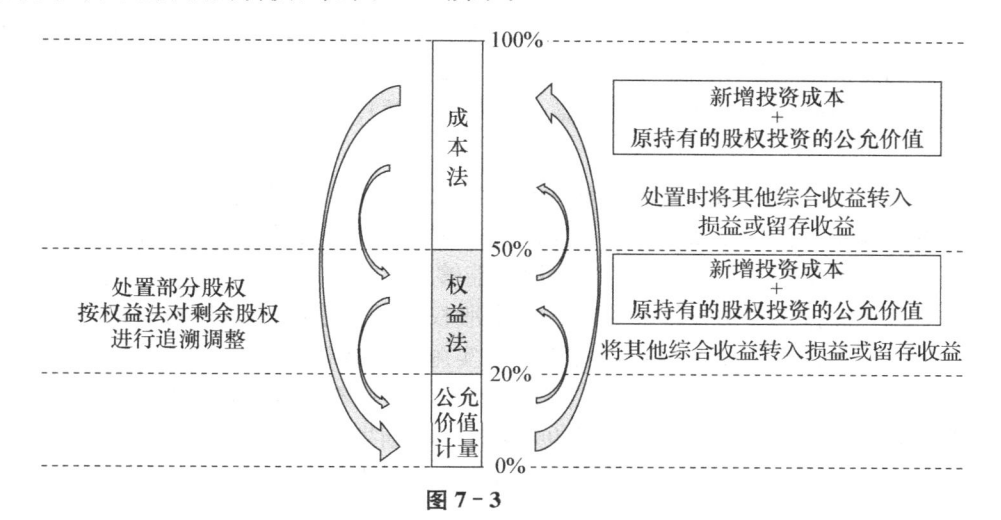

图 7-3

1. 因提高影响力而从公允价值计量转为权益法

投资方由于追加投资等原因能够对被投资单位施加重大影响或实施共同控制但不构成控制的，应当按照《企业会计准则第 22 号——金融工具确认和计量》确定的原持有的股权投资的公允价值加上新增投资成本之和，作为改按权益法核算的初始投资成本。原持有的股权投资指定为以公允价值计量且其变动计入其他综合收益的金融资产（其他权益工具投资）的，其公允价值与账面价值之间的差额，以及原计入其他综合收益的累计公允价值变动应当转入改按权益法核算的当期损益。

在此基础上，比较初始投资成本与采用权益法核算时理论上应享有被投资单位可辨认净资产公允价值份额之间的差额，前者大于后者的，视为隐性商誉，不调整长期股权投资的账面价值；前者小于后者的，视为负商誉，调整长期股权投资的账面价值，并计入当期营业外收入。

2. 因提高影响力而从公允价值计量或者权益法转为成本法

（1）权益法转成本法。因追加投资导致原持有联营企业或合营企业的投资转换为对子公司投资时，对于同一控制下企业合并，投资方按照其对被合并方所有者权益在最终控制方合并财务报表中的账面价值份额所享有的理论上的分享份额，作为成本法下的初始投资成本。对于非同一控制下的企业合并，按照原持有的股权投资账面价值加上新增投资成本之和，作为改按成本法核算的初始投资成本。购买日之前持有的股权投资因采用权益法核算而确认的其他综合收益，应当在处置该项投资时采用与被投资单位直接处置相关资产或负债相同的基础进行会计处理。

（2）公允价值计量转成本法。对于原分类为以公允价值计量且其变动计入当期损益的金融资产或者以公允价值计量且其变动计入其他综合收益的金融资产，在其转换为采用成本法核算时，应按照转换时的公允价值确认为长期股权投资，公允价值与其原账面价值之间的差额计入当期损益（或留存收益）。此外，还应把原计入其他综合收益的前期累计公允价值变动结转计入当期损益（或留存收益）。

3. 因降低影响力而从成本法转为权益法或者公允价值计量

准则规定，投资方因处置部分权益性投资等原因丧失了对被投资单位的控制的，在编制个别财务报表时，处置后的剩余股权能够对被投资单位实施共同控制或施加重大影响的，应当改按权益法核算，并对该剩余股权视同自取得时即采用权益法核算进行调整；处置后的剩余股权不能对被投资单位实施共同控制或施加重大影响的，应当改按《企业会计准则第 22 号——金融工具确认和计量》的有关规定进行会计处理，其在丧失控制之日的公允价值与账面价值间的差额计入当期损益。

根据上述规定，从成本法转换为权益法的处理规则如下。

首先，按照所出售的股权投资的持股比例，结转长期股权投资的成本。

其次，改按权益法对处置后的剩余股权进行追溯调整。

（1）比较剩余股权的初始投资成本与理论上应享有的被投资单位可辨认净资产公允

价值份额。前者大于后者的差额，视为投资作价中包含的商誉，不调整长期股权投资的账面价值。前者小于后者的差额，视为投资作价中包含的负商誉，调整长期股权投资成本以及留存收益。

（2）计算对被投资单位净损益的理论上的分享份额。投资方应针对被投资单位自初始投资至转变为采用权益法核算之间的净损益，计算其理论上应享有的份额，从而调整长期股权投资的账面价值。同时，对于自初始投资至处置投资当期期初的理论上应享有的份额，调整留存收益；对于自处置投资当期期初至处置投资之日的理论上应享有的份额，调整当期损益。

（3）计算对被投资单位除净损益以外的其他权益变动的理论上的分享份额。对于其他原因导致的被投资单位的所有者权益变动，投资方根据其在理论上应享有的份额，在调整长期股权投资账面价值的同时，应当计入其他综合收益或资本公积（其他资本公积）。

4. 因降低影响力而从权益法转为公允价值计量

投资方因处置部分股权投资等原因丧失了对被投资单位的共同控制或重大影响的，处置后的剩余股权应当改按《企业会计准则第 22 号——金融工具确认和计量》核算，其在丧失共同控制或重大影响之日的公允价值与账面价值之间的差额计入当期损益。原股权投资因采用权益法核算而确认的其他综合收益，应当在终止采用权益法核算时采用与被投资单位直接处置相关资产或负债相同的基础进行会计处理。

思考题

1. 股权投资共有哪几种会计处理方法？
2. 从活跃市场上买入公司债券时，根据会计准则的规定，可以使用哪几种处理方法？
3. 《企业会计准则第 2 号——长期股权投资》（2014 年修订）与《企业会计准则第 22 号——金融工具确认和计量》（2017 年修订）中的会计规则有何联系与区别？
4. 根据不同的分类分别采用不同的会计处理规则，这种立法理念对会计信息质量有何影响？

练习题

一、单项选择题

1. 20×1 年 5 月 20 日，甲公司以银行存款 200 万元（其中包含乙公司已宣告但尚未发放的现金股利 5 万元）从二级市场购入乙公司 100 万股普通股股票，另支付相关交易费用 1 万元，甲公司将其划分为交易性金融资产。20×1 年 12 月 31 日，该股票投资的公允价值为 210 万元。假定不考虑其他因素，该股票投资对甲公司 20×1 年营业利润的影响金额为（　　）万元。

  A. 14   B. 15   C. 19   D. 20

2. 20×2年1月1日，甲公司从二级市场购入丙公司面值为200万元的债券，支付的总价款为195万元（其中包括已到付息期但尚未领取的利息4万元），另支付相关交易费用1万元，甲公司将其划分为其他债权投资。该资产入账时"其他债权投资——利息调整"科目的金额为（　　）万元。

  A. 4（借方） B. 4（贷方） C. 8（借方） D. 8（贷方）

3. 20×1年1月1日，甲公司以1 600万元购入乙公司30%的股份，另支付相关费用8万元，采用权益法核算。取得投资时，乙公司所有者权益的账面价值为5 000万元（与可辨认净资产的公允价值相同）。乙公司20×1年度实现净利润300万元。假定不考虑其他因素，甲公司该长期股权投资20×1年12月31日的账面余额为（　　）万元。

  A. 1 590 B. 1 598 C. 1 608 D. 1 698

4. 甲公司长期持有乙公司10%的股权，采用成本法核算。20×9年1月1日，该项投资账面价值为1 300万元。20×9年度乙公司实现净利润2 000万元，宣告发放现金股利1 200万元。假设不考虑其他因素，20×9年12月31日该项投资的账面价值为（　　）万元。

  A. 1 300 B. 1 380 C. 1 500 D. 1 620

5. 甲公司20×8年1月5日支付价款2 000万元购入乙公司30%的股份，准备长期持有，另支付相关税费20万元，购入时乙公司可辨认净资产公允价值为12 000万元。甲公司取得投资后对乙公司具有重大影响。假定不考虑其他因素，甲公司因确认投资而影响利润的金额为（　　）万元。

  A. −20 B. 0 C. 1 580 D. 1 600

6. 甲公司20×7年12月25日支付价款2 040万元（含已宣告但尚未发放的现金股利60万元）取得一项股权投资，另支付交易费用10万元，划分为其他权益工具投资。20×7年12月28日，收到现金股利60万元。20×7年12月31日，该项股权投资的公允价值为2 105万元。假定不考虑所得税等其他因素。甲公司20×7年因该项股权投资应直接计入其他综合收益的金额为（　　）万元。

  A. 55   B. 65   C. 115   D. 125

二、多项选择题

1. 下列各项中，权益法下会导致长期股权投资账面价值发生增减变动的有（　　）。

  A. 确认长期股权投资减值损失
  B. 投资持有期间被投资单位实现净利润
  C. 投资持有期间被投资单位提取盈余公积
  D. 投资持有期间被投资单位宣告发放现金股利

2. 长期股权投资采用权益法核算的，下列各项中，属于投资方确认投资收益应考虑的因素有（　　）。

  A. 被投资单位实现净利润
  B. 被投资单位资本公积增加

C. 被投资单位宣告分派现金股利
D. 投资方与被投资单位之间的未实现内部交易损益

3. 采用成本法核算长期股权投资，下列各项中，会导致长期股权投资账面价值发生增减变动的有（   ）。

A. 长期股权投资发生减值损失
B. 持有长期股权投资期间被投资单位实现净利润
C. 被投资单位宣告分派属于投资企业投资前实现的净利润
D. 被投资单位宣告分派属于投资企业投资后实现的净利润

4. 20×7年1月2日，甲公司以货币资金取得乙公司30%的股权，初始投资成本为4 000万元；当日，乙公司可辨认净资产公允价值为14 000万元，与其账面价值相同。甲公司取得投资后即派人参与乙公司的生产经营决策，但未能对乙公司形成控制。乙公司20×7年实现净利润1 000万元。假定不考虑所得税等其他因素，20×7年甲公司下列各项与该项投资相关的会计处理中，正确的有（   ）。

A. 确认商誉200万元　　　　　　B. 确认营业外收入200万元
C. 确认投资收益300万元　　　　D. 确认资本公积200万元

三、判断题

1. 长期股权投资采用成本法核算，因被投资单位除净损益以外的所有者权益其他变动，投资企业应按其享有份额增加或减少资本公积。（   ）
2. 企业持有的证券投资基金通常划分为交易性金融资产，不应划分为贷款和应收款项。（   ）
3. 企业为取得交易性金融资产发生的交易费用应计入交易性金融资产初始确认金额。（   ）
4. 投资企业对其实质上控制的被投资单位进行的长期股权投资，应采用权益法核算。（   ）
5. 企业对长期股权投资计提的减值准备，在该长期股权投资价值回升期间应当转回，但转回的金额不应超过原计提的减值准备。（   ）
6. 采用权益法核算的长期股权投资，其初始投资成本大于投资时应享有被投资单位可辨认净资产公允价值份额的，应调整已确认的初始投资成本。（   ）

四、计算分析题

1. 20×7年3—5月，甲上市公司发生的交易性金融资产业务如下：

（1）3月1日，向D证券公司划出投资款1 000万元，款项已通过开户行转入D证券公司银行账户。

（2）3月2日，委托D证券公司购入A上市公司股票100万股，每股8元，另发生相关的交易费用2万元，并将该股票划分为交易性金融资产。

（3）3月31日，该股票在证券交易所的收盘价格为每股7.70元。

（4）4月30日，该股票在证券交易所的收盘价格为每股8.10元。

（5）5月10日，将所持有的该股票全部出售，所得价款825万元，已存入银行。假定不考虑相关税费。

要求：逐笔编制甲上市公司上述业务的会计分录（会计科目要求写出明细科目，答案中的金额单位用万元表示）。

2. 20×1年1月初，企业用闲置的银行存款购入艺庵科技股票20 000股，作为交易性金融资产核算。每股成交价100.80元，其中0.80元为已宣告但尚未发放的现金股利。另发生300元的交易费用。

1月中旬，收到上述已经宣告发放的现金股利。

3月初，艺庵科技股票发放现金股利，每股股利0.50元。

6月30日，艺庵科技的股票市价下跌至收盘价每股90元。

8月初，企业将艺庵科技股票以每股120元全部售出。

要求：逐笔编制上述业务的会计分录。

第 8 章 投资性房地产

素养目标

理解会计规则的理论逻辑、历史逻辑和实践逻辑，培养辩证思维能力。理解采用公允价值模式计量的投资性房地产的会计规则设计理念及其理论局限。

学习目标

1. 掌握：投资性房地产会计处理的成本模式和公允价值模式。
2. 理解：投资性房地产的处置的会计处理。
3. 了解：房地产用途的转换的会计处理。

本章讲解《企业会计准则第 3 号——投资性房地产》的设计理念及操作要领。该准则是借鉴《国际会计准则第 40 号——投资性房地产》（International Accounting Standard 40: Investment Property）制定而成的。

8.1 投资性房地产入账价值的确定

1. 定义

准则所称"投资性房地产"（investment property），是指为赚取租金或资本增值（capital appreciation），或两者兼有而持有的房地产。包括：(1) 已出租的土地使用权。该土地使用权是指企业通过出让或转让方式取得，以经营租赁方式租出的土地使用权。(2) 持有并准备增值后转让的土地使用权。但是，按照国家有关规定认定的闲置土地，不属于持有并准备增值后转让的土地使用权。(3) 已出租的建筑物。该建筑物是指企业拥有产权的，以经营租赁方式租出的建筑物。

投资性房地产应当能够单独计量和出售。

下列各项不属于投资性房地产：（1）自用房地产，如企业出租给本企业职工居住的宿舍。（2）作为存货的房地产，如房地产开发企业为销售而正在开发的商品房和土地。

如果某项房地产部分用于赚取租金或资本增值、部分用于生产商品、提供劳务或经营管理，则其能够单独计量和出售的、用于赚取租金或资本增值的部分应当确认为投资性房地产，其不能够单独计量和出售的、用于赚取租金或资本增值的部分不确认为投资性房地产。

对于企业将建筑物对外出租，按租赁协议向承租人提供的相关辅助服务在整个协议中不重大的情形，如企业将办公楼出租并向承租人提供保安、维修等辅助服务，则应当将该建筑物确认为投资性房地产。

对于企业拥有并自行经营的旅馆饭店而言，由于其经营目的主要是通过提供客房服务赚取服务收入，因此，其旅馆饭店不确认为投资性房地产。

2. 资产入账价值的确定

投资性房地产同时满足下列条件的，才能予以确认：与该投资性房地产有关的经济利益很可能流入企业；该投资性房地产的成本能够可靠地计量。

投资性房地产应当按照成本进行初始计量。外购投资性房地产的成本，包括购买价款、相关税费和可直接归属于该资产的其他支出。自行建造投资性房地产的成本，由建造该项资产达到预定可使用状态前所发生的必要支出构成。以其他方式取得的投资性房地产的成本，按照相关会计准则的规定确定。

与投资性房地产有关的后续支出，满足确认条件的，应当计入投资性房地产成本；不满足确认条件的，应当在发生时计入当期损益。

8.2 采用成本模式计量的投资性房地产

企业应当在资产负债表日采用成本模式（cost model）对投资性房地产进行后续计量，但可以采取公允价值模式的除外。

在成本模式下，采用成本模式计量的建筑物的后续计量，适用《企业会计准则第4号——固定资产》，采用成本模式计量的土地使用权的后续计量，适用《企业会计准则第6号——无形资产》，存在减值迹象的，适用《企业会计准则第8号——资产减值》。

企业设"投资性房地产"科目核算企业采用成本模式计量的投资性房地产的成本。该科目可按投资性房地产类别和项目进行明细核算。该科目期末借方余额，反映企业采用成本模式计量的投资性房地产成本。采用成本模式计量的投资性房地产的累计折旧或累计摊销，可以单独设置"投资性房地产累计折旧""投资性房地产累计摊销"科目，比照"累计折旧""累计摊销"等科目进行处理。采用成本模式计量的投资性房地产发生减值的，可以单独设置"投资性房地产减值准备"科目，比照"固定资产减值准备""无形资产减值准备"等科目进行处理。

8.2.1　投资性房地产的入账处理

（1）企业通过外购、自行建造等方式取得的投资性房地产，按应计入投资性房地产成本的金额，借记"投资性房地产"科目，贷记"银行存款""在建工程"等科目。

【例8-1】

20×7年3月东北重工股份公司购入一块土地的使用权，并在这块土地上开始自行建造厂房。20×7年10月，东北重工股份公司预计厂房即将完工，与仁仁理财有限公司签订了经营租赁合同，将其中的厂房租赁给仁仁理财有限公司使用。租赁合同约定，该厂房于完工（达到预定可使用状态）时开始起租。20×7年11月1日厂房完工（达到预定可使用状态）。该块土地使用权的成本为800万元；厂房的实际造价为2 000万元，假设东北重工股份公司采用成本计量模式。东北重工股份公司的账务处理如下：

借：投资性房地产——厂房　　　　　　　　　　　　　　20 000 000
　　贷：在建工程　　　　　　　　　　　　　　　　　　　20 000 000
借：投资性房地产——土地使用权　　　　　　　　　　　 8 000 000
　　贷：无形资产——土地使用权　　　　　　　　　　　　 8 000 000

（2）将作为存货的房地产转换为投资性房地产的，应按其在转换日的账面余额，借记"投资性房地产"科目，贷记"开发产品"等科目。已计提跌价准备的，还应同时结转跌价准备。

将自用的建筑物等转换为投资性房地产的，应按其在转换日的原价、累计折旧、减值准备等，分别转入"投资性房地产""投资性房地产累计折旧（摊销）""投资性房地产减值准备"科目。

【例8-2】

开阳商贸股份公司拥有一栋新落成不久的写字楼，用于总部办公。20×7年3月1日，开阳商贸股份公司与春风照相有限公司签订租赁合同，将这栋写字楼整体出租给春风照相有限公司使用6年。办公楼的账面余额39 000万元，已计提折旧800万元。假设开阳商贸股份公司采用成本计量模式。开阳商贸股份公司的账务处理如下：

借：投资性房地产——写字楼　　　　　　　　　　　　 390 000 000
　　累计折旧　　　　　　　　　　　　　　　　　　　　　8 000 000
　　贷：固定资产　　　　　　　　　　　　　　　　　　390 000 000
　　　　投资性房地产累计折旧　　　　　　　　　　　　　8 000 000

8.2.2　折旧或摊销的会计处理

按期（月）对投资性房地产计提折旧或进行摊销，借记"其他业务成本"科目，贷记"投资性房地产累计折旧（摊销）"科目。取得的租金收入，借记"银行存款"等科目，贷记"其他业务收入"科目。

【例8-3】

东北重工股份公司的一栋写字楼出租给仁仁理财有限公司使用,按投资性房地产核算,采用成本模式进行后续计量。假设这栋写字楼的成本为9 600万元,按照直线法计提折旧,使用寿命为20年,预计净残值为零。按照经营租赁合同,仁仁理财有限公司每月支付给东北重工股份公司租金60万元。东北重工股份公司的账务处理如下:

(1) 每月计提折旧时

借:其他业务成本——投资性房地产　　　　　　　　　　400 000
　　贷:投资性房地产累计折旧　　　　　　　　　　　　　　400 000

(2) 每月确认租金时

借:银行存款(应收账款)　　　　　　　　　　　　　　600 000
　　贷:其他业务收入——投资性房地产　　　　　　　　　　600 000

8.3　采用公允价值模式计量的投资性房地产

有确凿证据(clear evidence)表明投资性房地产的公允价值能够持续可靠取得的,可以对投资性房地产采用公允价值模式(fair value model)进行后续计量。

采用公允价值模式计量的,应当同时满足下列条件:(1) 投资性房地产所在地有活跃的房地产交易市场。"所在地",通常是指投资性房地产所在的城市,对于大中型城市,应当具体化为投资性房地产所在的城区。(2) 企业能够从房地产交易市场上取得同类或类似房地产的市场价格及其他相关信息,从而对投资性房地产的公允价值作出合理的估计。"同类或类似房地产",对建筑物而言,是指所处地理位置和地理环境相同、性质相同、结构类型、新旧程度、可使用状况相同或相近的建筑物;对于土地使用权而言,是指同一城区、同一位置区域,所处地理环境、可使用状况相同或相近的土地。

8.3.1　会计处理规则

企业采用公允价值模式计量投资性房地产的,也通过"投资性房地产"科目核算,应当分别按照"成本"和"公允价值变动"进行明细核算。投资性房地产作为企业主营业务的,应通过"主营业务收入"和"主营业务成本"科目核算相关的损益。企业采用公允价值模式计量的投资性房地产,该科目期末借方余额,反映投资性房地产的公允价值。

采用公允价值模式计量的,不对投资性房地产计提折旧或进行摊销,应当以资产负债表日投资性房地产的公允价值为基础调整其账面价值,公允价值与原账面价值之间的差额计入当期损益。这种处理规则与交易性金融资产的处理规则相同。

【例8-4】

20×7年1月,金波置地有限公司与润叶家具股份公司签订租赁协议,约定将金波置地有限公司开发的一栋写字楼于开发完成的同时开始租赁给润叶家具股份公司使用,租赁期为 5 年。当年 3 月 1 日，该写字楼开发完成并开始起租，写字楼的造价为 30 000 万元。20×7 年 12 月 31 日，该写字楼的公允价值为 39 000 万元。金波置地有限公司采用公允价值模式计量。金波置地有限公司的账务处理如下：

（1）开发完成写字楼并出租时。

借：投资性房地产——成本　　　　　　　　　　　　　　　300 000 000
　　贷：开发产品　　　　　　　　　　　　　　　　　　　　300 000 000

（2）进行盯市处理时。

借：投资性房地产——公允价值变动　　　　　　　　　　　90 000 000
　　贷：公允价值变动损益——投资性房地产　　　　　　　　90 000 000

8.3.2　计量模式的转换

企业对投资性房地产的计量模式一经确定，不得随意变更。成本模式转为公允价值模式的，应当作为会计政策变更，按照《企业会计准则第 28 号——会计政策、会计估计变更和差错更正》处理。

已采用公允价值模式计量的投资性房地产，不得从公允价值模式转为成本模式（见图 8-1）。

图 8-1　计量模式的转换

8.4　投资性房地产用途的转换

企业有确凿证据表明房地产用途发生改变，满足下列条件之一的，应当将投资性房地产转换为其他资产或者将其他资产转换为投资性房地产：（1）作为存货的房地产，改为出租。（2）自用建筑物停止自用，改为出租。（3）自用土地使用权停止自用，用于赚取租金或资本增值。（4）投资性房地产开始自用。

8.4.1　自用房地产或存货转换为采用成本模式计量的投资性房地产

在成本模式下，应当将房地产转换前的账面价值作为转换后的入账价值（见图 8-2）。

图 8-2　成本模式下投资性房地产用途的转换

将投资性房地产转为自用时,应按其在转换日的账面余额、累计折旧、减值准备等,分别转入"固定资产""累计折旧""固定资产减值准备"等科目。

【例 8-5】

20×7年1月1日,南方制造股份公司将出租在外的厂房收回,开始用于本企业生产。该项房地产账面价值为1 000万元,其中,原价1 200万元,累计折旧200万元。假设南方制造股份公司采用成本计量模式。南方制造股份公司的账务处理如下:

借:固定资产——厂房	12 000 000
投资性房地产累计折旧	2 000 000
贷:投资性房地产——厂房	12 000 000
累计折旧	2 000 000

将自用房地产转为投资性房地产时,可比照处理。

8.4.2 采用公允价值模式计量的投资性房地产转换为自用房地产

此情形下,采用公允价值模式计量的投资性房地产转换为自用房地产时,应当以其转换当日的公允价值作为自用房地产的账面价值,公允价值与原账面价值的差额计入当期损益(见图8-3)。

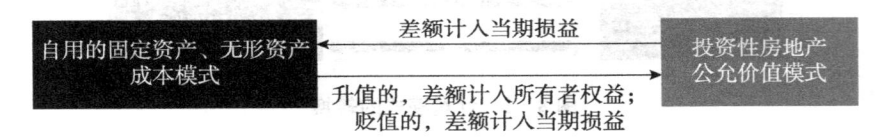

图 8-3 公允价值模式下投资性房地产用途的转换

【例 8-6】

20×7年1月1日,天良粮油有限公司因租赁期满,将出租的写字楼收回。开始作为办公楼用于本公司的行政管理。20×7年1月1日,该写字楼的公允价值为8 800万元;该项房地产在转换前采用公允价值模式计量,原账面价值为8 750万元,其中,成本8 450万元,公允价值变动为增值300万元。天良粮油有限公司的账务处理如下:

借:固定资产——写字楼	88 000 000
贷:投资性房地产——成本	84 500 000
——公允价值变动	3 000 000
公允价值变动损益	500 000

8.4.3 自用房地产或存货转换为采用公允价值模式计量的投资性房地产

此情形下,投资性房地产按照转换当日的公允价值计量,转换当日的公允价值小于原账面价值的,其差额计入当期损益;转换当日的公允价值大于原账面价值的,其差额计入所有者权益(见图8-3)。

【例8-7】

20×7年1月1日，金波置地有限公司与东方电气股份公司签订了租赁协议，将其自用的一栋写字楼出租给东方电气股份公司。租赁期开始日为20×7年2月1日。20×7年2月1日，该写字楼的账面原值85 000万元，累计折旧2 000万元，公允价值为87 000万元。20×7年12月31日。该项投资性房地产的公允价值为88 000万元。金波置地有限公司采用公允价值模式计量投资性房地产。金波置地有限公司的账务处理如下：

(1) 20×7年2月1日。

借：投资性房地产——成本　　　　　　　　　　　　　　　　870 000 000
　　累计折旧　　　　　　　　　　　　　　　　　　　　　　 20 000 000
　　贷：固定资产——写字楼　　　　　　　　　　　　　　　850 000 000
　　　　其他综合收益　　　　　　　　　　　　　　　　　　 40 000 000

(2) 20×7年12月31日。

借：投资性房地产——公允价值变动　　　　　　　　　　　　 10 000 000
　　贷：公允价值变动损益——投资性房地产　　　　　　　　 10 000 000

8.5 投资性房地产的处置

当投资性房地产被处置，或者永久退出使用且预计不能从其处置中取得经济利益时，应当终止确认该项投资性房地产。

企业出售、转让、报废投资性房地产或者发生投资性房地产毁损时，应当将处置收入扣除其账面价值和相关税费后的金额计入当期损益。

8.5.1 采用成本模式计量的投资性房地产的处置

出售、转让按成本模式进行后续计量的投资性房地产时，应当按实际收到的金额，借记"银行存款"等科目，贷记"其他业务收入"科目；按该项投资性房地产的账面价值，借记"其他业务成本"科目，按其账面余额，贷记"投资性房地产"科目；按照已计提的折旧或摊销，借记"投资性房地产累计折旧（摊销）"科目；原已计提的减值准备，借记"投资性房地产减值准备"科目。

【例8-8】

金波置地有限公司将其出租的一栋写字楼确认为投资性房地产，采用成本模式计量。租赁期届满后，金波置地有限公司将该栋写字楼出售给百合红娘有限公司，合同价款为50 000万元。买方已用银行存款支付全部房款。出售时，该栋写字楼的成本为40 000万元，已计提折旧4 000万元。金波置地有限公司的账务处理如下：

(1) 收到对价。

借：银行存款　　　　　　　　　　　　　　　　　　　　　500 000 000
　　贷：其他业务收入　　　　　　　　　　　　　　　　　500 000 000

(2) 计算代价。

借：其他业务成本	360 000 000
投资性房地产累计折旧	40 000 000
贷：投资性房地产——写字楼	400 000 000

8.5.2 采用公允价值模式计量的投资性房地产的处置

出售、转让采用公允价值模式计量的投资性房地产时，应当按实际收到的金额，借记"银行存款"等科目，贷记"其他业务收入"科目；按该项投资性房地产的账面余额，借记"其他业务成本"科目，按其成本，贷记"投资性房地产——成本"科目，按其累计公允价值变动，贷记或借记"投资性房地产——公允价值变动"科目。同时，将投资性房地产累计公允价值变动，借记或贷记"公允价值变动损益"科目，贷记或借记"其他业务收入"科目。若存在原转换日计入其他综合收益的金额，则也需一并结转，借记"其他综合收益"科目，贷记"其他业务成本"科目。

【例8-9】

20×7年1月1日，金波置地有限公司与百合红娘有限公司签订租赁协议，将其开发的一栋写字楼出租给百合红娘有限公司使用，租赁期开始日为20×7年2月1日。20×7年2月1日，该写字楼的账面余额85 000万元，公允价值为87 000万元。20×7年12月31日，该项投资性房地产的公允价值为88 000万元。20×8年1月租赁期届满，公司收回该项投资性房地产，并以95 000万元出售，出售款项已收讫。金波置地有限公司采用公允价值模式计量。金波置地有限公司的账务处理如下：

(1) 存货转换为投资性房地产。

借：投资性房地产——成本	870 000 000
贷：开发产品	850 000 000
其他综合收益	20 000 000

(2) 记录公允价值变动时。

借：投资性房地产——公允价值变动	10 000 000
贷：公允价值变动损益	10 000 000

(3) 出售投资性房地产时。

借：银行存款	950 000 000
贷：其他业务收入	950 000 000
借：其他业务成本	880 000 000
贷：投资性房地产——成本	870 000 000
——公允价值变动	10 000 000

同时，将公允价值变动及转换时原计入其他综合收益的部分冲减其他业务成本。

借：其他综合收益	20 000 000
公允价值变动损益	10 000 000
贷：其他业务成本	30 000 000

练习题

一、单项选择题

1. 20×1年7月1日,甲公司将一项按照成本模式进行后续计量的投资性房地产转换为固定资产。该资产在转换前的账面原价为4 000万元,已计提折旧200万元,已计提减值准备100万元,转换日的公允价值为3 850万元,假定不考虑其他因素,转换日甲公司应借记"固定资产"科目的金额为( )万元。

  A. 3 700   B. 3 800   C. 3 850   D. 4 000

2. 投资性房地产的后续计量从成本模式转为公允价值模式的,转换日投资性房地产的公允价值高于其账面价值的差额会对下列财务报表项目产生影响的是( )。

  A. 资本公积   B. 营业外收入   C. 未分配利润   D. 投资收益

3. 自用房地产转换为采用公允价值模式计量的投资性房地产,转换日该房地产公允价值大于账面价值的差额,正确的会计处理是( )。

  A. 计入其他综合收益   B. 计入期初留存收益
  C. 计入营业外收入   D. 计入公允价值变动损益

4. 企业将作为存货的商品房转换为采用公允价值模式进行后续计量的投资性房地产时,商品房公允价值高于账面价值的差额应当计入的项目是( )。

  A. 其他综合收益   B. 投资收益
  C. 营业外收入   D. 公允价值变动损益

二、多项选择题

下列有关投资性房地产后续计量会计处理的表述中,正确的有( )。

A. 不同企业可以分别采用成本模式或公允价值模式
B. 满足特定条件时可以采用公允价值模式
C. 同一企业可以分别采用成本模式和公允价值模式
D. 同一企业不得同时采用成本模式和公允价值模式

三、判断题

1. 投资性房地产采用公允价值模式进行后续计量的,应按资产负债表日该资产的公允价值调整其账面价值。 ( )

2. 采用公允价值模式进行后续计量的投资性房地产,应根据其预计使用寿命计提折旧或进行摊销。 ( )

第 9 章 流动负债

> **素养目标**
>
> 1. 结合中国特色社会主义法治体系学习会计法规体系。通读相关税收法律、行政法规，理解增值税、消费税等税法原理。
> 2. 培养合规管理意识，理解会计管理与财税管理的关系。

> **学习目标**
>
> 1. 掌握：应交税费、应付账款、应付票据、应付职工薪酬、应付利息的会计处理方法。
> 2. 理解：价内税与价外税的区别。
> 3. 了解：交易性金融负债的会计处理方法。

负债是指企业因法律规定或合同约定而承担的债务。《企业会计准则第 30 号——财务报表列报》第十五条规定，负债满足下列条件之一的，应当归类为流动负债（current liabilities）：（1）预计在一个正常营业周期中清偿；（2）主要为交易目的而持有；（3）自资产负债表日起一年内到期应予以清偿；（4）企业无权自主地将清偿推迟至资产负债表日后一年以上。

流动负债以外的负债应当归类为非流动负债，并应按其性质在资产负债表中分类列示。

9.1 短期借款

企业设"短期借款"科目核算企业向银行或其他金融机构等借入的期限在一年以下（含一年）的各种借款。该科目可按借款种类、贷款人和币种进行明细核算。期末贷方余额，反映企业尚未偿还的短期借款的本金。

企业从银行或其他金融机构取得短期借款时，借记"银行存款"科目，贷记"短期借款"科目。在资产负债表日按照计算确定的短期借款利息费用，借记"财务费用"科目，贷记"应付利息"科目；实际支付利息时，根据已预提的利息，借记"应付利息"科目，根据应予补记的应计利息，借记"财务费用"科目，根据应付利息总额，贷记"银行存款"科目。到期偿还本金时，借记"短期借款"科目，贷记"银行存款"科目。

9.2 应交税费

企业设"应交税费"科目核算按照税法规定计算应缴纳的各种税费，包括：增值税、消费税；所得税；资源税、土地增值税、城市维护建设税、房产税、城镇土地使用税、车船税、教育费附加、矿产资源补偿费等。代扣代缴的个人所得税，也通过该科目核算。该科目可按应交的税费项目进行明细核算。应交增值税还应设置专栏进行明细核算。该科目期末贷方余额，反映企业尚未缴纳的税费；期末如为借方余额，反映企业多交或尚未抵扣的税金。不需要预计应交数额的税金，如印花税、契税、耕地占用税等，不在该科目核算。

9.2.1 增值税

鉴于流转税在企业实践中的特殊重要性，本书特地着以笔墨，帮助读者比较全面地把握增值税、消费税的理论要点和操作要领。

1. 增值税的税制运行原理

我国现行税法将纳税人区分为一般纳税人和小规模纳税人，分别规定了不同的征税措施。

一般纳税人通常是会计管理比较规范的企业。它们有资格申领增值税专用发票（见图9-1）。请注意与普通发票作对比。

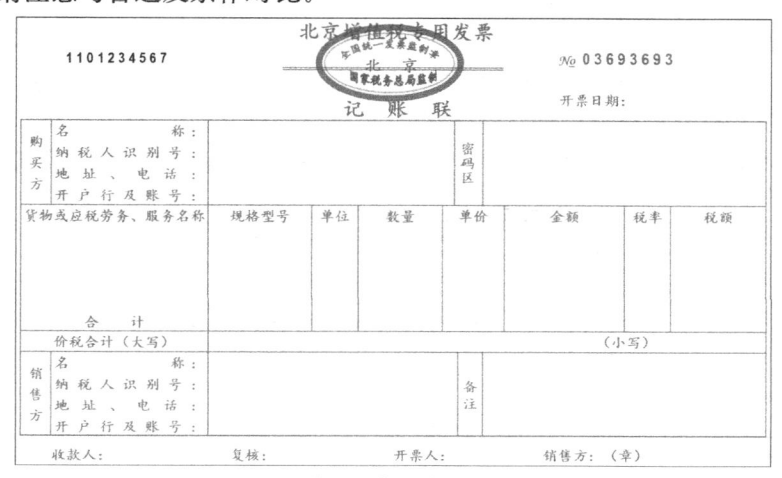

图9-1 增值税专用发票（机打发票）示例

专栏 9-1　　　　　　　　增值税相关法规概要（1）

专用发票，是增值税一般纳税人销售货物或者提供应税劳务开具的发票，是购买方支付增值税税额并可按照增值税有关规定据以抵扣增值税进项税额的凭证。

一般纳税人应通过增值税防伪税控系统使用专用发票。"使用"，包括领购、开具、缴销、认证纸质专用发票及其相应的数据电文。"防伪税控系统"，是指经国务院同意推行的，使用专用设备和通用设备、运用数字密码和电子存储技术管理专用发票的计算机管理系统。"专用设备"，是指金税卡、IC 卡、读卡器和其他设备。"通用设备"，是指计算机、打印机、扫描器具和其他设备。

专用发票由基本联次或者基本联次附加其他联次构成，基本联次为三联：发票联、抵扣联和记账联。发票联，作为购买方核算采购成本和增值税进项税额的记账凭证；抵扣联，作为购买方报送主管税务机关认证和留存备查的凭证；记账联，作为销售方核算销售收入和增值税销项税额的记账凭证。其他联次用途，由一般纳税人自行确定。

一般纳税人销售货物或者提供应税劳务，应向购买方开具专用发票。商业企业一般纳税人零售的烟、酒、食品、服装、鞋帽（不包括劳保专用部分）、化妆品等消费品不得开具专用发票。税务总局进一步扩大小规模纳税人自行开具增值税专用发票范围，小规模纳税人（其他个人除外）发生增值税应税行为、需要开具增值税专用发票的，可以自愿使用增值税发票管理系统自行开具。销售免税货物不得开具专用发票，法律、法规及国家税务总局另有规定的除外。

一般纳税人设置"应交税费——应交增值税"科目计算每个纳税期限内的增值税应纳税额。在手工记账的情形下，需购置专用的、设有若干专栏的账页，这种账页是专门用于计算增值税应纳税额的（见图 9-2）。计算机账务处理环境下的打印账页与之基本相同。它是会计制度遵循税收法规的范例，请仔细观摩其账页结构，以便理解设置专栏的意义。该科目通常无余额，若有余额则只会在借方（原因见下文），这是负债类账户中的特例，提醒读者留意。根据本书所设定的难度，本小节将会用到"应交税费——应交增值税"账户中常设的"进项税额""已交税金""转出未交增值税""销项税额""进项税额转出""转出多交增值税"等专栏。实务中，涉及出口业务的企业还需要设置"出口退税""出口抵减应纳税额"等专栏，本书从略，需要时可参考相关税收法规。

应交税费——应交增值税　　明细账

月日	摘要	借方专栏			贷方专栏		
		进项税额	已交税金	转出未交增值税	销项税额	进项税额转出	转出多交增值税
		十万千百十元角分	十万千百十元角分	十万千百十元角分	十万千百十元角分	十万千百十元角分	十万千百十元角分

图 9-2　"应交税费——应交增值税"账页的常用专栏示意图

一般纳税人按照"应纳税额＝当期销项税额－当期进项税额"的办法来申报纳税。当期销项税额小于当期进项税额（即销项税额不足抵扣）时，其不足部分可以结转下期继续抵扣。

2. "进项税额"专栏的用法

【例9-1】

中原粮油股份公司收购免税农业产品，实际支付的价款为3 000 000元，收购的农业产品已验收入库。相关的账务处理如下：

借：在途物资　　　　　　　　　　　　　　　　　　　　2 610 000
　　应交税费——应交增值税（进项税额）　　　　　　　　390 000
　　贷：银行存款　　　　　　　　　　　　　　　　　　　3 000 000

3. "销项税额"专栏的用法

纳税人销售货物或者应税劳务，按照销售额和税率计算并向购买方收取的增值税税额，为销项税额。销项税额计算公式为：

销项税额＝销售额×税率

（1）常规销售的情形。

【例9-2】

绿野建材股份公司当期销售产品，货物不含税售价为10 000 000元，税额为1 300 000元，价税合计11 300 000元。货款尚未收到。相关的账务处理如下：

借：应收账款　　　　　　　　　　　　　　　　　　　　11 300 000
　　贷：主营业务收入　　　　　　　　　　　　　　　　　10 000 000
　　　　应交税费——应交增值税（销项税额）　　　　　　 1 300 000

（2）视同销售的情形。

增值税相关法规概要（2）　　增值税相关法规概要（3）　　增值税相关法规概要（4）

【例9-3】

绿野建材股份公司将自己生产的产品用于某工程项目。产品的成本为200 000元，计税价格为220 000元。假定该产品的增值税税率为13%。相关的账务处理如下：

用于工程的产品的销项税额＝220 000×13%＝28 600(元)

借：在建工程	228 600	
贷：库存商品		200 000
应交税费——应交增值税（销项税额）		28 600

4. "进项税额转出"专栏的用法

带有进项税额的货物在购入后，若发生非正常损失（指因管理不善造成被盗、丢失、霉烂变质的损失）或者用于非应税项目，其进项税额就不能享受抵扣，应相应转入有关科目。

【例9-4】

良品实业有限公司月末盘亏原材料一批，该批原材料的实际成本为100 000元，增值税税额为13 000元。相关的账务处理如下：

借：待处理财产损溢——待处理流动资产损溢	113 000	
贷：原材料		100 000
应交税费——应交增值税（进项税额转出）		13 000

5. "已交税金"专栏的用法

在纳税期限内缴交增值税时，借记"应交税费——应交增值税（已交税金）"科目，贷记"银行存款"科目。

6. 纳税期间期末的会计处理

若计税期末进项税额全部用于抵扣，则清空"应交税费——应交增值税"账户。具体而言：对于在计税期末有欠交增值税的情形，借记"应交税费——应交增值税（转出未交增值税）"科目，贷记"应交税费——未交增值税"科目；对于在计税期末有多交了增值税的情形，借记"应交税费——未交增值税"科目，贷记"应交税费——应交增值税（转出多交增值税）"科目。

专栏9-2　　　　为什么要设置"应交税费——未交增值税"账户

一般纳税人设置"应交税费——未交增值税"账户，该账户专门用于记录企业的欠税额。企业在"应交税费——应交增值税"账户中计算出纳税期限内的纳税义务后，如果未及时缴纳增值税，则应将纳税义务从"应交税费——应交增值税（转出未交增值税）"账户转入该账户。"应交税费——未交增值税"账户的余额，如果是借方余额，反映企业当期预交时多交的增值税；如果是贷方余额，则反映企业当期预交时欠交的增值税。

设置此明细账户，是为了分别反映一般纳税人欠交增值税和待抵扣增值税的情况，确保企业及时足额上交增值税，避免企业用以前月份欠交增值税抵扣以后月份未抵扣的增值税。企业当月多交、欠交的增值税分别从"应交税费——应交增值税"账户的"转出多交增值税""转出未交增值税"两个专栏中结转到"应交税费——未交增值税"账户。这样经过结转后,"应交税费——应交增值税"账户的借方余额,反映企业尚未抵扣的增值税,即尚待抵扣的进项税额。

若进项税额还有很多,则保留专栏借方。只有在进项税额很多,销项税额较少的情况下,"应交税费——应交增值税"科目才会有余额,且为借方余额。该余额反映企业尚未抵扣的增值税,即尚待抵扣的进项税额。值得注意的是,这个负债类明细账户的余额居然是在借方。

【例9-5】
东方实业股份公司为增值税一般纳税人,税务机关核定的增值税纳税期限为一个月。适用的增值税税率为13%,材料采用实际成本进行日常核算。该公司20×8年4月30日"应交税费——应交增值税"科目借方余额为10 000元,该借方余额均可从以后的销项税额中抵扣。

5月发生涉及增值税的经济业务及其账务处理如下:

(1) 购买原材料一批,增值税专用发票上注明的价款为600 000元,增值税税额为78 000元,款项已经转账支付,原材料已经验收入库。

借:原材料　　　　　　　　　　　　　　　　　　　　　　　　600 000
　　应交税费——应交增值税(进项税额)　　　　　　　　　　 78 000
　　贷:银行存款　　　　　　　　　　　　　　　　　　　　　678 000

(2) 销售产品一批,不含增值税销售价格为200 000元,实际成本为160 000元,提货单和增值税专用发票已交购货方,货款尚未收到。该销售符合收入确认条件。

借:应收账款　　　　　　　　　　　　　　　　　　　　　　　226 000
　　贷:主营业务收入　　　　　　　　　　　　　　　　　　　200 000
　　　　应交税费——应交增值税(销项税额)　　　　　　　　 26 000
借:主营业务成本　　　　　　　　　　　　　　　　　　　　　160 000
　　贷:库存商品　　　　　　　　　　　　　　　　　　　　　160 000

(3) 用库存的产成品对外投资,双方协议按成本作价。该批库存产成品的成本为400 000元,计税价格为410 000元,应缴纳的增值税税额为53 300元。

借:长期股权投资　　　　　　　　　　　　　　　　　　　　　453 300
　　贷:库存商品　　　　　　　　　　　　　　　　　　　　　400 000
　　　　应交税费——应交增值税(销项税额)　　　　　　　　 53 300

(4) 月末盘亏原材料一批(为非正常损失),该批原材料的实际成本为100 000元,增值税税额为13 000元。

借:待处理财产损溢——待处理流动资产损溢　　　　　　　　 113 000
　　贷:原材料　　　　　　　　　　　　　　　　　　　　　　100 000
　　　　应交税费——应交增值税(进项税额转出)　　　　　　 13 000

(5) 转账预交增值税4 000元。

借:应交税费——应交增值税(已交税金)　　　　　　　　　　 4 000
　　贷:银行存款　　　　　　　　　　　　　　　　　　　　　 4 000

(6) 月末将本月应交未交增值税转入未交增值税明细科目。

借：应交税费——应交增值税（转出未交增值税）　　　300
　　贷：应交税费——未交增值税　　　　　　　　　　　　300

计算过程如下：

5月发生的销项税额＝26 000＋53 300＝79 300（元）
5月调整后进项税额＝进项税额－进项税额转出
　　　　　　　　　＝－10 000－78 000＋13 000
　　　　　　　　　＝－75 000（元）
5月应交增值税税额＝79 300－75 000＝4 300（元）
5月应交未交的增值税税额＝4 300－4 000＝300（元）

"应交税费——应交增值税"科目各专栏的记载情况如表9－1所示。

表9－1　"应交税费——应交增值税"科目各专栏的记载情况

借方			贷方		
进项税额	已交税金	转出未交增值税	销项税额	进项税额转出	转出多交增值税
期初 10 000 ①78 000	⑤4 000	⑥300	②26 000 ③53 300	④13 000	

小规模纳税人

9.2.2　消费税

1. 一般情形下的会计处理

企业应在"应交税费"科目下设置"应交消费税"明细科目，核算其应交消费税的发生、缴纳情况。企业根据应交的消费税，借记"税金及附加"科目，贷记"应交税费——应交消费税"科目；实际缴纳时，借记"应交税费——应交消费税"科目，贷记"银行存款"科目。

专栏9－3　　　　　　　　　　如何理解消费税

在中华人民共和国境内生产、委托加工和进口《中华人民共和国消费税暂行条例》规定的消费品的单位和个人，以及国务院确定的销售该条例规定的消费品的其他单位和个人，为消费税的纳税人，应当依法缴纳消费税。应税消费品，是指烟、酒及酒精、高档化妆品、贵重首饰及珠宝玉石、鞭炮及焰火、成品油、小汽车、摩托车、高尔夫球及球具、高档手表、游艇、木制一次性筷子、实木地板、电池、涂料。对纳税人出口应税消费品，免征消费税（另有规定的除外）。

为避免与增值税混淆，消费税实行价内征收，称作价内税。这是相对于增值税（价外税）而言的。如此，消费税税额便成为增值税税基的一部分。理解消费税与增值税的关系对于掌握流转税税制和企业实践至关重要。消费税（consumption tax）与增值税（value added tax）的关系如图 9-3 所示。

图 9-3　消费税与增值税的关系示意图

一般来说，在已知生产成本和必要利润的情况下，厂商为确保其必要利润，所确定的不含增值税的销售价格为 $\dfrac{生产成本+必要利润}{1-消费税税率}$，所确定的价税合计为 $\dfrac{生产成本+必要利润}{1-消费税税率} \times (1+增值税税率)$。

消费税分别实行从价定率（即应纳税额＝销售额×比例税率）、从量定额（应纳税额＝销售数量×定额税率）和复合计税（即应纳税额＝销售额×比例税率＋销售数量×定额税率）三种计税方法。

【例 9-6】

嘉陵摩托股份公司某年某月销售一辆该公司生产的摩托车给鲁西西商贸股份公司，不含增值税的销售价格为每辆 20 000 元，适用的增值税税率为 13%，消费税税率为 10%。当天收到转账支票。摩托车每辆生产成本为 8 000 元。鲁西西商贸股份公司进货后立即转手卖出，不含增值税的销售价格为每辆 40 000 元。

（1）嘉陵摩托股份公司的会计处理。

1）销售商品时。

增值税销项税额＝20 000×13%＝2 600(元)

借：银行存款	22 600
贷：主营业务收入	20 000
应交税费——应交增值税（销项税额）	2 600

2）结转主营业务成本时。

借：主营业务成本	8 000
贷：库存商品	8 000

3）计算应交消费税时。

应缴纳的消费税＝20 000×10%＝2 000(元)

借：税金及附加	2 000
贷：应交税费——应交消费税	2 000

(2) 鲁西西商贸股份公司的会计处理。

1) 购入商品时。

借：库存商品　　　　　　　　　　　　　　　　　　　　　　　20 000
　　应交税费——应交增值税（进项税额）　　　　　　　　　　 2 600
　　　贷：银行存款　　　　　　　　　　　　　　　　　　　　22 600

2) 销售商品时。

借：银行存款　　　　　　　　　　　　　　　　　　　　　　　45 200
　　　贷：主营业务收入　　　　　　　　　　　　　　　　　　40 000
　　　　　应交税费——应交增值税（销项税额）　　　　　　　 5 200

3) 结转主营业务成本。

借：主营业务成本　　　　　　　　　　　　　　　　　　　　　20 000
　　　贷：库存商品　　　　　　　　　　　　　　　　　　　　20 000

专栏9-4　　运用会计知识解释价外税与价内税

会计知识有助于深入理解财税法规。

一、价外税（增值税）

(1) 购买货物时，在通常的可抵扣情形下，支付的"价税合计"中所包含的增值税"税额"记入"应交税费——应交增值税（进项税额）"专栏，不计入存货的入账价值。

(2) 销售时，收取的"价税合计"中所包含的增值税"税额"记入"应交税费——应交增值税（销项税额）"专栏，不计入主营业务收入。主营业务收入是根据不含增值税的金额记账的。

(3) 结转成本时，主营业务成本里面也不包含增值税因素（因为存货入账价值中不曾包含增值税）。

由此可见，在通常的可抵扣情形下，增值税不计入货物的价值，也不涉及利润表项目，基本上采取专栏的方式来操作。

二、价内税（消费税）

对于应税消费品的制造商（比如上例中的嘉陵摩托股份公司）来说：

(1) "库存商品"的账面价值是实际成本，不包含消费税。

(2) 销售时，售价中要考虑消费税。限于税制设计和增值税专用发票的规定，含有消费税的、不含增值税的货物金额记载在专用发票的"金额"栏目内。增值税单独列在专用发票的"税额"栏目内。故而，主营业务收入含有消费税。

(3) 结转成本时，"主营业务成本"科目中仅仅考虑了"库存商品"的账面成本。由于在"主营业务收入"科目中已经包括收到的应上缴的消费税，因此，需要通过"税金及附加"、"应交税费——应交消费税"科目反映这一成本费用及纳税义务。

对于应税消费品的销售商（比如上例中的鲁西西商贸股份公司）来说，由于消费税的特征是单一环节征收的价内税，通常生产商已经履行了纳税义务，因此，销售商通常不用考虑消费税问题（销售商的进货价格已经包含消费税，不再征收消费税）。销售商只需要按照常规处理增值税业务即可。

2. 涉及消费税的委托加工物资的会计处理
委托加工物资如果涉及消费税，则需要按照税法的规定进行会计处理。

专栏 9-5　　　　　　　　　消费税的纳税义务发生时间

一、纳税义务发生时间

纳税人生产的应税消费品，于纳税人销售时纳税。纳税人自产自用的应税消费品，用于连续生产应税消费品的，不纳税；用于其他方面的，于移送使用时纳税。用于连续生产应税消费品，是指纳税人将自产自用的应税消费品作为直接材料生产最终应税消费品，自产自用应税消费品构成最终应税消费品的实体。用于其他方面，是指用于生产非应税消费品、在建工程、管理部门、非生产机构、提供劳务、馈赠、赞助、集资、广告、样品、职工福利、奖励等方面。纳税人销售的应税消费品，以及自产自用的应税消费品，应当向纳税人机构所在地或者居住地的主管税务机关申报纳税。

委托加工的应税消费品，除受托方为个人外，由受托方在向委托方交货时代收代缴税款，向受托方机构所在地或者居住地的主管税务机关解缴消费税税款。委托加工的应税消费品，委托方用于连续生产应税消费品的，所纳税款准予按规定抵扣。

进口的应税消费品，于报关进口时，向报关地海关申报纳税。

二、组成计税价格

纳税人自产自用的应税消费品，按照纳税人生产的同类消费品的销售价格计算纳税；没有同类消费品销售价格的，按照组成计税价格计算纳税。

从价定率的情形，公式如下：

$$组成计税价格 = \frac{成本 + 利润}{1 - 比例税率}$$

复合计税的情形，公式如下：

$$组成计税价格 = \frac{成本 + 利润 + 自产自用数量 \times 定额税率}{1 - 比例税率}$$

委托加工的应税消费品，按照受托方的同类消费品的销售价格计算纳税；没有同类消费品销售价格的，按照组成计税价格计算纳税。

从价定率的情形，公式如下：

$$组成计税价格 = \frac{材料成本 + 加工费}{1 - 比例税率}$$

复合计税的情形，公式如下：

$$组成计税价格 = \frac{材料成本 + 加工成本 + 委托加工数量 \times 定额税率}{1 - 比例税率}$$

(1) 委托加工完成后直接用于销售的情形下的会计处理。

【例 9-7】

东南商贸股份公司委托西北实业股份公司加工物资一批，属于应税消费品，原材料成本为 100 000 元。加工费的不含增值税价格为 80 000 元，消费税税率为 10%。材料加工完成入库，加工费等已经支付。双方适用的增值税税率为 13%。东南商贸股份公司按实际成本对原材料进行日常核算。相关的账务处理如下：

(1) 发出委托加工材料时。

借：委托加工物资	100 000
贷：原材料	100 000

(2) 支付加工费时。

组成计税价格 =(100 000 + 80 000)÷(1 − 10%)= 200 000(元)
受托方代收代缴的消费税 = 200 000 × 10% = 20 000(元)
增值税应税劳务的进项税额 = 80 000 × 13% = 10 400(元)

受托方向委托方收取的加工费价税合计为 90 400 元，代收代缴消费税 20 000 元，即委托方共支付 110 400 元。相关的账务处理如下：

(3) 在向受托方交款时。

借：委托加工物资	100 000
应交税费——应交增值税（进项税额）	10 400
贷：银行存款	110 400

(4) 收回加工好的物资时。

借：库存商品	200 000
贷：委托加工物资	200 000

直接销售该商品时，只需处理销售环节的增值税即可。

(2) 委托加工之后用于连续生产应税消费品的情形下的会计处理。

委托方以高于受托方的计税价格出售的，不属于直接出售，需按照规定申报缴纳消费税，在计税时准予扣除受托方已代收代缴的消费税。

【例 9-8】

沿用例 9-7 的相关资料。材料加工完成入库后用于继续生产应税消费品。相关的账务处理如下：

(1) 发出委托加工材料时。

借：委托加工物资	100 000
贷：原材料	100 000

(2) 支付加工费时。

借：委托加工物资	80 000
应交税费——应交增值税（进项税额）	10 400
——应交消费税	20 000
贷：银行存款	110 400

(3) 收回加工好的物资时。

借：库存商品　　　　　　　　　　　　　　　　　　　　　　　　180 000
　　贷：委托加工物资　　　　　　　　　　　　　　　　　　　　　　180 000

(4) 假定卖出去的最终产品所含的消费税为 80 000 元。

借：税金及附加　　　　　　　　　　　　　　　　　　　　　　　　 80 000
　　贷：应交税费——应交消费税　　　　　　　　　　　　　　　　　 80 000

(5) 缴纳消费税时。在后一环节实际缴纳的消费税就是 60 000 元（80 000－20 000）。

借：应交税费——应交消费税　　　　　　　　　　　　　　　　　　 60 000
　　贷：银行存款　　　　　　　　　　　　　　　　　　　　　　　　 60 000

9.3　合同负债、应付账款和应付票据

9.3.1　合同负债

企业设置"合同负债"科目核算企业按照合同约定向购货单位预收的款项。该科目可按购货单位进行明细核算。该科目期末贷方余额，反映企业向购货单位预收的款项。

收到预收款项时，借记"银行存款"科目，贷记"合同负债"科目。清算预收款项时，借记"合同负债"科目，贷记有关科目。

【例 9-9】

天龙贸易有限公司为增值税一般纳税人，适用的增值税税率为 13%。20×6 年 5 月 3 日，采用预收款销售方式销售一批商品给金波实业有限公司。该批商品的不含税销售价格为 1 000 000 元，税额为 130 000 元，价税合计 1 130 000 元。合同约定，购货方应于协议签订之日预付 300 000 元，其余部分于 7 月 31 日付清。该批产品的实际成本为 900 000 元。天龙贸易有限公司的会计处理如下：

(1) 收到购货方交来的预付款时。

借：银行存款　　　　　　　　　　　　　　　　　　　　　　　　　300 000
　　贷：合同负债　　　　　　　　　　　　　　　　　　　　　　　　300 000

(2) 收到剩余的货款及增值税税额时。

借：合同负债　　　　　　　　　　　　　　　　　　　　　　　　　300 000
　　银行存款　　　　　　　　　　　　　　　　　　　　　　　　　830 000
　　贷：主营业务收入　　　　　　　　　　　　　　　　　　　　　1 000 000
　　　　应交税费——应交增值税（销项税额）　　　　　　　　　　　130 000
借：主营业务成本　　　　　　　　　　　　　　　　　　　　　　　900 000
　　贷：库存商品　　　　　　　　　　　　　　　　　　　　　　　　900 000

9.3.2 应付账款

企业设置"应付账款"科目核算企业因购买材料、商品和接受劳务等经营活动而应支付的款项。该科目可按照债权单位进行明细核算。该科目期末贷方余额，反映企业尚未支付的应付账款。

9.3.3 应付票据

企业设置"应付票据"科目核算企业购买材料、商品和接受劳务供应等而开出、承兑的商业汇票（包括银行承兑汇票和商业承兑汇票）。该科目期末贷方余额，反映企业尚未到期的商业汇票的票面金额。企业开出、承兑商业汇票时，借记"库存商品""应交税费——应交增值税（进项税额）"等科目，贷记"应付票据"科目。商业汇票到期付款时，借记"应付票据"科目，贷记"银行存款"科目。

企业应当设置应付票据备查簿，详细登记商业汇票的种类、号数和出票日期、到期日、票面余额、交易合同号和收款人姓名或单位名称以及付款日期和金额等资料。应付票据到期结清时，在备查簿中应予注销。

9.4 应付职工薪酬

《企业会计准则第9号——职工薪酬》中所称的职工薪酬，是指企业为获得职工提供的服务而给予各种形式的报酬以及其他相关支出，包括：（1）职工工资、奖金、津贴和补贴；（2）职工福利费；（3）医疗保险费、养老保险费、失业保险费等社会保险费；（4）住房公积金；（5）工会经费和职工教育经费；（6）非货币性福利；（7）因解除与职工的劳动关系给予的补偿；（8）其他与获得职工提供的服务相关的支出。上述（3）和（4）项即为俗称的"五险一金"。

9.4.1 货币性薪酬

1. 一般情形

企业应当在职工为其提供服务的会计期间，将应付的职工薪酬确认为负债，除因解除与职工的劳动关系给予的补偿外，应当根据职工提供服务的受益对象，分别计入成本费用类科目：（1）应由生产产品、提供劳务负担的职工薪酬，计入产品成本或劳务成本。（2）应由在建工程、无形资产负担的职工薪酬，计入建造固定资产或无形资产成本。（3）其他职工薪酬，计入当期损益。

企业为职工缴纳的医疗保险费、养老保险费、失业保险费、工伤保险费、生育保险费等社会保险费和住房公积金，应当在职工为其提供服务的会计期间，根据工资总额的一定比例计算，并比照上述规定处理。

企业设"应付职工薪酬"科目核算企业应付给职工的各种薪酬。该科目可按"工资""职工福利""社会保险费""住房公积金""工会经费""职工教育经费""非货币性福利""辞退福利""股份支付"等进行明细核算。该科目期末贷方余额，反映企业应付未付的职工薪酬。

企业应当在职工为其提供服务的会计期间，根据职工提供服务的受益对象，将应确认的职工薪酬（包括货币性薪酬和非货币性福利）计入相关资产成本或当期损益：生产部门人员的职工薪酬，记入"生产成本""制造费用""劳务成本"等科目；管理部门人员的职工薪酬，记入"管理费用"科目；销售人员的职工薪酬，记入"销售费用"科目；应由在建工程、研发支出负担的职工薪酬，记入"在建工程""研发支出"等科目。同时，贷记"应付职工薪酬"科目及其各个对应的明细科目。实际支付时，借记"应付职工薪酬"科目及其各个对应的明细科目，贷记"银行存款""库存现金"等科目。

【例 9-10】

东方木工有限公司计算发放直接生产人员工资 600 万元，管理人员工资 300 万元，分别代扣代缴个人所得税 15 万元和 4 万元。相关的账务处理如下：

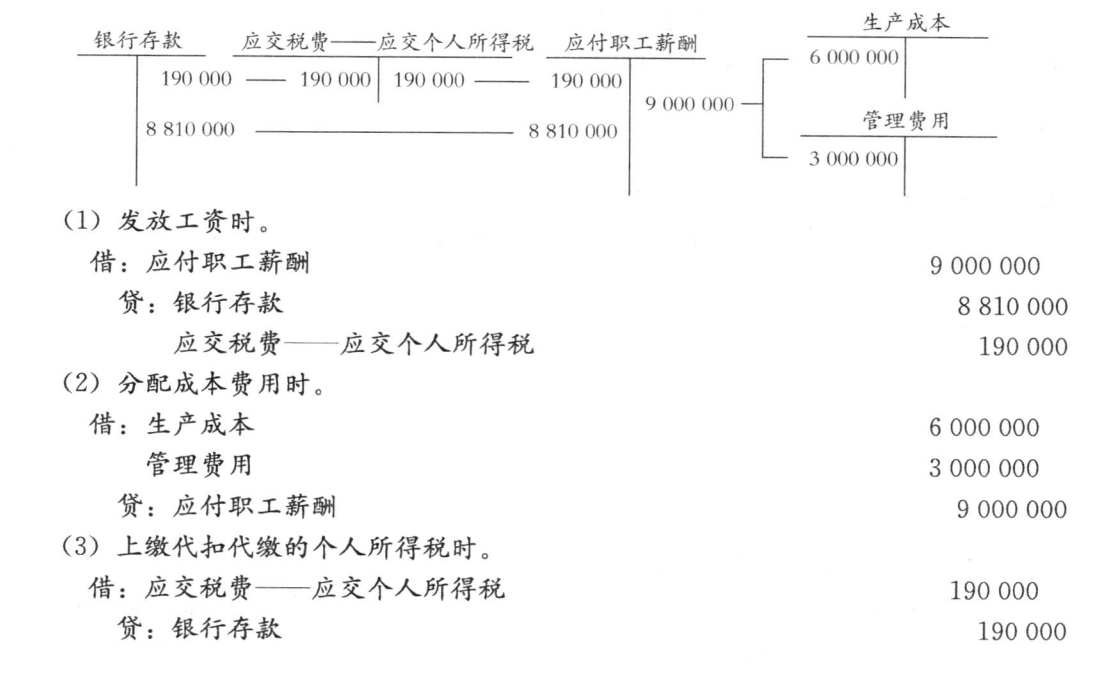

```
    银行存款      应交税费——应交个人所得税   应付职工薪酬         生产成本
                                                                6 000 000
    190 000  ——  190 000    190 000  ——  190 000
                                              9 000 000         管理费用
  8 810 000  ————————————————————————  8 810 000
                                                                3 000 000
```

(1) 发放工资时。
  借：应付职工薪酬   9 000 000
    贷：银行存款   8 810 000
      应交税费——应交个人所得税   190 000

(2) 分配成本费用时。
  借：生产成本   6 000 000
    管理费用   3 000 000
    贷：应付职工薪酬   9 000 000

(3) 上缴代扣代缴的个人所得税时。
  借：应交税费——应交个人所得税   190 000
    贷：银行存款   190 000

2. 利润分享和奖金计划

实务中，实行工效挂钩的企业根据经济效益增长的实际情况提取的工资，类似于利润分享和奖金计划。应作为成本费用处理，不应作为净利润的分配。

【例 9-11】

天良粮油有限公司实行利润分享型奖金制度。公司 20×6 年 9 月预计奖金总额约为

600万元。其会计分录如下:

借:管理费用 6 000 000
　　贷:应付职工薪酬 6 000 000

9.4.2 非货币性福利

1. 发放实物的情形

对于以其自产产品发放给职工作为福利的情形,企业应当按照该产品的公允价值和相关税费计算应计入成本费用的职工薪酬金额,同时,确认主营业务收入。销售成本的结转和相关税费的处理与正常销售相同。

对于以外购商品发放给职工作为福利的情形,企业应当按照该商品的公允价值和相关税费,计量应计入成本费用的职工薪酬金额。

2. 提供免费的在职消费的情形

将拥有的住房、汽车等资产无偿提供给职工使用的,应当根据受益对象,将住房每期应计提的折旧计入相关资产成本或当期损益,同时确认应付职工薪酬。

租赁住房等资产供职工无偿使用的,应当根据受益对象,将每期应付的租金计入相关资产成本或当期损益,并确认应付职工薪酬。

【例9-12】

论文工场有限公司为总部部门经理级别以上职工每人提供一辆野旅牌汽车免费使用。该公司总部共有部门经理以上职工50名,假定每辆汽车每月计提折旧1 000元。该公司还为其10名副总裁以上的高级管理人员每人租赁一套公寓免费使用,每套月租金为8 000元。该公司每月应就上述业务做如下账务处理:

借:管理费用 130 000
　　贷:应付职工薪酬——非货币性福利 130 000
借:应付职工薪酬——非货币性福利 130 000
　　贷:累计折旧 50 000
　　　　其他应付款 80 000

3. 向职工提供带有补贴的商品或服务的情形

补贴额的处理:如果附有服务年限要求,则将补贴额作为长期待摊费用处理,在服务年限内平均摊销,计入成本费用;如果未附有服务年限要求,则应将补贴额直接计入当期损益。

【例9-13】

新兴实业股份公司20×8年以每套180万元购入住房,并按每套150万元出售给20名总部管理人员;以每套100万元购入住房,并按每套80万元出售给80名直接生产人员。售房协议规定职工必须服务满10年。其会计分录如下:

(1) 公司向职工出售住房时。

借：银行存款	94 000 000
长期待摊费用	22 000 000
贷：固定资产	116 000 000

(2) 按10年平均摊销计入成本费用时。

借：生产成本	1 600 000
管理费用	600 000
贷：应付职工薪酬——非货币性福利	2 200 000
借：应付职工薪酬——非货币性福利	2 200 000
贷：长期待摊费用	2 200 000

9.4.3　辞退福利

企业在职工劳动合同到期之前解除与职工的劳动关系，或者为鼓励职工自愿接受裁减而提出给予补偿的建议，同时满足下列条件的，应当确认因解除与职工的劳动关系给予补偿而产生的预计负债，同时计入当期损益：(1) 企业已经制定正式的解除劳动关系计划或提出自愿裁减建议，并即将实施。该计划或建议应当包括拟解除劳动关系或裁减的职工所在部门、职位及数量；根据有关规定按工作类别或职位确定的解除劳动关系或裁减补偿金额；拟解除劳动关系或裁减的时间。(2) 企业不能单方面撤回解除劳动关系计划或裁减建议。

辞退福利通常采取在解除劳动关系时一次性支付补偿的方式，也有通过提高退休后养老金或其他离职后福利的标准，或者将职工工资支付至辞退后未来某一期间的方式。

正式的辞退计划或建议应当经过批准。辞退工作一般应当在一年内实施完毕，但因付款程序等原因使部分款项推迟至一年后支付的，视为符合应付职工薪酬的确认条件。

9.5　应付利息、应付股利和其他应付款

9.5.1　应付利息

企业设置"应付利息"科目核算按照借款合同、债券等合同的约定应当支付的利息。该科目可按存款人或债权人进行明细核算。该科目期末贷方余额，反映企业按照合同约定应支付但尚未支付的利息。

计算确定利息费用时，借记"财务费用"等科目，贷记"应付利息"科目。实际支付利息时，借记"应付利息"科目，贷记"银行存款"科目。

9.5.2　应付股利

企业设置"应付股利"科目核算企业分配的现金股利或利润。股票股利不通过该科

目核算。该科目可按投资者进行明细核算。该科目期末贷方余额，反映企业尚未支付的现金股利或利润。

根据股东会通过的利润分配方案，按应支付的现金股利或利润，借记"利润分配——应付现金股利"科目，贷记"应付股利"科目。实际支付现金股利或利润，借记"应付股利"科目，贷记"银行存款"等科目。

9.5.3　其他应付款

企业设置"其他应付款"科目核算企业除应付票据、应付账款、预收账款、应付职工薪酬、应付股利、应付利息、应交税费、长期应付款等以外的其他各项应付、暂收的款项，如应付租入包装物租金、存入保证金等。该科目可按其他应付款的项目和对方单位（或个人）进行明细核算。企业发生其他各种应付、暂收款项时，借记"管理费用"等科目，贷记"其他应付款"科目；支付其他各种应付款项或退回其他各种暂收款项时，借记"其他应付款"科目，贷记"银行存款"等科目。该科目期末贷方余额，反映企业尚未支付的其他应付款项。

9.6　交易性金融负债

"交易性金融负债"科目的核算内容比较离奇，不妨把它当成传奇故事来读。

《国际会计准则第 39 号——金融工具：确认和计量》及我国《企业会计准则第 22 号——金融工具确认和计量》把金融负债分为两类（见图 9-4），一是以公允价值计量且其变动计入当期损益的金融负债（financial liabilities at fair value through profit or loss），二是其他金融负债（other financial liabilities）。前者的会计处理规则是"以公允价值计量且其变动计入当期损益"，后者是"采用实际利率法以摊余成本计量"。实务所见的金融负债大多被会计准则视为其他金融负债。这种分类多少会让人觉得有点"别扭"。

金融负债 ｛ 以公允价值计量且其变动计入当期损益的金融负债 ｛ 交易性金融负债 / 指定归入此类的金融负债
其他金融负债：通常情况下，企业发行的债券、因购买商品产生的应付账款、长期应付款等，应当划分为其他金融负债

图 9-4　金融负债的分类

企业设置"交易性金融负债"科目核算以公允价值计量且其变动计入当期损益的金融负债。

【例 9-14】

牛顿证券股份公司发行了针对天粮实业股份公司股票的认沽权证，权证持有人凭其所持有的每份认沽权证可以按照行权价 6 元卖给牛顿证券股份公司 1 股天粮实业股份公司的股票，行权期限是 3 个月。忽略交易税费等因素。天粮实业股份公司股票市价为每

股 7 元,但市场预期该公司业绩将持续走低。

20×8 年 4 月 1 日共发行 1 亿份认沽权证,每份 0.2 元。其会计分录为:

借:银行存款　　　　　　　　　　　　　　　　　　　20 000 000
　贷:交易性金融负债——认沽权证　　　　　　　　　　　　20 000 000

发行该期权之后的连续 3 个月内(直至 20×8 年 7 月 31 日),天粮实业股份公司的股价一直在 6 元以上。认沽权证到期,期权的持有者均未行权。认沽权证的发行方直接注销全部债务,全部列入利润。其会计分录为:

借:交易性金融负债——认沽权证　　　　　　　　　　　　20 000 000
　贷:投资收益　　　　　　　　　　　　　　　　　　　　20 000 000

以上例子令人匪夷所思。的确,工商企业等实体经济部门很少会用到"交易性金融负债"科目,类似业务通常是域外金融机构所为。

专栏 9-6　　　　　　　　　　**背景知识:期权**

期权合约(option contracts,又称选择权,简称期权),是一种金融合约,该合约赋予持有人在某指定日期或该日期之前任何时间以约定价格买进或卖出一定数量标的资产的权利。根据合同权利的不同,可分为看涨期权和看跌期权。看涨期权(call options,又称买权、买入期权)赋予合约的买方在特定期限内以约定价格买入标的资产的权利。在我国,基于股票的看涨期权,又称作认购备兑权证或认购权证。看跌期权(put options,又称卖权、卖出期权)赋予合约的买方在特定期限内以约定价格卖出标的资产的权利。在我国,基于股票的看跌期权,又称作认沽备兑权证或认沽权证。

期权合约的卖方(writer;seller)要向买方收取期权费(option premium)。买卖双方交易的是对未来的预期。按照预期转移资金,这就是金融工具的本质。

思考题

1. 鸿门饭店股份公司主营餐饮和旅店业务,通达物流有限公司主营运输服务,文豪酒业股份公司主营酒类加工和销售,请问它们的日常业务涉及哪些税种的核算?
2. 学习税法对于提高会计管理质量有何意义?

练习题

一、单项选择题

1. 某企业为增值税一般纳税人,适用的增值税税率为 13%,20×2 年 6 月建造厂房领用材料实际成本 20 000 元,该项业务应计入在建工程成本的金额为(　　)元。

　A. 20 000　　　B. 23 400　　　C. 24 000　　　D. 28 000

2. 20×2年2月1日某企业购入原材料一批,开出一张面值为113 000元,期限为3个月的不带息的商业承兑汇票。20×2年5月1日该企业无力支付票款时,下列会计处理正确的是(   )。

    A. 借：应付票据   113 000

       贷：短期借款   113 000

    B. 借：应付票据   113 000

       贷：其他应付款   113 000

    C. 借：应付票据   113 000

       贷：应付账款   113 000

    D. 借：应付票据   113 000

       贷：预付账款   113 000

3. 下列各项中,应列入资产负债表"其他应付款"项目的是(   )。

    A. 应付租入包装物租金

    B. 应付租入固定资产租金

    C. 结转到期无力支付的应付票据

    D. 应付由企业负担的职工社会保险费

4. 企业发生赊购商品业务,下列各项中不影响应付账款入账金额的是(   )。

    A. 商品价款   B. 增值税进项税额

    C. 现金折扣   D. 销货方代垫运杂费

5. 某公司20×8年7月1日向银行借入资金60万元,期限6个月,年利率为6%,到期还本,按月计提利息,按季付息。该公司7月31日应计提的利息为(   )万元。

    A. 0.3   B. 0.6   C. 0.9   D. 3.6

6. 一般纳税人委托其他单位加工材料收回后直接对外销售的,其发生的下列支出中,不应计入委托加工材料成本的是(   )。

    A. 发出材料的实际成本   B. 支付给受托方的加工费

    C. 支付给受托方的增值税   D. 受托方代收代缴的消费税

7. 企业作为福利为高管人员配备汽车。计提这些汽车折旧时,应编制的会计分录是(   )。

    A. 借记"累计折旧"科目,贷记"固定资产"科目

    B. 借记"管理费用"科目,贷记"固定资产"科目

    C. 借记"管理费用"科目,贷记"应付职工薪酬"科目;同时借记"应付职工薪酬"科目,贷记"累计折旧"科目

    D. 借记"管理费用"科目,贷记"固定资产"科目;同时借记"应付职工薪酬"科目,贷记"累计折旧"科目

8. 某企业于20×7年7月1日按面值发行5年期、到期一次还本付息的公司债券,该债券面值总额8 000万元,票面年利率为4%,自发行日起计息。假定票面利率与实际利率一致,不考虑相关税费,20×8年12月31日该应付债券的账面余额为(   )万元。

    A. 8 000   B. 8 160   C. 8 320   D. 8 480

二、多项选择题

1. 下列各项中，应列入资产负债表"应付职工薪酬"项目的有（　　）。
   A. 支付临时工的工资　　　　　　B. 发放困难职工的补助金
   C. 缴纳职工的工伤保险费　　　　D. 支付辞退职工的经济补偿金

2. 下列各项负债中，不应按公允价值进行后续计量的有（　　）。
   A. 企业因产品质量保证而确认的预计负债
   B. 企业从境外采购原材料形成的外币应付账款
   C. 企业根据暂时性差异确认的递延所得税负债
   D. 企业为筹集工程项目资金发行债券形成的应付债券

3. 下列各项工作中，应通过"其他应付款"科目核算的有（　　）。
   A. 应付的租入包装物租金　　　　B. 应付的社会保险费
   C. 应付的客户存入保证金　　　　D. 应付的经营租入固定资产租金

三、判断题

1. 委托加工的物资收回后用于连续生产的，应将受托方代收代缴的消费税计入委托加工物资的成本。（　　）

2. 职工薪酬是指为获得职工提供的服务而给予各种形式的报酬和其他相关支出，包括提供给职工的全部货币性薪酬和非货币性福利。（　　）

四、计算分析题

甲公司为增值税一般纳税人，增值税税率为13%。商品销售价格不含增值税，在确认销售收入时逐笔结转销售成本。假定不考虑其他相关税费。20×8年6月份甲公司发生如下业务：

（1）6月2日，向乙公司销售A商品1 600件，标价总额为800万元（不含增值税），商品实际成本为480万元。为了促销，甲公司给予乙公司15%的商业折扣并开具了增值税专用发票。甲公司已发出商品，并向银行办理了托收手续。

（2）6月10日，因部分A商品的规格与合同不符，乙公司退回A商品800件。当日，甲公司按规定向乙公司开具增值税专用发票（红字），销售退回允许扣减当期增值税销项税额，退回商品已验收入库。

（3）6月15日，甲公司将部分退回的A商品作为福利发放给本公司职工，其中生产工人500件，行政管理人员40件，专设销售机构人员60件，该商品每件市场价格为0.4万元（与计税价格一致），实际成本0.3万元。

（4）6月25日，甲公司收到丙公司来函。来函提出，20×8年5月10日从甲公司所购B商品不符合合同规定的质量标准，要求甲公司在价格上给予10%的销售折让。该商品售价为600万元，增值税税额为78万元，货款已结清。经甲公司认定，同意给予折让并以银行存款退还折让款，同时开具了增值税专用发票（红字）。

除上述资料外，不考虑其他因素。

要求：

（1）逐笔编制甲公司上述业务的会计分录。

（2）计算甲公司6月份主营业务收入总额。

（"应交税费"科目要求写出明细科目及专栏名称；答案中的金额单位用万元表示。）

第 10 章
Chapter 10 非流动负债

素养目标

1. 理解会计规则的理论逻辑、历史逻辑和实践逻辑，培养辩证思维能力。理解预计负债、借款费用资本化会计规则的设计理念及其实践困境。
2. 培养交叉学科思维能力。思考预计负债、借款费用等的会计规则与税法相关规定之区别。

学习目标

1. 掌握：长期应付款、应付债券、预计负债的会计处理方法；借款利息、辅助费用资本化的计算规则。
2. 理解：可转换债券发行方的会计处理规则；或有事项准则的设计理念；借款费用资本化与费用化的理论依据及其局限性。
3. 了解：长期借款的会计处理方法；"很可能"的判断标准及其来历；汇兑损益资本化的处理规则。

10.1 长期借款

企业设置"长期借款"科目核算其向银行或其他金融机构借入的期限在一年以上（不含一年）的各项借款。该科目按照贷款单位和贷款种类设置明细科目，并分别按"本金""利息调整"进行明细核算。该科目期末贷方余额，反映企业尚未偿还的长期借款的摊余成本。

1. 借入长期借款时的处理

企业借入长期借款，按实际收到的款项，借记"银行存款"科目，按合同本金，贷记"长期借款——本金"科目。如存在差额，还应借记"长期借款——利息调整"科目。

2. 利息费用的计算及账务处理

资产负债表日，应按摊余成本和实际利率计算确定长期借款的利息费用，借记"在建工程""制造费用""财务费用""研发支出"等科目，按合同利率计算确定的应付未付利息，贷记"应付利息"科目，按其差额，贷记"长期借款——利息调整"科目。实际利率与合同利率差异较小的，也可以采用合同利率计算确定利息费用。

3. 到期归还本金时的处理

归还长期借款本金时，借记"长期借款——本金"科目，贷记"银行存款"科目。同时，存在利息调整余额的，借记或贷记"在建工程""制造费用""财务费用""研发支出"等科目，贷记或借记"长期借款——利息调整"科目。

【例10-1】

某企业为建造专项工程，20×7年1月1日借入期限为两年的长期专项借款6 000 000元，款项已存入银行。借款利率为9%，每年付息一次，期满后一次归还本金。20×7年1月，以银行存款支付工程价款共计4 000 000元，20×8年1月又以银行存款支付工程费用2 000 000元。该项工程于20×8年8月底完工，达到预定可使用状态。假定不考虑闲置专项借款资金存款的利息收入或者投资收益。根据上述业务编制有关会计分录如下。

(1) 20×7年1月1日，取得借款时。

  借：银行存款   6 000 000
    贷：长期借款——本金   6 000 000

(2) 20×7年年初，支付工程款时。

  借：在建工程   4 000 000
    贷：银行存款   4 000 000

(3) 20×7年12月31日，计算20×7年应计入工程成本的利息时。

  借款利息＝6 000 000×9%＝540 000(元)

  借：在建工程   540 000
    贷：应付利息   540 000

(4) 20×7年12月31日支付借款利息时。

  借：应付利息   540 000
    贷：银行存款   540 000

(5) 20×8年年初支付工程款时。

  借：在建工程   2 000 000
    贷：银行存款   2 000 000

(6) 20×8年8月底达到预定可使用状态时。

借款利息＝(6 000 000×9%÷12)×8＝360 000(元)

借：在建工程	360 000	
贷：应付利息		360 000

同时，

借：固定资产	6 900 000	
贷：在建工程		6 900 000

(7) 20×8年12月31日，计算20×8年9至12月应计入财务费用的利息。

借款利息＝(6 000 000×9%÷12)×4＝180 000(元)

借：财务费用——利息支出	180 000	
贷：应付利息		180 000

(8) 20×8年12月31日支付利息和归还本金时。

借：长期借款——本金	6 000 000	
应付利息	540 000	
贷：银行存款		6 540 000

10.2　长期应付款

企业应设置"长期应付款"科目核算各种长期应付款项的发生和结清情况。该科目借方反映归还或冲销金额，贷方反映应付金额，期末贷方余额反映企业应付未付的长期应付款项。该科目可按合同项目设置明细科目进行核算。

企业购买（大型）存货或固定资产、无形资产等资产时，有可能延期支付有关价款。如果延期支付的购买价款超过正常信用条件（通常在3年以上），则被会计准则认定为"实质上具有融资性质"，所购资产的成本应当以"购买价款的现值"为基础确定。"实际支付的价款"与"购买价款的现值"之间的差额，应当在信用期间内采用实际利率法进行摊销，计入相关资产成本或当期损益。账务处理时，应按购买价款的现值，借记"库存商品""固定资产""在建工程""无形资产"等科目，按应支付的价款金额，贷记"长期应付款"科目，按其差额，借记"未确认融资费用"科目。

【例10-2】

天中实业股份公司从龙泉地产有限公司采购一栋楼房作办公大楼。房屋买卖合同约定从当年年末起分5年分期付款，每年付款2 000 000元，合计10 000 000元。在现销方式下，该楼房的全款售价为8 000 000元。相关的账务处理如下：

(1) 采购成立时。

借：固定资产	8 000 000	
未确认融资费用	2 000 000	
贷：长期应付款		10 000 000

经测算，实际利率（每个付款间隔期所对应的内含报酬率）＝7.930 826 116 052 86%。

(2) 每次支付分期付款时（共5次，以"/"隔开）。

借：长期应付款　　　　　2 000 000/2 000 000/2 000 000/2 000 000/2 000 000
　　贷：银行存款　　　　　2 000 000/2 000 000/2 000 000/2 000 000/2 000 000

计算结果如表10-1所示。

表10-1　　　　　　　　　　　　　　　　　单位：元

	期初摊余成本 本期①＝上期①－上期③	财务费用 ②＝①×实际利率	视同还本 ③＝④－②	分期付款 ④
第1年	8 000 000	634 466	1 365 534	2 000 000
第2年	6 634 466	526 168	1 473 832	2 000 000
第3年	5 160 634	409 281	1 590 719	2 000 000
第4年	3 569 915	283 124	1 716 876	2 000 000
第5年	1 853 039	146 961	1 853 039	2 000 000
合计		2 000 000	8 000 000	10 000 000

(3) 每次计算融资费用时（共5次，以"/"隔开）。

借：财务费用　　　　　　634 466/526 168/409 281/283 124/146 961
　　贷：未确认融资费用　　634 466/526 168/409 281/283 124/146 961

10.3　应付债券

企业应设置"应付债券"科目，核算企业为筹集长期资金而发行的债券。可设"面值""利息调整""应计利息"等明细科目，并按债券种类进行明细核算。该科目的期末贷方余额反映的是企业尚未偿还的债券的摊余成本。

企业应当按照实际利率法确认债券上的财务费用。实际利率与票面利率差异较小的，也可以采用票面利率计算确定利息费用。

【例10-3】

信诚食品股份公司于20×0年12月31日发行5年期一次还本的企业债券1 000 000元，实际发行价格为1 050 000元，债券利息在每年6月30日及12月31日支付，票面利率为年利率6%。经测算，此项业务的实际利率为2.430 748 626 007 84%。相关的账务处理如下：

(1) 发行债券时。

借：银行存款　　　　　　　　　　　　　　　　1 050 000
　　贷：应付债券——面值　　　　　　　　　　　1 000 000
　　　　　　　——利息调整　　　　　　　　　　　 50 000

计算结果如表10-2所示。

表 10-2　　　　　　　　　　　　　　　　　　　　　　　　　　单位：元

日期	票面利息 贷：银行存款 ①	财务费用 借：财务费用 ②＝期初④×实际利率	摊销额 借：应付债券——利息调整 ③＝①－②	摊余成本 ④＝期初 ④－③
20×0-12-31				1 050 000
20×1-06-30	30 000	25 523	4 477	1 045 523
20×1-12-31	30 000	25 414	4 586	1 040 937
20×2-06-30	30 000	25 303	4 697	1 036 239
20×2-12-31	30 000	25 188	4 812	1 031 428
20×3-06-30	30 000	25 071	4 929	1 026 499
20×3-12-31	30 000	24 952	5 048	1 021 451
20×4-06-30	30 000	24 829	5 171	1 016 280
20×4-12-31	30 000	24 703	5 297	1 010 983
20×5-06-30	30 000	24 574	5 426	1 005 557
20×5-12-31	30 000	24 443	5 557	1 000 000
合计	300 000	250 000	50 000	

（2）每半年计息时（以第一次为例，其余可比照处理）。

借：财务费用　　　　　　　　　　　　　　　　　　　　　　25 523
　　应付债券——利息调整　　　　　　　　　　　　　　　　 4 477
　　贷：应付利息　　　　　　　　　　　　　　　　　　　　30 000

（3）按期支付债券利息时。

借：应付利息　　　　　　　　　　　　　　　　　　　　　　30 000
　　贷：银行存款　　　　　　　　　　　　　　　　　　　　30 000

（4）归还债券本金时。

借：应付债券——面值　　　　　　　　　　　　　　　　 1 000 000
　　贷：银行存款　　　　　　　　　　　　　　　　　　 1 000 000

10.3.1　发行可转换公司债券

如果企业发行的金融工具是负债和权益成分的混合体，则应在初始确认时将其分拆为负债和权益成分进行会计处理。在分拆时，应当先计算负债成分的公允价值并按照其公允价值入账，其余部分作为权益成分的初始确认金额。发行该金融工具所发生的交易费用，应按照负债成分和权益成分各自的公允价值在金融工具公允价值中所占比例进行分摊。

【例 10-4】

科尔电气股份公司 20×7 年 1 月初按面值 1 000 元发行了 2 000 份期限为 3 年、票面年利率为6%的可转换公司债券,取得总价款2 000 000元。该债券按年支付利息。投资者在该债券发行满1年后即可在债券到期日前随时自愿将每份债券转换为250股普通股。发行日,二级市场上类似的但没有转换权的债券的市场利率为9%。科尔电气股份公司将发行的金融工具划分为以摊余成本计量的金融负债。相关的账务处理如下:

$$\begin{aligned}\text{负债成分的初始确认金额} &= \text{负债成分的公允价值} \\ &= \text{各期利息的现值} + \text{本金的现值} \\ &= \left[\frac{120\,000}{(1+9\%)^1} + \frac{120\,000}{(1+9\%)^2} + \frac{120\,000}{(1+9\%)^3}\right] + \frac{2\,000\,000}{(1+9\%)^3} \\ &= 303\,755 + 1\,544\,367 \\ &= 1\,848\,122(\text{元})\end{aligned}$$

$$\begin{aligned}\text{权益成分的初始确认金额} &= \text{金融工具整体的发行价格} - \text{负债成分的初始确认金额} \\ &= 2\,000\,000 - 1\,848\,122 \\ &= 151\,878(\text{元})\end{aligned}$$

(1) 20×7年1月初,发行可转换公司债券时。

借:银行存款　　　　　　　　　　　　　　　　　　　　　2 000 000
　　应付债券——利息调整　　　　　　　　　　　　　　　　151 878
　贷:应付债券——成本　　　　　　　　　　　　　　　　　2 000 000
　　　其他权益工具——可转换公司债券　　　　　　　　　　151 878

(2) 20×7年12月31日,计提和实际支付利息时。

借:财务费用　　　　　　　　　　　　　　　　　　　　　166 331
　贷:应付利息　　　　　　　　　　　　　　　　　　　　　120 000
　　　应付债券——利息调整　　　　　　　　　　　　　　　46 331

(3) 20×8年12月31日,计提和实际支付利息时。

借:财务费用　　　　　　　　　　　　　　　　　　　　　170 501
　贷:应付利息　　　　　　　　　　　　　　　　　　　　　120 000
　　　应付债券——利息调整　　　　　　　　　　　　　　　50 501

至此,转换前应付债券的摊余成本为1 944 954元。

(4) 20×8年12月31日,转换日(假定科尔电气股份公司发行新股500 000股)。

借:应付债券——成本　　　　　　　　　　　　　　　　　2 000 000
　贷:股本　　　　　　　　　　　　　　　　　　　　　　　500 000
　　　资本公积——股本溢价　　　　　　　　　　　　　　　1 444 954
　　　应付债券——利息调整　　　　　　　　　　　　　　　55 046
借:其他权益工具——可转换公司债券　　　　　　　　　　　151 878
　贷:资本公积——股本溢价　　　　　　　　　　　　　　　151 878

10.4 预计负债

细心的读者可能注意到，许多上市公司的会计报表中列有"预计负债"项目。预计负债是企业针对某些或有事项的预期影响所记录的负债。或有事项，是指过去的交易或者事项形成的，其结果须由某些未来事项的发生或不发生才能决定的不确定事项，如对外担保、未决诉讼、产品质量保证等所导致的不确定性。《企业会计准则第13号——或有事项》第四条规定，与或有事项相关的义务同时满足下列条件的，应当确认为预计负债：(1) 该义务是企业承担的现时义务；(2) 履行该义务很可能导致经济利益流出企业；(3) 该义务的金额能够可靠地计量。例如，如果企业的售后服务担保满足预计负债的确认条件，则其会计处理为借记"销售费用"科目，贷记"预计负债"科目。但此类会计处理缺乏法律证据（原始凭证）。预计负债在理论上存有争议。

本节阐释《企业会计准则第13号——或有事项》的设计理念及其操作规则。该准则系借鉴《国际会计准则第37号——准备、或有负债和或有资产》(International Accounting Standard 37: Provisions, Contingent Liabilities and Contingent Assets) 制定而成。

10.4.1 或有事项的定义

准则所称"或有事项"，是指过去的交易或者事项形成的，其结果须由某些未来事项的发生或不发生才能决定的不确定事项。

常见的或有事项包括未决诉讼或仲裁、债务担保、产品质量保证（含产品安全保证）、承诺、亏损合同、重组义务、弃置义务等。

《企业会计准则——应用指南》摘录

诉讼、仲裁与担保

10.4.2 准则的设计理念

或有事项准则的设计理念是，只允许同时满足下列三项条件的、与或有事项相关的义务作为预计负债确认入账：(1) 该义务是企业承担的现时义务；(2) 履行该义务很可能导致经济利益流出企业；(3) 该义务的金额能够可靠地计量。不同时满足上述三项条件的任何潜在好处（准则称之为"或有资产"）或者潜在坏处（准则称之为"或有负债"）应当在报表附注中披露，不得作为资产或者负债进入会计报表。

准则所称或有资产（contingent asset），是指过去的交易或者事项形成的潜在资产，其存在须通过未来不确定事项的发生或不发生予以证实。或有资产作为一种潜在资产，其结果具有较大的不确定性，只有随着经济情况的变化，通过某些未来不确定事项的发生或不发生，才能证实其是否会形成企业真正的资产。例如，甲企业向法院起诉乙企业侵犯了其专利权，法院尚未对该案件进行公开审理，甲企业是否胜诉尚难判断。对于甲企业而言，将来可能胜诉而获得的赔偿属于一项或有资产，但这项或有资产是否会转化为真正的资产，要由法院的判决结果确定。如果终审判决结果是甲企业胜诉，那么这项或有资产就转化为甲企业的一项资产。如果终审判决结果是甲企业败诉，那么这项或有资产就消失了，更不可能形成甲企业的资产。

准则所称或有负债（contingent liability），是指过去的交易或事项形成的潜在义务，其存在须通过未来不确定事项的发生或不发生予以证实；或过去的交易或事项形成的现时义务，履行该义务不是很可能导致经济利益流出企业或该义务的金额不能可靠计量。换言之，准则所称的或有负债涉及两类义务：一类是潜在义务；另一类是现时义务。其中潜在义务是指结果取决于不确定未来事项的可能义务。也就是说潜在义务最终是否转变为现时义务，由某些未来不确定事项的发生或不发生才能决定。现时义务是指企业在现行条件下已承担的义务，该现时义务的履行不是很可能导致经济利益流出企业，或者该现时义务的金额不能可靠地计量。例如，甲公司涉及一桩诉讼案，根据以往的审判案例推断，甲公司很可能会败诉。但法院尚未判决，甲公司无法根据经验判断未来将要承担多少赔偿金额，因此该现时义务的金额不能可靠地计量，该诉讼案件即形成甲公司的一项或有负债。

总之，准则一方面认为，或有负债和或有资产不符合负债或资产的定义和确认条件，因此，企业不应予以确认，而只应当作披露处理；另一方面认为，同时满足上述三个条件的义务构成预计负债，应当作入账处理。可见，预计负债是因准则规定而出现的负债（即"很可能的负债"），并非常规意义上的负债，其逻辑比较牵强。

10.4.3 预计负债的确认和计量

1. 预计负债的定义

前已述及，与或有事项形成的相关义务应当在同时符合三项条件时确认为"预计负债"。分述如下。

（1）该义务是企业承担的现时义务（present obligation），是指企业没有其他现实的选择，只能履行该现时义务，包括法定义务（legal obligation）和推定义务（constructive obligation）。

法定义务是指因合同、法规或其他司法解释等产生的义务。

推定义务是指因企业以往的习惯做法、已公开的承诺或已公开宣布的经营政策等特定的行为模式所形成的义务。例如，一家长期坚持环境友好型发展战略的公司使得社会公众对其形成了角色期待，则其新设公司的环境保护义务就属于推定义务。

（2）履行该义务很可能导致经济利益流出企业，通常指可能性超过50%但不超过

95%。这个规定令人匪夷所思。我国企业会计准则的制定者借鉴了美国、英国、加拿大的公共会计师行业的看法,对不同的可能性规定了量化标准,如表10-3所示。

表10-3 会计准则规定的可能性的量化标准

可能性		概率区间
基本确定	virtually certain; reasonably certain	(95%, 100%]
很可能	probable; likely	(50%, 95%]
可能	possible; reasonably possible	(5%, 50%]
极小可能	remote	(0, 5%]

(3) 该义务的金额能够可靠地计量,是指与或有事项相关的现时义务的金额能够合理地估计。

2. 预计负债入账时的会计分录

企业设"预计负债"科目核算由于对外提供担保、未决诉讼、产品质量保证、重组义务、亏损性合同等所形成的预计负债。该科目可按具体交易或事项进行明细核算。预计负债的对应科目如图10-1所示。

```
借:营业外支出    ◄----------对外提供担保、未决诉讼、重组义务
   销售费用      ◄----------产品质量保证
   固定资产/油气资产 ◄----------资产弃置义务
   财务费用      ◄----------按各期应负担的利息费用
贷:预计负债
```

图10-1 预计负债的对应科目

由于对外提供担保、未决诉讼、重组义务而产生的预计负债,应借记"营业外支出"等科目,贷记"预计负债"科目。由于产品质量保证所产生的预计负债,应借记"销售费用"科目,贷记"预计负债"科目。由于资产弃置义务所产生的预计负债,应借记"固定资产"或"油气资产"科目,贷记"预计负债"科目,在固定资产或油气资产的使用寿命内,按计算确定各期应负担的利息费用,借记"财务费用"科目,贷记"预计负债"科目。

实际清偿预计负债时,借记"预计负债"科目,贷记"银行存款"等科目。

"预计负债"科目期末贷方余额,反映企业已确认但尚未支付的预计负债。

3. 预计负债的入账金额

企业应当在充分考虑与或有事项有关的风险和不确定性的基础上,按照最佳估计数(the best estimate)确定预计负债的入账金额。

在确定预计负债的金额时,不应考虑预期处置相关资产所可能形成的利得。

(1) 如果所需支出存在一个连续范围,且该范围内各种结果发生的可能性相同,则应按照该范围内的中间值(上下限金额的平均数)确定最佳估计数。

【例 10-5】

天良粮油股份公司因侵权行为被起诉，在资产负债表日，估计赔偿额加上诉讼费的金额平均分布于 1 600 000 元至 2 000 000 元的区间，其中诉讼费用为 30 000 元。相关的账务处理如下：

借：管理费用　　　　　　　　　　　　　　　　　　　　　　30 000
　　营业外支出　　　　　　　　　　　　　　　　　　　　　1 770 000
　　贷：预计负债　　　　　　　　　　　　　　　　　　　　1 800 000

（2）如果或有事项涉及单个项目且所需支出不存在一个连续范围，则应按照最可能发生的金额（the most likely amount）确定预计负债的入账金额。

涉及单个项目，是指或有事项涉及的项目只有一个，如一项未决诉讼、一项未决仲裁或一项债务担保等。

【例 10-6】

20×1 年 10 月 2 日，江南制造股份公司涉及一起诉讼案。20×1 年 12 月 31 日，江南制造股份公司尚未接到法院的判决。在咨询了公司的法律顾问后，公司认为：胜诉的可能性为 30%，败诉的可能性为 70%。如果败诉，需要赔偿 600 万元。

江南制造股份公司应按照最可能发生的金额（即 600 万元）记录预计负债。

（3）如果或有事项涉及多个项目且所需支出不存在一个连续范围，则应按照根据各种可能结果及其相关概率计算的期望值确定预计负债的入账金额。例如，由于产品质量保证所引发的保修义务。

【例 10-7】

江南制造股份公司 20×1 年度第一季度生产并销售某畅销产品取得销售收入 900 000 000 元。该公司承诺在一年内提供免费维修。以往经验表明，较小的质量问题所需要的维修费用约为销售收入的 5%；较大的质量问题所需要的维修费用约为销售收入的 10%。技术总监预测该季度销售的产品 90% 不会发生质量问题，7% 发生较小的质量问题，3% 可能发生较大的质量问题。据此，20×1 年第一季度末，江南制造股份公司应在资产负债表中确认的负债金额计算如下：

预计负债 = 900 000 000 × (0 × 90% + 5% × 7% + 10% × 3%)
　　　　　= 5 850 000(元)

相关的账务处理如下：

(1) 记录预计负债时。

借：销售费用　　　　　　　　　　　　　　　　　　　　　　5 850 000
　　贷：预计负债　　　　　　　　　　　　　　　　　　　　5 850 000

(2) 保修期内实际发生产品维修费（产品质量保证费）5 800 000 元。

借：预计负债　　　　　　　　　　　　　　　　　　　　　　5 800 000
　　贷：银行存款　　　　　　　　　　　　　　　　　　　　5 800 000

（3）保修期结束冲销预计负债余额时。

借：预计负债　　　　　　　　　　　　　　　　　　　　　　　　　　　50 000
　　贷：销售费用　　　　　　　　　　　　　　　　　　　　　　　　　　50 000

（4）预期可获得的补偿的处理。如果企业清偿预计负债所需支出预期将全部或部分地由第三方补偿，则只有在基本确定该第三方补偿金额（reimbursement）能够收到时才能作为资产单独确认。确认的补偿金额不应当超过预计负债的账面价值。

例如，在债务担保业务中，担保人在履行担保义务的同时，通常可向被担保人追偿。

【例10-8】

20×1年12月31日江南制造股份公司因或有事项而确认了一笔金额为5 000 000元的预计负债；同时，公司因该或有事项，基本确定可从西北高科股份公司获得3 400 000元的赔偿。其会计处理如下：

借：营业外支出　　　　　　　　　　　　　　　　　　　　　　　　　1 600 000
　　其他应收款　　　　　　　　　　　　　　　　　　　　　　　　　　3 400 000
　　贷：预计负债　　　　　　　　　　　　　　　　　　　　　　　　　5 000 000

（5）货币时间价值。预计负债的金额通常等于未来应支付的金额（即不折现）。但货币时间价值影响重大、未来应支付金额与其现值相差较大的，如油气井及相关设施或核电站的弃置费用等，应当按照未来应支付金额的现值确定。

（6）未来事项的影响。有确凿证据表明相关未来事项将会发生的，如未来技术进步、相关法规出台等，确定预计负债金额时应考虑相关未来事项的影响。

10.4.4　亏损合同

准则所称"亏损合同"（onerous contract），是指履行合同义务的必要成本超过预期经济利益的合同。

在合同的履行过程中，在预期合同总成本将超过合同总收入的情况下（即待执行合同变成了亏损合同），如果该亏损合同产生的义务满足预计负债确认条件，则应予以确认。其中，待执行合同，是指尚未履行完结的合同。

简言之，如果与亏损合同相关的义务不需支付任何补偿即可撤销，则表明不存在现时义务，不应确认预计负债；如果与亏损合同相关的义务不可撤销，则表明存在现时义务，在预期经济利益的流出金额能够可靠计量的情况下，应当确认相应的预计负债。

1. 有合同标的资产的情形

准则规定，待执行合同变成亏损合同时，如果存在合同标的资产，则应先对标的资产进行减值测试并按规定确认减值损失，若预计亏损超过该减值损失，则应将超出部分确认为预计负债。

待执行合同变为亏损合同，同时该亏损合同产生的义务满足预计负债的确认条件的，应当确认为预计负债。其中，待执行合同是指合同各方未履行任何合同义务，或部分履行了同等义务的合同。企业与其他企业签订的商品销售合同、劳务提供合同、租赁合同等，均属于待执行合同，待执行合同不属于或有事项。但是，待执行合同变为亏损合同的，应当作为或有事项。亏损合同，是指履行合同义务不可避免发生的成本超过预期经济利益的合同。预计负债的计量应当反映退出该合同的最低净成本，即履行该合同的成本与未能履行该合同而发生的补偿或处罚两者之中的较低者。企业与其他单位签订的商品销售合同、劳务合同、租赁合同等，均可能变为亏损合同。企业对亏损合同进行会计处理需要遵循以下两点原则：第一，如果与亏损合同相关的义务不需支付任何补偿即可撤销，企业通常就不存在现时义务，不应确认预计负债；如果与亏损合同相关的义务不可撤销，企业就存在了现时义务，同时满足该义务很可能导致经济利益流出企业且金额能够可靠地计量的，应当确认预计负债。第二，待执行合同变为亏损合同时，合同存在标的资产的，应当对标的资产进行减值测试并按规定确认减值损失，在这种情况下，企业通常不需确认预计负债，如果预计亏损超过该减值损失，应将超过部分确认为预计负债；合同不存在标的资产的，亏损合同相关义务满足预计负债确认条件时，应当确认预计负债。

【例 10 - 9】

欧莉日化股份公司为了转型生产天然化妆品，遂于 20×7 年 1 月签订合同，以每件 600 元的价格清仓处理成本为 900 元的高档化妆品 300 000 件。

履行合同的损失 = 300 000 × (900 - 600) = 90 000 000(元)

由于该合同签订时即为亏损合同，且存在标的资产，因此欧莉日化股份公司应首先进行减值测试，应计提资产减值损失 90 000 000 元。相关的账务处理如下：

借：资产减值损失　　　　　　　　　　　　　　　　　　　90 000 000
　　贷：存货跌价准备　　　　　　　　　　　　　　　　　　90 000 000

2. 无合同标的资产的情形

无合同标的资产的，亏损合同相关义务满足预计负债确认条件时，应当确认为预计负债。

【例 10 - 10a】

葫芦娃玩具股份公司 20×7 年 1 月签订合同，承诺几个月后以每盒 100 元的价格向乐狗玩具股份公司销售积木套装产品 100 000 盒。若不能按期交货，则赔款 6 000 000 元。在筹备生产时，因原材料价格上涨导致预计每盒产品的成本升至 130 元。

鉴于该合同变为亏损合同时不存在标的资产，葫芦娃玩具股份公司按照履约损失额与违约金两者中的较低者，确认预计负债。

履行合同的损失 = 100 000 × (130 - 100) = 3 000 000(元)

违约损失 = 6 000 000(元)

该公司选择履行合同，记录预计负债时的分录如下：

借：营业外支出　　　　　　　　　　　　　　　　　　　　　　　3 000 000
　　贷：预计负债　　　　　　　　　　　　　　　　　　　　　　　　3 000 000

待相关产品生产完成后，将已确认的预计负债冲减产品成本。

借：预计负债　　　　　　　　　　　　　　　　　　　　　　　　3 000 000
　　贷：库存商品　　　　　　　　　　　　　　　　　　　　　　　　3 000 000

【例 10 - 10b】

沿用上例的资料。因原材料价格上涨导致预计每盒产品的成本升至190元。

鉴于该合同变为亏损合同时不存在标的资产，葫芦娃玩具股份公司按照履约损失额与违约金两者中的较低者，确认预计负债。

履行合同的损失＝100 000×(190－100)＝9 000 000(元)

违约损失＝6 000 000(元)

该公司选择违约。相关的账务处理如下：

(1) 记录预计负债时。

借：营业外支出　　　　　　　　　　　　　　　　　　　　　　　6 000 000
　　贷：预计负债　　　　　　　　　　　　　　　　　　　　　　　　6 000 000

(2) 支付违约金时。

借：预计负债　　　　　　　　　　　　　　　　　　　　　　　　6 000 000
　　贷：银行存款　　　　　　　　　　　　　　　　　　　　　　　　6 000 000

10.4.5　重组义务

准则所称"重组"（restructuring），是指企业制定和控制的，将显著改变企业组织形式、经营范围或经营方式的计划实施行为。属于重组的事项主要包括：（1）出售或终止企业的部分经营业务。（2）对企业的组织结构进行较大调整。（3）关闭企业的部分营业场所，或将营业活动由某个国家或地区迁移到其他国家或地区。

如果企业已经对外公布其详细、正式的重组计划（包括重组涉及的业务、主要地点、需要补偿的职工人数及其岗位性质、预计重组支出、计划实施时间等），则表明企业承担了重组义务，即与重组有关的推定义务。企业应当按照与重组有关的直接支出（direct expenditures），将其满足前述定义的预计负债登记入账。直接支出不包括留用职工岗前培训、市场推广、新系统和营销网络投入等支出。

10.4.6　对预计负债账面价值的复核

准则规定，企业应当在资产负债表日对预计负债的账面价值进行复核。如果有确凿证据表明该账面价值不能真实反映当前最佳估计数，则应按照当前最佳估计数对该账面价值进行调整。

10.5 借款费用的资本化或费用化

本节扼要讲解《企业会计准则第 17 号——借款费用》的设计理念及其操作规则。该准则系借鉴《国际会计准则第 23 号——借款费用》(International Accounting Standard 23: Borrowing Costs) 制定而成。

10.5.1 借款费用概述及其一般处理原则

1. 借款费用概述

《企业会计准则第 17 号——借款费用》所要处理的问题是，借款费用（borrowing cost）究竟应当计入当期费用，作为当期利润表中的减项，还是应当列入资产负债表，作挂账处理。前者即是会计理论所称的"费用化"，后者即是"资本化"。这是一个颇有争议的问题，学术界至今仍未达成共识。准则给出的方案是，允许符合特定条件的借款费用作资本化处理。

准则所称"借款费用"，是指企业因借款而发生的利息及其他相关代价，包括借款利息、折价或者溢价的摊销、辅助费用以及因外币借款而发生的汇兑差额等。借款利息，包括企业向银行或者其他金融机构等借入资金发生的利息、发行公司债券发生的利息，以及为购建或者生产符合资本化条件的资产而发生的带息债务所承担的利息等。折价或者溢价的摊销，包括发行公司债券等所发生的折价或者溢价在每期的摊销金额。辅助费用，包括企业在借款过程中发生的诸如手续费、佣金、印刷费等交易费用。因外币借款而发生的汇兑差额，是指由于汇率变动导致市场汇率与账面汇率出现差异，从而对外币借款本金及其利息的记账本位币金额所产生的影响金额。

2. 借款费用的一般处理原则

准则规定，可直接归属于符合资本化条件的资产的购建或者生产的借款费用，应当予以资本化，计入符合资本化条件的资产的入账成本；其他借款费用，应当在发生时根据其发生额确认为财务费用，计入当期损益。

符合资本化条件的资产（qualifying asset），是指需要经过相当长时间的购建或者生产活动才能达到预定可使用或者可销售状态的固定资产、无形资产、投资性房地产和存货等资产。相当长时间，是指为资产的购建或者生产所必要的时间，通常为一年以上（含一年）。符合借款费用资本化条件的存货，主要是指房地产开发企业开发的用于对外出售的房地产开发产品、机械制造企业制造的用于对外出售的大型机械设备等。

在资本化期间内，每一会计期间的利息资本化金额，不应当超过当期相关借款实际发生的利息金额。资本化期间，是指从借款费用开始资本化时点到停止资本化时点的期间，借款费用暂停资本化的期间不包括在内。

10.5.2 借款利息的资本化规则

1. 专门借款利息

准则所称"专门借款"，是指为购建或者生产符合资本化条件的资产而专门借入的款项。专门借款通常应有标明专门用途的借款合同。

专门借款的利息（包括折价或溢价的摊销）资本化金额，应当以专门借款当期实际发生的利息费用，减去将尚未动用的借款资金存入银行所取得的利息收入及进行暂时性投资所取得的投资收益后的金额确定。

$$\text{专门借款利息费用的资本化金额} = \text{当期实际发生的利息费用} - \text{未动用的借款资金存款利息收入} - \text{未动用的借款资金的暂时性投资收益}$$

2. 一般借款利息

为购建或者生产符合资本化条件的资产而占用了一般借款的，企业应当根据累计资产支出超过专门借款部分的资产支出加权平均数乘以所占用一般借款的资本化率（capitalization rate），计算确定一般借款应予资本化的利息金额。

$$\text{一般借款利息费用的资本化金额} = \text{累计资产支出超过专门借款部分的资产支出加权平均数} \times \text{资本化率}$$

其中，资本化率应当根据一般借款加权平均利率计算确定。

$$\text{一般借款加权平均利率} = \frac{\text{所占用一般借款当期实际发生的利息之和}}{\text{所占用一般借款本金加权平均数}}$$

（1）全部动用专门借款。

【例 10-11】

东方之珠股份公司于 20×7 年 1 月 1 日正式动工兴建一栋办公楼，工期预计为 1 年零 6 个月，工程采用出包方式，分别于 20×7 年 1 月 1 日支付 1 500 万元、20×7 年 7 月 1 日支付 2 500 万元和 20×8 年 1 月 1 日支付 1 500 万元工程进度款。

公司为建造办公楼于 20×7 年 1 月 1 日借入专门借款 2 000 万元，借款期限为 3 年，年利率为 6%。另外在 20×7 年 7 月 1 日又借入专门借款 4 000 万元，借款期限为 5 年，年利率为 7%。借款利息按年支付。（如无特别说明，本章例题中名义利率与实际利率均相同。）

闲置借款资金均用于购买金融资产（固定收益债券），该金融资产月收益率为 0.5%。办公楼于 20×8 年 6 月 30 日完工，达到预定可使用状态。

相关计算结果如表 10-4 所示。

表 10-4　　　　　　　　　　　　　　　　　　　　　　　　　　　单位：万元

日期	每期资产支出金额	累计资产支出金额	用于短期投资的闲置借款资金
20×7年1月1日	1 500	1 500	500
20×7年7月1日	2 500	4 000	2 000
20×8年1月1日	1 500	5 500	500
总计	5 500		

(1) 20×7年的相关会计处理。

实际借款利息＝2 000×6％＋4 000×7％×6/12＝260(万元)
短期投资获利＝500×0.5％×6＋2 000×0.5％×6＝75(万元)
利息资本化金额＝260－75＝185(万元)

借：在建工程　　　　　　　　　　　　　　　　　　　1 850 000
　　应收利息（或银行存款）　　　　　　　　　　　　　750 000
　　贷：应付利息　　　　　　　　　　　　　　　　　　　　2 600 000

(2) 20×8年上半年的相关会计处理。

实际借款利息＝2 000×6％×6/12＋4 000×7％×6/12＝200(万元)
短期投资获利＝500×0.5％×6＝15(万元)
利息资本化金额＝200－15＝185(万元)

借：在建工程　　　　　　　　　　　　　　　　　　　1 850 000
　　应收利息（或银行存款）　　　　　　　　　　　　　150 000
　　贷：应付利息　　　　　　　　　　　　　　　　　　　　2 000 000

(2) 全部动用一般借款。

【例 10-12】

东方之珠股份公司于20×7年1月1日正式动工兴建一栋办公楼，工期预计为1年零6个月，工程采用出包方式，分别于20×7年1月1日、20×7年7月1日和20×8年1月1日支付工程进度款1 500万元、2 500万元和1 500万元。

为建造办公楼占用的一般借款有两笔：其一，向工商银行长期贷款2 000万元，期限为20×6年12月1日至20×9年12月1日。年利率为6％，按年支付利息。其二，发行公司债券1亿元，于20×6年1月1日发行，期限为5年，年利率为8％，按年支付利息。假定这两笔一般借款除了用于办公楼建造外，没有用于其他符合资本化条件的资产的购建或者生产活动。假定全年按360天计算。该公司借款费用相关的账务处理如下：

资本化率＝(2 000×6％＋10 000×8％)÷(2 000＋10 000)＝7.67％

(1) 20×7年的相关会计处理。

加权平均数＝1 500×360/360＋2 500×180/360＝2 750(万元)
利息资本化金额＝2 750×7.67％＝210.93(万元)
实际发生的利息费用＝2 000×6％＋10 000×8％＝920(万元)

利息资本化金额没有超过一般借款实际发生的利息费用，可以资本化。

借：在建工程 2 109 300
　　财务费用 7 090 700
　　贷：应付利息 9 200 000

(2) 20×8 年上半年的相关会计处理。

加权平均数＝(4 000＋1 500)×180/360＝2 750(万元)
利息资本化金额＝2 750×7.67％＝210.93(万元)
实际发生的利息费用＝2 000×6％×180/360＋10 000×8％×180/360
　　　　　　　　＝460(万元)

利息资本化金额没有超过一般借款实际发生的利息费用，可以资本化。

借：在建工程 2 109 300
　　财务费用 2 490 700
　　贷：应付利息 4 600 000

(3) 既使用专门借款又使用一般借款。

【例 10-13】

东方红股份公司于 20×7 年 1 月 1 日动工兴建一幢办公楼，工期为 1 年，工程采用出包方式，分别于 20×7 年 1 月 1 日、7 月 1 日和 10 月 1 日支付工程进度款 1 500 万元、3 000 万元和 1 000 万元。

为建造办公楼发生了两笔专门借款：其一，20×7 年 1 月 1 日开始的专门借款 2 000 万元，借款期限为 3 年，年利率为 8％，利息按年支付；其二，20×7 年 7 月 1 日开始的专门借款 2 000 万元，借款期限为 5 年，年利率为 10％，利息按年支付。闲置专门借款资金均用于固定收益债券短期投资，假定该短期投资月收益率为 0.5％。

公司为建造办公楼的支出总额超过了专门借款总额，占用的一般借款有两笔：其一，自 20×6 年 12 月 1 日到 20×9 年 12 月 1 日的、年利率为 6％ 的长期借款 2 000 万元，按年支付利息；其二，20×6 年 1 月 1 日发行的年利率为 8％ 的 5 年期公司债券 10 000 万元。这些债务均按年支付利息。

办公楼于 20×7 年 12 月 31 日完工，达到预定可使用状态。为简化计算，假定全年按 360 天计算。

(1) 计算专门借款利息费用资本化金额。

$$\text{专门借款利息资本化金额} = 2\,000 \times 8\% + 2\,000 \times 10\% \times 180/360 - 500 \times 0.5\% \times 6$$
$$= 245(万元)$$

(2) 计算一般借款利息费用资本化金额。

$$\text{累计资产支出超过专门借款部分的资产支出加权平均数} = (4\,500 - 4\,000) \times 180/360 + 1\,000 \times 90/360$$
$$= 500(万元)$$

一般借款资本化率=(2 000×6%+10 000×8%)÷(2 000+10 000)
                =7.67%
一般借款利息费用资本化金额=500×7.67%=38.35(万元)

综上，建造办公楼应予资本化的利息费用金额为专门借款利息费用资本化金额 245 万元和一般借款利息费用资本化金额 38.35 万元之和，即 283.35 万元。

3. 溢价、折价和汇兑差额

借款存在折价或者溢价的，应当按照实际利率法确定每一会计期间应摊销的折价或者溢价金额，调整每期利息金额。

在资本化期间内，外币专门借款本金及利息的汇兑差额，应当予以资本化，计入符合资本化条件的资产的成本。

10.5.3 辅助费用的资本化规则

专门借款发生的辅助费用，在所购建或者生产的符合资本化条件的资产达到预定可使用或者可销售状态之前发生的，应当在发生时根据其发生额予以资本化，计入符合资本化条件的资产的成本；在所购建或者生产的符合资本化条件的资产达到预定可使用或者可销售状态之后发生的，应当在发生时根据其发生额确认为费用，计入当期损益。

一般借款发生的辅助费用，应当在发生时根据其发生额确认为费用，计入当期损益。

10.5.4 借款费用资本化的开始、暂停和停止

1. 资本化的开始

准则规定，资本化的开始（commencement of capitalization）需要同时满足下列条件：(1) 资产支出已经发生，资产支出包括为购建或者生产符合资本化条件的资产而以支付现金、转移非现金资产或者承担带息债务形式发生的支出；(2) 借款费用已经发生；(3) 为使资产达到预定可使用或者可销售状态所必要的购建或者生产活动已经开始。

(1) 资产支出已经发生。

1) 转移非现金资产，是指企业将自己的非现金资产直接用于符合资本化条件的资产的购建或者生产。

【例 10-14】

东方股份公司将自己生产的产品，包括自己生产的水泥、钢材等，用于符合资本化条件的资产的建造或者生产。同时还将自己生产的产品向其他企业换取用于符合资本化条件的资产的建造或者生产所需用工程物资的，这些产品成本均属于资产支出。

2) 承担带息债务，是指企业为了购建或者生产符合资本化条件的资产所需用物资

等而承担的带息应付款项(如带息应付票据)。

企业以赊购方式购买这些物资所产生的债务可能带息,也可能不带息。如果企业赊购这些物资承担的是不带息债务,则不应当在购买时就将购买价款计入资产支出,因为该债务在偿付前不需要承担利息,也没有占用借款资金。企业只有等到实际偿付债务,发生了资源流出时,才能将其作为资产支出。

如果企业赊购物资承担的是带息债务,则要为这笔债务付出代价,即支付利息。这与企业向银行借入款项以支付资产价款在性质上是一致的。所以,企业为购建或者生产符合资本化条件的资产而承担的带息债务应当作为资产支出,当该带息债务发生时,视同资产支出已经发生。

【例10-15】
东方股份公司因建设长期工程所需,于20×7年5月1日购入一批工程用物资,开出一张20万元的带息银行承兑汇票,期限为6个月,票面年利率为7%。对于该事项,公司尽管没有为工程建设的目的直接支付现金,但承担了带息债务,所以应当将20万元的购买工程用物资款作为资产支出,自5月1日开出承兑汇票开始即表明资产支出已经发生。

(2)借款费用已经发生。借款费用已经发生,是指企业已经发生了因购建或者生产符合资本化条件的资产而专门借入款项的借款费用或者所占用的一般借款的借款费用。

(3)为使资产达到预定可使用或者可销售状态所必要的购建或者生产活动已经开始。这一条件是指,符合资本化条件的资产的实体建造或者生产活动已经开始,例如,主体设备的安装、厂房的实际开工建造等。不包括仅仅持有资产,但没有发生为改变资产形态而进行的实质性的建造或者生产活动。

2. 资本化的暂停

资本化的暂停(suspension of capitalization),是指符合资本化条件的资产在购建或者生产过程中发生非正常中断,且中断时间连续超过3个月时,应当暂停借款费用的资本化。在中断期间发生的借款费用应当确认为费用,计入当期损益,直至资产的购建或者生产活动重新开始。如果中断是使所购建或者生产的符合资本化条件的资产达到预定可使用或者可销售状态必要的程序,借款费用的资本化应当继续进行。

非正常中断,通常是由于企业管理决策上的原因或者其他不可预见的原因等所导致的中断。比如,企业因与施工方发生了质量纠纷,或者工程、生产用料没有及时供应,或者资金周转发生了困难,或者施工、生产发生了安全事故,或者发生了与资产购建、生产有关的劳动纠纷等原因,导致资产购建或者生产活动发生中断,均属于非正常中断。

非正常中断与正常中断显著不同。正常中断通常仅限于因购建或者生产符合资本化条件的资产达到预定可使用或者可销售状态所必要的程序,或者事先可预见的不可抗力因素导致的中断。比如,某些工程建造到一定阶段必须暂停下来进行质量或者安全检查,检查通过后才可继续下一阶段的建造工作,这类中断是在施工前可以预见的,而且是工程建造必须经过的程序，属于正常中断。又如，某些地区的工程在建造过程中，由于可预见的不可抗力因素（如雨季或冰冻季节等原因）导致施工出现停顿，也属于正常中断。比如，某企业在北方某地建造某工程期间，正遇冰冻季节，工程施工因此中断，待冰冻季节过后方能继续施工。由于该地区在施工期间出现较长时间的冰冻为正常情况，由此导致的施工中断是可预见的不可抗力因素导致的中断，属于正常中断。

3. 资本化的停止

资本化的停止（cessation of capitalization），是指购建或者生产符合资本化条件的资产达到预定可使用或者可销售状态时，借款费用应当停止资本化。在符合资本化条件的资产达到预定可使用或者可销售状态之后所发生的借款费用，应当在发生时根据其发生额确认为费用，计入当期损益。

购建或者生产符合资本化条件的资产是否达到预定可使用或者可销售状态，可从下列几个方面进行判断：符合资本化条件的资产的实体建造（包括安装）或者生产工作已经全部完成或实质上已经完成；所购建或者生产的符合资本化条件的资产与设计要求、合同规定或者生产要求相符或基本相符，即使有极个别与设计、合同或者生产要求不相符的地方，也不影响其正常使用或者销售；继续发生在所购建或生产的符合资本化条件的资产上的支出金额很少或几乎不再发生。

购建或者生产符合资本化条件的资产需要试生产或者试运行的，在试生产结果表明资产能够正常生产出合格产品，或试运行结果表明资产能够正常运转或者营业时，应当认为该资产已经达到预定可使用或者可销售状态。

购建或者生产的符合资本化条件的资产的各部分分别完工，且每部分在其他部分继续建造过程中可供使用或者可对外销售，且为使该部分资产达到预定可使用或可销售状态所必要的购建或者生产活动实质上已经完成的，应当停止与该部分资产相关的借款费用的资本化。

购建或者生产的符合资本化条件的资产的各部分分别完工，但必须等到整体完工后才可使用或者可对外销售的，应当在该资产整体完工时停止借款费用的资本化。

【例 10-16】

东方股份公司借入一笔款项，于 20×7 年 3 月 1 日采用出包方式开工兴建一幢办公楼。20×8 年 8 月 10 日工程全部完工，达到合同要求。10 月 15 日工程验收合格，11 月 20 日办理工程竣工结算，11 月 30 日完成全部资产移交手续，12 月 6 日办公楼正式投入使用。

在本例中，公司应当将 20×8 年 8 月 10 日确定为工程达到预定可使用状态的时点，即作为借款费用停止资本化的时点。后续的工程验收日、竣工结算日、资产移交日和投入使用日均不应作为借款费用停止资本化的时点，否则会导致对资产价值和利润的高估。

企业应当在附注中披露当期资本化的借款费用金额、当期用于计算确定借款费用资本化金额的资本化率。

练习题

一、单项选择题

1. 20×0年12月31日，甲公司对一起未决诉讼确认的预计负债为800万元。20×1年3月6日，法院对该起诉讼判决甲公司应赔偿乙公司600万元；甲公司和乙公司均不再上诉。甲公司的所得税税率为25%，按净利润的10%提取法定盈余公积，20×0年度财务报告批准报出日为20×1年3月31日，预计未来期间能够取得足够的应纳税所得额用以抵扣可抵扣暂时性差异。不考虑其他因素，该事项导致甲公司20×0年12月31日资产负债表"未分配利润"项目"期末余额"调整增加的金额为（   ）万元。

   A. 135　　　　B. 150　　　　C. 180　　　　D. 200

2. 甲公司由于受国际金融危机的不利影响，决定对乙事业部进行重组，将相关业务转移到其他事业部。经履行相关报批手续，甲公司对外正式公告其重组方案。甲公司根据该重组方案预计很可能发生的下列各项支出中，不应当确认为预计负债的是（   ）。

   A. 自愿遣散费　　　　　　　　B. 强制遣散费
   C. 剩余职工岗前培训费　　　　D. 不再使用厂房的租赁撤销费

3. 20×8年12月31日，甲公司存在一项未决诉讼。根据类似案例的经验判断，该项诉讼败诉的可能性为90%。如果败诉，甲公司将须赔偿对方100万元并承担诉讼费用5万元，但很可能从第三方收到补偿款10万元。20×8年12月31日，甲公司应就此项未决诉讼确认的预计负债金额为（   ）万元。

   A. 90　　　　B. 95　　　　C. 100　　　　D. 105

4. 20×7年2月1日，甲公司采用自营方式扩建厂房，借入两年期专门借款500万元。20×7年11月12日，厂房扩建工程达到预定可使用状态；20×7年11月28日，厂房扩建工程验收合格；20×7年12月1日，办理工程竣工结算；20×7年12月12日，扩建后的厂房投入使用。假定不考虑其他因素，甲公司借入专门借款利息费用停止资本化的时点是（   ）。

   A. 20×7年11月12日　　　　B. 20×7年11月28日
   C. 20×7年12月1日　　　　　D. 20×7年12月12日

二、多项选择题

1. 桂江公司为甲公司、乙公司、丙公司和丁公司提供了银行借款担保，下列各项中，桂江公司不应确认预计负债的有（   ）。

   A. 甲公司运营良好，桂江公司极小可能承担连带还款责任
   B. 乙公司发生暂时财务困难，桂江公司可能承担连带还款责任
   C. 丙公司发生财务困难，桂江公司很可能承担连带还款责任
   D. 丁公司发生严重财务困难，桂江公司基本确定承担还款责任

2. 下列各项关于或有事项会计处理的表述中，正确的有（   ）。

   A. 重组计划对外公告前不应就重组义务确认预计负债

B. 因或有事项产生的潜在义务不应确认为预计负债
C. 因亏损合同预计产生的损失应于合同完成时确认
D. 对期限较长的预计负债进行计量时应考虑货币时间价值的影响

三、计算分析题

甲股份有限公司为上市公司（以下简称甲公司），为了扩大生产规模，经研究决定，采用出包方式建造生产厂房一栋。20×8年7月至12月发生的有关借款及工程支出业务资料如下：

(1) 7月1日，为建造生产厂房从银行借入三年期的专门借款3 000万元，年利率为7.2%，于每季度末支付借款利息。当日，该工程已开工。

(2) 7月1日，以银行存款支付工程款1 900万元。暂时闲置的专门借款在银行的存款年利率为1.2%，于每季度末收取存款利息。

(3) 10月1日，借入半年期的一般借款300万元，年利率为4.8%，利息于每季度末支付。

(4) 10月1日，甲公司与施工单位发生纠纷，工程暂时停工。

(5) 11月1日，甲公司与施工单位达成谅解协议，工程恢复施工，以银行存款支付工程款1 250万元。

(6) 12月1日，借入1年期的一般借款600万元，年利率为6%，利息于每季度末支付。

(7) 12月1日，以银行存款支付工程款1 100万元。

假定工程支出超过专门借款时占用一般借款；仍不足的，占用自有资金。

要求：

(1) 计算甲公司20×8年第三季度专门借款利息支出、暂时闲置专门借款的存款利息收入和专门借款利息支出资本化金额。

(2) 计算甲公司20×8年第四季度专门借款利息支出、暂时闲置专门借款的存款利息收入和专门借款利息支出资本化金额。

(3) 计算甲公司20×8年第四季度一般借款利息支出，占用一般借款工程支出的累计支出加权平均数、一般借款平均资本化率和一般借款利息支出资本化金额。

（一般借款平均资本化率的计算结果在百分号前保留两位小数，答案中的金额单位用万元表示。）

第 11 章　所有者权益
Chapter 11

素养目标

1. 结合中国特色社会主义法治体系学习会计法规体系。结合《中华人民共和国公司法》，理解所有者权益类报表项目的设计依据、公司分配税后利润的程序、公司回购本公司股份的会计处理规则。
2. 理解会计规则的理论逻辑、历史逻辑和实践逻辑，培养辩证思维能力。理解其他综合收益会计处理规则的设计理念及其实践困境。

学习目标

1. 掌握：公司所有者权益的构成及其会计处理规则；公司利润分配的会计处理。
2. 理解：公司法与会计规则的关系。
3. 了解：上市公司利润分配方案的常见情形。

所有者权益（owners' equity），又称净资产（net asset），是指资产减去负债后的剩余权益。对于公司制的企业，又称为股东权益。从资产负债表上可以直观地看出，债权人和股东对企业的财产都拥有要求权，资产总额扣除债权人的权益之后的余额就是股东权益。

在资产负债表中，所有者权益的具体项目通常包括实收资本（对于股份公司，改称股本）、资本公积（包括两部分：一是资本溢价或股本溢价；二是其他资本公积）、盈余公积和未分配利润四个项目。这是按照《中华人民共和国公司法》（2023年修订，以下简称《公司法》）第十章"公司财务、会计"的规定而进行的一种比较科学的分类。除此以外，企业会计准则体系还规定了其他权益工具、其他综合收益等项目，这些项目也在所有者权益部分列示。在国外教材中，常把盈余公积和未分配利润合称为"留存收益"（retained earnings，又译作"保留盈余"）。初学者往往被这些概念弄得晕头转向，为便于理解，特将上述概念之间的关系梳理如图 11-1 所示。

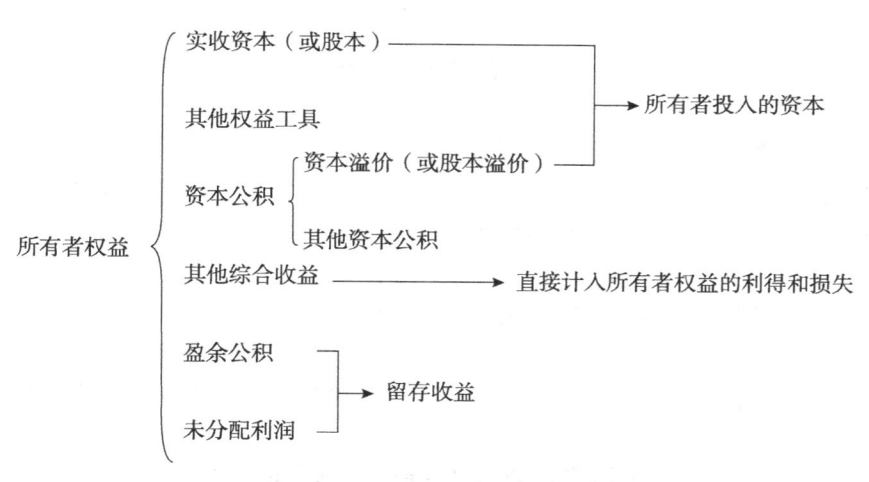

```
                    ┌ 实收资本（或股本）─┐
                    │                    ├──→ 所有者投入的资本
                    │ 其他权益工具       │
                    │         ┌ 资本溢价（或股本溢价）─┘
        所有者权益 ┤ 资本公积 ┤
                    │         └ 其他资本公积
                    │ 其他综合收益 ─────→ 直接计入所有者权益的利得和损失
                    │ 盈余公积   ┐
                    │            ├──→ 留存收益
                    └ 未分配利润 ┘
```

图 11-1 资产负债表中所有者权益的构成

相对于资产和负债而言，所有者权益理解起来比较抽象。它与具体的资产或负债没有直接对应关系，只是资产总额减负债总额后的余额。我们不能指着某项资产说它属于股本、资本公积、盈余公积或未分配利润，通常只在总括的意义上使用这些概念。会计法规并没有专门针对所有者权益项目的会计处理制定具体的计量准则。这是因为，所有者权益的金额可以直接根据资产和负债的计量结果计算得到，只要资产和负债的计量是恰当的，自然就计算出所有者权益的金额了。

为了帮助读者深入理解会计规则，本章从实用主义的角度出发，本着简洁、直观的原则，阐释了股东权益项目的核算规则。本章设置的专栏中简要介绍了《公司法》等法律法规的相关规定，旨在引导读者拓宽知识面，激发读者的创造性思维。专栏的内容不作教学要求。除特别说明外，本章的讲解主要以公司制企业为例。

11.1 实收资本

《公司法》所称的"公司"，是指依照《公司法》在中国境内设立的有限责任公司和股份有限公司。公司是企业法人，有独立的法人财产，享有法人财产权。公司以其全部财产对公司的债务承担责任。有限责任公司的股东以其认缴的出资额为限对公司承担责任；股份有限公司的股东以其认购的股份为限对公司承担责任。

公司设立、变更、终止，应当依法在工商行政管理机关办理公司登记。公司经登记机关（工商行政管理机关）依法登记，领取企业法人营业执照，方取得企业法人资格。公司营业执照签发日期为公司成立日期。公司营业执照应当载明公司的名称、住所、注册资本、经营范围、法定代表人姓名等事项。公司登记事项发生变更的，应当依法办理变更登记。公司营业执照记载的事项发生变更的，公司办理变更登记后，由公司登记机关换发营业执照。依法设立的有限责任公司必须在公司名称中标明有限责任公司或者有限公司字样，股份有限公司必须在公司名称中标明股份有限公司或者股份公司字样。

11.1.1 有限责任公司实收资本的会计处理

1. 有限责任公司收到实收资本时的处理

有限责任公司成立时,在收到股东交付的资产时,应按资产项目借记"银行存款"等资产科目,按全体股东实际交付并经公司登记机关依法登记的出资额贷记"实收资本"科目。

借:银行存款、固定资产、无形资产等资产科目
　　　　　　　　　　　　　　　　　　　　〔按货币出资额或评估确定的出资金额〕
　　贷:实收资本　　　　　　　　　　　　〔按货币出资额或评估确定的出资金额〕

2. 有限责任公司接受新股东入股时的会计处理

有限责任公司可能会出现新股东入股时缴纳了较多的资金而注册资本并没有增加太多的情形。这通常是因为原有的股东已经把企业的规模"做大"、信誉"做强",新股东此时加入往往需要相应地增加投入。有限责任公司应当将股东的出资额超出其在注册资本中所占份额的部分计入资本公积。

【例 11-1】

20×2 年 8 月 8 日志诚实业有限责任公司接受吴静丽出资,该股东出资 2 300 000 元,但列在其名下的出资额(实收资本)仅为 1 000 000 元,并在修改后的股东章程中约定按照实缴的出资比例分红。其会计处理如下:

借:银行存款　　　　　　　　　　　　　　　　　　　　2 300 000
　　贷:实收资本——吴静丽　　　　　　　　　　　　　1 000 000
　　　　资本公积——资本溢价　　　　　　　　　　　　1 300 000

3. 有限责任公司减少实收资本时的处理

有限责任公司按法定程序减少注册资本时,借记"实收资本"科目,贷记"库存现金""银行存款"等科目。

借:实收资本　　　　　　　　　　　　　〔按减资额〕
　　贷:库存现金、银行存款等　　　　　〔按减资额〕

4. 有限责任公司股权转让的会计处理

【例 11-2】

利民商贸有限责任公司股东靳莉 20×2 年 9 月 9 日因需住校攻读博士学位,无暇打理公司业务,故欲转让其全部股权。其实缴的出资额为 2 000 000 元。另外两位股东孙希荣和马晓艳经商议,决定对半接收靳莉的股权。相关的账务处理如下:

借：实收资本——靳莉　　　　　　　　　　　　　　　　2 000 000
　　贷：实收资本——孙希荣　　　　　　　　　　　　　　　1 000 000
　　　　　　　　——马晓艳　　　　　　　　　　　　　　　1 000 000

11.1.2　股份有限公司股本的会计处理

　　股份有限公司采取发起设立方式设立的，注册资本为在公司登记机关登记的全体发起人认购的股本总额。在发起人认购的股份缴足前，不得向他人募集股份。股份有限公司采取募集方式设立的，注册资本为在公司登记机关登记的实收股本总额。法律、行政法规以及国务院决定对股份有限公司注册资本实缴、注册资本最低限额另有规定的，从其规定。

　　股份有限公司设"股本"科目核算其实收资本。该科目的期末贷方余额，反映的是股份有限公司的股本总额。企业可按投资机构（或投资者个人）设置明细科目进行明细核算。

　　《公司法》规定，面额股股票发行价格可以按票面金额，也可以超过票面金额，但不得低于票面金额。但《公司法》并未规定股票面值应当是多少元。我国大多数上市公司的股票面值为1元，少数公司的股票面值低于1元。股份有限公司以超过股票票面金额的发行价格发行股份所得的溢价款，应当列为"资本公积——股本溢价"。

　　股份有限公司在收到认股款时应借记"银行存款"等科目，按照股票面值和核定的股份总额计算的金额，贷记"股本"科目，按前述两者之差额，贷记"资本公积——股本溢价"科目。股份有限公司发行股票发生的手续费、佣金等交易费用，应从溢价中抵扣，冲减资本公积（股本溢价）。溢价不足抵扣的，冲减盈余公积和未分配利润。

借：银行存款等资产科目　　　　　　　　［按货币出资额或评估确定的出资金额］
　　贷：股本　　　　　　　　　　　　　　　　［按股票面值和股份数计算的金额］
　　　　资本公积——股本溢价　　　　　　　　　　　　　　　　　［按以上两者之差］

11.2　资本公积

　　《公司法》规定，股份有限公司以超过股票票面金额的发行价格发行股份所得的溢价款以及国务院财政部门规定列入资本公积金的其他收入，应当列为公司资本公积金。作为对比，除上节举例的情形外，有限责任公司较少出现涉及资本公积的业务。

　　资本公积通常情况下是指有限责任公司投资者的投资额超出其在企业注册资本中所占份额的部分（即资本溢价），或者是指股份有限公司的股票发行价格超过股票面值的部分（即股本溢价）。通俗地说，资本公积就是归属于全体资本投入者的公共积累。除此以外，股份有限公司实施股票期权激励计划（会计准则称作股份支付）时，在期权到期以前的每个资产负债表日，所记录的员工的劳动价值，也称作资本公积（即其他资本公积）。[①]

---

① 本书对其他资本公积不作教学要求。

公司设"资本公积"科目核算以超过股票票面金额的发行价格发行股份所得的溢价款以及国务院财政部门规定列入资本公积金的其他收入，并区分"资本溢价（或股本溢价）"和"其他资本公积"进行明细核算。该科目期末的贷方余额，反映公司的资本公积总额。

11.2.1 资本溢价（或股本溢价）的会计处理

有限责任公司收到新加入的股东的出资额时，借记"银行存款"等科目；按股东在注册资本中所占份额，贷记"实收资本"科目；按以上两者之差（即股东的出资额超出其在注册资本中所占份额的部分），贷记"资本公积——资本溢价"科目。

股份有限公司在收到认股款时，应借记"银行存款"等科目；按照根据股票面值和核定的股份总额计算的金额，贷记"股本"科目；按前述两者之差额，贷记"资本公积——股本溢价"科目。股份有限公司发行股票发生的手续费、佣金等交易费用，应从溢价中抵扣，冲减资本公积（股本溢价）。溢价不足抵扣的，冲减盈余公积和未分配利润。

11.2.2 资本公积转增资本的会计处理

《公司法》规定，资本公积可以用于转为增加公司资本。资本公积转增资本时，所留存的资本公积金不得少于转增前公司注册资本的25%。资本公积不得用于弥补公司的亏损。

经股东会决议变更资本并在公司登记机关办理变更登记后，应按转增额，借记"资本公积——股本溢价（或资本溢价）"等科目，贷记"股本"（或"实收资本"）科目。

11.3 其他综合收益

根据《企业会计准则第30号——财务报表列报》（2014年修订）的规定，其他综合收益，泛指所有直接计入所有者权益的利得和损失。也就是说，所有未计入当期损益（即未纳入利润表中予以反映）的利得和损失，均称作其他综合收益。

专栏 11-1　　　　　　　　　其他综合收益的含义

其他综合收益这个概念是从美国证券市场上的公认会计原则借鉴而来的，在理论上存有较大争议。这要从公认会计原则的弹性化说起。

公认会计原则存在大量的允许企业管理层在缺乏原始凭证的情况下进行会计记录的失当规则，导致大量的预期的信息涌入会计报表。这是会计准则越来越多地要求企业列报其资产和负债的公允价值的必然结果。企业在对资产和负债数据进行增减记载之后，对于资产或负债的价格波动是否应当计入利润表,理论界、实务界和监管层之间往往存有争议。为了尽量避免企业利润表因采用会计新规则而发生剧烈波动,从而减少推出会计新规则时的阻力,准则制定者往往会允许企业在记录资产或负债的公允价值变动的同时,将该变动直接计入所有者权益。例如,1990 年美国证监会提出交易性金融资产的会计规则时,以美联储为代表的银行业金融机构以该规则可能导致利润出现频繁波动为由表示反对,对此,美国财务会计准则委员会给出的解决办法是,企业可以选用交易性金融资产或者可供出售金融资产(即我国现在所谓的"其他权益工具投资")的会计规则来进行可交易证券的会计处理。

其他综合收益这一概念背后的逻辑是,企业在按照会计准则对资产或负债的账面进行调整后,如果该调整额没有依照准则计入当期损益(即没有计入利润表项目),就可以直接计入当期所有者权益(即计入其他综合收益)。如此,其他综合收益便被定义为一个"筐",这个"筐"里面装的都是预期的盈亏,即直接计入所有者权益的利得和损失。其理论偏差在于,其他综合收益的记载缺乏原始凭证的支持,这对会计信息的质量具有负面影响。

准则规定,其他综合收益项目应当区分为两类(即以后会计期间不能重分类进损益的其他综合收益项目和以后会计期间在满足规定条件时将重分类进损益的其他综合收益项目)予以列报。

准则规定,企业应当设置"其他综合收益"科目进行其他综合收益的会计处理,该科目应当按照其他综合收益项目的具体内容设置明细科目。

11.4 盈余公积

11.4.1 提取盈余公积时的会计处理

《公司法》规定,公司分配当年税后利润时,应当提取利润的 10% 列入公司法定公积金。公司法定公积金累计额为公司注册资本的 50% 以上的,可以不再提取。公司从税后利润中提取法定公积金后,经股东会决议,还可以从税后利润中提取任意公积金。公司应设置"盈余公积"科目并区分"法定盈余公积"和"任意盈余公积"来核算《公司法》所称的"法定公积金"和"任意公积金"。"盈余公积"科目借方反映盈余公积的使用数(减少数),贷方反映提取数(增加数),期末的贷方余额反映盈余公积的累积结存数。法律和会计上的用语多有差异,为明晰起见,本书列表对法律和会计用语进行了简要对比(见表 11-1)。

表 11-1 《公司法》与会计准则中的词汇对比

《公司法》中的词汇	对应的会计科目
资本公积金	资本公积

续表

《公司法》中的词汇	对应的会计科目
法定公积金	盈余公积——法定盈余公积
任意公积金	盈余公积——任意盈余公积

企业按规定提取的盈余公积，借记"利润分配——提取法定盈余公积""利润分配——提取任意盈余公积"科目，贷记"盈余公积——法定盈余公积""盈余公积——任意盈余公积"科目。

11.4.2 划转盈余公积时的会计处理

《公司法》规定，盈余公积可以用于转为增加公司资本，也可用于弥补公司的亏损。盈余公积转增资本时，所留存的盈余公积不得少于转增前公司注册资本的25%。

1. 盈余公积转增股本

公司经股东会决议，用盈余公积转增资本时，借记"盈余公积"科目，贷记"股本"（或"实收资本"）科目。

2. 盈余公积弥补亏损

盈余公积和未分配利润都是公司管理层和广大职工为股东创造的价值，正是在这个意义上，国外有着将二者统称为"留存收益"或"保留盈余"的说法。如果公司偶有巨大亏损，则可用以前年度累积的盈余公积弥补当期亏损，这样可避免账目出现过于"难看"且无利可分的窘境。公司用盈余公积弥补亏损时，借记"盈余公积"科目，贷记"利润分配——未分配利润"科目。

11.5 未分配利润

资产负债表上的"未分配利润"项目所列报的是公司自成立以来所累积的、可供分配的税后利润。

11.5.1 利润分配的会计处理

企业应当设置"利润分配"科目，对利润分配的全过程进行会计处理。分配利润时，一律通过该科目的明细科目"提取法定盈余公积""提取任意盈余公积""应付现金股利或利润""转作股本的股利"等进行核算。

提取法定盈余公积、提取任意盈余公积的会计处理前已述及，此处从略。

1. 现金股利的会计处理

企业经股东会或类似机构决议,向股东(或投资者)分配现金股利(或利润)时,借记"利润分配——应付现金股利或利润"科目,贷记"应付股利"(或"应付利润")科目。

2. 股票股利的会计处理

企业经股东会或类似机构决议,向股东分配股票股利时,根据分配金额借记"利润分配——转作股本的股利"科目,根据股票面值乘以股份数所计算的金额贷记"股本"科目。以上两项金额如有差额,则按照该差额贷记"资本公积——股本溢价"科目。

【例 11-3】

江南酒家股份有限公司发行在外的普通股共 1 000 万股,该公司 20×3 年实现的税后利润较为丰厚,故公司董事会建议每股分红 1.5 元。但股东会为了积存现金以备扩大经营,决定参照每股 5 元的最新市价折合发放股票股利,最终采用的是"10 送 3"的送红股方案(即每 10 股派发 3 股股份)。在办理变更登记手续、实际配发股票股利时的会计分录为:

借:利润分配——转作股本的股利　　　　　　　　　　　　　　15 000 000
　　贷:股本　　　　　　　　　　　　　　　　　　　　　　　　3 000 000
　　　　资本公积——股本溢价　　　　　　　　　　　　　　　　12 000 000

专栏 11-2　　　　　　　　　送红股和转增股本的异同

送红股是指上市公司在利润分配时把利润分配额度折合为本公司的股份,以发放股票的形式进行利润分配。这样,就不必动用公司的银行存款等资产,对于公司的扩大再生产有积极意义。

转增股本是指公司将公积金(资本公积金、盈余公积金)转化为股本。

送红股、转增股本的效果是相似的:公司的股东权益的总额都没有变化,但总股本增大了,同时每股净资产降低了。两者的本质区别在于:红股来自公司的年度税后利润,因此,送红股只存在于公司有盈余的情形;而转增股本来自公积金,并不是对股东的分红回报,它可以不受公司本年度可分配利润的多少以及时间的限制,只要将公司账面上的公积金减少一些,增加相应的注册资本就可以了。

资料来源:周正庆.证券知识读本(修订本).北京:中国金融出版社,2006.

11.5.2 未分配利润的结转

分配完毕后,应借记"利润分配——未分配利润"科目,贷记"利润分配——提取法定盈余公积""利润分配——提取任意盈余公积""利润分配——应付现金股利或利润""利润分配——转作股本的股利"等科目。结转后,"利润分配"科目除"未分配利

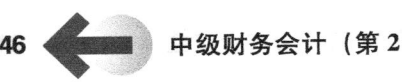

润"明细科目外，其他明细科目应无余额（如图 11-2 所示）。"利润分配——未分配利润"科目的贷方余额，为企业自成立以来累积的未分配利润。

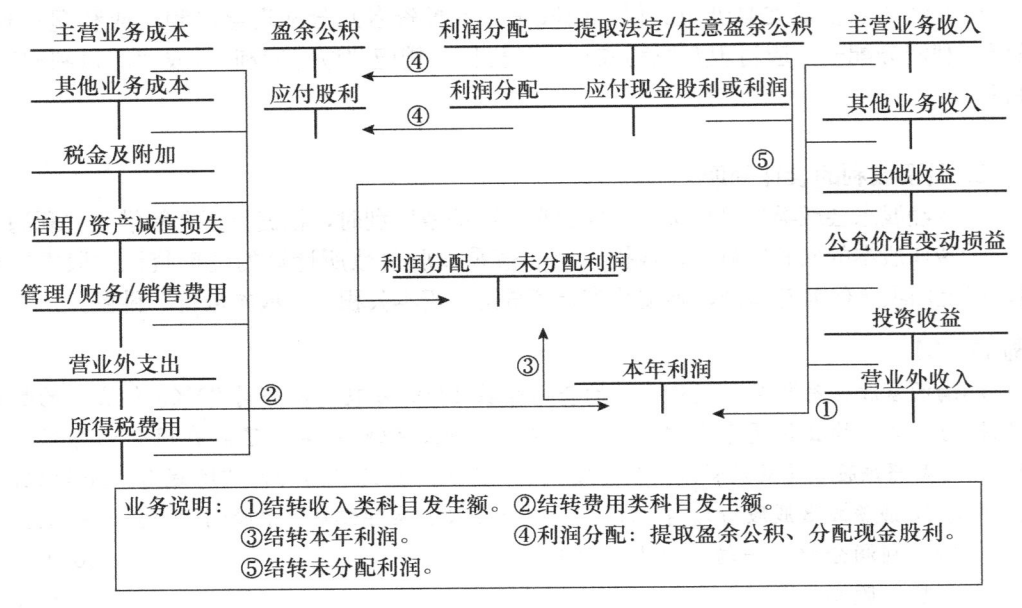

图 11-2　公司的利润结转与利润分配示意图

业务说明：①结转收入类科目发生额。②结转费用类科目发生额。
③结转本年利润。④利润分配：提取盈余公积、分配现金股利。
⑤结转未分配利润。

下面用一个同时涉及现金股利、股票股利、配股等情形的综合案例来模拟上市公司的实务操作，帮助读者了解我国上市公司利润分配的实际情况。此例略有难度，仅供学有余力者参考。

【例 11-4】

风动能源股份有限公司公开发行普通股 1 亿股，每股面值 1 元。20×5 年年初未分配利润为 130 000 000 元，20×5 年实现税后利润 200 000 000 元。

20×6 年 2 月 20 日，公司公告的经股东会批准的 20×5 年度税后利润分配方案为：按照 20×5 年税后利润的 10% 提取法定盈余公积，按 5% 提取任意盈余公积，同时向股

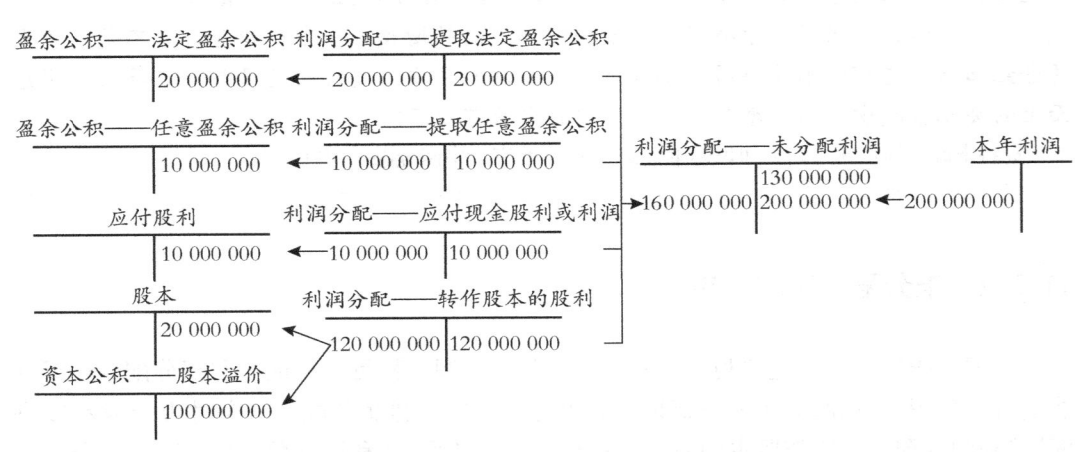

东按每股0.1元派发现金股利，并参照当日的每股市价6元计算，以每10股送2股配3股的方式（即俗称的"10送2配3"）派发股票股利、配发新股，配股价格为每股4元。20×6年3月9日，公司以银行存款支付了全部现金股利，新增股本所涉及的修改公司章程、变更登记等已经办妥（为简化起见，假定完美地完成了配股工作，所有股东均有资格获得配股、均已接受配股并且没有出现不足1股的配股情况）。

风动能源股份有限公司利润分配的会计处理如下：

(1) 20×5年年度终了，企业结转本年实现的净利润时。

借：本年利润　　　　　　　　　　　　　　　　　　　　200 000 000
　　贷：利润分配——未分配利润　　　　　　　　　　　　　200 000 000

(2) 提取法定盈余公积和任意盈余公积时。

借：利润分配——提取法定盈余公积　　　　　　　　　　20 000 000
　　　　　　　——提取任意盈余公积　　　　　　　　　　10 000 000
　　贷：盈余公积——法定盈余公积　　　　　　　　　　　20 000 000
　　　　　　　　——任意盈余公积　　　　　　　　　　　10 000 000

(3) 股东会批准发放现金股利时。

现金股利金额＝100 000 000×0.1＝10 000 000（元）

借：利润分配——应付现金股利或利润　　　　　　　　　10 000 000
　　贷：应付股利　　　　　　　　　　　　　　　　　　10 000 000

实际发放现金股利时。

借：应付股利　　　　　　　　　　　　　　　　　　　10 000 000
　　贷：银行存款　　　　　　　　　　　　　　　　　　10 000 000

(4) 实际发放股票股利时。

股票股利的折合价值＝100 000 000×2÷10×6
　　　　　　　　　＝120 000 000（元）

借：利润分配——转作股本的股利　　　　　　　　　　120 000 000
　　贷：股本　　　　　　　　　　　　　　　　　　　20 000 000
　　　　资本公积——股本溢价　　　　　　　　　　　100 000 000

发放股票股利后，公司的股份总数变更为1.2亿股。

(5) 结转"利润分配"的明细科目。

借：利润分配——未分配利润　　　　　　　　　　　　160 000 000
　　贷：利润分配——提取法定盈余公积　　　　　　　　20 000 000
　　　　　　　　——提取任意盈余公积　　　　　　　　10 000 000
　　　　　　　　——应付现金股利或利润　　　　　　　10 000 000
　　　　　　　　——转作股本的股利　　　　　　　　120 000 000

利润分配结束后，风动能源股份有限公司20×6年12月31日"利润分配——未分配利润"科目的余额（贷方）＝130 000 000＋200 000 000－160 000 000＝170 000 000元。

(6) 配股的会计处理。配股本身并不是上市公司的利润分配行为，而是上市公司尊重原股东对新发行股票的优先购买权，向原股东发行新股、筹集资金的行为。股东可以放弃其优先认股权。

接收股东认缴的配股款时。

借：银行存款　　　　　　　　　　　　　　　　　　　　　　120 000 000
　　贷：股本　　　　　　　　　　　　　　　　　　　　　　　30 000 000
　　　　资本公积——股本溢价　　　　　　　　　　　　　　　90 000 000

送股配股结束后，公司的股份总数变更为 1.5 亿股。

专栏 11-3　　单设"未分配利润"账户的可能性

细心的读者会注意到，如果单独设立一个"未分配利润"账户，例 11-3 中各账户之间的逻辑关系就会更清晰。单设"未分配利润"账户的益处是：第一，所有的利润分配业务统一通过借记"利润分配"各个明细科目处理，之后就可以直接清空"利润分配"账户。第二，如果单设"未分配利润"账户，则便于初学者理解，该科目还能够与资产负债表中的"未分配利润"项目直接对应起来。我们建议立法机关考虑对这一点加以改进。

11.6　库存股

库存股（treasury share; treasury stock），是指股份有限公司暂时持有的本公司已发行的股份。这些股份一般是通过收购方式获得的。股份有限公司设置"库存股"科目对公司收购本公司股份的业务进行会计处理。该科目借方记录收购本公司股份所付出的代价，贷方记录转让或注销本公司股份所对应的、在收购时所付出的代价。该科目的期末借方余额，反映的是收购后尚未处理的本公司股份当初的收购代价。在资产负债表上，"库存股"项目作为股东权益中的备抵项目，列报在"资本公积"项目之后。

公司收购本公司股份的相关法律规定

11.6.1　收购本公司股份时的会计处理

由于减少公司注册资本、将股份奖励给本公司职工或者股东对股东会作出的公司合并、分立决议持异议要求公司收购其股份等原因而收购本公司股份时，应按实际支付的金额，借记"库存股"科目，贷记"银行存款"等科目。同时，做备查登记。

借：库存股　　　　　　　　　　　　　　　　　　　　　[按实际支付的金额]
　　贷：银行存款　　　　　　　　　　　　　　　　　　　[按实际支付的金额]

由于与持有本公司股份的其他公司合并而回购本公司股份的，应按照《企业会计准则第 20 号——企业合并》的规定进行会计处理。本书从略。

11.6.2 处置库存股时的会计处理

1. 注销库存股的情形

注销已收购的本公司股份时，按股票面值和所注销的股数计算的股票面值总额，借记"股本"科目；按转让的库存股所对应的账面代价，贷记"库存股"科目；按以上两者之差，借记或贷记"资本公积——股本溢价"科目。若借记"资本公积——股本溢价"科目导致该明细科目余额为零，则应依次冲减盈余公积、未分配利润。

公司全体股东或者发起人足额缴纳出资和缴纳股款后，公司申请减少注册资本，应当同时办理减少实收资本变更登记。

借：股本　　　　　　　　　　　　　　　　　　［按股票面值×所注销的股数］
　　资本公积——股本溢价→盈余公积→未分配利润
　　贷：库存股　　　　　　　　　　　　　　　　［按转让的库存股所对应的账面代价］

2. 将库存股奖励给本公司职工的情形

将收购的股份奖励给本公司职工时，借记"资本公积——其他资本公积"科目，贷记"库存股"科目。

借：资本公积——其他资本公积　　　［按转让的库存股所对应的账面代价］
　　贷：库存股　　　　　　　　　　　［按转让的库存股所对应的账面代价］

3. 转让库存股的情形

转让已收购的本公司股份时，应按实际收到的金额，借记"银行存款"等科目；按转让库存股的账面余额，贷记"库存股"科目；按其差额，贷记"资本公积——股本溢价"科目；如为借方差额，借记"资本公积——股本溢价"科目，股本溢价不足冲减的，应依次冲减盈余公积、未分配利润，借记"盈余公积""利润分配——未分配利润"科目。

以较高的价格转让的情形，其会计分录如下：
借：银行存款　　　　　　　　　　　　　　　　［按实际收到的金额］
　　贷：库存股　　　　　　　　　　　　　　　［按所转让的库存股的账面余额］
　　　　资本公积——股本溢价　　　　　　　　　　　　　　　　［按差额］

以较低的价格转让的情形，其会计分录如下：
借：银行存款　　　　　　　　　　　　　　　　［按实际收到的金额］
　　资本公积——股本溢价→盈余公积→未分配利润　　　［按差额］
　　贷：库存股　　　　　　　　　　　　　　　［按所转让的库存股的账面余额］

思考题

1. 会计学的学习过程能够把很多相关学科的知识联系起来，这样有助于建立起稳固而实用的知识体系和能力框架。请阅读《公司法》，思考：通读《公司法》对于学好公司财务会计有何意义？你打算怎样同步提升自己的专业知识和专业技能？

2. 当你能用浅显的语言阐释专业问题的时候，你就是真正的专家了。试向自己的好朋友解释一下，"股本（或实收资本）"、"资本公积"、"盈余公积"和"利润分配"这四个会计科目哪些可能成为对应科目，哪些不可能成为对应科目，以及为什么。

3. 请解释何谓"资本公积——其他资本公积"。

第 12 章
Chapter 12 收入、费用和利润

素养目标

1. 结合中国特色社会主义法治体系学习会计法规体系。结合《中华人民共和国民法典》，理解《企业会计准则第 14 号——收入》中"五步法"的设计理念。结合《中华人民共和国税收征收管理法》《中华人民共和国企业所得税法》，理解会计管理与财税管理的关系、利润表与企业所得税纳税申报表的关系。

2. 理解会计规则的理论逻辑、历史逻辑和实践逻辑，培养辩证思维能力。理解每股收益指标的设计理念及其实践困境。

学习目标

1. 掌握：收入、费用的会计核算规则；纳税申报表的填报方法。
2. 理解：利润表和纳税申报表的关系；所得税法与会计规则之间的主要差异。
3. 了解："直接计入当期利润的利得或损失"的含义；每股收益的含义和算法。

会计学是唯一能够提供企业利润数字的科学。传统上，人们之所以尊重会计工作，很大程度上是因为会计能够按照法律规定提供具有证明力的资产和税后利润数据。会计作为一种管理活动，所提供的资产、负债信息是股东控制企业运营所需的基础数据，所提供的收入和费用数据是评价企业业绩所需的基础数据。本书前面已经阐释了资产负债表中的会计要素和报表项目，在本章中将要系统总结的是利润表中的会计要素和报表项目。利润表在实务工作中的重要性是显而易见的。利润表是评价企业管理层和职工工作业绩的重要标准，是企业所得税纳税申报时计算"应纳税所得额"（taxable income）时需要的基础资料，还是公司利润分配程序中确定"税后利润"（profit after tax）时的数据来源。企业利润表中的数据也是国民经济统计公报的数据来源之一。因此，正确地对企业的收入、费用和利润进行会计处理，其意义不可小觑。

12.1 收　入

我们在第 1 章已经知道,《企业会计准则——基本准则》第三十条和《企业会计准则第 14 号——收入》(2017 年修订)第二条所定义的收入,均是指"企业在日常活动中形成的、会导致所有者权益增加的、与所有者投入资本无关的经济利益的总流入"。也就是说,企业会计准则体系中的收入,包括营业收入(即主营业务收入和其他业务收入)、投资收益、其他收益,不包括"偶然所得"(即资产处置收益、营业外收入)和"预期所得"(即公允价值变动收益)等利得。这种狭义的收入定义就导致了"营业外收入不属于收入"的奇怪逻辑。

企业开展业务,必须到工商行政管理机关办理设立登记并领取营业执照,某些特殊经营项目或特殊行业还必须预先办理相应的许可证(如工业产品生产许可证、食品流通许可证、药品经营许可证、烟草专卖许可证、食盐专营许可证、金融许可证、保险许可证等)。企业法人营业执照(或营业执照)上面注有"经营范围"信息,这些信息与企业章程和企业制定的管理制度中的信息是一致的。企业依照营业执照上载明的营业范围从事经营活动所获得的收入在会计学中称作营业收入。通俗地解释,营业收入就是企业开展常规业务所取得的收入。

营业收入与营业成本之间存在因果关系,二者均以总额入账,二者配比(即营业收入减去营业成本)之后的结果即为日常活动的毛利。

通俗地说,营业收入是企业从事某一项经营活动(如销售商品、提供劳务等)收到的对价,营业成本是企业从事该经营活动所付出的代价。从业务合同的角度来说,该合同的对价减去该合同的代价,就是该合同的毛利。

上述思路就是记录营业收入和营业成本的基本逻辑。在业务合同内容比较单一的情况下,可以直接根据其单一业务内容来核算营业收入和营业成本。现在,我们来举例阐释单一业务内容的营业收入的会计处理方法。我们要用到"主营业务收入"科目和"其他业务收入"科目。

工商企业设"主营业务收入"科目核算企业确认的销售商品、提供服务等主营业务的收入。该科目可按主营业务的种类进行明细核算。该科目贷方登记发生额(增加数),借方登记结转额(减少数)。期末,企业应根据该科目的本期贷方发生额减去本期借方发生额后的净额,借记"主营业务收入"科目,贷记"本年利润"科目,结转后该科目应无余额。

工商企业设"其他业务收入"科目核算企业确认的除主营业务活动以外的其他经营活动实现的收入,包括出租固定资产、出租无形资产、出租包装物和商品、销售材料、用材料进行非货币性交换(非货币性资产交换具有商业实质且公允价值能够可靠计量)等实现的收入。该科目贷方登记发生额(增加数),借方登记结转额(减少数)。期末,企业应根据该科目的本期贷方发生额减去本期借方发生额后的净额，借记"其他业务收入"科目，贷记"本年利润"科目，结转后该科目应无余额。

之所以还要把营业收入区分为主营业务收入和其他业务收入，是因为在企业管理实践中，从业绩评价与财务管控等管理需要来看，常常需要分析利润究竟是来源于主营业务，还是来源于兼营业务。会计管理程序常常是实际管理需要的产物。

当然，主营业务和兼营业务的区分并没有统一的标准。对于某一家企业而言的主营业务和兼营业务，对于另一家企业而言可能恰恰相反。上述"主营业务收入"科目和"其他业务收入"科目的用法，是以工商企业的常规情形为参照坐标的。企业在实际工作中常常根据管理需要自行确定所适用的科目。

（1）销售不涉及消费税的货物的情形。此情形下，应在销售成立时，按已收或应收的全部款项，记录业务活动的对价，即借记"银行存款""应收账款""应收票据"等科目。按从以上全部款项中减除增值税销项税额后的金额，记录企业通过生产经营所取得的对价，即贷记"主营业务收入"或"其他业务收入"等科目。根据增值税的税制原理，在商品或服务顺利完成给付的情况下，企业不负担增值税，增值税不构成企业的对价或代价。因此，应当将增值税销项税额从企业收取的全部对价中刨除，即不计入营业收入，而是记入"应交税费——应交增值税"账户的"销项税额"专栏。企业应按增值税专用发票上注明的增值税销项税额，贷记"应交税费——应交增值税（销项税额）"科目。

借：银行存款、应收账款、应收票据等科目　　　[按已收或应收的全部款项]
　　贷：主营业务收入（或其他业务收入）
　　　　　　　　　　　　　　　　　[按从以上全部款项中减除增值税后的金额]
　　　　应交税费——应交增值税（销项税额）
　　　　　　　　　　　　　　　　　[按增值税专用发票上注明的增值税税额]

结转成本时，企业应按其为了取得上述对价所付出的代价，借记"主营业务成本"或"其他业务成本"等科目，贷记"库存商品"等科目。

（2）销售涉及消费税的货物的情形。此情形下，主营业务收入的入账分录与前一情形相同。所不同的是，要按应交消费税，借记"税金及附加"科目，贷记"应交税费——应交消费税"科目。

这是因为，消费税作为价内税，被计入了营业收入，而其实际承担者并不是企业本身。因此，消费税在计入营业收入后，还要计入税金及附加。否则，就无法准确反映企业经营活动的盈利情况。

【例12-1】

好运摩托有限公司是增值税一般纳税人，税务机关核定的增值税纳税期限为一个月。该公司20×8年2月3日销售了1辆该公司生产的摩托车给另一家公司，不含增值税的销售价格为每辆20 000元，该型号的摩托车适用的消费税税率为10%。好运摩托有限公司销售当时就收到了转账支票。每辆摩托车的生产成本为 8 000 元。

好运摩托有限公司销售商品时的会计分录为：

增值税销项税额＝20 000×13％＝2 600（元）

借：银行存款	22 600
贷：主营业务收入	20 000
应交税费——应交增值税（销项税额）	2 600

结转主营业务成本时的会计分录为：

借：主营业务成本	8 000
贷：库存商品	8 000

计算应交消费税时的会计分录为：

应缴纳的消费税＝20 000×10％＝2 000（元）

借：税金及附加	2 000
贷：应交税费——应交消费税	2 000

从上述示例中不难看出，针对即时完成的单一业务内容来核算营业收入和营业成本时，业务合同的对价减去该合同的代价，就是该合同的毛利。这一逻辑线条还是比较清晰的。

但是，如果合同中涉及多项业务内容、多个会计期间，其会计处理应当遵循何种逻辑线条，就需要细细斟酌了。实际上，会计实践中曾经长期施行分别适用于工商企业销售商品、服务业提供劳务的会计规则，甚至还针对建造合同给出了专用的会计规则。[①]

2017 年修订的《企业会计准则第 14 号——收入》试图将销售商品收入和提供劳务收入的会计处理规则统一起来，建立统一的、能够更加科学合理地反映企业的收入确认过程的规则。其所推出的"五步法"，较好地贯彻了前述的以"对价"（财产权利的增加数）为营业收入、以"代价"（财产权利的减少数）为营业成本的逻辑，从而得以将营业收入的确认规则建立在"权利"变动的基础之上。应当说，这是会计法律制度建设理念的一大进步。

专栏 12-1 《企业会计准则第 14 号——收入》的设计理念：五步法

《企业会计准则第 14 号——收入》（2017 年修订）是借鉴《国际财务报告准则第 15 号——客户合同收入》（IFRS 15：Revenue from Contracts with Customers）制定的，该准则适用于企业在销售商品和提供服务过程中与客户订立的合同。[②] 准则所称客户，是指与企业订立合同以向该企业购买其日常活动产出的商品或服务（准则笼统地称之为

---

① 如我国 2006 年出台的《企业会计准则第 14 号——收入》和《企业会计准则第 13 号——建造合同》。

② 但属于《企业会计准则第 2 号——长期股权投资》《企业会计准则第 22 号——金融工具确认和计量》《企业会计准则第 23 号——金融资产转移》《企业会计准则第 24 号——套期会计》《企业会计准则第 33 号——合并财务报表》《企业会计准则第 40 号——合营安排》《企业会计准则第 21 号——租赁》以及保险合同相关准则调整范围的除外。

"商品")并支付对价的一方。准则所称合同,是指双方或多方之间订立的有法律约束力的权利义务的协议,其形式可以是书面形式、口头形式或者其他可验证的形式(如隐含于商业惯例或企业以往的习惯做法中等)。

该准则的核心原则是,企业应当根据其向客户销售商品或提供劳务的模式来记录营业收入,营业收入的金额应当是其销售商品或提供劳务所收取(或应收取)的对价。

为贯彻上述核心原则,该准则推出了一套被称作"五步法"的会计处理规则(如图 12-1 所示)。第一步,识别与客户订立的合同,即判断某项合同是否属于《企业会计准则第 14 号——收入》(2017 年修订)的调整范围,且满足该准则所规定的 5 项条件。第二步,识别合同中的单项履约义务,并进一步区分为在某一时段内履行的履约义务和在某一时点履行的履约义务。第三步,确定交易价格。第四步,将交易价格分摊至各单项履约义务。第五步,在履行每一单项履约义务时确认收入。具体而言:对于在某一时段内履行的履约义务,企业应当在该段时间内按照履约进度确认收入;对于在某一时点履行的履约义务,企业应当在客户取得相关商品控制权时点确认收入。

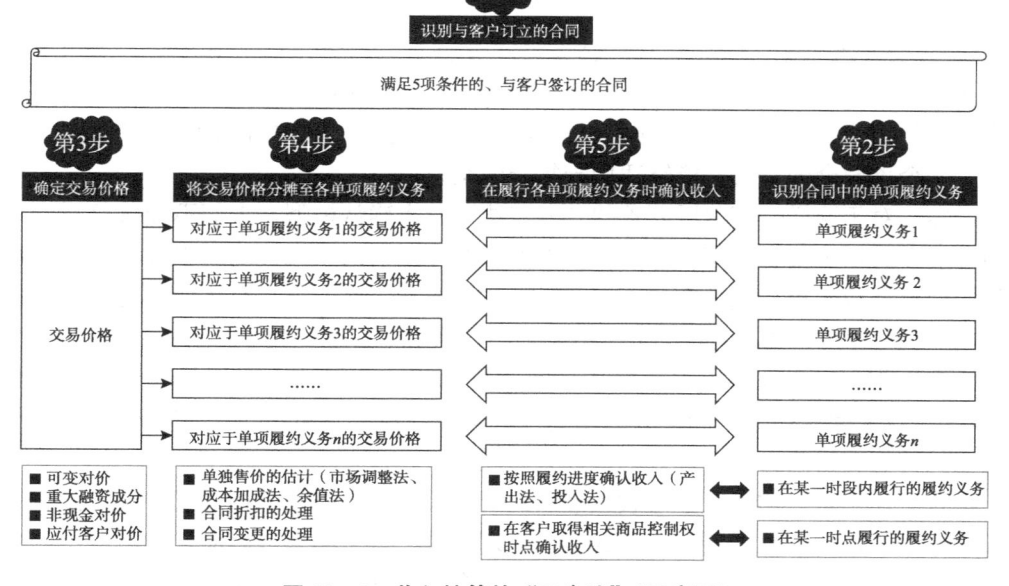

图 12-1 收入核算的"五步法"(示意图)

例如,某电信公司以买手机送话费的捆绑销售方式开展促销,客户买单独售价为 4 000 元的手机即可享有该电信公司赠送的有效期为两年的 800 元话费。对于这样的销售合同,该电信公司确认收入的程序如下。

第一步,识别与客户订立的合同。假定该买卖合同属于《企业会计准则第 14 号——收入》(2017 年修订)的调整范围,且满足该准则所规定的合同条件。

第二步,识别合同中的单项履约义务。该合同中的履约义务有两项:一项属于在某一时点履行的履约义务,该电信公司应当履行给付义务,即把单独售价为 4 000 元的手机交付给客户;另一项属于在某一时段内履行的履约义务,该电信公司应当在两年内提供合同金额为 800 元的电信服务。

第三步，确定交易价格。该捆绑销售合同的交易价格总额为 3 600 元。相当于总价打了七五折（3 600÷4 800×100%＝75%）。

第四步，将交易价格分摊至各单项履约义务。对应于该电信公司所给付的手机这一单项履约义务的交易价格为 3 000 元（75%×4 000）；对应于该电信公司在两年内提供合同金额为 800 元的电信服务这一单项履约义务的交易价格为 600 元（75%×800）。

第五步，在履行每一单项履约义务时确认收入。对于在某一时点履行的履约义务（即手机销售时的给付义务），该电信公司在完成手机给付义务时（也即客户取得该手机的控制权时）确认收入 3 000 元。对于在某一时段内履行的履约义务（即此后两年的电讯服务），此后两年内，按照履约进度确认电信服务收入（共计 600 元）。

值得强调的是，《企业会计准则第 14 号——收入》（2017 年修订）基于法律上的权利和义务概念，重新强调了配比概念，这是会计规则制定进程中的标志性成果之一。其所推行的"五步法"看似烦琐，实际上却具有权责清晰、因果关系明确等优点，因而，这套算法更能满足复杂的合同的会计处理需要。

《企业会计准则第 14 号——收入》（2017 年修订）所推出的"五步法"适用于各类为企业带来营业收入的合同（无论业务期限长短、业务内容多寡、业务性质如何），在形式上取得了统一。正如《国际财务报告准则第 15 号——客户合同收入》所称，"五步法"是一个更健全的框架，能够适用于复杂的交易。

当然，对于这样一套包罗万象的"五步法"收入确认模型，人们不能仅仅看到它光鲜照人的一面，也要看到其局限性。一方面，这样复杂的收入确认对于社会经济生活中常见的即时完成的单一业务内容而言，无疑过于复杂了些。如果对于业务内容单一的业务合同，仍然固守"五步法"，那未免太过小题大做了。另一方面，现实中的合同法律关系千变万化，实在难以用一套算法来网罗全部的业务模式。即便是貌似包罗万象的"五步法"收入确认模型，同样力有不逮。实际上，修订后的收入准则仍然不得不给出了长篇的特定交易的会计处理规则（详见后文）。

综合上述因素，初学者学习收入准则的恰当策略是，先来掌握"五步法"的设计理念和操作要领，再去推敲特定交易的会计处理规则。以下结合准则原文和实务中的常见复杂情形，先来阐释五步法的操作要领，然后介绍特殊情形下的例外处理规则。

1. 第一步：识别与客户订立的合同

《企业会计准则第 14 号——收入》（2017 年修订）针对工商企业在日常经营（销售商品和提供服务）过程中与客户订立的合同，给出了营业收入的核算规则。①

企业与客户订立的同时满足下列条件的合同，才能依照该准则确认收入：（1）缔约各方已批准该合同并承诺将履行各自的义务（obligations）。（2）该合同明确界定了

---

① 作为对比，企业与客户以外的各方（如职工、投资方等）所签订的合同，如企业对外出租资产收取的租金、进行债权投资收取的利息、进行股权投资取得的现金股利等，不适用《企业会计准则第 14 号——收入》。

缔约各方与所转让商品或提供劳务（以下简称"转让商品"）相关的权利（rights）。（3）该合同有明确的与所转让商品相关的支付条款（payment terms）。（4）该合同具有商业实质（commercial substance），即履行该合同将改变企业未来现金流量的风险、时间分布或金额。关于商业实质，应按照非货币性资产交换中有关商业实质的说明进行判断。（5）企业因向客户转让商品而有权取得的对价（consideration）很可能收回。在评估对价是否很可能收回时，仅应考虑客户到期时支付对价的能力和意图（即客户的信用风险）。

在合同开始日即满足前款条件的合同，企业在后续期间无须对其进行重新评估，除非有迹象表明相关事实和情况发生重大变化。合同开始日通常是指合同生效日。

专栏 12-2　　　　　　　不符合准则规定的五项条件的合同

对于在合同开始日不符合准则规定的五项条件的合同，企业应当对其进行持续评估，并在其满足准则规定的五项条件时按照准则的规定进行会计处理。

对于不符合准则规定的五项条件的合同，企业只有在不再负有向客户转让商品的剩余义务（例如，合同已完成或取消），且已向客户收取的对价（包括全部或部分对价）无须退回时，才能将已收取的对价确认为收入；否则，应当将已收取的对价作为负债进行会计处理。

没有商业实质的非货币性资产交换，无论如何，都不应确认收入。

2. 第二步：识别合同中的单项履约义务

企业应当在合同开始日（contract inception）对合同进行评估，识别其所包含的各项单项履约义务，并确定各项单项履约义务是在某一时段内履行的履约义务，还是在某一时点履行的履约义务。

（1）单项履约义务的定义。单项履约义务（performance obligation），是指企业做出的向客户转让可明确区分商品（distinct goods or services）的承诺。该承诺既包括合同中明确约定的承诺，也包括客户在订立合同时基于企业已公开宣布的政策、特定声明或以往的习惯做法等信息而合理预期的企业将会履行的承诺。企业为履行合同而应开展的初始活动，通常不构成履约义务，除非该活动向客户转让了承诺的商品。

1）商品或服务的含义。对于不同的企业，已承诺的商品或服务的含义也有所不同。常见的情形是：工业企业（制造业）销售自己生产的产品；商业企业（批发和零售业）销售其所购买的商品；作为当事人代为销售商品或者代为提供服务；拥有知识产权的企业向客户（其他企业）提供使用许可；服务类企业为客户提供建筑、交通运输、仓储、邮政、住宿、餐饮、信息传输、软件、信息技术、金融、租赁、科学研究、技术服务、教育、文化、体育和娱乐等的服务等等。

2）可明确区分商品的含义。可明确区分商品，是指企业向客户承诺的同时满足下列条件的商品：客户因直接使用该商品（或者将该商品与企业易于获得的其他资源一起使用）而受益，例如，企业通常会单独销售该商品等；企业向客户转让该商品的承诺是明确可区分的，即该承诺独立于合同中的其他承诺。

下列情形通常表明企业向客户转让该商品的承诺与合同中的其他承诺是可以单独区分的：企业无须提供大量的服务（significant services，准则译作"重大的服务"），就能将该商品与合同中承诺的其他商品一起，整合成为客户所要求的组合成品；该商品并未显著地修改或者影响合同中承诺的其他商品；该商品与合同中承诺的其他商品不存在高度的关联性。

企业向客户转让一系列实质相同且转让模式相同的、可明确区分商品的承诺，也应当作为单项履约义务。转让模式相同，是指每一项可明确区分商品均满足在某一时段内履行履约义务的条件，且采用相同方法确定其履约进度。

综上所述，单项履约义务既包括企业向客户转让单项的可明确区分商品（或者商品或服务的组合）的承诺，又包括企业向客户转让一系列实质相同且转让模式相同的、可明确区分商品的承诺。

【例 12-2】
20×1年1月6日，凌志电工有限公司与某客户签订合同，授予特许经营权的许可证，该客户可在10年内出任凌志电工有限公司在该区域的独家经销商，有权使用相关的商标并出售相关的产品。凌志电工有限公司承诺为该客户提供必要的通用设备，这些设备适用于广泛的多种用途。该客户需在收到设备时支付设备价款，按照每月销售收入的10%支付特许使用费。

问题：上述合同中包含有多少项单项履约义务？

解答：上述合同包含有两项单项履约义务：一是向该客户授予许可证的承诺，二是向该客户出售设备的承诺。两者是可明确区分的。因为凌志电工有限公司并未提供将许可证和设备整合纳入组合项目的大量服务（即该知识产权既不是设备的组成部分，也没有对设备作出重大修订），许可证和设备之间也并非相互依赖或者存在重大关联。

（2）在某一时段内履行的履约义务。在某一时段内履行的履约义务（performance obligation over time），是指满足下列条件之一的履约义务：

1）客户在企业履约的同时即取得并消耗企业履约所带来的经济利益。这是指持续性的、立竿见影的服务，如保洁服务、园林绿化服务、运输服务等。这种业务的一个显著特点是，遇有中途停顿时，不必重新执行已完成的部分。

2）客户能够控制企业履约过程中在建的商品。这是指持续性的、其效果需累积才能显现的生产和服务，包括在产品、在建工程、尚未完成的研发项目、正在进行的建筑安装服务等。例如，东南建设股份公司与客户签订合同，在该客户指定的土地上为其设计并建造厂房。这种情况就是客户能够控制企业履约过程中在建的商品的情形。

3）企业履约过程中所产出的商品具有不可替代用途（即客户定制的专用产品），且该企业在整个合同期间内有权就累计至今已完成的履约部分收取款项。如企业预付全款定制某种商品且该预付款不可撤销的情形。具有不可替代用途，是指因合同限制或实际可行性限制，企业不能轻易地将商品用于其他用途。有权就累计至今已完成的履约部分收取款项,是指在由于客户或其他方原因终止合同的情况下,企业有权就累计至今已完成的履约部分收取能够补偿其已发生成本和合理利润的款项,并且该权利具有法律约束力。例如,江南制造股份公司与客户签订合同,为其建造特种船舶,该产品具有不可替代用途。如果该客户违约时该公司能够收回成本且获取合理利润,则该合同的履约义务就属于在某一时段内履行的履约义务。如果该客户违约时该公司不能收回成本且获取合理利润,则该合同的履约义务就不属于在某一时段内履行的履约义务。

(3) 在某一时点履行的履约义务。在某一时点履行的履约义务(performance obligation at a point in time),是指不属于在某一时段内履行的履约义务的那些履约义务。

3. 第三步:确定交易价格

交易价格(transaction price),是指企业因向客户转让商品而预期有权收取的对价金额。企业代第三方收取的款项以及企业预期将退还给客户的款项,应当作为负债进行会计处理,不计入交易价格。企业应当根据合同条款,并结合其以往的习惯做法确定交易价格。此外,还应考虑可变对价、重大融资成分、非现金对价、应付客户对价等因素的影响。

(1) 可变对价。合同中存在可变对价(variable consideration)的,企业应当按照期望值或最可能发生金额确定可变对价的最佳估计数,但包含可变对价的交易价格,应当不超过在相关不确定性消除时累计已确认收入极可能不会发生重大转回的金额。企业在评估累计已确认收入是否极可能不会发生重大转回时,应当同时考虑收入转回的可能性及其比重。其中,"极可能"发生的概率应远高于"很可能"(即可能性超过50%),但不要求达到"基本确定"(即可能性超过95%),其目的是避免因为一些不确定因素的发生导致之前已经确认的收入发生转回。[①]

期望值是按照各种可能发生的对价金额及相关概率计算确定的金额。如果企业拥有大量具有类似特征的合同,企业据此估计合同可能产生多个结果时,按照期望值估计可变对价金额通常是恰当的。

最可能发生金额是一系列可能发生的对价金额中最可能发生的单一金额,即合同最可能产生的单一结果。当合同仅有两个可能结果(例如,企业能够达到或不能达到某业绩奖金目标)时,按照最可能发生金额估计可变对价金额可能是恰当的。

【例 12-3】

20×8 年 1 月 6 日,中原建筑有限公司与某客户签订金额为 9 000 000 元的固定造价合同,为其建造办公大楼。合同的完工日期为 20×8 年 9 月 30 日。完工日期每提前一天,合同金额将增加 30 000 元,每推迟一天,合同金额则减少 30 000 元。如果工程荣获省部级以上奖项,则额外奖励 700 000 元。

上述合同条款中的可变对价共有两项:一是是否如期完工,二是是否荣获省部级以上工程质量奖。如果或有事项涉及多个项目且所需支出不存在一个连续范围,则应按照

---

① Basis for Conclusion on IFRS 15 Revenue from Contracts with Customers;中国注册会计师协会. 会计. 北京:中国财政经济出版社,2018.

根据各种可能结果及其相关概率计算的期望值,确定预计负债的入账金额;如果或有事项涉及单个项目且所需支出不存在一个连续范围则应按照最可能发生金额,确定预计负债的入账金额。因此,第一项可变对价可以按照期望值进行估计,第二项可变对价可以按照最可能发生金额进行估计。

每一资产负债表日,企业应当重新估计应计入交易价格的可变对价金额。可变对价金额发生变动的,按照准则规定进行会计处理。

(2) 重大融资成分。当企业将商品的控制权转移给客户的时间与客户实际付款的时间不一致时,如企业以赊销的方式销售商品,或者要求客户支付预付款等,如果各方以在合同中明确(或者以隐含的方式)约定的付款时间为客户或企业就转让商品的交易提供了重大融资利益,则合同中包含了重大融资成分,企业在确定交易价格时,应当对已承诺的对价金额作出调整,以剔除货币时间价值的影响。

合同中存在重大融资成分的,企业应当按照假定客户在取得商品控制权时即以现金支付的应付金额(the cash selling price,又译作现销价格)确定交易价格。该交易价格与合同对价之间的差额,应当在合同期间内采用实际利率法摊销。

在判断融资成分是否重大时,应当从单个合同层面(而不是基于合同组合层面)来考虑。

合同开始日,企业预计客户取得商品控制权与客户支付价款间隔不超过一年的,可以不考虑合同中存在的重大融资成分。

【例 12-4】

20×8 年 1 月 1 日,正阳实业有限公司与安庆商贸有限公司签订合同,向其销售一批产品。合同约定,该批产品于 20×9 年 12 月 31 日交货,该批产品的控制权在交货时转移。合同中包含两种可供选择的付款方式,即安庆商贸有限公司可以在 2 年后交付产品时支付 3 500 000 元,或者在合同签订时支付 3 000 000 元。安庆商贸有限公司选择在合同签订时支付货款。正阳实业有限公司于 20×8 年 1 月 1 日收到安庆商贸有限公司支付的货款。上述价格均不包含增值税,且假定不考虑相关税费影响。

本例中,考虑到安庆商贸有限公司付款时间和产品交付时间之间的间隔以及现行市场利率水平,正阳实业有限公司认为该合同包含重大融资成分,在确定交易价格时,应当对合同承诺的对价金额进行调整,以反映该重大融资成分的影响。

假定该融资费用不符合借款费用资本化的要求。正阳实业有限公司的账务处理为:

(1) 20×8 年 1 月 1 日,收到货款。

借:银行存款   3 000 000
  未确认融资费用   500 000
 贷:合同负债   3 500 000

(2) 20×8 年 12 月 31 日,确认融资成分的影响。

经测算,实际利率为 8.012 344 973 464 32%。

借:财务费用(3 000 000×8.012 344 973 464 32%) 240 370.35
 贷:未确认融资费用   240 370.35

(3) 20×9年12月31日，确认融资成分的影响。
借：财务费用（3 240 370.35×8.012 344 973 464 32%）　　　259 629.65
　　贷：未确认融资费用　　　　　　　　　　　　　　　　　　　259 629.65
(4) 20×9年12月31日，交付产品。
借：合同负债　　　　　　　　　　　　　　　　　　　　　　3 500 000
　　贷：主营业务收入　　　　　　　　　　　　　　　　　　　3 500 000

(3) 非现金对价。客户支付非现金对价（如实物资产、无形资产、股权、客户提供的广告服务等）的，企业应当按照非现金对价在合同开始日的公允价值确定交易价格。非现金对价的公允价值不能合理估计的，企业应当参照其承诺向客户转让商品的单独售价间接确定交易价格。单独售价，是指企业向客户单独销售商品的价格。

非现金对价的公允价值可能会因对价的形式而发生变动（例如，企业有权向客户收取的对价是股票，股票本身的价格会发生变动），也可能会因为其形式以外的原因而发生变动（例如，企业有权收取非现金对价的公允价值因企业的履约情况而发生变动）。合同开始日后，非现金对价的公允价值因对价形式以外的原因而发生变动的，应当作为可变对价，按照与计入交易价格的可变对价金额的限制条件相关的规定进行处理；非现金对价的公允价值因对价形式而发生变动的，该变动金额不应计入交易价格。

(4) 应付客户对价。企业应付客户（或向客户购买本企业商品的第三方，下同）对价的，应当将该应付对价冲减交易价格，并在确认相关收入与支付（或承诺支付）客户对价二者孰晚的时点冲减当期收入，但应付客户对价是为了向客户取得其他可明确区分商品的除外。

如果企业应付客户对价是为了向客户取得其他可明确区分商品，则应当采用与本企业其他采购相一致的方式确认所购买的商品。企业应付客户对价超过向客户取得可明确区分商品公允价值的，超过金额应当冲减交易价格。向客户取得的可明确区分商品公允价值不能合理估计的，企业应当将应付客户对价全额冲减交易价格。

【例12-5】

20×8年1月3日，中原家居用品有限公司与某连锁百货公司签订合同，在一年内向该连锁百货公司销售不含增值税的销售价格为100 000 000元的货物。中原家居用品有限公司需在合同开始时向该连锁百货公司支付进店费（促销服务费）10 000 000元，以弥补该连锁百货公司调整展示空间、开展促销活动、广告宣传等的开支。

同年2月8日，中原家居用品有限公司向该连锁百货公司发送第一批货物，开出的增值税专用发票上注明的不含税金额为80 000 000元，增值税税额为10 400 000元，价税合计为90 400 000元。该批商品的成本为48 000 000元。

同年6月9日，中原家居用品有限公司向该连锁百货公司发送第二批货物，开出的增值税专用发票上注明的不含税金额为20 000 000元，增值税税额为2 600 000元，价税合计为22 600 000元。该批商品的成本为12 000 000元。

(1) 1月3日，支付进店费时。
借：其他应收款　　　　　　　　　　　　　　　　　　　　　10 000 000
　　贷：银行存款　　　　　　　　　　　　　　　　　　　　　10 000 000

(2) 2月8日，交付第一批商品时。

借：应收账款	90 400 000
贷：其他应收款	8 000 000
主营业务收入	72 000 000
应交税费——应交增值税（销项税额）	10 400 000
借：主营业务成本	48 000 000
贷：库存商品	48 000 000

(3) 6月9日，交付第二批商品时。

借：应收账款	22 600 000
贷：其他应收款	2 000 000
主营业务收入	18 000 000
应交税费——应交增值税（销项税额）	2 600 000
借：主营业务成本	12 000 000
贷：库存商品	12 000 000

4. 第四步：将交易价格分摊至各单项履约义务

企业应当按照分摊至各单项履约义务的交易价格计量收入。

合同中包含两项或多项履约义务的，企业应当在合同开始日，按照各单项履约义务所承诺商品的单独售价的相对比例，将交易价格分摊至各单项履约义务。企业不得因合同开始日之后单独售价的变动而重新分摊交易价格。

企业在类似环境下向类似客户单独销售商品的价格，应作为确定该商品单独售价的最佳证据（the best evidence）。单独售价无法直接观察的，企业应当综合考虑其能够合理取得的全部相关信息，采用市场调整法、成本加成法、余值法等方法合理估计单独售价。在估计单独售价时，企业应当最大限度地采用可观察的输入值，并对类似的情况采用一致的估计方法。

(1) 单独售价的估计方法。市场调整法（adjusted market assessment），是指企业根据某商品或类似商品的市场售价考虑本企业的成本和毛利等进行适当调整后，确定其单独售价的方法。

成本加成法（expected cost plus a margin approach），是指企业根据某商品的预计成本加上其合理毛利，确定其单独售价的方法。

余值法（residual approach），是指企业根据合同交易价格减去合同中其他商品可观察的单独售价后的余值，确定某商品单独售价的方法。企业在商品近期售价波动幅度巨大，或者因未定价且未曾单独销售而使售价无法可靠确定时，可采用余值法估计其单独售价。

(2) 合同折扣的处理。合同折扣，是指合同中各单项履约义务所承诺商品的单独售价之和高于合同交易价格的金额。

对于合同折扣，企业应当在各单项履约义务之间按比例分摊。有确凿证据表明合同折扣仅与合同中一项或多项（而非全部）履约义务相关的，企业应当将该合同折扣分摊至相关一项或多项履约义务。

【例 12-6】

20×1 年 1 月 8 日,天粮食品有限公司与某客户签订合同,向其销售甲、乙、丙三种产品,这三种产品构成三个单项履约义务,合同总价款为 22 000 000 元。

甲产品的可直接观察的单独售价为 10 000 000 元,乙产品的采用市场调整法估计的单独售价为 5 000 000 元,丙产品的采用成本加成法估计的单独售价为 10 000 000 元。

乙产品和丙产品的组合销售价格为 12 000 000 元。假定上述价格均不包含增值税。

根据上述信息,该公司有确凿证据表明合同折扣仅与合同中的乙产品和丙产品有关。

分摊至乙产品的合同价款＝5 000 000÷(5 000 000＋10 000 000)×12 000 000
＝4 000 000(元)

分摊至丙产品的合同价款＝10 000 000÷(5 000 000＋10 000 000)×12 000 000
＝8 000 000(元)

合同折扣仅与合同中一项或多项(而非全部)履约义务相关,且企业采用余值法估计单独售价的,应当首先按照前款规定在该一项或多项(而非全部)履约义务之间分摊合同折扣,然后采用余值法估计单独售价。

(3) 合同变更的处理。企业应当区分下列三种情形,分别对合同变更进行会计处理。

1) 合同变更部分作为单独合同进行会计处理的情形。如果合同变更增加了可明确区分的商品及合同价款,且新增合同价款反映了新增商品单独售价,那么,企业应当将该合同变更部分作为一份单独的合同进行会计处理。

2) 合同变更作为原合同终止及新合同订立进行会计处理的情形。合同变更不属于上述 1) 规定的情形,且在合同变更日已转让的商品或已提供的服务(以下简称"已转让的商品")与未转让的商品或未提供的服务(以下简称"未转让的商品")之间可明确区分的,应当视为原合同终止,同时,将原合同未履约部分与合同变更部分合并为新合同进行会计处理。新合同的交易价格应当为下列两项金额之和:一是原合同交易价格中尚未确认为收入的部分(包括已从客户处收取的金额);二是合同变更中客户已承诺的对价金额。

3) 合同变更不属于上述 1) 规定的情形,且在合同变更日已转让的商品与未转让的商品之间不可明确区分的,应当将该合同变更部分作为原合同的组成部分进行会计处理,在合同变更日重新计算履约进度,并调整当期收入和相应成本等。由此产生的对已确认收入的影响,应当在合同变更日调整当期收入。

5. 第五步:在履行每一单项履约义务时确认收入

(1) 在某一时段内履行的履约义务所对应的收入。对于在某一时段内履行的履约义务,企业应当在该段时间内按照履约进度确认收入,但是,履约进度不能合理确定的除外。

企业应当考虑商品的性质，采用产出法（output methods）或投入法（input methods）确定恰当的履约进度。

1）产出法。产出法根据已转移给客户的商品对于客户的价值确定履约进度。主要包括按照实际测量的完工进度、评估已实现的结果、已经达到的里程碑、时间进度、已完工或交付的产品等来确定履约进度的方法。

【例 12-7】

中南路桥股份公司与某客户签订合同，为其修建 100 千米的高速公路，合同标的额为 5 000 000 000 元。假定不考虑增值税等相关税费。

20×7 年 12 月 31 日，该公司已完成建造任务 60 千米，预计未来一年内能够全部完工。该合同所包含的一项履约义务，属于在某一时段内履行的履约义务。假设该公司按照已完成的工作量确定履约进度。因此，截至 20×7 年 12 月 31 日，该合同的履约进度为 60%（60÷100），该公司应确认的收入为 3 000 000 000 元（5 000 000 000×60%）。

2）投入法。投入法根据企业为履行履约义务的投入确定履约进度。主要包括以投入的材料数量、花费的人工工时或机器工时、发生的成本和时间进度等投入指标确定履约进度。

在按照累计实际发生的成本占预计总成本的比例确定履约进度的情况下，如果已发生的成本未能反映企业履行其履约义务的进度（如因企业生产效率低下等原因而导致的非正常消耗，包括非正常消耗的直接材料、直接人工及制造费用等，除非企业和客户在订立合同时已经预见会发生这些成本并将其包括在合同价款中），或者已发生的成本与企业履行其履约义务的进度不成比例，那么，需要对已发生的成本进行适当的调整。

在代人采购货物（如电梯、生产设备等）并提供安装服务的情形下，对于满足下列条件的商品，企业应当按照其成本确认收入，而不应将其计入累计实际发生的成本和预计总成本。这些条件是：①该商品不构成单项履约义务；②客户先取得该商品的控制权，之后才接受与之相关的服务；③该商品的成本占预计总成本的比重较大；④企业自第三方采购该商品，且未深入参与其设计和制造，对于包含该商品的履约义务而言，企业是主要责任人。

【例 12-8】

20×7 年 1 月 6 日，京安特种设备有限公司与某客户签订合同，为其修建销售部办公楼并安装一部电梯。合同标的额为 1 000 000 元，该公司预计的合同总成本为 800 000 元（其中包含电梯的采购价 300 000 元）。

同年 12 月 31 日，客户验收了该公司从第三处采购的电梯，取得了对电梯的控制权。该公司累计发生的合同成本为 400 000 元（其中包含电梯的采购价 300 000 元）。

该装修服务（包括安装电梯）构成属于在某一时段内履行的单项履约义务，京安特种设备有限公司是该装修服务的主要责任人。该公司按照累计实际发生的成本占预计总成本的比例确定履约进度，但该公司认为其已发生的成本与履约进度不成比例，因而需要对履约进度的计算作出调整，将电梯的采购成本排除在已发生成本和预计总成本之外。

(1) 电梯的采购成本和转让收入的处理。

对于电梯的采购成本,该公司应在客户取得该电梯的控制权时,按照该电梯的采购成本 300 000 元确认转让电梯所产生的收入。

(2) 电梯的安装服务的收入的处理。

20×7 年 12 月 31 日
该安装服务的履约进度 = (400 000 − 300 000) ÷ (800 000 − 300 000) = 20%
应确认的安装服务收入 = (1 000 000 − 300 000) × 20% = 140 000(元)
应确认的安装服务成本 = (800 000 − 300 000) × 20% = 100 000(元)

或者 = 400 000 − 300 000 = 100 000(元)

对于类似情况下的履约义务,企业应当采用相同的方法确定履约进度。当履约进度不能合理确定时,企业已经发生的成本预计能够得到补偿的,应当按照已经发生的成本金额确认收入,直到履约进度能够合理确定为止。

(2) 在某一时点履行的履约义务所对应的收入。对于在某一时点履行的履约义务,企业应当在客户取得相关商品控制权的时点确认收入。取得相关商品控制权,是指能够主导该商品的使用并从中获得几乎全部的经济利益。

在判断客户是否已取得商品控制权时,企业应当考虑下列迹象:1) 企业就该商品享有现时收款权利 (a present right to payment for the asset),即客户就该商品负有现时付款义务;2) 企业已将该商品的法定所有权 (legal title to the asset) 转移给客户,即客户已拥有该商品的法定所有权;3) 企业已将该商品转移给客户,即客户已经取得商品的实际占有 (physical possession);4) 企业已将该商品所有权上的主要风险和报酬 (the significant risks and rewards of ownership of the asset) 转移给客户,即客户已取得该商品所有权上的主要风险和报酬;5) 客户已接受该商品;6) 其他表明客户已取得商品控制权的迹象。

6. 合同成本

(1) 确认为资产的成本。

1) 合同履约成本。企业为履行合同发生的成本,不属于存货、固定资产、无形资产等其他企业会计准则规范范围且同时满足下列条件的,应当依照《企业会计准则第 14 号——收入》(2017 年修订)将其作为合同履约成本 (costs to fulfil a contract) 并确认为一项资产:(1) 该成本与一份当前或预期取得的合同直接相关,包括直接人工、直接材料、制造费用(或类似费用)、明确由客户承担的成本以及仅因该合同而发生的其他成本;(2) 该成本增加了企业未来用于履行履约义务的资源;(3) 该成本预期能够收回。

企业设"合同履约成本"科目核算企业为履行当前或预期取得的合同所发生的、不属于其他企业会计准则规范范围且按照收入准则应当确认为一项资产的成本。企业因履行合同而产生的毛利不在本科目核算。该科目可按合同,分别"服务成本""工程施工"等进行明细核算。企业发生上述合同履约成本时,借记"合同履约成本"科目,贷记

"银行存款""应付职工薪酬""原材料"等科目；对合同履约成本进行摊销时，借记"主营业务成本""其他业务成本"等科目，贷记"合同履约成本"科目。涉及增值税的，还应进行相应的处理。该科目期末借方余额，反映企业尚未结转的合同履约成本。

企业设"合同履约成本减值准备"科目核算与合同履约成本有关的资产的减值准备。该科目可按合同进行明细核算。与合同履约成本有关的资产发生减值的，按应减记的金额，借记"资产减值损失"科目，贷记"合同履约成本减值准备"科目；转回已计提的资产减值准备时，作相反的会计分录。该科目期末贷方余额，反映企业已计提但尚未转销的合同履约成本减值准备。

根据准则规定确认为资产的合同履约成本，初始确认时摊销期限不超过一年或一个正常营业周期的，在资产负债表中列入"存货"项目；初始确认时摊销期限在一年或一个正常营业周期以上的，在资产负债表中列入"其他非流动资产"项目。

2) 合同取得成本。企业为取得合同发生的增量成本（incremental costs of obtaining a contract）预期能够收回的，应当作为合同取得成本确认为一项资产；但是，该资产摊销期限不超过一年的，可以在发生时计入当期损益。增量成本，是指企业不取得合同就不会发生的成本（如销售佣金等）。

企业设"合同取得成本"科目核算企业取得合同发生的、预计能够收回的增量成本。企业发生合同取得成本时，借记"合同取得成本"科目，贷记"银行存款""其他应付款"等科目；对合同取得成本进行摊销时，按照其相关性借记"销售费用"等科目，贷记"合同取得成本"科目。涉及增值税的，还应进行相应的处理。该科目期末借方余额，反映企业尚未结转的合同取得成本。

企业设"合同取得成本减值准备"科目核算与合同取得成本有关的资产的减值准备。该科目可按合同进行明细核算。与合同取得成本有关的资产发生减值的，按应减记的金额，借记"资产减值损失"科目，贷记"合同取得成本减值准备"科目；转回已计提的资产减值准备时，作相反的会计分录。该科目期末贷方余额，反映企业已计提但尚未转销的合同取得成本减值准备。

3) 合同资产。企业设"合同资产"科目，核算其因履行合同义务而获得的、待合同条款全部满足后即可收取对价的权利。这种权利有别于合同条款全部满足后所形成的债权（无条件收款权）。仅取决于时间流逝因素的权利不在该科目核算。该科目应按合同进行明细核算。企业在客户实际支付合同对价或在该对价到期应付之前，已经向客户转让了商品的，应当按因已转让商品而有权收取的对价金额，借记"合同资产"或"应收账款"科目，贷记"主营业务收入""其他业务收入"等科目；企业取得无条件收款权时，借记"应收账款"等科目，贷记"合同资产"科目。涉及增值税的，还应进行相应的处理。

企业设"合同资产减值准备"科目核算合同资产的减值准备。该科目应按合同进行明细核算。合同资产发生减值的，按应减记的金额，借记"资产减值损失"科目，贷记"合同资产减值准备"科目；转回已计提的资产减值准备时，作相反的会计分录。该科目期末贷方余额，反映企业已计提但尚未转销的合同资产减值准备。

根据准则规定确认为资产的合同取得成本，初始确认时摊销期限不超过一年或一个正常营业周期的，在资产负债表中列入"其他流动资产"项目；初始确认时摊销期限在一年或一个正常营业周期以上的，在资产负债表中列入"其他非流动资产"项目。

【例 12-9】

20×7 年 1 月 6 日，天方集成设备有限公司与某客户签订合同，向其分两次供应一套集成设备。合同约定，合同开始日交付的甲商品的单独售价为 18 000 000 元，两个月后交付的乙商品的单独售价为 32 000 000 元，该公司将两项商品全部交付给该客户后才有权收取 40 000 000 元。假定甲商品和乙商品分别构成单项履约义务，其控制权在交付时转移给客户。不考虑增值税等相关税费的影响。

$$分摊至甲商品的合同价款 = 18\ 000\ 000 \div (18\ 000\ 000 + 32\ 000\ 000) \times 40\ 000\ 000$$
$$= 14\ 400\ 000(元)$$
$$分摊至乙商品的合同价款 = 32\ 000\ 000 \div (18\ 000\ 000 + 32\ 000\ 000) \times 40\ 000\ 000$$
$$= 25\ 600\ 000(元)$$

该公司的相关账务处理如下：

(1) 交付甲商品时。

借：合同资产　　　　　　　　　　　　　　　　　　　　14 400 000
　　贷：主营业务收入　　　　　　　　　　　　　　　　　　14 400 000

(2) 交付乙商品时。

借：应收账款　　　　　　　　　　　　　　　　　　　　40 000 000
　　贷：合同资产　　　　　　　　　　　　　　　　　　　　14 400 000
　　　　主营业务收入　　　　　　　　　　　　　　　　　　25 600 000

企业设"发出商品"科目核算企业商品销售不满足收入确认条件但已发出商品的实际成本（或进价）或计划成本（或售价）。采用支付手续费方式委托其他单位代销的商品，也可以单独设置"委托代销商品"科目，并按照受托单位进行明细核算。该科目可按购货单位及商品类别和品种进行明细核算。

企业按照上述规定确认的资产（以下简称"与合同成本有关的资产"），应当采用与该资产相关的商品收入确认相同的基础进行摊销，计入当期损益。

与合同成本有关的资产，其账面价值高于下列两项的差额的，超出部分应当计提减值准备，并确认为资产减值损失：1) 企业因转让与该资产相关的商品预期能够取得的剩余对价；2) 为转让该资产相关的商品估计将要发生的成本。

以前期间减值的因素之后发生变化，使得前述 1) 减 2) 的差额高于该资产账面价值的，应当转回原已计提的资产减值准备，并计入当期损益，但转回后的资产账面价值不应超过假定不计提减值准备情况下该资产在转回日的账面价值。

在确定与合同成本有关的资产的减值损失时，企业应当首先对按照其他相关企业会计准则确认的、与合同有关的其他资产确定减值损失；然后，按照上述规则确定与合同成本有关的资产的减值损失。

企业按照《企业会计准则第 8 号——资产减值》测试相关资产组的减值情况时，应当将按照前款规定确定的与合同成本有关的资产减值后的新账面价值计入相关资产组的账面价值。

（2）计入当期损益的支出。企业的下列支出，应当在发生时计入当期损益：1）管理费用；2）非正常消耗的直接材料、直接人工和制造费用（或类似费用），这些支出为履行合同发生，但未反映在合同价格中；3）与履约义务中已履行部分相关的支出；4）无法在尚未履行的与已履行的履约义务之间区分的相关支出。

企业为取得合同发生的、除预期能够收回的增量成本之外的其他支出（如无论是否取得合同均会发生的差旅费等），应当在发生时计入当期损益，但是，明确由客户承担的除外。

企业设"合同负债"科目核算企业已收或应收客户对价而应向客户转让商品的义务。该科目应按合同进行明细核算。企业在向客户转让商品之前，客户已经支付了合同对价或企业已经取得了无条件收取合同对价权利的，企业应当在客户实际支付款项与到期应支付款项孰早时点，按照该已收或应收的金额，借记"银行存款""应收账款""应收票据"等科目，贷记"合同负债"科目；企业向客户转让相关商品时，借记"合同负债"科目，贷记"主营业务收入""其他业务收入"等科目。涉及增值税的，还应进行相应的处理。因此，企业因转让商品收到的预收款适用《企业会计准则第14号——收入》（2017年修订）进行会计处理时，不再使用"预收账款"及"递延收益"科目。"合同负债"科目期末贷方余额，反映企业在向客户转让商品之前，已经收到的合同对价或已经取得的无条件收取合同对价权利的金额。

合同资产和合同负债应当在资产负债表中单独列示，并按流动性分别列示为"合同资产"或"其他非流动资产"以及"合同负债"或"其他非流动负债"。同一合同下的合同资产和合同负债应当以净额列示，不同合同下的合同资产和合同负债不能互相抵销。

通常情况下，企业对其因向客户转让商品而有权收取的对价金额应当确认为合同资产或应收账款；对于其因已收或应收客户对价而应向客户转让商品的义务，应当按照已收或应收的金额确认合同负债。由于同一合同下的合同资产和合同负债应当以净额列示，企业也可以设置"合同结算"科目（或其他类似科目），以核算同一合同下属于在某一时段内履行履约义务涉及与客户结算对价的合同资产或合同负债，并在此科目下设置"合同结算——价款结算"科目反映定期与客户进行结算的金额，设置"合同结算——收入结转"科目反映按履约进度结转的收入金额。资产负债表日，"合同结算"科目的期末余额在借方的，根据其流动性，在资产负债表中分别列示为"合同资产"或"其他非流动资产"项目；期末余额在贷方的，根据其流动性，在资产负债表中分别列示为"合同负债"或"其他非流动负债"项目。

【例12-10】

20×3年1月1日，安民建工股份公司与寒仕实业有限公司签订了一项大型设备建造工程合同，该工程合同金额为63 000 000元，工程期限为两年半，安民建工股份公司负责工程的施工及全面管理，寒仕实业有限公司按照第三方工程监理公司确认的工程完工量，每半年与安民建工股份公司结算一次。工程预计20×5年6月30日竣工。预计可能发生的总成本为50 000 000元。假定该建造工程整体构成单项履约义务，并属于在某一时段履行的履约义务，安民建工股份公司采用成本法确定履约进度，增值税税率为

9%，不考虑其他相关因素。

20×3年12月30日，工程累计实际发生成本15 000 000元，安民建工股份公司与寒仕实业有限公司结算合同价款23 000 000元，安民建工股份公司实际收到价款20 000 000元。

20×4年12月31日，工程累计实际发生成本40 000 000元，安民建工股份公司与寒仕实业有限公司结算合同价款22 000 000元，安民建工股份公司实际收到价款26 000 000元。

20×5年6月30日，工程累计实际发生成本49 000 000元，寒仕实业有限公司与安民建工股份公司结算了合同竣工价款16 000 000元，并支付剩余工程款17 000 000元。

合同结算情况如表12－1所示。

表12－1　合同结算情况　　　　　　　　　　　　　　单位：元

	20×3年	20×4年	20×5年
工程累计实际发生成本	15 000 000	40 000 000	49 000 000
完成合同尚需发生的成本	35 000 000	10 000 000	—
结算合同价款	23 000 000	22 000 000	18 000 000
实际收到价款	20 000 000	26 000 000	17 000 000

上述价款均不含增值税。假定安民建工股份公司与寒仕实业有限公司结算时即发生增值税纳税义务，寒仕实业有限公司在实际支付工程价款的同时支付其对应的增值税款。安民建工股份公司的账务处理为：

(1) 20×3年1月1日至12月31日，实际发生工程成本时。

借：合同履约成本　　　　　　　　　　　　　　　　　　　　　　　15 000 000
　　贷：原材料、应付职工薪酬等　　　　　　　　　　　　　　　　　15 000 000

(2) 20×3年12月31日。

　　履约进度＝15 000 000÷50 000 000＝30%
　　合同收入＝63 000 000×30%＝18 900 000(元)

借：合同结算——收入结转　　　　　　　　　　　　　　　　　　　18 900 000
　　贷：主营业务收入　　　　　　　　　　　　　　　　　　　　　　18 900 000
借：主营业务成本　　　　　　　　　　　　　　　　　　　　　　　15 000 000
　　贷：合同履约成本　　　　　　　　　　　　　　　　　　　　　　15 000 000
借：应收账款　　　　　　　　　　　　　　　　　　　　　　　　　25 070 000
　　贷：合同结算——价款结算　　　　　　　　　　　　　　　　　　23 000 000
　　　　应交税费——应交增值税（销项税额）　　　　　　　　　　　　2 070 000
借：银行存款　　　　　　　　　　　　　　　　　　　　　　　　　21 800 000
　　贷：应收账款　　　　　　　　　　　　　　　　　　　　　　　　21 800 000

当日，"合同结算"科目的余额为贷方4 100 000元（23 000 000－18 900 000），表明安民建工股份公司已经与客户结算但尚未履行履约义务的金额为4 100 000元。由于安民建工股份公司预计该部分履约义务将在20×4年内完成，因此，应在资产负债表中作为"合同负债"列示。

(3) 20×4年实际发生工程成本时。

  借：合同履约成本   25 000 000
    贷：原材料、应付职工薪酬等   25 000 000

(4) 20×4年12月31日。

  履约进度＝40 000 000÷50 000 000＝80%
  合同收入＝63 000 000×80%－18 900 000＝31 500 000(元)

  借：合同结算——收入结转   31 500 000
    贷：主营业务收入   31 500 000
  借：主营业务成本   25 000 000
    贷：合同履约成本   25 000 000
  借：应收账款   23 980 000
    贷：合同结算——价款结算   22 000 000
      应交税费——应交增值税（销项税额） 1 980 000
  借：银行存款   28 340 000
    贷：应收账款   28 340 000

当日，"合同结算"科目的余额为借方5 400 000元（31 500 000－22 000 000－4 100 000），表明安民建工股份公司已经履行履约义务但尚未与客户结算的金额为5 400 000元。由于该部分金额将在20×5年内结算，因此，应在资产负债表中作为"合同资产"列示。

(5) 20×5年1月至6月，实际发生工程成本时。

  借：合同履约成本   9 000 000
    贷：原材料、应付职工薪酬等   9 000 000

(6) 20×5年6月30日。

由于当日该工程已竣工结算，其履约进度为100%。

  合同收入＝63 000 000－18 900 000－31 500 000＝12 600 000(元)

  借：合同结算——收入结转   12 600 000
    贷：主营业务收入   12 600 000
  借：主营业务成本   9 000 000
    贷：合同履约成本   9 000 000
  借：应收账款   19 620 000
    贷：合同结算——价款结算   18 000 000
      应交税费——应交增值税（销项税额） 1 620 000
  借：银行存款   18 530 000
    贷：应收账款   18 530 000

当日，"合同结算"科目的余额为0（18 000 000－12 600 000－5 400 000）。

7. 特定交易的会计处理

（1）附有销售退回条款的销售。对于附有销售退回条款的销售（sale with a right of return），企业应当在客户取得相关商品控制权时，按照因向客户转让商品而预期有权收取的对价金额（即不包含预期因销售退回将退还的金额）确认收入，按照预期因销售退回将退还的金额确认负债；同时，按照预期将退回商品转让时的账面价值，扣除收回该商品预计发生的成本（包括退回商品的价值减损）后的余额，确认为一项资产（记入"应收退货成本"科目），按照所转让商品转让时的账面价值，扣除应收退货成本的净额结转销售成本。

企业设"应收退货成本"科目，核算销售商品时预期将退回商品的账面价值，扣除收回该商品预计发生的成本（包括退回商品的价值减损）后的余额。该科目可按合同进行明细核算。该科目期末借方余额，反映企业预期将退回商品转让时的账面价值，扣除收回该商品预计发生的成本（包括退回商品的价值减损）后的余额，在资产负债表中按其流动性列入"其他流动资产"或"其他非流动资产"项目。

企业发生附有销售退回条款的销售的，应在客户取得相关商品控制权时，按照已收或应收合同价款，借记"银行存款""应收账款""应收票据""合同资产"等科目，按照因向客户转让商品而预期有权收取的对价金额（即不包含预期因销售退回将退还的金额），贷记"主营业务收入""其他业务收入"等科目，按照预期因销售退回将退还的金额，贷记"预计负债——应付退货款"等科目。

借：银行存款（或应收账款）
　　贷：主营业务收入　　　　［按照因向客户转让商品而预期有权收取的对价金额］
　　　　预计负债——应付退货款　　　　［按照预期因销售退回将退还的金额］

结转相关成本时，按照预期将退回商品转让时的账面价值，扣除收回该商品预计发生的成本（包括退回商品的价值减损）后的余额，借记"应收退货成本"科目；按照已转让商品转让时的账面价值，贷记"库存商品"等科目；按其差额，借记"主营业务成本""其他业务成本"等科目。

借：主营业务成本
　　应收退货成本　　　　　　［按照预计退货商品的发出原价，扣除回收成本］
　　贷：库存商品　　　　　　　　　　　　　　　［按照商品的发出原价］

涉及增值税的，还应进行相应的处理。

每一资产负债表日，企业应当针对未来的销售退回情况重新进行估计，如有变化，则应作为会计估计变更进行会计处理。

【例12-11】

20×7年9月9日，青春美健身器材有限公司与某客户签订合同，向其销售1 000辆健身车，单位售价为5 000元，单位成本为3 000元。合同约定的付款时间是同年12月31日，该客户有权在20×8年3月31日前退货。青春美健身器材有限公司的会计处理如下。

(1) 20×7年9月9日，发出健身车时。

开出的增值税专用发票上注明的不含税售价总额为 5 000 000 元，增值税税额为 650 000 元。健身车已经发出，但款项尚未收到。该公司根据过去的经验估计，退货率约为 20%。

借：应收账款	5 650 000	
贷：主营业务收入	4 000 000	← 80%实销
预计负债——应付退货款	1 000 000	← 20%退货
应交税费——应交增值税（销项税额）	650 000	
借：主营业务成本	2 400 000	← 80%实销
应收退货成本	600 000	← 20%退货
贷：库存商品	3 000 000	

(2) 20×7年12月31日，收到货款时。

借：银行存款　　　　　　　　　　　　　　　　　　　　　　　　5 650 000
　贷：应收账款　　　　　　　　　　　　　　　　　　　　　　　　5 650 000

(3) 20×7年12月31日，重新评估退货率时。

该公司将退货率从估计的 20% 调整为估计的 10%。

借：预计负债——应付退货款　　　　　　　　　　　　　　　　　　500 000
　贷：主营业务收入　　　　　　　　　　　　　　　　　　　　　　500 000
借：主营业务成本　　　　　　　　　　　　　　　　　　　　　　　300 000
　贷：应收退货成本　　　　　　　　　　　　　　　　　　　　　　300 000

(4) 20×8年3月31日，根据实际退货率调整营业收入和营业成本时。

该公司将退货率从估计的 10% 调整为实际的 8%。

借：预计负债——应付退货款　　　　　　　　　　　　　　　　　　100 000
　贷：主营业务收入　　　　　　　　　　　　　　　　　　　　　　100 000
借：主营业务成本　　　　　　　　　　　　　　　　　　　　　　　60 000
　贷：应收退货成本　　　　　　　　　　　　　　　　　　　　　　60 000

(5) 20×8年3月31日，因实际退货而冲减增值税和预计负债时。

借：预计负债——应付退货款　　　　　　　　　　　　　　　　　　400 000
　　应交税费——应交增值税（销项税额）　　　　　　　　　　　　52 000
　贷：应收账款　　　　　　　　　　　　　　　　　　　　　　　　452 000

(6) 20×8年3月31日，实际收回退货时。

借：库存商品　　　　　　　　　　　　　　　　　　　　　　　　　240 000
　贷：应收退货成本　　　　　　　　　　　　　　　　　　　　　　240 000

（2）附有质量保证条款的销售。对于附有质量保证条款的销售（warranty in connection with the sale of a product），企业应当评估该质量保证是否在向客户保证所销售商品符合既定标准之外提供了一项单独的服务（a service in addition to the assurance that the product complies with agreed-upon specifications）。企业提供额外服务的，应当

作为单项履约义务，按照收入准则规定进行会计处理；否则，质量保证责任应当按照《企业会计准则第13号——或有事项》规定进行会计处理。

在评估质量保证是否在向客户保证所销售商品符合既定标准之外提供了一项单独的服务时，企业应当考虑该质量保证是否为法定要求、质量保证期限以及企业承诺履行任务的性质等因素。客户能够选择单独购买质量保证的，该质量保证构成单项履约义务。

（3）主要责任人和代理人。企业应当根据其在向客户转让商品前是否拥有对该商品的控制权，来判断其从事交易时的身份是主要责任人（principal）还是代理人（agent）。

1）主要责任人。企业在向客户转让商品前能够控制该商品的，该企业为主要责任人，应当按照已收或应收对价总额（the gross amount of consideration）确认收入。

企业向客户转让商品前能够控制该商品的情形包括：①企业自第三方取得商品或其他资产控制权后，再转让给客户；②企业能够主导第三方代表本企业向客户提供服务；③企业自第三方取得商品控制权后，通过提供大量的服务将该商品与其他商品整合成某组合产出转让给客户。

在具体判断向客户转让商品前是否拥有对该商品的控制权时，企业不应仅局限于合同的法律形式，而应当综合考虑所有相关事实和情况，这些事实和情况包括：①企业承担向客户转让商品的主要责任（primary responsibility）；②企业在转让商品之前或之后承担了该商品的存货风险（inventory risk）；③企业有权自主决定所交易商品的价格；④其他相关事实和情况。

2）代理人。企业在向客户转让商品前不能够控制该商品的，该企业为代理人，应当按照预期有权收取的佣金或手续费（fee or commission）的金额确认收入，该金额应当按照已收或应收对价总额扣除应支付给其他相关方的价款后的净额（the net amount of consideration），或者按照既定的佣金金额或比例等确定。

（4）附有客户额外购买选择权的销售。额外购买选择权包括销售激励、客户奖励积分、未来购买商品的折扣券以及合同续约选择权等。

对于附有客户额外购买选择权的销售，企业应当评估该选择权是否向客户提供了一项重大权利（material right）。如果客户在与企业订立合同后获得的一项权利能够使其享受到超过该地区（或该市场中）其他同类客户所能享有的折扣，则该权利为准则所称的重大权利。在考虑授予客户的该项权利是否重大时，应根据其金额和性质综合进行判断。

企业提供重大权利的，应当将其作为单项履约义务，并将交易价格分摊至该履约义务。在客户未来行使购买选择权取得相关商品控制权时（或者该选择权失效时），确认相应的收入。客户额外购买选择权的单独售价无法直接观察的，企业应当综合考虑客户行使和不行使该选择权所能获得的折扣的差异、客户行使该选择权的可能性等全部相关信息后，予以合理估计。

客户虽然有额外购买商品选择权，但客户行使该选择权购买商品时的价格反映了这些商品单独售价的，不应被视为企业向该客户提供了一项重大权利。

【例12-12】

20×6年1月1日，安心百货有限公司宣布，1月份该公司对所有顾客提供10%的折扣。此外，为促销不含税价格10 000元、税额1 300元、价税合计11 300元的智能按摩椅，该公司向每一位购买智能按摩椅的客户发放一张当月有效的六折优惠券，但获得该优惠券的前提是不得使用10%的折扣。当天，某顾客原价购买了一套智能按摩椅。该套智能按摩椅的成本为7 000元。

1月9日，顾客使用该优惠券购买了不含增值税价格3 000元、增值税税额390元、价税合计3 390元的货物。该顾客实际支付的金额为2 034元（3 390×60%）。该公司开出的增值税专用发票上注明的不含增值税价格为1 800元，增值税税额为234元，价税合计为2 034元。该批货物的成本为2 100元。

该公司的相关会计处理如下。

本例中，安心百货有限公司向客户提供的重大权利是超出普通折扣的部分（即30%的折扣）。该公司估计客户在1月31日前使用折扣券的概率为80%，平均购买金额将会是5 000元。因此，计算得出该折扣券的单独售价应为1 200元（5 000×80%×30%）。

智能按摩椅在分摊后的交易价格＝10 000÷(10 000＋1 200)×10 000＝8 928.57(元)
折扣券在分摊后的交易价格＝1 200÷(10 000＋1 200)×10 000＝1 071.43(元)

（1）1月1日，顾客购买智能按摩椅时。该公司应当在商品的控制权转移时确认收入8 928.57元，同时确认合同负债4 954 128元。

借：银行存款　　　　　　　　　　　　　　　　　　　　　　　　　11 300.00
　　贷：主营业务收入　　　　　　　　　　　　　　　　　　　　　　8 928.57
　　　　合同负债　　　　　　　　　　　　　　　　　　　　　　　　1 071.43
　　　　应交税费——应交增值税（销项税额）　　　　　　　　　　　1 300.00
借：主营业务成本　　　　　　　　　　　　　　　　　　　　　　　　7 000
　　贷：库存商品　　　　　　　　　　　　　　　　　　　　　　　　7 000

（2）1月9日，顾客使用该优惠券购买商品时。

借：银行存款　　　　　　　　　　　　　　　　　　　　　　　　　2 034.00
　　合同负债　　　　　　　　　　　　　　　　　　　　　　　　　1 071.43
　　贷：主营业务收入　　　　　　　　　　　　　　　　　　　　　2 871.43
　　　　应交税费——应交增值税（销项税额）　　　　　　　　　　　234.00
借：主营业务成本　　　　　　　　　　　　　　　　　　　　　　　　2 100
　　贷：库存商品　　　　　　　　　　　　　　　　　　　　　　　　2 100

【例12-13】

20×7年1月1日，安心百货有限公司推行了开业十周年庆典会员积分奖励计划。在本月顾客每消费10元便可获得一个积分，每个积分从次月起可抵减一元货款。不考虑增值税等相关税费的影响。

截至20×7年1月31日，该公司的会员共消费60 000 000元，此价格代表商品的单独售价。会员可获得6 000 000个积分，根据管理经验估计的兑换率为90%，因此，计算得出会员积分的单独售价应为5 400 000元（6 000 000个积分×1元×90%）。

分摊至商品的交易价格＝60 000 000÷(60 000 000＋5 400 000)×60 000 000
　　　　　　　　　　＝55 045 872(元)

分摊至会员积分的交易价格＝5 400 000÷(60 000 000＋5 400 000)×60 000 000
＝4 954 128(元)

该公司应当在商品的控制权转移时确认收入 55 045 872 元，同时确认合同负债 4 954 128 元。

借：银行存款　　　　　　　　　　　　　　　　　　60 000 000
　　贷：主营业务收入　　　　　　　　　　　　　　　　55 045 872
　　　　合同负债　　　　　　　　　　　　　　　　　　 4 954 128

截至 20×7 年 12 月 31 日，该公司的会员共兑换了 3 600 000 个积分，该公司对该积分的兑换率进行了重新估计，预计客户总共将会兑换 95％的积分（即 5 700 000＝6 000 000×95％）。该公司按照已兑换积分占预期将会兑换的积分总数的比例确认收入。

20×7 年确认的源于 20×7 年 1 月份的会员积分的收入
＝3 600 000÷5 700 000×4 954 128
＝3 128 923(元)

借：合同负债　　　　　　　　　　　　　　　　　　　3 128 923
　　贷：主营业务收入　　　　　　　　　　　　　　　　 3 128 923

截至 20×8 年 12 月 31 日，该公司的会员共兑换了 4 800 000 个积分，该公司对该积分的兑换率进行了重新估计，预计客户总共将会兑换 98％的积分（即 5 880 000＝6 000 000×98％）。该公司仍按照已兑换积分占预期将会兑换的积分总数的比例确认收入。

20×8 年确认的源于 20×7 年 1 月份的会员积分的收入
＝4 800 000÷5 880 000×4 954 128－3 128 923
＝915 263(元)

借：合同负债　　　　　　　　　　　　　　　　　　　 915 263
　　贷：主营业务收入　　　　　　　　　　　　　　　　 915 263

20×7 年 1 月份的会员积分的剩余待确认收入＝6 000 000－3 128 923－915 263
＝1 955 814(元)

(5) 向客户授予知识产权许可的情形。企业向客户授予的知识产权，常见的有专利、商标、著作权、特许经营权等。

企业向客户授予知识产权许可（licence）的，应当评估该知识产权许可是否构成单项履约义务。

对于不构成单项履约义务的情形（如构成有形商品的必要组成部分并且对于该商品的正常使用不可或缺的知识产权；必须与企业提供的在线服务等其他服务结合在一起为客户提供服务的软件等等），企业应当将知识产权与其他商品一起作为一项履约义务进行会计处理。

构成单项履约义务的，应当进一步确定其是在某一时段内履行还是在某一时点履行。

1) 在某一时段内履行的知识产权许可。企业向客户授予知识产权许可，同时满足下列条件时，应当作为在某一时段内履行的履约义务确认相关收入：①合同要求或客户能够合理预期企业将从事对该项知识产权有重大影响的活动。这些活动预期将会显著改变该项知识产权的形式或功能。但具有重大独立功能的知识产权（如能够独立发挥作用的软件、生物合成物、药品配方，以及已经完成的电影、电视、音乐等媒体内容）除外。②该活动对客户将产生有利或不利影响。③该活动不会导致向客户转让某项商品。

2) 在某一时点履行的知识产权许可。不同时满足上述条件的，应当作为在某一时点履行的履约义务确认相关收入。

【例12-14】

高能足球俱乐部有限公司20×8年1月9日向纤美服装设计有限公司转让该球队名称和队徽的商标使用权。根据合同的约定，高能足球俱乐部有限公司当日收取纤美服装设计有限公司支付的商标使用权，开出的增值税专用发票上注明的不含税金额为150 000 000元，增值税税额为9 000 000元。合同要求，高能足球俱乐部有限公司应当持续参加各种高级别赛事并保持球队的赛季胜率。商标使用权的使用期为5年。

根据准则的规定，高能足球俱乐部有限公司应当将该合同视为在某一时段内履行的知识产权许可。这是因为，该合同同时满足准则规定的以下三项条件：(1) 合同要求高能足球俱乐部有限公司从事对该商标有重大影响的活动（即持续参加各种高级别赛事并保持球队的赛季胜率），这些活动预期将会显著改变该项知识产权的形式或功能。(2) 该活动对纤美服装设计有限公司将产生有利或不利影响。(3) 该活动不会导致向纤美服装设计有限公司转让某项商品。

因此，高能足球俱乐部有限公司应当按照履约进度将其所收取的对价记入各个年度的收入。其账务处理如下：

（1）收取对价时。

借：银行存款　　　　　　　　　　　　　　　　　　　　159 000 000
　　贷：合同负债　　　　　　　　　　　　　　　　　　　150 000 000
　　　　应交税费——应交增值税（销项税额）　　　　　　　9 000 000

（2）每年年末确认使用费收入时。

借：合同负债　　　　　　　　　　　　　　　　　　　　 30 000 000
　　贷：其他业务收入　　　　　　　　　　　　　　　　　 30 000 000

【例12-15】

行者软件有限公司20×8年1月2日向某客户转让了一套软件的使用权，该软件不需后续维护。该公司开出的增值税专用发票上注明的不含税金额为50 000 000元，税额为3 000 000元，价税合计为53 000 000元。该公司将该合同的履约义务认定为在某一时点履行的履约义务。

由于该软件不需要后续维护，属于具有重大独立功能的知识产权，因此，应当依照准则的规定视为在某一时点履行的知识产权许可，其账务处理如下：

借：银行存款	53 000 000	
贷：主营业务收入		50 000 000
应交税费——应交增值税（销项税额）		3 000 000

企业向客户授予知识产权许可，并约定按客户实际销售或使用情况收取特许权使用费的，应当在下列两项孰晚的时点确认收入：1）客户后续销售或使用行为实际发生；2）企业履行相关履约义务。

【例 12 - 16】

赛虎足球俱乐部有限公司 20×8 年 1 月 2 日向美美达服装有限公司转让该球队名称和队徽的商标使用权，合同约定美美达服装有限公司每年年末按年销售收入的 10% 支付使用费，使用期为 10 年。

20×8 年美美达服装有限公司实现销售收入 10 000 000 元。赛虎足球俱乐部有限公司收到品牌使用费 1 000 000 元，开出的增值税发票上注明的不含税金额为 943 396.23 元，税额为 56 603.77 元，价税合计为 1 000 000 元。

20×9 年美美达服装有限公司实现销售收入 15 000 000 元。赛虎足球俱乐部有限公司收到品牌使用费 1 500 000 元，开出的增值税发票上注明的不含税金额为 1 415 094.34 元，税额为 84 905.66 元，价税合计为 1 500 000 元。

赛虎足球俱乐部有限公司每年年底均收到了使用费，其账务处理如下：

（1）第一年末确认使用费收入时。

借：银行存款	1 000 000.00	
贷：其他业务收入		943 396.23
应交税费——应交增值税（销项税额）		56 603.77

（2）第二年末确认使用费收入时。

借：银行存款	1 500 000.00	
贷：其他业务收入		1 415 094.34
应交税费——应交增值税（销项税额）		84 905.66

（6）售后回购交易。售后回购（repurchase agreements），是指企业销售商品的同时承诺或有权选择日后再将该商品（包括相同或几乎相同的商品，或以该商品作为组成部分的商品）购回的销售方式。

对于售后回购交易，企业应当区分下列两种情形分别进行会计处理：

企业因存在与客户的远期安排而负有回购义务或企业享有回购权利的，表明客户在销售时点并未取得相关商品控制权，企业应当作为租赁交易或融资交易进行相应的会计处理。其中，回购价格低于原售价的，应当视为租赁交易，按照《企业会计准则第 21 号——租赁》的相关规定进行会计处理；回购价格不低于原售价的，应当视为融资交易，在收到客户款项时确认金融负债，并将该款项和回购价格的差额在回购期间内确认为利息费用等。企业到期未行使回购权利的，应当在该回购权利到期时终止确认金融负债，同时确认收入。

作为融资交易的售后回购的业务模式通常是，筹资方（即售后回购的名义销售方）以其资产为担保从供资方那里借入资金（业务形式上体现为筹资方向供资方销售前述资产），到期一次性归还本金和利息（业务形式上体现为筹资方在合同中承诺以高于市价或原销售价格的金额回购该项资产）。为避免产生物流、仓储成本，售后回购交易通常不发生货物的实际流转。这种业务所签订的合同与买卖合同具有显著的差异，其法律形式和经济实质均属于借款合同而非买卖合同，具体条款由缔约双方协商确定。

1）筹资方的会计处理。筹资方通过"其他应付款"科目核算其与供资方的资金往来。但是，以有形动产为担保的售后回购交易所涉及的增值税，一律通过"应交税费——应交增值税"科目的相应专栏进行处理，不在"其他应付款"科目中作记载。

筹资方采用售后回购方式筹得资金时，按筹得的款项借记"银行存款"科目，按货物的不含增值税销售价格贷记"其他应付款"科目，按货物的增值税税额贷记"应交税费——应交增值税（销项税额）"科目。

筹资方应当将回购价超出原销售价格的部分（即筹资代价）分期计入财务费用。在合同约定的回购期间内，按期计提利息费用时，借记"财务费用"科目，贷记"其他应付款"科目。

筹资方按照合同约定回购该货物时，按不含增值税的交易价格（即约定的回购价格）借记"其他应付款"科目，按增值税税额借记"应交税费——应交增值税（进项税额）"科目，按实际支付的价税合计金额贷记"银行存款"科目。

【例 12-17a】

东山电气有限公司为增值税一般纳税人，适用的增值税税率为 13%。20×6 年 3 月 1 日，东山电气有限公司与西山钢铁有限公司签订售后回购合同，向西山钢铁有限公司销售一批商品，该批商品的实际成本为 800 000 元，增值税专用发票上注明销售价格为 1 000 000 元，增值税税额为 130 000 元。根据合同约定，东山电气有限公司在 12 月 31 日将所售商品购回，回购价为 1 100 000 元（不含增值税税额）。商品并未发生实际流转。不考虑其他相关税费。东山电气有限公司的会计分录如下：

（1）发出商品时。

  借：银行存款   1 130 000
    贷：应交税费——应交增值税（销项税额）   130 000
      其他应付款   1 000 000

（2）由于回购价大于原售价，因而应在销售与回购期间内按期计提利息费用，计提的利息费用直接计入当期财务费用。这样做的理由在于，此种售后回购本质上属于一种融资交易，回购价大于原价的差额相当于融资费用，因而应在计提时直接计入当期财务费用。3 月至 12 月，每月应计提的利息费用为 10 000 元（100 000÷10）。

  借：财务费用   10 000
    贷：其他应付款   10 000

这样，10 次共计提 100 000 元。

（3）12 月 31 日，东山电气有限公司购回 3 月 1 日销售的商品，增值税专用发票上注明商品价款 1 100 000 元，增值税税额 143 000 元。

借：其他应付款 1 100 000
　　应交税费——应交增值税（进项税额） 143 000
　贷：银行存款 1 243 000

上述业务的合计效果是，筹资方为了筹集为期10个月的1 000 000元的资金，付出了银行存款113 000元（发生财务费用100 000元，增值税进项税额13 000元）。

2）供资方的会计处理。供资方（即售后回购合同中的买入方）通过"其他应收款"科目核算其与筹资方（即售后回购合同中的卖出方）的资金往来。以有形动产为担保的售后回购交易所涉及的增值税，一律通过"应交税费——应交增值税"科目的相应专栏进行处理，不在"其他应收款"科目中作记载。

供资方购入标的物时，按货物的不含增值税销售价格借记"其他应收款"科目，按货物的增值税税额借记"应交税费——应交增值税（进项税额）"科目，按实际支付的款项贷记"银行存款"科目。

供资方应当将销售价格超出原购买价格的差额分期计入利息收入（即冲减财务费用）。在合同约定的回购期间内，按期计提利息收入时，借记"其他应收款"科目，贷记"财务费用"科目。

筹资方按照合同约定回购该货物时，供资方按实际收取的价税合计金额借记"银行存款"科目，按不含增值税的交易价格（即约定的回购价格）贷记"其他应收款"科目，按增值税税额贷款记"应交税费——应交增值税（销项税额）"科目。

【例12-17b】

本例沿用上例资料。西山钢铁有限公司的会计分录如下：

(1) 融出资金时。

　借：其他应收款 1 000 000
　　应交税费——应交增值税（进项税额） 130 000
　贷：银行存款 1 130 000

(2) 每个月计算利息收入时（共10次）。

　借：其他应收款 10 000
　贷：财务费用 10 000

这样，10次共计提100 000元。

(3) 收回资金时。

　借：银行存款 1 243 000
　贷：其他应收款 1 100 000
　　应交税费——应交增值税（销项税额） 143 000

上述业务的合计效果是，供资方融出10个月的1 000 000元资金，取得了100 000元的利息收入（共增加银行存款113 000元，其中有增值税应纳税额13 000元）。

企业负有应客户要求回购商品义务的，应当在合同开始日评估客户是否具有行使该要求权的重大经济动因。客户具有行使该要求权的重大经济动因的，企业应当将售后回购作为租赁交易或融资交易进行会计处理；否则，企业应当将其作为附有销售退回条款的销售交易进行会计处理。

（7）向客户预收销售商品款项的情形。企业向客户预收销售商品款项的，应当首先将该款项确认为负债，待履行了相关履约义务时再转为收入。当企业预收款项无须退回，且客户可能会放弃其全部或部分合同权利时，企业预期将有权获得与客户所放弃的合同权利相关的金额的，应当按照客户行使合同权利的模式按比例将上述金额确认为收入；否则，企业只有在客户要求其履行剩余履约义务的可能性极低时，才能将上述负债的相关余额转为收入。

（8）客户未行使的权利。企业因销售商品向客户收取的预收款，赋予了客户一项在未来从企业取得该商品的权利，并使企业承担了向客户转让该商品的义务，因此，企业应当将预收的款项确认为合同负债，待未来履行了相关履约义务，即向客户转让相关商品时，再将该负债转为收入。

某些情况下，企业收取的预收款无须退回，但是客户可能会放弃其全部或部分合同权利，例如，放弃储值卡的使用等。企业预期将有权获得与客户所放弃的合同权利相关的金额的，应当按照客户行使合同权利的模式按比例将上述金额确认为收入；否则，企业只有在客户要求其履行剩余履约义务的可能性极低时，才能将相关负债余额转为收入。企业在确定其是否预期将有权获得与客户所放弃的合同权利相关的金额时，应当考虑将估计的可变对价计入交易价格的限制要求。

如果有相关法律规定，企业所收取的、与客户未行使权利相关的款项须转交给其他方的（例如，法律规定无人认领的财产须上交政府），企业不应将其确认为收入。

【例12-18】

欣美食品股份公司经营连锁烘焙店。20×1年，该公司向客户销售了10 000张储值卡，每张卡的面值为200元，总额为2 000 000元。客户可在任意一家连锁门店使用储值卡进行消费。根据历史经验，欣美食品股份公司估计约有5%（即100 000元）不会被消费。截至20×1年12月31日，客户使用该储值卡消费的金额为800 000元。甲公司为增值税一般纳税人，在客户使用该储值卡消费时发生增值税纳税义务。

本例中，欣美食品股份公司估计因客户未行使合同权利而将有权获得的利益为100 000元，依照准则的规定，该金额应当按照客户行使合同权利的模式按比例确认为收入。

欣美食品股份公司的账务处理为：

（1）销售储值卡时。

借：库存现金　　　　　　　　　　　　　　　　　　　　　　2 000 000
　　贷：合同负债（2 000 000÷(1+13%)）　　　　　　　　　　1 769 912
　　　　应交税费——待转销项税额　　　　　　　　　　　　　　230 088

（2）根据储值卡的消费金额确认收入，同时将对应的待转销项税额确认为销项税额时。

预计实际消费的价税合计金额为190万元，预计客户放弃的合同权利相关的金额为10万元。其中，企业按客户消费的进度计算的其在理论上已经有权获得的价税合计金额＝800 000÷1 900 000×100 000＝42 105 元，当期应确认的不含税收入＝800 000÷1.13＋42 105÷1.13＝745 226 元。

借：合同负债　　　　　　　　　　　　　　　　　　　745 226
　　应交税费——待转销项税额　　　　　　　　　　　　96 879
　　贷：主营业务收入　　　　　　　　　　　　　　　　745 226
　　　　应交税费——应交增值税（销项税额）　　　　　96 879

12.2 费　用

会计学中所称的"[营业]费用"是指企业为取得本期的营业收入而发生的、应从本期的营业收入中获得补偿的经营代价。简单地说，[营业]费用就是为了取得营业收入而发生的经营代价。有些经营代价与营业收入存在直接对应关系（接近于正比例关系），如销售货物或提供劳务所发生的营业成本（结转的销货成本、劳务成本等）、税金及附加；有些经营代价则与营业收入没有直接的对应关系，如销售费用、管理费用、财务费用等（这些费用通常称作"期间费用"）。费用类的各个项目在利润表中作为营业收入的减项单独列示。营业收入与营业费用之差，就是惯常所称的营业利润（营业亏损以负数表示）。

《企业会计准则——基本准则》第三十三条规定，费用是指企业在日常活动中发生的、会导致所有者权益减少的、与向所有者分配利润无关的经济利益的总流出。可见，准则所称的费用是狭义的，仅仅是指企业当期从事经营活动所付出的代价，不包括偶然支出或损失（即营业外支出、资产处置损失）、预期损失（即公允价值变动损失、资产减值损失、信用减值损失）。

费用具有以下三项特征：

(1) 费用是企业在日常活动中发生的。这里的"日常活动"，其含义同收入中的含义。日常活动中所发生的费用，通常包括营业成本（即主营业务成本、其他业务成本）、税金及附加、销售费用、管理费用、财务费用等。作为对比，非日常活动所形成的经济利益的总流出不能记录为费用，而应当计入损失。

(2) 费用会导致所有者权益的减少。这一特点使费用得以区别于偿债所导致的经济利益的总流出。例如，企业清偿债务也会导致经济利益流出企业（如银行存款减少），但不应当记录费用，而应当冲减负债。

(3) 费用是与向所有者分配利润无关的经济利益的总流出。这一特点使费用得以区别于股东减资所形成的经济利益的总流出。例如，股东按照公司章程撤资时，虽然会导致经济利益流出企业（如银行存款减少），但不应当记录费用，而应当冲减所有者权益。

显然，如果企业的经营活动所导致的经济利益的总流出，既不冲减负债，也不直接冲减所有者权益，那么，这样的经济利益的总流出就是应当计入利润表的费用。

费用的确认除了应当符合定义外，至少应当符合以下条件：(1) 与费用相关的经济利益应当很可能流出企业；(2) 经济利益流出企业的结果会导致资产的减少或者负债的增加；(3) 经济利益的流出额能够可靠计量。

符合费用定义和费用确认条件的项目，应当列入利润表。

费用按性质不同，可分为与营业收入直接相关的费用和期间费用。与营业收入直接相关的费用是指企业本期发生的、与本期营业收入存在直接对应关系、为取得营业收入而发生的直接的经营代价，包括主营业务成本、其他业务成本、税金及附加。期间费用是指企业本期发生的、与本期营业收入没有对应关系、应直接计入当期损益的各项费用，包括管理费用、销售费用和财务费用。

值得注意的是，在现行准则所规定的工商企业的利润表格式中，营业利润不仅仅是营业收入减去营业费用的余数，还包括利得（如"公允价值变动损益"）和损失（如"资产减值损失"）。初学者对如此设计的利润表往往感到费解，学界对此亦存有争议。

另外需要提示读者的是，有些会计科目虽然带有"成本"或"费用"字样，但却不属于在利润表中列示的项目（即不是损益类科目），如前面章节所提及的"生产成本""制造费用""劳务成本"等科目。"生产成本"和"制造费用"科目记录的是为制造存货而发生的直接代价（如直接材料开支、直接人工开支）和间接代价（如车间水电气开支、车间办公开支等），因此，二者都属于资产类科目（有的书上称作"成本类科目"），而不属于费用类科目（有的书上称作"损益类科目"）。"劳务成本"科目记录的是留待结转计入营业成本的开支，因此，该科目也在资产负债表日列报于资产负债表的资产方。

12.2.1 主营业务成本和其他业务成本

1. 主营业务成本

工商企业设"主营业务成本"科目核算企业确认销售商品、提供服务等主营业务收入时应结转的成本（税金及附加除外，另设科目核算）。该科目可按主营业务的种类进行明细核算。该科目借方登记发生额（增加数），贷方登记结转额（减少数）。会计期末（如月末）结转营业成本时，企业应根据本月销售的各种商品、提供的各种劳务等的实际成本，计算应结转的主营业务成本，借记"主营业务成本"科目，贷记"库存商品""劳务成本"等科目。期末，企业应根据该科目的本期借方发生额减去本期贷方发生额后的净额，借记"本年利润"科目，贷记"主营业务成本"科目，结转后该科目应无余额。

2. 其他业务成本

工商企业设"其他业务成本"科目核算企业确认的除主营业务活动以外的其他经营活动所发生的代价（税金及附加除外，另设科目核算），包括销售材料的成本、出租固定资产的折旧额、出租无形资产的摊销额、出租包装物的成本或摊销额等。除主营业务活动以外的其他经营活动发生的相关税费，在"税金及附加"科目核算。采用成本模式计量投资性房地产的，其投资性房地产计提的折旧额或摊销额，也通过该科目核算。该科目借方登记发生额（增加数），贷方登记结转额（减少数）。期末，企业应根据该科目的本期借方发生额减去本期贷方发生额后的净额，借记"本年利润"科目，贷记"其他业务成本"科目,结转后该科目应无余额。

企业记录发生的其他业务成本时,借记"其他业务成本"科目,贷记"原材料""包装物及低值易耗品""累计折旧""累计摊销""应付职工薪酬"等科目。

【例 12-19】

神州粮油有限公司 20×8 年 1 月 6 日斥资 2 120 000 元购入了"十四香"酱油的发明专利所有权,增值税专用发票上注明的交易金额为 2 000 000 元,增值税税额为 120 000 元。该专利的法律保护期限还有 10 年。该公司采用直线法摊销无形资产。20×9 年初,神州粮油公司作为专利权人在书面合同中授权另一公司实施该项专利。每年年初收取专利使用费 300 000 元。本例不考虑附加税费等因素。神州粮油公司的会计处理如下:

(1) 购入专利权时。

借:无形资产　　　　　　　　　　　　　　　　　　　　　2 000 000
　　应交税费——应交增值税(进项税额)　　　　　　　　　　120 000
　　贷:银行存款　　　　　　　　　　　　　　　　　　　　　2 120 000

(2) 20×8 年摊销无形资产时。

借:管理费用　　　　　　　　　　　　　　　　　　　　　　200 000
　　贷:累计摊销　　　　　　　　　　　　　　　　　　　　　200 000

(3) 授权他人实施专利后,每年年初收取专利使用费时。

借:银行存款　　　　　　　　　　　　　　　　　　　　　　300 000
　　贷:其他业务收入　　　　　　　　　　　　　　　　　　　300 000

(4) 授权他人实施专利后,每年摊销无形资产时。

借:其他业务成本　　　　　　　　　　　　　　　　　　　　200 000
　　贷:累计摊销　　　　　　　　　　　　　　　　　　　　　200 000

12.2.2　税金及附加

企业设"税金及附加"科目核算企业经营活动发生的消费税、城市维护建设税、资源税、教育费附加及房产税、土地使用税、车船税、印花税等相关税费。

该科目借方登记发生额(增加数),贷方登记结转额(减少数)。在纳税期限内计算确定经营活动发生的税金及附加时,借记"税金及附加"科目,贷记"应交税费"等科目。

借:税金及附加　　　　　　　　　　　　　　　　[按应交的各种税费]
　　贷:应交税费——应交消费税
　　　　　　　　——应交城市维护建设税
　　　　　　　　——应交教育费附加
　　　　　　　　——应交资源税
　　　　　　　　——应交房产税
　　　　　　　　——应交土地使用税
　　　　　　　　——应交车船税

期末，企业应根据该科目的本期借方发生额减去本期贷方发生额后的净额，借记"本年利润"科目，贷记"税金及附加"科目，结转后该科目应无余额。

12.2.3 销售费用

除金融行业外，企业设"销售费用"科目核算销售货物、提供劳务时发生的各种费用，包括保险费、包装费、展览费和广告费、商品维修费、预计产品质量保证损失、运输费、装卸费等，以及为销售本企业商品而专设的销售机构（含销售网点、售后服务网点等）的职工薪酬、业务费、折旧费等经营费用。该科目可按照费用项目进行明细核算。该科目借方登记发生额（增加数），贷方登记结转额（减少数）。期末，企业应根据该科目的本期借方发生额减去本期贷方发生额后的净额，借记"本年利润"科目，贷记"销售费用"科目，结转后该科目应无余额。

企业在销售商品过程中发生的包装费、保险费、展览费和广告费、运输费、装卸费等费用，借记"销售费用"科目，贷记"库存现金""银行存款"科目。

企业发生的为销售本企业商品而专设的销售机构的职工薪酬、业务开支、专设销售机构的固定资产折旧等经营费用，借记"销售费用"科目，贷记"应付职工薪酬""银行存款""累计折旧"等科目。

12.2.4 财务费用

企业设"财务费用"科目核算其当期计入利润表的筹资代价，包括利息支出及手续费支出和汇兑差额等代价。该科目可按照费用项目进行明细核算。该科目借方登记发生额（增加数），贷方登记结转额（减少数）。记录发生的财务费用时，借记"财务费用"科目，贷记"银行存款"等科目。记录应冲减财务费用的利息收入、汇兑差额时，借记"银行存款""应付账款"等科目，贷记"财务费用"科目。期末，企业应根据该科目的本期借方发生额减去本期贷方发生额后的净额，借记"本年利润"科目，贷记"财务费用"科目，结转后该科目应无余额。

12.2.5 管理费用

企业设"管理费用"科目核算企业为组织和管理企业生产经营所发生的管理费用，包括筹建期间的开办费、董事会和行政管理部门在企业的经营管理中发生的或者应由企业统一负担的公司经费（包括行政管理部门职工薪酬、物料消耗、低值易耗品摊销、办公费和差旅费等）、工会经费、董事会费（包括董事会成员津贴、会议费和差旅费等）、聘请中介机构费、咨询费（含顾问费）、诉讼费、业务招待费、技术转让费、矿产资源补偿费、研究费用、排污费等。管理费用不多的商品流通企业，可不设置"管理费用"科目，将上述内容一并放在"销售费用"科目核算。该科目可按照费用项目进行明细核算。该科目借方登记发生额（增加数），贷方登记结转额（减少数）。期末，企业应根据该科目的本期借方发生额减去本期贷方发生额后的净额,借记"本年利润"科目,贷记"管理费用"科目,结转后该科目应无余额。

1. 行政管理费用的会计处理

企业发生公司经费等管理费用时,借记"管理费用"科目,贷记"银行存款"等科目。

【例 12-20】

新新乳品有限公司20×8年12月份根据发生的管理费用,进行了如下的会计处理:
(1) 应付行政管理部门职工薪酬230 000元。

借:管理费用	230 000
贷:应付职工薪酬	230 000

(2) 计提行政管理办公大楼的折旧110 000元。

借:管理费用	110 000
贷:累计折旧	110 000

(3) 用银行存款支付业务招待费(餐饮费)9 000元,收到的增值税专用发票上注明的不含税金额为8 490.57元,税额为509.43元,价税合计为9 000元。

借:管理费用	9 000
贷:银行存款	9 000

(4) 计提工会经费3 000元。

借:管理费用	3 000
贷:应付职工薪酬——工会经费	3 000

(5) 管理部门人员报销差旅费8 700元,以现金支付。

借:管理费用	8 700
贷:库存现金	8 700

(6) 本月摊销无形资产1 800元。

借:管理费用	1 800
贷:累计摊销	1 800

2. 研发项目研究阶段所发生的开支的会计处理

对于研发项目研究阶段的开支,借记"管理费用"科目,贷记"研发支出"科目。

【例 12-21】

南方高科有限责任公司20×8年11月启动了一项研发项目。研究开发阶段发生开支3 800 000元,其中原材料价值3 000 000元,研发人员工资800 000元。

借:研发支出	3 800 000
贷:原材料	3 000 000
应付职工薪酬	800 000

20×8年末发现,该项目尚属理论探索阶段,所发生的开支一律计入当期管理费用。

借：管理费用　　　　　　　　　　　　　　　　　　　　　　　3 800 000
　　贷：研发支出　　　　　　　　　　　　　　　　　　　　　　　3 800 000

12.3 直接计入当期利润的利得

直接计入当期利润的利得，是指直接计入当期利润表、会导致所有者权益增加的、与所有者投入资本无关的利得或损失。本书将其概括为偶然所得（即营业外收入、资产处置收益）和预期所得（公允价值变动收益），其中，偶然所得是企业从事营业范围以外的活动所形成的利得，在利润表上单列为"营业外收入""资产处置收益"，预期所得是市价波动所形成的浮动盈利，会计学称之为"公允价值变动收益"，列入利润表的"公允价值变动收益"项目中。

专栏12-3　《企业会计准则——基本准则》关于利得或损失的规定

"利得"，是指由企业非日常活动所形成的、会导致所有者权益增加的、与所有者投入资本无关的经济利益的流入。"损失"是指由企业非日常活动所发生的、会导致所有者权益减少的、与向所有者分配利润无关的经济利益的流出。

会计准则中把"利得"和"损失"分为两类：其一是直接计入所有者权益（其他综合收益）的利得和损失。这是指不计入当期利润表、会直接导致所有者权益发生增减变动的、与所有者投入资本或者向所有者分配利润无关的利得或损失。常见的例子是可供出售金融资产（即如今所称的其他权益工具投资和其他债权投资）由于市价波动所形成的浮动盈亏。其二是直接计入当期利润的利得和损失，这是指应当计入当期损益、会间接导致所有者权益发生增减变动的、与所有者投入资本或者向所有者分配利润无关的利得或损失。常见的例子是资产减值损失和交易性金融资产的公允价值变动损益。

12.3.1 偶然所得（资产处置收益和营业外收入）

1. 资产处置收益

企业设"资产处置损益"科目核算企业出售划分为持有待售的非流动资产（金融工具、长期股权投资和投资性房地产除外）或处置组时确认的处置利得或损失，以及处置未划分为持有待售的固定资产、在建工程、生产性生物资产及无形资产而产生的处置利得或损失。该科目贷方登记发生额（增加数），借方登记结转额（减少数）。企业记录资产处置收益时，借记"银行存款""固定资产清理"等科目，贷记"资产处置损益"科目。期末，企业应根据该科目的本期贷方发生额大于本期借方发生额的差额，借记"资产处置损益"科目，贷记"本年利润"科目，结转后该科目应无余额。

非货币性资产交换产生的利得或损失也通过"资产处置损益"科目核算。

2. 营业外收入

根据现行企业会计准则的规定,企业设"营业外收入"科目核算与企业日常活动无关的政府补助、盘盈利得、捐赠利得等营业范围外的活动所形成的偶然所得。该科目贷方登记发生额(增加数),借方登记结转额(减少数)。企业记录营业外收入时,借记"库存现金""银行存款""待处理财产损溢"等科目,贷记"营业外收入"科目。期末,企业应根据该科目的本期贷方发生额减去本期借方发生额后的净额,借记"营业外收入"科目,贷记"本年利润"科目,结转后该科目应无余额。

12.3.2 预期所得(公允价值变动收益)

企业设"公允价值变动损益"科目核算其持有的交易性金融资产、交易性金融负债、采用公允价值模式计量的投资性房地产等资产由于公允价值变动所形成的浮动盈亏。该科目可按照投资项目进行明细核算。该账户贷方登记增加数,借方登记减少数。期末,企业应根据该科目的本期贷方发生额减去本期借方发生额后的净额,借记"公允价值变动损益"科目,贷记"本年利润"科目,结转后该科目应无余额。

资产负债表日,企业应按交易性金融资产公允价值高于其账面余额的差额,借记"交易性金融资产——公允价值变动"科目,贷记"公允价值变动损益"科目;公允价值低于其账面余额的差额,作相反的会计分录。

出售交易性金融资产时,按实际收到的金额,借记"银行存款"等科目;按交易性金融资产的账面余额,注销"交易性金融资产"的总账科目和明细科目中的相关记录;按得款数与交易性金融资产账面价值之差,贷记或借记"投资收益"科目。同时,按"交易性金融资产——公允价值变动"科目的余额,借记或贷记"公允价值变动损益"科目,贷记或借记"投资收益"科目。

【例 12-22】

20×8 年 1 月初,江南制造股份公司用闲置的银行存款购入拟短期持有的艺庵科技股票 20 000 股,作为交易性金融资产核算。每股成交价 100 元。交易费用略。其相关的会计处理如下:

借:交易性金融资产——成本　　　　　　　　　　　　　　2 000 000
　　贷:银行存款　　　　　　　　　　　　　　　　　　　　2 000 000

3 月初,收到艺庵科技股票发放现金股利,每股股利 0.5 元。

借:银行存款　　　　　　　　　　　　　　　　　　　　　10 000
　　贷:投资收益　　　　　　　　　　　　　　　　　　　　10 000

6 月 30 日,艺庵科技的股票市价飙升至收盘价每股 180 元。

借:交易性金融资产——公允价值变动　　　　　　　　　　1 600 000
　　贷:公允价值变动损益　　　　　　　　　　　　　　　　1 600 000

8 月初,企业将艺庵科技股票以每股 190 元全部售出。

借：银行存款		3 800 000
贷：交易性金融资产——成本		2 000 000
——公允价值变动		1 600 000
投资收益		200 000

专栏 12-4　　　　　"公允价值变动损益"的理论问题

"公允价值变动损益"科目是公允价值会计的标志。公允价值会计，是美国证监会前主席布里登在 20 世纪 90 年代初推出的一套记账规则。布里登曾参与处理美国 20 世纪 80 年代的储贷危机，他认为，为了及时观测金融机构的证券投资风险程度，有必要让金融机构以公允价值（即最新市价）列报其证券投资，并将浮动盈亏计入利润表。这就是"公允价值变动损益"的来历。后来由于美联储、美国联邦财政部的反对，其设想有所改变，增加了"可供出售金融资产"（即如今所称的其他权益工具投资和其他债权投资）的规则。

12.4　直接计入当期利润的损失

直接计入当期利润的损失，是指应当计入当期利润表、会导致所有者权益减少的、与向所有者分配利润无关的损失。本书将其概括为偶然支出或损失（即营业外支出、资产处置损失）和预期损失（即公允价值变动损失、资产减值损失）。其中，偶然支出或损失是企业经营活动以外所发生的支出，在利润表上单列为"营业外支出""资产处置收益"项目（以负数列示）。预期损失是市价波动或估值变动所形成的浮动损失，会计学称之为"公允价值变动损失""资产减值损失""信用减值损失"，分别列入利润表的"公允价值变动收益""资产减值损失""信用减值损失"项目中。

12.4.1　偶然支出或损失（营业外支出和资产处置损失）

1. 营业外支出

企业设"营业外支出"科目核算营业范围外的各项偶然支出，包括公益性捐赠支出、非常损失、盘亏损失、非流动资产毁损报废损失等。非流动资产毁损报废损失通常包括因自然灾害发生毁损、已丧失使用功能等原因而报废清理产生的损失。

该科目应当按照支出项目进行明细核算。该科目借方登记发生额（增加数），贷方登记结转额（减少数）。记录营业外支出时，借记"营业外支出"科目，贷记"待处理财产损溢""库存现金""银行存款""固定资产清理"等科目。期末，企业应根据该科目的本期借方发生额减去本期贷方发生额后的净额，借记"本年利润"科目，贷记"营业外支出"科目，结转后该科目应无余额。

【例 12-23】

江南制造股份公司 20×7 年 12 月 31 日盘亏一台机器设备,该设备账面余额(账面原价)为 900 000 元,累计折旧为 500 000 元,资产减值准备为 300 000 元(不考虑进项税额转出的问题)。

江南制造股份公司记录盘亏情况时。

借:待处理财产损溢——待处理固定资产损溢	100 000
累计折旧	500 000
固定资产减值准备	300 000
贷:固定资产	900 000

经批准核销该项设备时。

借:营业外支出	100 000
贷:待处理财产损溢——待处理固定资产损溢	100 000

2. 资产处置损失

企业记录资产处置损失时,借记"资产处置损益"等科目,贷记"固定资产清理"等科目。期末,企业应根据该科目的本期借方发生额大于本期贷方发生额的差额,借记"本年利润"科目,贷记"资产处置损益"科目,结转后该科目应无余额。

【例 12-24】

中原高科股份公司是增值税一般纳税人,该公司 20×8 年 9 月 7 日转让了一项外观设计专利,该资产账面余额(账面原价)为 900 000 元,累计摊销为 100 000 元,未曾计提减值准备。该公司收到转让款 530 000 元,开出的增值税专用发票上注明的交易金额为 500 000 元,增值税税额为 30 000 元,价税合计为 530 000 元。不考虑附加税费。

借:银行存款	530 000
累计摊销	100 000
资产处置损益	300 000
贷:无形资产	900 000
应交税费——应交增值税(销项税额)	30 000

上述非流动资产相关业务的会计处理规则比较容易混淆,为帮助初学者理解和识记,本书特作梳理,如表 12-2 所示。

表 12-2　出售的资产项目与记入的会计科目之关系

出售的资产项目	记入的会计科目
因自然灾害发生毁损的固定资产 因丧失使用功能等原因而报废清理的固定资产	营业外支出
出售固定资产、在建工程、生产性生物资产及无形资产	资产处置损益
划分为持有待售的非流动资产(金融工具、长期股权投资和投资性房地产除外)	
部分非货币性资产交换产生的利得或损失	
金融工具、长期股权投资	投资收益

12.4.2 预期损失（资产减值损失和信用减值损失）

1. 资产减值损失

企业设"资产减值损失"科目核算其针对各项资产（金融资产除外）计提资产减值准备时所记录的损失。该科目可按照资产减值损失的项目进行明细核算。该科目借方登记发生额（增加数），贷方登记结转额（减少数）。期末，企业应根据该科目的本期借方发生额减去本期贷方发生额后的净额，借记"本年利润"科目，贷记"资产减值损失"科目，结转后该科目应无余额。

就本书所涉及的项目而言，记录资产减值损失时的会计分录为：

借：资产减值损失
　　贷：存货跌价准备
　　　　长期股权投资减值准备
　　　　固定资产减值准备
　　　　在建工程减值准备
　　　　工程物资减值准备
　　　　无形资产减值准备
　　　　……

某些资产减值准备可在以后期间转回，就本书所涉及的项目而言，转回时的会计分录为：

借：存货跌价准备
　　贷：资产减值损失

2. 信用减值损失

企业设"信用减值损失"科目核算其按照《企业会计准则第 22 号——金融工具确认和计量》（2017 年修订）的要求计提各项金融工具减值准备时所记录的预期信用损失。该科目可按照信用减值损失的项目进行明细核算。该科目借方登记发生额（增加数），贷方登记结转额（减少数）。期末，企业应根据该科目的本期借方发生额减去本期贷方发生额后的净额，借记"本年利润"科目，贷记"信用减值损失"科目，结转后该科目应无余额。

就本书所涉及的项目而言，记录资产减值损失时的会计分录为：

借：信用减值损失
　　贷：坏账准备
　　　　债权投资减值准备
　　　　其他综合收益——其他债权投资减值准备

某些资产减值准备可在以后期间转回，就本书所涉及的项目而言，转回时的会计分录为：

借：坏账准备
　　　债权投资减值准备
　　　其他综合收益——其他债权投资减值准备
　　贷：信用减值损失

专栏 12-5　　　　　　　　**谨慎性原则与资产减值损失**

　　美国式"会计理论"中推出了谨慎性原则，要求企业尽量不要高估收入、利润，不要低估负债和亏损。乍一看它是一个颇为合理的原则。但应注意，所有的资产减值损失在入账时均缺乏法律事实的支持，所记录的资产减值损失都不是真实的损失而只是预期的损失。我国的会计法规（企业会计准则和分行业的会计制度）在1992年引进了坏账准备的会计规则，之后资产减值的范围逐渐扩大，至今已经应用到大多数资产项目。

　　根据企业所得税法及其实施条例的规定，在纳税申报时，资产减值损失一律不允许列入扣除项目。因此，企业必须进行相应的纳税调整。

12.5　所得税费用

　　依法纳税是企业的神圣权利和光荣义务。

　　由于现行的会计准则与税法的差异甚大，因此，企业需要对利润表中的"利润总额"进行许多调整之后才能得出税务机关认可的"纳税调整后所得"乃至"应纳税所得额"。会计与税法的差异（包括收入类、扣除类、资产类等永久性和暂时性差异）通过纳税申报表的附表"纳税调整明细表"予以集中体现。该表中的调整项目主要包括以下四类。

　　第一类，收入类调整项目，主要是指对以下项目的调整：视同销售收入；接受捐赠收入；不符合税收规定的销售折扣和折让；未按权责发生制原则确认的收入；按权益法核算长期股权投资对初始投资成本调整确认收益；按权益法核算的长期股权投资持有期间的投资损益；特殊重组；一般重组；公允价值变动净收益；确认为递延收益的政府补助；不征税收入、免税收入、减计收入；减、免税项目所得等。

　　第二类，扣除类调整项目，主要是指对以下项目的调整：视同销售成本；工资薪金支出、职工福利费支出、职工教育经费支出、工会经费支出、业务招待费支出、广告费和业务宣传费支出、捐赠支出、利息支出；罚金、罚款和被没收财物的损失；税收滞纳金；赞助支出；各类基本社会保障性缴款；补充养老保险、补充医疗保险；与未实现融资收益相关在当期确认的财务费用；与取得收入无关的支出；不征税收入用于支出所形成的费用；加计扣除等。

　　第三类，资产类调整项目，主要是指对以下项目的调整：财产损失；固定资产折旧；

生产性生物资产折旧；长期待摊费用的摊销；无形资产摊销；投资转让、处置所得等。

第四类，减值准备类调整项目，是指对所有的资产减值损失的调整。

以上调整项目可以概括为三种情形：其一是利润表中已作记录但税法完全不允许据以计算（增减）应纳税所得额而产生的差异，如对公允价值变动净收益、资产减值损失的调整。其二是利润表中已作记录且税法允许据以计算（增减）应纳税所得额，但由于二者的计算规则不同而产生的差异，如对固定资产折旧、无形资产摊销、工资薪金支出、广告费和业务宣传费支出的调整。其三是利润表中未作记录但税法允许计入应纳税所得额而产生的差异，如对视同销售收入、视同销售成本的调整。实务中常见的是第一种、第二种情形。

应纳税所得额乘以适用的税率，就得出了企业的应纳税额。

企业设"所得税费用"科目核算其实际缴纳的所得税。记录应纳税额时，借记"所得税费用——当期所得税费用"科目，贷记"应交税费——应交所得税"科目。结转本年利润时，借记"本年利润"科目，贷记"所得税费用——当期所得税费用"科目，结转后，该科目无余额。

【例12-25】

亲民农业股份公司20×8年的利润表上载明的利润总额为96 168 000元。纳税申报时，税务机关认定了如下调整事项：

20×8年度计提存货跌价准备记录资产减值损失3 200 000元；

20×8年度取得国债利息4 000 000元；

20×8年度记录公允价值变动收益10 000 000元。

$$应纳税所得额 = 96\,168\,000 + 3\,200\,000 - 4\,000\,000 - 10\,000\,000$$
$$= 85\,368\,000(元)$$

该公司适用的所得税税率为25%，计算确定的应纳所得税额为21 342 000元。

借：所得税费用——当期所得税费用	21 342 000
贷：应交税费——应交所得税	21 342 000

结转本年利润时。

借：本年利润	21 342 000
贷：所得税费用——当期所得税费用	21 342 000

以上介绍的所得税费用只是当期实际缴纳的所得税。除此以外，会计准则还要求企业计算"递延所得税费用"。也就是说，利润表上列示的所得税费用是"当期所得税费用"加上"递延所得税费用"所得到的合计数。由于递延所得税并不是实际的纳税义务而仅仅是预期的所得税费用，且其理论依据尚存争议，超出了本书的范围，因此本书此处从略。感兴趣者可参阅《企业会计准则第18号——所得税》及其相关讲解材料。

企业所得税的"核定征收"

12.6 利　润

12.6.1 利润的计算和结转

惯常所称的"利润"，是指企业在一定期间内所取得的新增加的财产权利，即以该期间内取得的财产权利减去归属于该期间的相应代价后的余数。具体来说：惯常所称的"营业利润"，是指企业当期取得的营业收入减去归属于该期间的营业费用后的余数；营业利润加上营业外收入、减去营业外支出，就是企业的"利润总额"；利润总额减去所得税费用便等于税后利润（"净利润"）。

但我国现行的利润表格式却与惯常的理解不甚一致。根据《企业会计准则——基本准则》的规定，企业的利润总额是按照以下等式计算确定的：

利润＝营业收入－狭义费用＋（计入当期利润的利得－计入当期利润的损失）

我国工商企业的利润表上带有"利润"字样的项目有三个，即营业利润、利润总额和净利润。其中，"利润总额"的计算过程正是按照上述等式计算的。

利润表中所称的"营业利润"，是指营业收入减营业成本、税金及附加、销售费用、管理费用、财务费用、资产减值损失等，加公允价值变动收益、投资收益、资产处置收益、其他收益等后的金额。利润表中所称的"利润总额"，是指营业利润加上营业外收入、减去营业外支出后的金额。利润表中所称的"净利润"，是指利润总额减去所得税费用后的金额。

利润表中的"营业利润"项目相当令人费解，它不仅仅是狭义收入减去狭义费用后的余数，还包括资产减值损失和公允价值变动损益。这就是说，利得和损失也出现在营业利润之中了，这就大大影响了营业利润数字的业绩评价功能。相应地，利润总额和净利润中也包含了预期因素。初学者往往感到这样的利润表相当不可思议。初学者需要多花点功夫识记现行法规规定的会计报表样式。

本节主要阐释净利润的计算和结转。企业设"本年利润"科目核算其当年实现的净利润（或发生的净亏损）。该科目仅用于年末结转本年利润，结转完毕后，该科目无余额。

企业期末计算利润时，一方面将收入、利得账户的发生额合计数转入"本年利润"账户的贷方，另一方面将费用、损失账户的发生额合计数和所得税费用转入"本年利润"的借方，这个过程就是会计学惯常所称的"结转本年利润"。

结转收入、利得账户的发生额合计数时，会计分录是：

借：主营业务收入
　　其他业务收入
　　公允价值变动损益（假设该账户贷方发生额大于借方发生额）
　　投资收益

　　　　资产处置损益（假设该账户贷方发生额大于借方发生额）
　　　　其他收益
　　　　营业外收入
　　　贷：本年利润
　　结转费用、损失账户的发生额合计数和所得税费用时，会计分录是：
　　　借：本年利润
　　　　贷：主营业务成本
　　　　　　其他业务成本
　　　　　　税金及附加
　　　　　　资产减值损失
　　　　　　信用减值损失
　　　　　　销售费用
　　　　　　管理费用
　　　　　　财务费用
　　　　　　营业外支出
　　　　　　所得税费用

　　若当年为净利润，则按"本年利润"账户贷方发生额与借方发生额的差额借记"本年利润"科目，贷记"利润分配——未分配利润"科目。这样就使得"本年利润"科目的借方发生额与贷方发生额相等，达到了把该账户"清空"的效果。如为净亏损，作相反的会计分录。

【例 12-26】

星海高科有限公司 20×3 年度结转本年利润的业务及会计处理如下。

公司该年度"主营业务收入"科目贷方发生额为 60 000 000 元，"其他业务收入"科目贷方发生额为 30 000 000 元，"营业外收入"科目贷方发生额为 20 000 000 元，这些科目未曾出现借方发生额。

公司该年度"主营业务成本"科目借方发生额为 30 000 000 元，"其他业务成本"科目借方发生额为 20 000 000 元，"税金及附加"科目借方发生额为 10 000 000 元，"管理费用"科目借方发生额为 1 000 000 元，"财务费用"科目借方发生额为 2 000 000 元，"销售费用"科目借方发生额为 7 000 000 元，"营业外支出"科目借方发生额为 10 000 000 元，"所得税费用"科目借方发生额为 10 000 000 元，这些科目未曾出现贷方发生额。

（1）结转收入、利得账户。

　　借：主营业务收入　　　　　　　　　　　　　　　　　　　60 000 000
　　　　其他业务收入　　　　　　　　　　　　　　　　　　　30 000 000
　　　　营业外收入　　　　　　　　　　　　　　　　　　　　20 000 000
　　　　贷：本年利润　　　　　　　　　　　　　　　　　　　110 000 000

（2）结转费用、损失账户。

　　借：本年利润　　　　　　　　　　　　　　　　　　　　　90 000 000
　　　　贷：主营业务成本　　　　　　　　　　　　　　　　　30 000 000

其他业务成本	20 000 000
税金及附加	10 000 000
管理费用	1 000 000
财务费用	2 000 000
销售费用	7 000 000
营业外支出	10 000 000
所得税费用	10 000 000

（3）结转本年的净利润。

借：本年利润　　　　　　　　　　　　　　　20 000 000
　　贷：利润分配——未分配利润　　　　　　　　　　　20 000 000

12.6.2　税后利润的分配

税后利润应按《公司法》第十章"公司财务会计"的规定进行分配，参见本书第11章。

思考题

1. 结合利润表中的报表项目来看，哪些报表项目体现了公允价值理念的影响？
2. 企业利润表中是如何分步填列净利润数据的？企业管理层若要增大净利润数字，通常可以从哪些方面入手？请绘制利润表予以简要说明。
3. 利润表与纳税申报表具有哪些联系和区别？

练习题

一、单项选择题

1. 某企业产品入库后发生可修复废品一批，生产成本14万元，返修过程中发生材料费1万元、人工费2万元、制造费用3万元，废品残料作价0.5万元已回收入库。假定不考虑其他因素，该批可修复废品的净损失为（　　）万元。
　　A. 5.5　　　　　　B. 14　　　　　　C. 19.5　　　　　　D. 20

2. 下列各项中，不应列入利润表"营业收入"项目的是（　　）。
　　A. 销售商品收入　　　　　　　　B. 报废固定资产净收入
　　C. 提供劳务收入　　　　　　　　D. 让渡无形资产使用权收入

3. 下列关于收入的表述中，不正确的是（　　）。
　　A. 企业已将商品所有权上的主要风险和报酬转移给购货方是确认商品销售收入的必要前提

B. 企业提供劳务交易的结果能够可靠估计的，应采用完工百分比法确认提供劳务收入
C. 企业与其客户签订的合同或协议包括销售商品和提供劳务的，在销售商品部分和提供劳务部分不能区分的情况下，应当全部作为提供劳务处理
D. 销售商品相关的已发生或将发生的成本不能可靠计量的，已收到的价款不应确认为收入

4. 下列各项中，应计入产品成本的是（　　）。
   A. 固定资产报废净损失　　　　B. 支付的矿产资源补偿费
   C. 预计产品质量保证损失　　　D. 基本生产车间设备计提的折旧费

5. 下列各项中，应列入利润表"管理费用"项目的是（　　）。
   A. 计提的坏账准备　　　　　　B. 出租无形资产的摊销额
   C. 支付中介机构的咨询费　　　D. 处置固定资产的净损失

6. 下列各项中，应计入营业外收入的是（　　）。
   A. 债务重组利得　　　　　　　B. 处置固定资产净收益
   C. 确实无法支付的应付账款　　D. 收发差错造成存货盘盈

7. 某企业20×8年度利润总额为1 800万元，其中本年度国债利息收入200万元，已计入营业外支出的税收滞纳金6万元；企业所得税税率为25%。假定不考虑其他因素，该企业20×8年度所得税费用为（　　）万元。
   A. 400　　　B. 401.5　　　C. 450　　　D. 498.5

8. 下列各项中，不应在利润表"营业收入"项目列示的是（　　）。
   A. 取得捐赠收入　　　　　　　B. 设备安装劳务收入
   C. 代修品销售收入　　　　　　D. 固定资产出租收入

9. 某企业某月销售商品发生商业折扣20万元、现金折扣15万元、销售折让25万元。该企业上述业务计入当月财务费用的金额为（　　）万元。
   A. 15　　　B. 20　　　C. 35　　　D. 45

10. 企业转销无法支付的应付账款时，应将该应付账款账面余额计入（　　）。
    A. 资本公积　　　　　　　　　B. 营业外收入
    C. 其他业务收入　　　　　　　D. 其他应付款

11. 企业采用支付手续费方式委托代销商品，委托方确认商品销售收入的时间是（　　）。
    A. 签订代销协议时　　　　　　B. 发出商品时
    C. 收到代销清单时　　　　　　D. 收到代销款时

12. 下列各项中，不应计入销售费用的是（　　）。
    A. 已售商品预计保修费用
    B. 为推广新产品而发生的广告费用
    C. 随同商品出售且单独计价的包装物成本
    D. 随同商品出售而不单独计价的包装物成本

二、多项选择题

1. 下列各项中，表明已售商品所有权的主要风险和报酬尚未转移给购货方的有（　　）。
   A. 销售商品的同时，约定日后将以融资租赁方式租回
   B. 销售商品的同时，约定日后将以高于原售价的固定价格回购
   C. 已售商品附有无条件退货条款，但不能合理估计退货的可能性
   D. 向购货方发出商品后，发现商品质量与合同不符，很可能遭受退货

2. 下列各项中，属于让渡资产使用权收入的有（　　）。
   A. 债券投资取得的利息
   B. 出租固定资产取得的租金
   C. 股权投资取得的现金股利
   D. 转让商标使用权取得的收入

3. 下列各项中，应计入财务费用的有（　　）。
   A. 银行承兑汇票手续费
   B. 购买交易性金融资产手续费
   C. 外币应收账款汇兑损失
   D. 商业汇票贴现发生的贴现息

4. 下列各项交易事项中，不会影响发生当期营业利润的有（　　）。
   A. 计提应收账款坏账准备
   B. 出售无形资产取得净收益
   C. 开发无形资产时发生符合资本化条件的支出
   D. 自营建造固定资产期间处置工程物资取得净收益
   E. 以公允价值进行后续计量的投资性房地产持有期间公允价值发生变动

5. 20×0年1月1日，甲公司采用分期收款方式向乙公司销售一批商品，合同约定的销售价格为5 000万元，分5年于每年12月31日等额收取，该批商品成本为3 800万元。如果采用现销方式，该批商品的价格为4 500万元，不考虑增值税等因素，20×0年1月1日，甲公司该项销售业务对财务报表相关项目的影响中，正确的有（　　）。
   A. 增加长期应收款4 500万元
   B. 增加营业成本3 800万元
   C. 增加营业收入5 000万元
   D. 减少存货3 800万元

6. 对于工商企业而言，下列项目中通常作为营业外收入核算的有（　　）。
   A. 报废固定资产的净收益
   B. 报废无形资产的净收益
   C. 出租无形资产的净收益
   D. 盘盈固定资产的利得

7. 下列各项中，应计入期间费用的有（　　）。
   A. 销售商品发生的销售折让
   B. 销售商品发生的售后服务费
   C. 销售商品发生的商业折扣
   D. 委托代销商品支付的手续费

8. 下列各项资产减值准备中，一经确认在相应资产持有期间内均不得转回的有（　　）。
   A. 坏账准备
   B. 固定资产减值准备
   C. 存货跌价准备
   D. 投资性房地产减值准备

9. 下列各项中，应列入利润表"营业成本"项目的有（　　）。
   A. 销售材料成本
   B. 无形资产报废净损失
   C. 固定资产盘亏净损失
   D. 经营出租固定资产折旧费

10. 下列各项中，影响企业营业利润的有（   ）。
A. 出售原材料损失   B. 计提无形资产减值准备
C. 公益性捐赠支出   D. 出售交易性金融资产损失

11. 下列各项中，年度终了需要转入"利润分配——未分配利润"科目的有（   ）。
A. 本年利润   B. 利润分配——应付现金股利
C. 利润分配——盈余公积补亏 D. 利润分配——提取法定盈余公积

12. 下列各项中，应列入利润表"资产减值损失"项目的有（   ）。
A. 原材料盘亏损失   B. 固定资产减值损失
C. 商誉减值损失   D. 无形资产处置净损失

13. 下列各项中，应计入财务费用的有（   ）。
A. 企业发行股票支付的手续费
B. 企业支付的银行承兑汇票手续费
C. 企业购买商品时取得的现金折扣
D. 不符合资本化条件的专门借款利息

14. 下列各项中，应计入营业外支出的有（   ）。
A. 无形资产报废损失   B. 存货自然灾害损失
C. 固定资产报废损失   D. 长期股权投资处置损失

三、判断题

1. 企业采用支付手续费方式委托代销商品，委托方应在发出商品时确认销售商品收入。（   ）

2. 企业采用以旧换新销售方式时，应将所售商品按照销售商品收入确认条件确认收入，回收的商品作为购进商品处理。（   ）

3. 企业资产负债表日提供劳务交易结果不能可靠估计，且已发生的劳务成本预计全部不能得到补偿的，应按已发生的劳务成本金额确认收入。（   ）

4. 企业发生的各项利得或损失，均应计入当期损益。（   ）

5. 企业让渡资产使用权，如果合同或协议规定一次性收取使用费，且不提供后续服务的，应当视同销售该资产一次性确认收入。（   ）

四、计算分析题

1. 甲上市公司（以下简称甲公司）为增值税一般纳税人，适用的增值税税率为13%；除特别说明外，不考虑除增值税以外的其他相关税费；所售资产未发生减值；销售商品为正常的生产经营活动，销售价格为不含增值税的公允价格；商品销售成本在确认销售收入时逐笔结转。

（1）20×7年12月甲公司发生下列经济业务：

1）12月1日，甲公司与A公司签订委托代销商品协议。协议规定，甲公司以支付手续费方式委托A公司代销W商品100件，A公司对外销售价格为每件3万元，未出售的商品A公司可以退还甲公司；甲公司按A公司对外销售价格的1%向A公司支付手续费，在收取A公司代销商品款时扣除。该W商品单位成本为2万元。

12月31日，甲公司收到A公司开来的代销清单，已对外销售W商品60件；甲公司开具的增值税专用发票注明:销售价格180万元,增值税税额30.6万元;同日,甲公司收到A公司交来的代销商品款208.8万元并存入银行,应支付A公司的手续费1.8万元已扣除。

2) 12月5日,收到B公司退回的X商品一批以及税务机关开具的进货退回相关证明,销售价格为100万元,销售成本为70万元;该批商品已于11月份确认收入,但款项尚未收到,且未计提坏账准备。

3) 12月10日,与C公司签订一项为期5个月的非工业性劳务合同,合同总收入为200万元,当天预收劳务款20万元。12月31日,经专业测量师对已提供的劳务进行测量,确定该项劳务的完工程度为30%。至12月31日,实际发生劳务成本40万元(假定均为职工薪酬),估计为完成合同还将发生劳务成本90万元(假定均为职工薪酬)。该项劳务为分开核算的兼营业务,适用增值税税率6%。假定该项劳务交易的结果能够可靠地计量。

4) 12月15日,出售确认为交易性金融资产的D公司股票1 000万股,出售价款3 000万元已存入银行。当日出售前,甲公司持有D公司股票1 500万股,账面价值为4 350万元(其中,成本为3 900万元,公允价值变动为450万元)。12月31日,D公司股票的公允价值为每股3.30元。

5) 12月31日,以本公司生产的产品作为福利发放给职工。发放给生产工人的产品不含增值税的公允价值为200万元,实际成本为160万元;发放给行政管理人员的产品不含增值税的公允价值为100万元,实际成本为80万元。产品已发放给职工。

6) 12月31日,采用分期收款方式向E公司销售Z大型设备一套,合同约定的销售价格为3 000万元,从20×8年起分5年于每年12月31日收取。该大型设备的实际成本为2 000万元。如采用现销方式,该大型设备的销售价格为2 500万元。商品已经发出,甲公司尚未开具增值税专用发票。

(2) 20×7年甲公司除上述业务以外的业务的损益资料如下:

单位:万元

项目	金额
一、营业收入	5 000
减:营业成本	4 000
税金及附加	50
销售费用	200
管理费用	300
财务费用	30
投资收益	100
加:公允价值变动收益	0
资产减值损失	0
二、营业利润	520
加:营业外收入	70
减:营业外支出	20
三、利润总额	570

要求：
(1) 根据上述资料，逐笔编制甲公司相关业务的会计分录。
(2) 计算甲公司20×7年度利润表部分项目的调整后金额。
("应交税费"科目要求写出明细科目及专栏名称；答案中的金额单位用万元表示。)

2. 甲公司为增值税一般纳税人，适用的增值税税率为13%，商品销售价格不含增值税；确认销售收入时逐笔结转销售成本。

20×0年12月份，甲公司发生如下经济业务：

(1) 12月2日，向乙公司销售A产品，销售价格为600万元，实际成本为540万元。产品已发出，款项存入银行。销售前，该产品已计提跌价准备5万元。

(2) 12月8日，收到丙公司退回的B产品并验收入库，当日支付退货款并收到经税务机关出具的《开具红字增值税专用发票通知单》。该批产品系当年8月份售出并已确认销售收入，销售价格为200万元，实际成本为120万元。

(3) 12月10日，与丁公司签订为期6个月的劳务合同，合同总价款为400万元，待完工时一次性收取。至12月31日，实际发生劳务成本50万元（均为职工薪酬），估计为完成该合同还将发生劳务成本150万元。假定该项劳务交易的结果能够可靠估计，甲公司按实际发生的成本占估计总成本的比例确定劳务的完工进度；该劳务不属于增值税应税劳务。适用税率为6%。

(4) 12月31日，将本公司生产的C产品作为福利发放给生产工人，市场销售价格为80万元，实际成本为50万元。

假定除上述资料外，不考虑其他相关因素。

要求：根据上述资料，逐项编制甲公司相关经济业务的会计分录。（答案中的金额单位用万元表示。）

五、综合题（凡要求计算的项目，均须列出计算过程；计算结果出现小数的，均保留小数点后两位数。凡要求编制会计分录的，除题中有特殊要求外，只需写出一级科目）

甲有限责任公司（以下简称甲公司）为一家从事机械制造的增值税一般纳税人企业。20×0年1月1日所有者权益总额为5 400万元，其中实收资本4 000万元，资本公积400万元，盈余公积800万元，未分配利润200万元。20×0年度甲公司发生如下经济业务：

(1) 经批准，甲公司接受乙公司投入不需要安装的设备一台并交付使用，合同约定的价值为3 500万元（与公允价值相符），增值税税额为455万元；同时甲公司增加实收资本2 000万元，相关法律手续已办妥。

(2) 出售一项专利技术，售价25万元，款项存入银行，不考虑相关税费。该项专利技术实际成本50万元，累计摊销38万元，未计提减值准备。

(3) 被投资企业丙公司其他权益工具投资的公允价值净值增加300万元，甲公司采用权益法按30%持股比例确认应享有的份额。

(4) 结转固定资产清理净收益50万元。

(5) 摊销递延收益31万元（该递延收益是以前年度确认的与资产相关的政府补助）。

(6) 年末某研发项目完成并形成无形资产,该项目研发支出资本化金额为200万元。

(7) 除上述经济业务外,甲公司当年实现营业收入10 500万元,发生营业成本4 200万元、税金及附加600万元、销售费用200万元、管理费用300万元、财务费用200万元,经计算确定营业利润为5 000万元。

按税法规定当年准予税前扣除的职工福利费120万元,实际发生并计入当年利润总额的职工福利费150万元。除此之外,不存在其他纳税调整项目,也未发生递延所得税。所得税税率为25%。

(8) 确认并结转全年所得税费用。

(9) 年末将"本年利润"科目贷方余额3 813万元结转至未分配利润。

(10) 年末提取法定盈余公积381.3万元,提取任意盈余公积360万元。

(11) 年末将"利润分配——提取法定盈余公积""利润分配——提取任意盈余公积"明细科目余额结转至未分配利润。

假定除上述资料外,不考虑其他相关因素。(答案中的金额单位用万元表示。)

要求:

(1) 根据资料(1)至(6),逐项编制甲公司相关经济业务的会计分录。

(2) 根据资料(2)至(7),计算甲公司20×0年度利润总额和全年应交所得税。

(3) 根据资料(8)至(11),逐项编制甲公司相关经济业务的会计分录。

(4) 计算甲公司20×0年12月31日资产负债表中"实收资本""资本公积""盈余公积""未分配利润"项目的期末余额。

第 13 章 财务会计报告

Chapter 13

素养目标

1. 结合中国特色社会主义法治体系学习会计法规体系。结合《中华人民共和国会计法》《企业财务会计报告条例》，理解《企业会计准则第 30 号——财务报表列报》《企业会计准则第 31 号——现金流量表》的相关规则。
2. 理解会计规则的理论逻辑、历史逻辑和实践逻辑，培养辩证思维能力。理解财务报表的编制方法及其局限性。

学习目标

1. 掌握：资产负债表和利润表的编制方法。
2. 理解：财务会计报告的组成内容。
3. 了解：现金流量表和所有者权益变动表的结构；报表附注的主要内容。

13.1 财务会计报告概述

企业必须按照国家统一的会计制度的规定定期编制财务会计报告。《企业财务会计报告条例》所称的"财务会计报告"（又称财务报告，financial report），是指企业对外提供的反映企业某一特定日期的财务状况和某一会计期间的经营成果、现金流量的文件。财务会计报告分为年度、半年度、季度和月度财务会计报告。

13.1.1 财务会计报告的组成

年度、半年度财务会计报告应当包括会计报表、会计报表附注和财务情况说明书，其中，会计报表应当包括资产负债表、利润表、现金流量表和所有者权益（股东权益）变动表。会计学中一般将会计报表和会计报表附注合称为财务报表（financial statement）。这些概念之间的关系如图13-1所示。

```
                              ┌─ 资产负债表
                    ┌─ 会计报表 ┤─ 利润表
                    │          ├─ 现金流量表
          ┌─ 财务报表┤          └─ 所有者权益（股东权益）变动表
财务会计报告┤          └─ 会计报表附注
          └─ 财务情况说明书
```

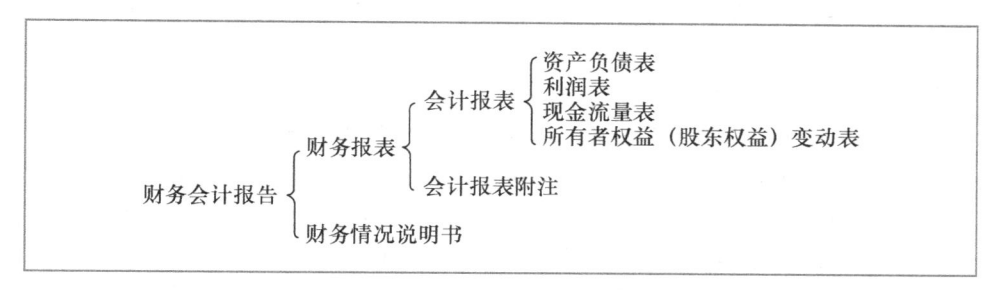

图13-1　年度、半年度财务会计报告的组成

季度、月度财务会计报告通常仅指会计报表（至少应当包括资产负债表和利润表）。

专栏13-1　关于财务会计报告的组成内容的法律规定

《企业财务会计报告条例》规定，年度、半年度财务会计报告应当包括：(1) 会计报表；(2) 会计报表附注；(3) 财务情况说明书。会计报表应当包括资产负债表、利润表、现金流量表及相关附表。季度、月度财务会计报告通常仅指会计报表，会计报表至少应当包括资产负债表和利润表。国家统一的会计制度规定季度、月度财务会计报告需要编制会计报表附注的，从其规定。

财政部2006年发布的企业会计准则体系未提及财务情况说明书。

会计学中将会计期间短于一个完整的会计年度的财务会计报告统称为中期财务报告（interim financial report），如半年度报告、季度报告、月度报告等。

实务中，根据财务报表编报主体的不同，有个别财务报表（separate financial statement）和合并财务报表（consolidated financial statement）之分。个别财务报表是指反映某个单一企业的财务状况、经营成果和现金流量情况等信息的财务报表。合并财务报表是指企业集团中的母公司以母公司和全部子公司的个别财务报表为基础而编制的综合反映企业集团的财务状况、经营成果和现金流量情况等信息的财务报表。但严格地说，合并财务报表属于证券分析的范畴而非会计的范畴，因为从来没有证据能够证明一个虚构的集团的财务状况和经营成果，学界对之存有争议。因此，本章所讲解的财务报表，是个别财务报表意义上的财务报表。本章主要讲解《企业财务会计报告条例》《企业会计准则第30号——财务报表列报》《企业会计准则第31号——现金流量表》的相关规定。本章所讲解的财务报表，是个别财务报表意义上的财务报表。关于合并财务报表，请参见《企业会计准则第20号——企业合并》和《企业会计准则第33号——合并财务报表》。

13.1.2　财务报表列报的基本要求

会计准则中所称的列报，兼指在会计报表中"列示"账务数据和在会计报表附注中"披露"账外信息。

财务报表列报应遵循如下基本要求：

(1) 企业应当以持续经营为基础，根据实际发生的交易和事项，按照《企业会计准则——基本准则》和其他各项会计准则的规定进行确认和计量，在此基础上编制财务报表。企业不应以附注披露代替确认和计量，不恰当的确认和计量也不能通过充分披露相关会计政策而纠正。如果按照各项会计准则规定披露的信息不足以让报表使用者了解特定交易或事项对企业财务状况和经营成果的影响时，企业还应当披露其他的必要信息。

(2) 在编制财务报表的过程中，企业管理层应当利用所有可获得信息来评价企业自报告期末起至少12个月的持续经营能力。评价时，需要考虑宏观政策风险、市场经营风险、企业目前或长期的盈利能力、偿债能力、财务弹性以及企业管理层改变经营政策的意向等因素。评价结果表明对持续经营能力产生重大怀疑的，企业应当在附注中披露导致对持续经营能力产生重大怀疑的因素以及企业拟采取的改善措施。企业如有近期获利经营的历史且有财务资源支持，则通常表明以持续经营为基础编制财务报表是合理的。企业正式决定或被迫在当期或将在下一个会计期间进行清算或停止营业的，则表明以持续经营为基础编制财务报表不再合理。在这种情况下，企业应当采用其他基础编制财务报表，并在附注中声明财务报表未以持续经营为基础编制的事实、披露未以持续经营为基础编制的原因和财务报表的编制基础。

(3) 除现金流量表按照收付实现制原则编制外，企业应当按照权责发生制原则编制财务报表。

(4) 财务报表项目的列报应当在各个会计期间保持一致，不得随意变更，但下列情况除外：1) 会计准则要求改变财务报表项目的列报；2) 企业经营业务的性质发生重大变化或对企业经营影响较大的交易或事项发生后，变更财务报表项目的列报能够提供更可靠、更相关的会计信息。

(5) 性质或功能不同的项目，应当在财务报表中单独列报，但不具有重要性的项目除外。性质或功能类似的项目，其所属类别具有重要性的，应当按其类别在财务报表中单独列报。如果某些项目的重要性程度不足以在资产负债表、利润表、现金流量表或所有者权益变动表中单独列示，但对附注具有重要性，则应当在附注中单独予以披露。

重要性（materiality），是指在合理预期下，财务报表某项目的省略或错报会影响使用者据此作出经济决策的，该项目具有重要性。重要性应当根据企业所处的具体环境，从项目的性质和金额两方面予以判断，且对各项目重要性的判断标准一经确定，不得随意变更。判断项目性质的重要性，应当考虑该项目在性质上是否属于企业日常活动，是否显著影响企业的财务状况、经营成果和现金流量等因素；判断项目金额大小的重要性，应当考虑该项目金额占资产总额、负债总额、所有者权益总额、营业收入总额、营业成本总额、净利润、综合收益总额等直接相关项目金额的比重或所属报表单列项目金额的比重。

（6）财务报表中的资产项目和负债项目的金额、收入项目和费用项目的金额、直接计入当期利润的利得项目和损失项目的金额不得相互抵销，但其他会计准则另有规定的除外。一组类似交易形成的利得和损失应当以净额列示，但具有重要性的除外。资产或负债项目按扣除备抵项目后的净额列示，不属于抵销。非日常活动产生的利得和损失，以同一交易形成的收益扣减相关费用后的净额列示更能反映交易实质的，不属于抵销。

（7）当期财务报表的列报，至少应当提供所有列报项目上一个可比会计期间的比较数据，以及与理解当期财务报表相关的说明，但其他会计准则另有规定的除外。财务报表的列报项目发生变更的，应当至少对可比期间的数据按照当期的列报要求进行调整，并在附注中披露调整的原因和性质，以及调整的各项目金额。对可比数据进行调整不切实可行的，应当在附注中披露不能调整的原因。不切实可行，是指企业在作出所有合理努力后仍然无法采用某项会计准则规定。

（8）企业应当在财务报表的显著位置至少披露下列各项：1）编报企业的名称；2）资产负债表日或财务报表涵盖的会计期间；3）人民币金额单位；4）财务报表是合并财务报表的，应当予以标明。

（9）企业至少应当按年编制财务报表。年度财务报表涵盖的期间短于一年的，应当披露年度财务报表的涵盖期间、短于一年的原因以及报表数据不具可比性的事实。

13.2 资产负债表

13.2.1 资产负债表的内容和结构

资产负债表（balance sheet，B/S）是反映企业在某一特定日期的财务状况的会计报表，也称财务状况表（statement of financial position）。因其所列报者乃时点数据，故有教材称其为静态报表。

我国工商企业的资产负债表格式是（见表13-1）：资产列于左侧，负债和所有者权益（股东权益）分别列于右侧的上端、下端；另将资产区分为流动资产和非流动资产，将负债区分为流动负债和非流动负债，分类列示。

专栏13-2　　　　　　　　　　"余额表"和"平衡表"

Balance在会计和金融领域的常用含义是"账户余额"，因此英文"balance sheet"的中文直译通常是"余额表"，也就是把有余额的账户的余额列报在一起的报表。有的书上把它译作"平衡表"，这也有一定的道理，因为资产负债表上的确存在"资产＝负债＋所有者权益"这样的平衡关系。

表 13-1　资产负债表

会企 01 表

编制单位：　　　　　　　　　　　年　月　日　　　　　　　　　　　　单位：元

资产	期末余额	年初余额	负债和所有者权益（或股东权益）	期末余额	年初余额
流动资产：			流动负债：		
货币资金			短期借款		
交易性金融资产			交易性金融负债		
衍生金融资产			衍生金融负债		
应收票据			应付票据		
应收账款			应付账款		
应收款项融资			预收款项		
预付款项			合同负债		
其他应收款			应付职工薪酬		
存货			应交税费		
合同资产			其他应付款		
持有待售资产			持有待售负债		
一年内到期的非流动资产			一年内到期的非流动负债		
其他流动资产			其他流动负债		
流动资产合计			流动负债合计		
非流动资产：			非流动负债：		
债权投资			长期借款		
其他债权投资			应付债券		
长期应收款			其中：优先股		
长期股权投资			永续债		
其他权益工具投资			租赁负债		
其他非流动金融资产			长期应付款		
投资性房地产			预计负债		
固定资产			递延收益		
在建工程			递延所得税负债		
生产性生物资产			其他非流动负债		
油气资产			非流动负债合计		
使用权资产			负债合计		
无形资产			所有者权益（或股东权益）：		
开发支出			实收资本（或股本）		
商誉			其他权益工具		
长期待摊费用			其中：优先股		
递延所得税资产			永续债		
其他非流动资产			资本公积		
非流动资产合计			减：库存股		

续表

资产	期末余额	年初余额	负债和所有者权益（或股东权益）	期末余额	年初余额
			其他综合收益		
			专项储备		
			盈余公积		
			未分配利润		
			所有者权益（或股东权益）合计		
资产总计			负债和所有者权益（或股东权益）总计		

"流动资产"（current assets）是指满足下列条件之一的资产：（1）预计在一个正常营业周期中变现、出售或耗用；（2）主要为交易目的而持有；（3）预计在资产负债表日起一年内（含一年，下同）变现；（4）自资产负债表日起一年内，交换其他资产或清偿负债的能力不受限制的现金或现金等价物。

流动资产以外的资产应当归类为非流动资产，并应按其性质分类列示。被划分为持有待售资产的非流动资产应当归类为流动资产。

"流动负债"（current liabilities）是指满足下列条件之一的负债：（1）预计在一个正常营业周期内清偿；（2）主要为交易目的而持有；（3）自资产负债表日起一年内到期应予以清偿；（4）企业无权自主地将清偿推迟至资产负债表日后一年以上。

流动负债以外的负债应当归类为非流动负债，并按其性质分类列示。被划分为持有待售负债的非流动负债应当归类为流动负债。

对于在资产负债表日起一年内到期的负债，企业预计能够自主地将清偿义务展期至资产负债表日后一年以上的，应当归类为非流动负债；不能自主地将清偿义务展期的，即使在资产负债表日后、财务报告批准报出日前签订了重新安排清偿计划协议，该项负债仍应归类为流动负债。例如，对于那些由于企业在资产负债表日或之前违反了长期借款协议而导致贷款人可随时要求清偿的负债，应当归类为流动负债；对于那些由于贷款人在资产负债表日或之前同意提供在资产负债表日后一年以上的宽限期，因而企业能够在此期限内改正违约行为且贷款人不能要求随时清偿的贷款，则应将其归类为非流动负债。

资产负债表中所有者权益应当按照实收资本（或股本）、资本公积、盈余公积、未分配利润等项目分项列示。

13.2.2 资产负债表的列报方法

1．"年初余额"栏的填列方法

"年初余额"栏内各项目数字，应根据上年年末资产负债表"期末余额"栏内所列数字填列。若本年度资产负债表规定的各个项目的名称和内容与上年度不一致，则应对上年年末资产负债表各项目的名称和数字按本年度的规定进行调整，按调整后的数字填入本表"年初余额"栏内。

2. "期末余额"栏的列报方法

资产负债表各项目的"期末余额",分别按照以下方式列报:

(1) 根据总账科目余额誊写。如"交易性金融资产""其他权益工具投资""交易性金融负债""短期借款""应付职工薪酬""实收资本""盈余公积"等项目。

(2) 根据多个总账科目的余额的加总数字填写。如"货币资金"项目,需要根据"库存现金""银行存款""其他货币资金"三个总账科目的期末借方余额计算填列。

(3) 根据总账科目和明细账科目余额分析计算填列。如"一年内到期的非流动资产""一年内到期的非流动负债"等项目。

(4) 根据总账科目余额减去其备抵科目(减值准备、累计折旧、累计摊销)余额后的净额填列。如"固定资产""无形资产"等。

(5) 综合运用上述方法填列。如"存货"项目,应根据存货类各科目期末余额合计,减去"存货跌价准备"科目期末余额后的金额填列。

13.3 利润表

13.3.1 利润表的内容和结构

利润表(income statement;earnings statement;operating statement;statement of operations)又称损益表(profit and loss statement,P&L),是反映企业在一定会计期间的经营成果的会计报表。因其所记载者乃是期间数据,故有教材称其为动态报表。

费用应当按照功能分类,分为从事经营业务发生的成本、管理费用、销售费用和财务费用等(见表13-2)。现行企业会计准则所规定的利润表格式逐步列示了"营业利润"、"利润总额"和"净利润",称作多步式利润表(multiple-step income statement)。与此相对的概念是单步式利润表,顾名思义,就是指用全部收入减去全部费用,一步得出净利润数字的利润表格式。

表 13-2 利润表

会企02表

编制单位:　　　　　　　　　　　年　　月　　　　　　　　　　　单位:元

项目	本期金额	上期金额
一、营业收入		
减:营业成本		
税金及附加		
销售费用		
管理费用		
研发费用		

续表

项目	本期金额	上期金额
财务费用		
其中：利息费用		
利息收入		
加：其他收益		
投资收益（损失以"—"号填列）		
其中：对联营企业和合营企业的投资收益		
以摊余成本计量的金融资产终止确认收益（损失以"—"号填列）		
净敞口套期收益（损失以"—"号填列）		
公允价值变动收益（损失以"—"号填列）		
信用减值损失（损失以"—"号填列）		
资产减值损失（损失以"—"号填列）		
资产处置收益（损失以"—"号填列）		
二、营业利润（亏损以"—"号填列）		
加：营业外收入		
减：营业外支出		
三、利润总额（亏损总额以"—"号填列）		
减：所得税费用		
四、净利润（净亏损以"—"号填列）		
（一）持续经营净利润（净亏损以"—"号填列）		
（二）终止经营净利润（净亏损以"—"号填列）		
五、其他综合收益的税后净额		
（一）不能重分类进损益的其他综合收益		
1. 重新计量设定受益计划变动额		
2. 权益法下不能转损益的其他综合收益		
3. 其他权益工具投资公允价值变动		
4. 企业自身信用风险公允价值变动		
（二）将重分类进损益的其他综合收益		
1. 权益法下可转损益的其他综合收益		
2. 其他债权投资公允价值变动		
3. 金融资产重分类计入其他综合收益的金额		
4. 其他债权投资信用减值准备		
5. 现金流量套期储备		
6. 外币财务报表折算差额		

续表

项目	本期金额	上期金额
六、综合收益总额		
七、每股收益：		
（一）基本每股收益		
（二）稀释每股收益		

13.3.2 利润表的列报方法

1."上期金额"栏的列报方法

对季度、半年度和年度利润表而言，利润表"上期金额"栏内各项数字，应根据上年该期利润表"本期金额"栏内所列数字填列。若上年该期利润表规定的各个项目名称和内容与本期不一致，则应对上年该期利润表各项目的名称和数字按本期的规定进行调整，填入利润表"上期金额"栏内。

2."本期金额"栏的列报方法

利润表"本期金额"栏内各项数字一般应根据损益类科目的本期实际发生额分析填列。

（1）"营业收入"项目，反映企业经营主要业务和其他业务所确认的收入总额。本项目应根据"主营业务收入"和"其他业务收入"科目的发生额分析填列。

（2）"营业成本"项目，反映企业经营主营业务和其他业务所发生的成本总额。本项目应根据"主营业务成本"和"其他业务成本"科目的发生额分析填列。

（3）"税金及附加"项目，反映企业经营业务应负担的消费税、城市维护建设税、教育费附加、地方教育附加、资源税、房产税、城镇土地使用税、车船税、土地增值税等。本项目应根据"税金及附加"科目的发生额分析填列。

（4）"销售费用"项目，反映企业在销售商品过程中发生的包装费、广告费等费用和为销售本企业商品而专设的销售机构的职工薪酬、业务费等经营费用。本项目应根据"销售费用"科目的发生额分析填列。

（5）"管理费用"项目，反映企业为组织和管理生产经营发生的管理费用。本项目应根据"管理费用"科目的发生额分析填列。

（6）"研发费用"项目，反映企业进行研究与开发过程中发生的费用化支出，以及计入管理费用的自行开发无形资产的摊销。本项目应根据"管理费用"科目下的"研究费用"明细科目的发生额，以及"管理费用"科目下的"无形资产摊销"明细科目的发生额分析填列。

（7）"财务费用"项目下的"利息费用"项目，反映企业为筹集生产经营所需资金等而发生的应予费用化的利息支出。本项目应根据"财务费用"科目的相关明细科目的发生额分析填列。该项目作为"财务费用"项目的其中项，以正数填列。"财务费用"

项目下的"利息收入"项目,反映企业按照相关会计准则确认的应冲减财务费用的利息收入。本项目应根据"财务费用"科目的相关明细科目的发生额分析填列。该项目作为"财务费用"项目的其中项,以正数填列。

(8)"其他收益"项目,反映计入其他收益的政府补助,以及其他与日常活动相关且计入其他收益的项目。本项目应根据"其他收益"科目的发生额分析填列。企业作为个人所得税的扣缴义务人,根据《中华人民共和国个人所得税法》收到的扣缴税款手续费,应作为其他与日常活动相关的收益在本项目中填列。

(9)"投资收益"项目,反映企业以各种方式对外投资所取得的收益。本项目应根据"投资收益"科目的发生额分析填列;如为投资损失,以"一"号填列。

(10)"以摊余成本计量的金融资产终止确认收益"项目,反映企业因转让等情形导致终止确认以摊余成本计量的金融资产而产生的利得或损失。本项目应根据"投资收益"科目的相关明细科目的发生额分析填列;如为损失,以"一"号填列。

(11)"净敞口套期收益"项目,反映净敞口套期下被套期项目累计公允价值变动转入当期损益的金额或现金流量套期储备转入当期损益的金额。本项目应根据"净敞口套期损益"科目的发生额分析填列;如为套期损失,以"一"号填列。

(12)"公允价值变动收益"项目,反映企业应当计入当期损益的资产或负债的公允价值变动收益。本项目应根据"公允价值变动损益"科目的发生额分析填列;如为净损失,以"一"号填列。

(13)"信用减值损失"项目,反映企业按照《企业会计准则第22号——金融工具确认和计量》(2017年修订)的要求计提的各项金融工具减值准备所形成的预期信用损失。本项目应根据"信用减值损失"科目的发生额分析填列。

(14)"资产减值损失"项目,反映企业各项资产发生的减值损失。本项目应根据"资产减值损失"科目的发生额分析填列。

(15)"资产处置收益"项目,反映企业出售划分为持有待售的非流动资产(金融工具、长期股权投资和投资性房地产除外)或处置组(子公司和业务除外)时确认的处置利得或损失,以及处置未划分为持有待售的固定资产、在建工程、生产性生物资产及无形资产而产生的处置利得或损失。非货币性资产交换中换出非流动资产(金融工具、长期股权投资和投资性房地产除外)产生的利得或损失也包括在本项目内。本项目应根据"资产处置损益"科目的发生额分析填列;如为处置损失,以"一"号填列。

(16)"营业利润"项目,反映企业实现的营业利润。如为亏损,本项目以"一"号填列。

(17)"营业外收入"项目,反映企业发生的除营业利润以外的收益,主要包括与企业日常活动无关的政府补助、盘盈利得、捐赠利得(企业接受股东或股东的子公司直接或间接的捐赠,经济实质属于股东对企业的资本性投入的除外)等。本项目应根据"营业外收入"科目的发生额分析填列。

(18)"营业外支出"项目,反映企业发生的除营业利润以外的支出,主要包括公益性捐赠支出、非常损失、盘亏损失、非流动资产毁损报废损失等。本项目应根据"营业外支出"科目的发生额分析填列。非流动资产毁损报废损失通常包括因自然灾害发生毁损、已丧失使用功能等原因而报废清理产生的损失。

(19)"利润总额"项目，反映企业实现的利润。如为亏损，本项目以"一"号填列。

(20)"净利润"项目，反映企业实现的净利润。如为净亏损，本项目以"一"号填列。其中，"持续经营净利润"和"终止经营净利润"项目，分别反映净利润中与持续经营相关的净利润和与终止经营相关的净利润；如为净亏损，以"一"号填列。这两个项目应按照《企业会计准则第42号——持有待售的非流动资产、处置组和终止经营》的相关规定分别列报。

(21)"其他综合收益的税后净额"项目，反映企业根据企业会计准则规定未在损益中确认的各项利得和损失扣除所得税影响后的净额。本项目主要根据"其他综合收益"科目的明细账数据分析填列。

1)"其他权益工具投资公允价值变动"项目，反映企业指定为以公允价值计量且其变动计入其他综合收益的非交易性权益工具投资发生的公允价值变动。本项目应根据"其他综合收益"科目的相关明细科目的发生额分析填列。

2)"企业自身信用风险公允价值变动"项目，反映企业指定为以公允价值计量且其变动计入当期损益的金融负债，由企业自身信用风险变动引起的公允价值变动而计入其他综合收益的金额。本项目应根据"其他综合收益"科目的相关明细科目的发生额分析填列。

3)"其他债权投资公允价值变动"项目，反映企业分类为以公允价值计量且其变动计入其他综合收益的债权投资发生的公允价值变动。企业将一项以公允价值计量且其变动计入其他综合收益的金融资产重分类为以摊余成本计量的金融资产，或重分类为以公允价值计量且其变动计入当期损益的金融资产时，之前计入其他综合收益的累计利得或损失从其他综合收益中转出的金额作为本项目的减项。本项目应根据"其他综合收益"科目的相关明细科目的发生额分析填列。

4)"金融资产重分类计入其他综合收益的金额"项目，反映企业将一项以摊余成本计量的金融资产重分类为以公允价值计量且其变动计入其他综合收益的金融资产时，计入其他综合收益的原账面价值与公允价值之间的差额。本项目应根据"其他综合收益"科目的相关明细科目的发生额分析填列。

5)"其他债权投资信用减值准备"项目，反映企业按照《企业会计准则第22号——金融工具确认和计量》(2017年修订)第十八条分类为以公允价值计量且其变动计入其他综合收益的金融资产的损失准备。本项目应根据"其他综合收益"科目下的"信用减值准备"明细科目的发生额分析填列。

6)"现金流量套期储备"项目，反映企业套期工具产生的利得或损失中属于套期有效的部分。本项目应根据"其他综合收益"科目下的"套期储备"明细科目的发生额分析填列。

(22)"综合收益总额"项目，反映企业净利润与其他综合收益的合计金额。

(23)"每股收益"项目，反映企业按照《企业会计准则第34号——每股收益》计算和列报的基本每股收益和稀释每股收益。

13.4 现金流量表

13.4.1 现金流量表的内容与结构

现金流量表（cash flow statement），是指反映企业一定会计期间内的现金和现金等价物的流入和流出情况的报表。

专栏 13-3   现金和现金等价物

《企业会计准则第 31 号——现金流量表》中所称的"现金"（cash），是指库存现金和可以随时用于支付的存款，不能随时用于支取的存款不属于该准则所称的"现金"。这与惯常所称的现金概念有所不同。

该准则所称的"现金等价物"（cash equivalents），是指企业持有的期限短、流动性强、易于转换为已知金额现金、价值变动风险很小的投资。"期限短"，一般是指从购买日起 3 个月内到期。现金等价物通常包括 3 个月内到期的债券投资。至于权益性投资（即股权性质的投资），由于其变现的金额通常不确定，因而财务分析中一般不视其为现金等价物。企业应当根据具体情况确定现金等价物的范围，一经确定不得随意变更。

综上可知，现金流量表中的"现金"概念是特指的，它是从金融分析实践中归纳出来的抽象概念，在操作上存在较大的自由度。实际上，现金流量表与会计凭证和会计账簿不存在直接验证的关系，它并不是日常会计处理程序的产物。

现金流量，是指现金和现金等价物的流入和流出的数量。企业从银行提取现金、用现金购买短期到期的国库券等现金和现金等价物之间的转换不属于现金流量。

现金流量表中区分经营活动、投资活动和筹资活动的现金流入总额和现金流出总额，分别列报了这三类活动所产生的现金流量净额，最后汇总列示了企业的现金及现金等价物的净增加额（见表 13-3）。

表 13-3 现金流量表

会企 03 表

编制单位：　　　　　　　　　　　　　年　　月　　　　　　　　　　　　　单位：元

项目	本期金额	上期金额
一、经营活动产生的现金流量：		
销售商品、提供劳务收到的现金		
收到的税费返还		
收到其他与经营活动有关的现金		
经营活动现金流入小计		
购买商品、接受劳务支付的现金		

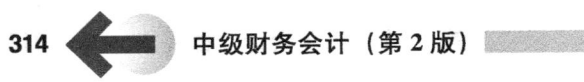

续表

项目	本期金额	上期金额
支付给职工以及为职工支付的现金		
支付的各项税费		
支付其他与经营活动有关的现金		
经营活动现金流出小计		
经营活动产生的现金流量净额		
二、投资活动产生的现金流量：		
收回投资收到的现金		
取得投资收益收到的现金		
处置固定资产、无形资产和其他长期资产收回的现金净额		
处置子公司及其他营业单位收到的现金净额		
收到其他与投资活动有关的现金		
投资活动现金流入小计		
购建固定资产、无形资产和其他长期资产支付的现金		
投资支付的现金		
取得子公司及其他营业单位支付的现金净额		
支付其他与投资活动有关的现金		
投资活动现金流出小计		
投资活动产生的现金流量净额		
三、筹资活动产生的现金流量：		
吸收投资收到的现金		
取得借款收到的现金		
收到其他与筹资活动有关的现金		
筹资活动现金流入小计		
偿还债务支付的现金		
分配股利、利润或偿付利息支付的现金		
支付其他与筹资活动有关的现金		
筹资活动现金流出小计		
筹资活动产生的现金流量净额		
四、汇率变动对现金及现金等价物的影响		
五、现金及现金等价物净增加额		
加：期初现金及现金等价物余额		
六、期末现金及现金等价物余额		

鉴于学术界对现金流量表的意义尚存争议且其编制方法超出了本书范围，以下阐释以帮助读者阅读现金流量表为主，而不再关注如何编制现金流量表。实务工作中鲜有手工编制现金流量表者，大多是用财务软件编制而成的。

13.4.2 现金流量表的列报规则

企业应当分别按照现金流入和现金流出的总额列报其现金流量信息，但是，代客户收取或支付的现金以及周转快、金额大、期限短项目的现金流入和现金流出可以按净额列报。

自然灾害损失、保险索赔等特殊项目，应当根据其性质，分别归并到经营活动、投资活动和筹资活动现金流量类别中单独列报。

外币现金流量及境外子公司的现金流量，应当采用现金流量发生日的即期汇率或按照系统合理的方法确定的、与现金流量发生日即期汇率近似的汇率折算。汇率变动对现金的影响额应作为调节项目，在现金流量表中单设"汇率变动对现金及现金等价物的影响"项目。

1. 经营活动产生的现金流量的列示

经营活动，是指企业投资活动和筹资活动以外的所有交易和事项。

在现金流量表中，企业应当采用直接法列示经营活动产生的现金流量。直接法，是指通过现金收入和现金支出的主要类别列示经营活动的现金流量。同时，企业还应在现金流量表补充资料中，采用间接法列示经营活动产生的现金流量。

间接法，是指以本期净利润为起点，通过调整不涉及现金的收入、费用、营业外收支以及经营性应收应付等项目的增减变动，调整不属于经营活动的现金收支项目，从而计算并列报经营活动产生的现金流量的方法。企业会计准则要求企业在现金流量表补充资料中采用间接法反映经营活动产生的现金流量情况，其目的是对现金流量表中采用直接法反映的经营活动现金流量进行核对和补充说明。但实践中往往很难核对相符。在采用间接法列示经营活动产生的现金流量时，需要对以下几类项目进行调整：（1）没有实际支付现金的费用，如固定资产折旧、无形资产摊销、计提资产减值准备等其他非现金项目；（2）没有实际收到现金的收入；（3）不属于经营活动的损益；（4）经营性应收和应付项目的变动。

2. 投资活动产生的现金流量的列示

投资活动，是指企业长期资产的购建和不包括在现金等价物范围内的投资及其处置活动。

3. 筹资活动产生的现金流量的列示

筹资活动，是指导致企业资本及债务规模和构成发生变化的活动。

现金流量表补充资料在附注中披露，如表13-4所示。

表 13-4　现金流量表补充资料

补充资料	本期金额	上期金额
1. 将净利润调节为经营活动现金流量：		
净利润		
加：资产减值准备		
固定资产折旧、油气资产折耗、生产性生物资产折旧		
无形资产摊销		
长期待摊费用摊销		
处置固定资产、无形资产和其他长期资产的损失（收益以"－"号填列）		
固定资产报废损失（收益以"－"号填列）		
公允价值变动损失（收益以"－"号填列）		
财务费用（收益以"－"号填列）		
投资损失（收益以"－"号填列）		
递延所得税资产减少（增加以"－"号填列）		
递延所得税负债增加（减少以"－"号填列）		
存货的减少（增加以"－"号填列）		
经营性应收项目的减少（增加以"－"号填列）		
经营性应付项目的增加（减少以"－"号填列）		
其他		
经营活动产生的现金流量净额		
2. 不涉及现金收支的重大投资和筹资活动：		
债务转为资本		
一年内到期的可转换公司债券		
融资租入固定资产		
3. 现金及现金等价物净变动情况：		
现金的期末余额		
减：现金的期初余额		
加：现金等价物的期末余额		
减：现金等价物的期初余额		
现金及现金等价物净增加额		

13.5　所有者权益变动表

13.5.1　所有者权益变动表的内容与结构

所有者权益变动表（statement of changes in equity）是列示所有者权益各个组成部分的当期增减变动情况的报表（如表 13-5 所示）。该表中一些项目所涉及的知识点超出了本书的范围，初学者大体了解即可。

表 13 – 5　所有者权益变动表

会企 04 表

编制单位：　　　　　　　　　　　　　　年度　　　　　　　　　　　　　　单位：元

项目	本年金额									上年金额								
	实收资本（或股本）	其他权益工具		资本公积	减:库存股	其他综合收益	专项储备	盈余公积	未分配利润	所有者权益合计	实收资本（或股本）	其他权益工具		资本公积	减:库存股	其他综合收益	专项储备	盈余公积	未分配利润	所有者权益合计
		优先股 永续债	其他									优先股 永续债	其他							
一、上年年末余额																			
加：会计政策变更																			
前期差错更正																			
其他																			
二、本年年初余额																			
三、本年增减变动金额（减少以"-"号填列）																			
（一）综合收益总额																			
（二）所有者投入和减少资本																			
1. 所有者投入的普通股																			
2. 其他权益工具持有者投入资本																			
3. 股份支付计入所有者权益的金额																			
4. 其他																			
（三）利润分配																			
1. 提取盈余公积																			

续表

项目	本年金额										上年金额									
	实收资本（或股本）	其他权益工具			资本公积	减:库存股	其他综合收益	专项储备	盈余公积	未分配利润	所有者权益合计	实收资本（或股本）	其他权益工具			资本公积	减:库存股	其他综合收益	专项储备	盈余公积	未分配利润	所有者权益合计
		优先股	永续债	其他									优先股	永续债	其他							
2. 对所有者（或股东）的分配																						
3. 其他																						
（四）所有者权益内部结转																						
1. 资本公积转增资本（或股本）																						
2. 盈余公积转增资本（或股本）																						
3. 盈余公积弥补亏损																						
4. 设定受益计划变动额结转留存收益																						
5. 其他综合收益结转留存收益																						
6. 其他																						
四、本年年末余额																						

13.5.2 所有者权益变动表的填列方法

1. "上年金额"栏的列报方法

所有者权益变动表"上年金额"栏内各项目数字，应根据上年度所有者权益变动表"本年金额"栏内所列数字填列。若上年度所有者权益变动表的各个项目的名称和内容与本年度不一致，则应对上年度所有者权益变动表各项目的名称和数字按本年度的规定进行调整，填入所有者权益变动表"上年金额"栏内。

2. "本年金额"栏的列报方法

所有者权益变动表"本年金额"栏内各项目数字一般应根据"实收资本（或股本）""资本公积""盈余公积""其他综合收益""利润分配""库存股""以前年度损益调整"等科目的发生额分析填列。

3. 所有者权益变动表各项目的列报说明

（1）"上年年末余额"项目，反映企业上年资产负债表中实收资本（或股本）、资本公积、盈余公积、未分配利润的年末余额。

（2）"会计政策变更"和"前期差错更正"项目，分别反映企业采用追溯调整法处理会计政策变更的累积影响金额和采用追溯重述法处理的会计差错更正的累积影响金额。本项目应根据"盈余公积""利润分配""以前年度损益调整"等科目的发生额分析填列。

（3）"综合收益总额"项目，反映企业当年实现的综合收益的金额，应根据"净利润"和"其他综合收益"等科目的发生额分析填列。

（4）"所有者投入和减少资本"项目，反映企业当年所有者投入的资本和减少的资本。其中：

1）"所有者投入的普通股"项目，反映企业接受投资者投入形成的股本、股本溢价，并对应列在"实收资本"和"资本公积"栏。

2）"其他权益工具持有者投入资本"项目，反映企业发行的除普通股以外分类为权益工具的金融工具的持有者投入资本的金额。本项目应根据金融工具类科目的相关明细科目的发生额分析填列。

3）"股份支付计入所有者权益的金额"项目，反映企业处于等待期中的权益结算的股份支付当年计入资本公积的金额，并对应列在"资本公积"栏。

（5）"利润分配"下各项目，反映当年对所有者（或股东）分配的利润（或股利）金额和按照规定提取的盈余公积金额，并对应列在"未分配利润"和"盈余公积"栏，其中：

1）"提取盈余公积"项目，反映企业按规定提取的盈余公积。

2）"对所有者（或股东）的分配"项目，反映对所有者（或股东）分配的利润（或股利）金额。

(6)"所有者权益内部结转"下各项目，反映不影响当年所有者权益总额的所有者权益各组成部分之间当年的增减变动，包括资本公积转增资本（或股本）、盈余公积转增资本（或股本）、盈余公积弥补亏损等各项金额。

13.6 财务报表附注

财务报表附注（financial statement footnotes）是财务报表的重要组成部分。企业应当按照规定披露附注信息，至少应包括下列内容。

1. 企业的基本情况
（1）企业注册地、组织形式和总部地址。
（2）企业的业务性质和主要经营活动。
（3）母公司以及集团最终母公司的名称。
（4）财务报告的批准报出者和财务报告批准报出日，或者以签字人及其签字日期为准。
（5）营业期限有限的企业，还应当披露有关其营业期限的信息。

2. 财务报表的编制基础

3. 遵循企业会计准则的声明
企业应当声明编制的财务报表符合企业会计准则的要求，真实完整地反映了企业的财务状况、经营成果和现金流量等有关信息。

4. 重要会计政策和会计估计
重要会计政策的说明，包括财务报表项目的计量基础和在运用会计政策过程中所做的重要判断等。重要会计估计的说明，包括可能导致下一个会计期间内资产、负债账面价值重大调整的会计估计的确定依据等。
企业应当披露采用的重要会计政策和会计估计，并结合企业的具体实际披露其重要会计政策的确定依据和财务报表项目的计量基础，及其会计估计所采用的关键假设和不确定因素。

5. 会计政策和会计估计变更以及差错更正的说明
企业应当按照《企业会计准则第28号——会计政策、会计估计变更和差错更正》的规定，披露会计政策和会计估计变更以及差错更正的情况。

6. 报表重要项目的说明
企业应当按照资产负债表、利润表、现金流量表、所有者权益变动表及其项目列示的顺序,对报表重要项目的说明采用文字和数字描述相结合的方式进行披露。报表重要项目的明细金额合计,应当与报表项目金额相衔接。

企业应当在附注中披露费用按照性质分类的利润表补充资料,可将费用分为耗用的原材料、职工薪酬费用、折旧费用、摊销费用等。

7. 或有和承诺事项、资产负债表日后非调整事项、关联方关系及其交易等需要说明的事项

8. 有助于财务报表使用者评价企业管理资本的目标、政策及程序的信息

9. 其他综合收益各项目的信息

企业应当在附注中披露下列关于其他综合收益各项目的信息:
(1) 其他综合收益各项目及其所得税影响;
(2) 其他综合收益各项目原计入其他综合收益、当期转出计入当期损益的金额;
(3) 其他综合收益各项目的期初和期末余额及其调节情况。

10. 终止经营的披露

企业应当在附注中披露终止经营的收入、费用、利润总额、所得税费用和净利润,以及归属于母公司所有者的终止经营利润。

终止经营,是指满足下列条件之一的已被企业处置或被企业划归为持有待售的、在经营和编制财务报表时能够单独区分的组成部分:(1)该组成部分代表一项独立的主要业务或一个主要经营地区;(2)该组成部分是拟对一项独立的主要业务或一个主要经营地区进行处置计划的一部分;(3)该组成部分是仅仅为了再出售而取得的子公司。

同时满足下列条件的企业组成部分(或非流动资产,下同)应当确认为持有待售:该组成部分必须在其当前状况下仅根据出售此类组成部分的惯常条款即可立即出售;企业已经就处置该组成部分作出决议,如按规定需得到股东批准的,应当已经取得股东会或相应权力机构的批准;企业已经与受让方签订了不可撤销的转让协议;该项转让将在一年内完成。

11. 资产负债表日后宣布发放的股利的披露

企业应当在附注中披露在资产负债表日后、财务报告批准报出日前提议或宣布发放的股利总额和每股股利金额(或向投资者分配的利润总额)。

13.7 其他财务会计报告

会计学书籍中所称的"其他财务会计报告"仅仅是一个学术探讨使用的术语,并不存在一个公认的定义。一般地,它泛指财务情况说明书、管理层讨论与分析、社会责任报告、盈利预测报告等报告文件。这些报告通常是由财务会计部门牵头制作的，但会计数据在其中所占的比重并不总是很高。有些报告文件虽然常常被学术界列入其他财务会计报告，但它们看起来实在很难算得上是"正宗"的财务会计报告，如社会责任报告、盈利预测报告等。

国务院 2000 年发布的《企业财务会计报告条例》规定，年度、半年度财务会计报告应当包括财务情况说明书。财政部 2006 年发布的企业会计准则体系并未针对其他财务会计报告作出规定。中国证监会、国务院国资委等分别在各自职责范围内要求行政管理相对人（上市公司、国有企业等）提交管理层讨论与分析、董事会报告、社会责任报告、盈利预测报告等报告。

1. 财务情况说明书

财务情况说明书是财务报表的说明性文件。《企业财务会计报告条例》规定，财务情况说明书至少应当对下列情况作出说明：（1）企业生产经营的基本情况；（2）利润实现和分配情况；（3）资金增减和周转情况；（4）对企业财务状况、经营成果和现金流量有重大影响的其他事项。

2. 董事会报告（管理层讨论与分析）

中国证监会发布的《公开发行证券的公司信息披露内容与格式准则第 2 号——年度报告的内容与格式》（2021 年修订）规定，公司管理层讨论与分析中应当对业务经营信息和财务报告数据，以及报告期内发生和未来将要发生的重大事项，进行讨论与分析，以有助于投资者了解其经营成果、财务状况及未来可能的变化。公司可以运用逐年比较、数据列表或其他方式对相关事项进行列示，以增进投资者的理解。披露应当遵守以下的原则：

（1）披露内容应当具有充分的可靠性。引用的数据、资料应当有充分的依据，如果引用第三方的数据、资料作为讨论与分析的依据，应当注明来源，并判断第三方的数据、资料是否具有足够的权威性。

（2）披露内容应当具有充分的相关性。公司应当充分考虑并尊重投资者的投资需要，披露的内容应当能够帮助投资者更加充分地理解公司未来变化的趋势。公司应当重点讨论和分析重大的投资项目、资产购买、兼并重组、在建工程、研发项目、人才培养和储备等方面在报告期内的执行情况和未来的计划。

（3）披露内容应当具有充分的关联性。分析与讨论公司的外部环境、市场格局、风险因素等内容时，所述内容应当与公司的经营成果、财务状况具有足够的关联度，应当充分考虑公司的外部经营环境（包括但不限于经济环境、行业环境等）和内部资源条件（包括但不限于资产、技术、人员、经营权等），结合公司的战略和营销等管理政策，以及公司所从事的业务特征，进行有针对性的讨论与分析，并且保持逻辑的连贯性。

（4）鼓励公司披露管理层在经营管理活动中使用的关键业绩指标。可以披露指标的假定条件和计算方法以及公司选择这些指标的依据，重点讨论与分析指标变化的原因和趋势。关键业绩指标由公司根据行业、自身特点，选择对业绩敏感度较高且公司有一定控制能力的要素确定。

（5）讨论与分析应当从业务层面充分解释导致财务数据变动的根本原因及其反映的可能趋势，而不能只是重复财务报告的内容。

（6）公司应当保持业务数据统计口径的一致性、可比性，如确需调整，公司应当披露变更口径的理由，并同时提供调整后的过去1年的对比数据。

（7）语言简明清晰、通俗易懂，力戒空洞、模板化。

3. 社会责任报告

国务院国资委2008年发布的《关于中央企业履行社会责任的指导意见》要求中央企业建立社会责任报告制度，有条件的中央企业要定期发布社会责任报告或可持续发展报告，公布企业履行社会责任的现状、规划和措施，完善社会责任沟通方式和对话机制，及时了解和回应利益相关者的意见建议，主动接受利益相关者和社会的监督。

4. 盈利预测报告

盈利预测报告是向社会公开发行证券的公司对其盈利前景所做的说明，通常为招股说明书和上市公告书中自愿披露的信息。根据《上市公司证券发行管理办法》（2020年修正）的规定，公开募集证券说明书所引用的审计报告、盈利预测审核报告、资产评估报告、资信评级报告，应当由有资格的证券服务机构出具，并由至少两名有从业资格的人员签署。上市公司披露盈利预测的，利润实现数如未达到盈利预测的80%，除因不可抗力外，其法定代表人、盈利预测审核报告签字注册会计师应当在股东会及证监会指定报刊上公开作出解释并道歉；证监会可以对法定代表人处以警告。利润实现数未达到盈利预测的50%的，除因不可抗力外，证监会在36个月内不受理该公司的公开发行证券申请。

此外，上市公司公布的年度报告中还包含有审计报告，一般置于财务报表的前面。审计报告，是指注册会计师根据《中国注册会计师审计准则》的规定，在实施审计工作的基础上对被审计单位财务报表发表审计意见的书面文件。注册会计师应当将已审计的财务报表附于审计报告后。审计报告应当包括下列要素：标题，收件人，引言段，管理层对财务报表的责任段，注册会计师的责任段，审计意见段，注册会计师的签名和盖章，会计师事务所的名称、地址及盖章，报告日期。

财务会计报告的编制要求

思考题

1. 有人认为资产负债表比利润表更重要，你如何评价其观点？
2. 你认为现金流量表的作用是什么？

练习题

一、单项选择题

1. 下列各项中，不属于现金流量表"筹资活动产生的现金流量"的是（　　）。
   A. 取得借款收到的现金
   B. 吸收投资收到的现金
   C. 处置固定资产收回的现金净额
   D. 分配股利、利润或偿付利息支付的现金

2. 某企业20×8年度发生以下业务：以银行存款购买将于2个月后到期的国债500万元，偿还应付账款200万元，支付生产人员工资150万元，购买固定资产300万元。假定不考虑其他因素，该企业20×8年度现金流量表中"购买商品、接受劳务支付的现金"项目的金额为（　　）万元。
   A. 200　　　　B. 350　　　　C. 650　　　　D. 1 150

二、多项选择题

1. 下列交易或事项中，会引起现金流量表"投资活动产生的现金流量净额"发生变化的有（　　）。
   A. 购买股票支付的现金
   B. 向投资者派发的现金股利
   C. 购建固定资产支付的现金
   D. 收到被投资单位分配的现金股利

2. 下列各项中，属于现金流量表"经营活动产生的现金流量"的报表项目的有（　　）。
   A. 收到的税费返还
   B. 偿还长期债务支付的现金
   C. 销售商品、提供劳务收到的现金
   D. 支付给职工以及为职工支付的现金

3. 下列各项中，属于现金流量表"现金等价物"的有（　　）。
   A. 库存现金
   B. 银行本票
   C. 银行承兑汇票
   D. 持有2个月内到期的国债

4. 《企业会计准则第30号——财务报表列报》规定，财务报表至少应当包括（　　）。
   A. 资产负债表
   B. 利润表
   C. 现金流量表
   D. 所有者权益（股东权益）变动表

5. 下列符合财务报表列报基本要求的有（　　）。
   A. 项目单独列报的原则仅适用于报表，不适用于附注
   B. 财务报表的项目名称、分类、排列顺序等应当在各个会计期间保持一致，不得随意变更
   C. 财务报表项目应当以总额列报，资产项目不得以扣除减值准备后的净额列示
   D. 性质和功能类似的项目，一般可以合并列报

6. 下列项目中，属于会计报表附注应披露的信息的有（　　）。
   A. 财务报表的编制基础
   B. 未决诉讼
   C. 重要会计政策和会计估计
   D. 关联方关系及其交易

7. 下列各项中，属于筹资活动现金流量的有（   ）。
   A. 分配股利支付的现金   B. 清偿应付账款支付的现金
   C. 偿还债券利息支付的现金   D. 清偿长期借款支付的现金
8. 下列各项中，应作为现金流量表中经营活动产生的现金流量的有（   ）。
   A. 销售商品收到的现金   B. 取得短期借款收到的现金
   C. 采购原材料支付的增值税   D. 取得长期股权投资支付的手续费

三、计算分析题

甲公司为增值税一般纳税人，适用的增值税税率为13％，商品、原材料售价中不含增值税。假定销售商品、原材料和提供劳务均符合收入确认条件，其成本在确认收入时逐笔结转，不考虑其他因素。20×7年4月，甲公司发生如下交易或事项：

（1）销售商品一批，按商品标价计算的金额为200万元，由于是成批销售，甲公司给予客户10％的商业折扣并开具了增值税专用发票，款项尚未收回。该批商品实际成本为150万元。

（2）向本公司行政管理人员发放自产产品作为福利，该批产品的实际成本为8万元，市场售价为10万元。

（3）向乙公司转让一项软件的使用权，不含税转让价为20万元，增值税税率为6％。收到后存入银行，且不再提供后续服务。账面余额为15万元，累计摊销5万元。

（4）销售一批原材料，增值税专用发票注明售价80万元，款项收到并存入银行。该批材料的实际成本为59万元。

（5）将以前会计期间确认的与资产相关的政府补助（与日常活动相关）在本月分配计入当月收益300万元。

（6）确认本月设备安装劳务收入。该设备安装劳务合同总收入为100万元，预计合同总成本为70万元，合同价款在前期签订合同时已收取。采用完工百分比法确认劳务收入。截止到本月末，该劳务的累计完工进度为60％，前期已累计确认劳务收入50万元、劳务成本35万元。

（7）以银行存款支付管理费用20万元，财务费用10万元，营业外支出5万元。

要求：

（1）逐笔编制甲公司上述交易或事项的会计分录（"应交税费"科目要写出明细科目及专栏名称）。

（2）计算甲公司4月的营业收入、营业成本、营业利润、利润总额。

（答案中的金额单位用万元表示。）

第 14 章 会计政策变更、会计估计变更与前期差错更正

> **学习目标**
> 1. 掌握：追溯调整法、追溯重述法的操作步骤；
> 2. 理解：会计政策和会计估计的常见情形；
> 3. 了解：会计政策变更、会计估计变更与前期差错更正的附注披露。

本章阐释《企业会计准则第 28 号——会计政策、会计估计变更和差错更正》的设计理念及其操作规则。该准则系借鉴《国际会计准则第 8 号——会计政策、会计估计变更和差错更正》(International Accounting Standard 8：Accounting Policies，Changes in Accounting Estimates and Errors) 制定而成。

该准则的设计理念比较简单，但操作起来可能相当烦琐。为了帮助读者高效率地学习有用的知识，避免陷入冗余信息的泥淖，本章以简洁的示例演示准则的操作要领，对于涉及其他准则的烦琐操作则略去不表。建议读者反复阅读示例，以加深理解。

14.1 会计政策变更

14.1.1 定　义

准则所称会计政策（accounting policies），是指企业在会计确认、计量和报告中所采用的原则、基础和会计处理方法。企业采用的会计计量基础也属于会计政策。企业应当对相同或者相似的交易或者事项采用相同的会计政策进行处理，企业会计准则体系另有规定的除外。

准则所称会计估计（accounting estimate），是企业针对结果不确定的交易或者事项，基于最近可利用的信息所进行的判断。

企业应当根据企业会计准则体系的规定，结合自身实际情况确定会计政策和会计估

计，经股东会或董事会、经理（厂长）会议或类似机构批准后，按照法律、行政法规等的规定报送有关各方备案。会计政策和会计估计一经确定，不得随意变更。

专栏 14-1　　　　　　　　　企业应当披露的重要会计政策

企业应当在报表附注中披露重要的会计政策，包括但不限于：
(1) 发出存货成本的计量；
(2) 长期股权投资的后续计量；
(3) 投资性房地产的后续计量；
(4) 固定资产的初始计量（如以购买价款还是现值为基础）；
(5) 生物资产的初始计量；
(6) 无形资产的确认；
(7) 非货币性资产交换的计量；
(8) 收入确认所采用的会计原则；
(9) 确认建造合同的收入和费用所采用的会计处理方法；
(10) 借款费用的处理（如借款费用资本化还是费用化）；
(11) 合并政策（编制合并财务报表所采纳的原则）。

对于具体会计准则或应用指南未作规范的某项交易或者事项，应当根据《企业会计准则——基本准则》规定的原则、基础和方法进行处理，待国家统一的会计制度给出具体规定后，按照规定进行会计处理。

14.1.2　会计政策变更的两种情形及其会计处理规则

企业采用的会计政策，在每一会计期间和前后各期应当保持一致，不得随意变更。下列各项不属于会计政策变更：(1) 对本期发生的、与以前相比具有本质差别的交易或者事项采用新的会计政策。(2) 对初次发生的或者不重要的交易或者事项采用新的会计政策。准则所允许的会计政策变更，仅限于以下两种情形。

(1) 法律、行政法规或者国家统一的会计制度等要求变更。这种情形可简称为"法定变更"，应当按照法定程序进行相应的会计处理。

(2) 企业为了提供更可靠、更相关的会计信息而决定变更。这种情形可简称为"自愿变更"。应当采用追溯调整法（retrospective application）处理，按照会计政策变更的累积影响数（the cumulative effect）调整列报前期最早期间的期初留存收益，其他相关项目的期初余额和列报前期披露的其他比较数据也应当一并调整。在当期期初确定会计政策变更对以前各期累积影响数不切实可行的，应当采用未来适用法（prospective application）处理。

1. 追溯调整法

追溯调整法，是指对某项交易或事项变更会计政策，视同该项交易或事项初次发生时即采用变更后的会计政策，并以此对财务报表相关项目进行调整的方法。会计政策变更累积影响数，是指按照变更后的会计政策对以前各期追溯计算的列报前期最早期初留存收益应有金额与现有金额之间的差额。留存收益包括当年和以前年度的未分配利润和按照相关法律规定提取并累积的盈余公积。调整期初留存收益是指对期初未分配利润和盈余公积两个项目的调整。

如果确定会计政策变更对列报前期影响数不切实可行，则应从可追溯调整的最早期间的期初开始应用变更后的会计政策。

专栏 14-2　　　　　　　　　追溯调整法的操作步骤

1. 计算会计政策变更的累积影响数。
   (1) 根据新会计政策重新计算受影响的以前期间的交易或事项；
   (2) 计算两种会计政策下的差异；
   (3) 计算上述差异对所得税的影响金额；
   (4) 确定前期中的每一期的税后差异；
   (5) 计算会计政策变更的累积影响数。
2. 编制相关项目的调整分录。
3. 调整列报前期最早期初财务报表相关项目及其金额。
4. 在报表附注中披露追溯调整情况。

---

2. 未来适用法

未来适用法，是指将变更后的会计政策应用于变更日及以后发生的交易或者事项，或者在会计估计变更当期和未来期间确认会计估计变更影响数的方法。在未来适用法下，不需要计算会计政策变更产生的累积影响数，也无须重编以前年度的财务报表。企业会计账簿记录及财务报表上反映的金额，变更之日仍保留原有的金额，不因会计政策变更而改变以前年度的既定结果，并在现有金额的基础上再按新的会计政策进行核算。

14.1.3　附注披露

企业应当在附注中披露与会计政策变更有关的下列信息：

(1) 会计政策变更的性质、内容和原因。包括：针对会计政策变更的简要阐述、变更的日期、变更前采用的会计政策和变更后所采用的新会计政策及会计政策变更的原因。

(2) 当期和各个列报前期财务报表中受影响的项目名称和调整金额。包括：采用追溯调整法时，计算出的会计政策变更的累积影响数；当期和各个列报前期财务报表中需要调整的净损益及其影响金额，以及其他需要调整的项目名称和调整金额。

（3）无法进行追溯调整的，说明事实和原因以及开始应用变更后的会计政策的时点、具体应用情况。包括：无法进行追溯调整的事实；确定会计政策变更对列报前期影响数不切实可行的原因；在当期期初确定会计政策变更对以前各期累积影响数不切实可行的原因；开始应用新会计政策的时点和具体应用情况。

需要注意的是，在以后期间的财务报表中，不需要重复披露在以前期间的附注中已披露的会计政策变更的信息。

【例 14-1】

20×7年1月1日，中华股份公司按照企业会计准则规定，对建造合同收入的确认由完成合同法变更为完工百分比法，公司保存的会计资料比较完整。可以采用追溯调整法，所得税税率为25%，并按10%提取盈余公积，公司发行股份5 000万股，资料如表14-1所示。

表14-1　不同方法下的税前会计利润　　　　　　　　单位：元

年度	完工百分比法	完成合同法
20×1年以前	15 000 000	16 000 000
20×2	12 000 000	13 500 000
20×3	18 500 000	14 000 000
20×4	14 000 000	12 500 000
20×5	18 000 000	17 500 000
20×6	20 000 000	15 500 000

（1）根据上述资料，中华股份公司的会计处理如表14-2所示。

表14-2　计算改变建造合同收入确认方法后的累积影响数　　单位：元

年度	完工百分比法	完成合同法	税前差异	所得税影响	税后差异
20×1年以前	15 000 000	16 000 000	−1 000 000	−250 000	−750 000
20×2	12 000 000	13 500 000	−1 500 000	−375 000	−1 125 000
20×3	18 500 000	14 000 000	4 500 000	1 125 000	3 375 000
20×4	14 000 000	12 500 000	1 500 000	375 000	1 125 000
20×5	18 000 000	17 500 000	500 000	125 000	375 000
20×6	20 000 000	15 500 000	4 500 000	1 125 000	3 375 000
合计	97 500 000	89 000 000	8 500 000	2 125 000	6 375 000

（2）会计分录。

1）调整会计政策变更的累积影响数。

　　借：工程施工　　　　　　　　　　　　　　　　　　　　　8 500 000

　　　　贷：利润分配——未分配利润　　　　　　　　　　　　6 375 000

　　　　　　递延所得税负债　　　　　　　　　　　　　　　　2 125 000

2) 调整利润分配。
   借：利润分配——未分配利润　　　　　　　　　　　　　　　637 500
       贷：盈余公积　　　　　　　　　　　　　　　　　　　　　　　637 500

(3) 报表调整。调整的结果如表14-3、表14-4、表14-5所示。

表14-3　资产负债表

编制单位：中华股份公司　　　　20×6年12月31日　　　　　　　　单位：元

资产	年初余额			负债和股东权益	年初余额		
	调整前	调整数	调整后		调整前	调整数	调整后
合同资产	65 950 000	8 500 000	74 450 000	递延所得税负债	789 500	2 125 000	2 914 500
				盈余公积	3 576 000	637 500	4 213 500
				未分配利润	88 440 000	5 737 500	94 177 500
合计		8 500 000		合计		8 500 000	

表14-4　利润表

编制单位：中华股份公司　　　　　　20×6年　　　　　　　　　　　单位：元

项目	上期金额		
	调整前	调整数	调整后
一、营业收入	67 000 000	7 700 000	74 700 000
减：营业成本	48 500 000	3 200 000	51 700 000
…			
三、利润总额	8 780 000	4 500 000	13 280 000
减：所得税费用	2 897 400	1 125 000	4 022 400
四、净利润	5 882 600	3 375 000	9 257 600

表14-5　股东权益变动表

编制单位：中华股份公司　　　　　　20×6年　　　　　　　　　　　单位：元

项目	上年金额			
	…	盈余公积	未分配利润	…
一、上年年末余额		3 576 000	88 440 000	
加：会计政策变更		300 000	2 700 000	
前期差错更正				
二、本年年初余额				
…				
（一）综合收益总额			3 037 500	
…				

续表

项目	上年金额			
	...	盈余公积	未分配利润	...
（四）利润分配				
1. 提取盈余公积		337 500		
2. 对所有者（或股东）的分配				
四、本年年末余额		4 213 500	94 177 500	

说明：(1) 截至20×6年12月31日留存收益累计调增6 375 000元，其中20×6年度调增3 375 000元，提取10%盈余公积337 500元，剩余未分配利润3 037 500元；20×6年度以前累计调增3 000 000元（6 375 000－3 375 000），提取10%盈余公积300 000元，剩余未分配利润2 700 000元。

(2) 20×6年度调整税前利润4 500 000元，调整所得税费用1 125 000元，净利润增加3 375 000元。

(4) 附注说明。20×7年中华股份公司按照企业会计准则的规定，对建造合同收入的确认由完成合同法变更为完工百分比法，此项会计政策变更采用追溯调整法，20×6年度的比较会计报表已重新表述。

会计政策变更对20×6年度报告的损益的影响为：增加所得税费用1 125 000元、增加净利润3 375 000元，调增上年基本每股收益金额0.07元；调增20×6年度期初留存收益6 375 000元，其中：调增盈余公积637 500元，调增未分配利润5 737 500元（其中调增20×6年度期初未分配利润2 700 000元）；调增递延所得税负债2 125 000元；调增合同资产8 500 000元。

【例14－2】

润叶家具股份公司原对发出存货采用后进先出法，由于采用新准则，公司从20×7年1月1日起改用先进先出法。20×7年1月1日存货的账面价值为40 000 000元。公司当年购入存货的实际成本为88 000 000元，20×7年12月31日按先进先出法计算确定的存货价值为36 000 000元，当年销售额为105 000 000元，假设该年度其他费用为8 200 000元。所得税税率为25%。20×7年12月31日按后进先出法计算的存货价值为41 000 000元。

润叶家具股份公司由于法律环境变化而改变会计政策，假定对其采用未来适用法进行处理，即对存货采用先进先出法从20×7年及以后才适用，不需要计算20×7年1月1日以前按先进先出法计算存货应有的余额，以及对留存收益的影响金额。

采用先进先出法的销售成本＝期初存货＋购入存货实际成本－期末存货
　　　　　　　　　　　　＝40 000 000＋88 000 000－36 000 000
　　　　　　　　　　　　＝92 000 000（元）

采用后进先出法的销售成本＝期初存货＋购入存货实际成本－期末存货
　　　　　　　　　　　　＝40 000 000＋88 000 000－41 000 000
　　　　　　　　　　　　＝87 000 000（元）

当期净利润的累积影响数计算如表14－6所示。

表14-6 当期净利润的累积影响数计算表   单位：元

项目	先进先出法	后进先出法
营业收入	105 000 000	105 000 000
减：营业成本	92 000 000	87 000 000
减：其他费用	8 200 000	8 200 000
利润总额	4 800 000	9 800 000
减：所得税	1 200 000	2 450 000
净利润	3 600 000	7 350 000
差额	－3 750 000	

在报表附注中的说明：本公司对存货原采用后进先出法计价，由于实行新的企业会计准则改用先进先出法。按照《企业会计准则第38号——首次执行企业会计准则》的规定，对该会计政策变更采用未来适用法。由于该项会计政策变更，20×7年度净利润减少3 750 000元。

14.2 会计估计变更

14.2.1 定 义

前已述及，会计估计是企业针对结果不确定的交易或者事项，基于最近可利用的信息所进行的判断。

专栏14-3　　　　　企业应当披露的重要的会计估计

企业应当在报表附注中披露重要的会计估计，包括但不限于：
(1) 存货可变现净值的确定。
(2) 采用公允价值模式下的投资性房地产公允价值的确定。
(3) 固定资产的预计使用寿命与净残值及其折旧方法。
(4) 生产性生物资产的预计使用寿命与净残值及其折旧方法。
(5) 使用寿命有限的无形资产的预计使用寿命与净残值。
(6) 可收回金额按照资产组的公允价值减去处置费用后的净额确定的，确定公允价值减去处置费用后净额的方法。可收回金额按照资产组预计未来现金流量现值确定的，预计未来现金流量的确定方法。
(7) 合同完工进度的确定。
(8) 权益工具公允价值的确定。
(9) 债务人债务重组中转让的非现金资产的公允价值、由债务转成的股份的公允价值和修改其他债务条件后债务的公允价值的确定。债权人债务重组中受让的非现金资产的公允价值、由债权转成的股份的公允价值和修改其他债务条件后债权的公允价值的确定。

(10) 预计负债初始计量的最佳估计数的确定。

(11) 金融资产公允价值的确定。

(12) 承租人对未确认融资费用的分摊；出租人对未实现融资收益的分配。

(13) 探明矿区权益、井及相关设施的折耗方法，与油气开采活动相关的辅助设备及设施的折旧方法。

(14) 非同一控制下企业合并成本的公允价值的确定。

会计估计变更，是指企业针对资产和负债的当前状况及预期经济利益和义务的变化，对资产或负债的账面价值或者资产的定期消耗金额进行的调整。会计估计发生的常见原因是原来据以进行估计的基础发生了变化，或者取得了新信息、积累了更多经验。会计估计的变更应当具备真实、可靠的依据。

14.2.2 会计处理

对于会计估计变更，应当采用未来适用法处理。如果会计估计变更仅影响变更当期，则其影响数应当在变更当期予以确认；如果既影响变更当期又影响未来期间，则其影响数应当在变更当期和未来期间予以确认。

如果难以对某项变更区分为会计政策变更或会计估计变更的，应当将其作为会计估计变更处理。

14.2.3 附注披露

企业应当在附注中披露与会计估计变更有关的下列信息：

(1) 会计估计变更的内容和原因。包括变更的内容、变更日期以及为什么要对会计估计进行变更。

(2) 会计估计变更对当期和未来期间的影响数。包括会计估计变更对当期和未来期间损益的影响金额以及对其他各项目的影响金额。

(3) 会计估计变更的影响数不能确定的，披露这一事实和原因。

【例 14-3】

方明电器股份公司有一台管理用设备，原始价值为 800 000 元，预计使用寿命为 8 年，净残值为 8 000 元，自 20×5 年 1 月 1 日起按直线法计提折旧。20×7 年 1 月，由于新技术的发展等原因，需要对原预计使用寿命和净残值作出修正，修改后的预计使用寿命为 5 年，净残值为 5 000 元。假定税法允许按变更后的折旧额在税前扣除。

(1) 分析：方明电器股份公司对上述会计估计变更的处理如下：1) 不调整以前各期折旧，也不计算累积影响数；2) 变更日以后发生的经济业务改按新估计使用寿命及新估计的净残值提取折旧。

（2）计算：按原估计使用寿命和净残值，每年折旧额为 99 000 元，已提折旧 2 年，共计 198 000 元，固定资产净值为 602 000 元，则第 3 年相关科目的年初余额如表 14-7 所示。

表 14-7　20×7 年 1 月 1 日固定资产（管理设备）年初余额表　　单位：元

项目	金额
固定资产	800 000
减：累计折旧	(800 000－8 000)÷3＝198 000
固定资产净值	602 000

改变估计使用寿命后，20×7 年 1 月 1 日起每年计提的折旧费用为(602 000－5 000)÷(5－2)＝199 000 元。20×7 年不必对以前年度已提折旧进行调整，只需按重新预计的尚可使用寿命和净残值计算确定年折旧费用。

（3）会计分录为：

借：管理费用　　　　　　　　　　　　　　　　　　　　　　　　199 000
　　贷：累计折旧　　　　　　　　　　　　　　　　　　　　　　　199 000

（4）附注说明：本公司一台生产用设备，原始价值为 800 000 元，原预计使用寿命为 8 年，预计净残值为 8 000 元，按直线法计提折旧。由于新技术的发展，该设备已不能按原预计使用寿命计提折旧。本公司于 20×7 年初将该设备的使用寿命变更为 5 年。预计净残值为 4 000 元，以反映该设备的真实使用寿命和净残值。此估计变更影响本年度净利润，减少数为(199 000－99 000)×(1－25%)＝75 000 元。

14.3　前期差错更正

14.3.1　定　义

准则所称前期差错（prior period errors），是指由于没有运用或错误运用下列两种信息，而对前期财务报表造成漏报或错报：(1) 编报前期财务报表时预期能够取得并加以考虑的可靠信息；(2) 前期财务报告批准报出时能够取得的可靠信息。前期差错通常包括计算错误、应用会计政策错误、疏忽或曲解事实以及舞弊产生的影响以及存货、固定资产盘盈等。

14.3.2　会计处理

企业应采用追溯重述法（retrospective restatement）更正重要的前期差错，但确定前期差错累积影响数不切实可行的除外。追溯重述法，是指在发现前期差错时，视同该项前期差错从未发生过，从而对财务报表相关项目进行更正的方法，与追溯调整法的会计处理相同。

确定前期差错影响数不切实可行的，可以从可追溯重述的最早期间开始调整留存收益的期初余额，财务报表其他相关项目的期初余额也应当一并调整，也可以采用未来适用法。

企业应当在重要的前期差错发现当期的财务报表中，调整前期比较数据。

对于不重要的前期会计差错，企业不需要调整财务报表相关项目的年初数，但应调整发现当期相关项目。影响损益的，直接计入本期净损益项目；不影响损益的，调整本期资产负债表相关项目。例如，存货的盘盈不重要，通过"待处理财产损溢"科目处理，直接调整当期利润；固定资产盘盈很重要，需要通过"以前年度损益调整"科目处理，最终调整的是本期期初未分配利润。

14.3.3 附注披露

企业应当在附注中披露与前期差错更正有关的下列信息：
（1）前期差错的性质。
（2）各个列报前期财务报表中受影响的项目名称和更正金额。
（3）无法进行追溯重述的，说明事实和原因以及对前期差错开始进行更正的时点、具体更正情况。

在以后期间的财务报表中，不需要重复披露在以前期间的附注中已披露的前期差错更正的信息。

【例 14-4】

中华股份公司在 20×6 年发现，20×5 年公司漏记一项固定资产的折旧费用 550 000 元，纳税申报表中未扣除该项费用。假设 20×5 年适用的所得税税率为 25%，无其他纳税调整事项。该公司按净利润的 10% 提取盈余公积。中华股份公司发行股票份额为 3 000 000 股。假定税法允许调整应交所得税。

（1）分析前期差错的影响数。20×5 年少计折旧费用 550 000 元；多计所得税费用 137 500 元（550 000×25%）；多计净利润 412 500 元；多计应交税费 137 500 元（550 000×25%）；多提取盈余公积 41 250 元（412 500×10%）。

（2）编制有关项目的调整分录。

1) 补提折旧。

借：以前年度损益调整	550 000
贷：累计折旧	550 000

2) 调整应交所得税。

借：应交税费——应交所得税	137 500
贷：以前年度损益调整	137 500

3) 将"以前年度损益调整"科目余额转入利润分配。

借：利润分配——未分配利润	412 500
贷：以前年度损益调整	412 500

4) 调整利润分配有关数字。

　　借：盈余公积　　　　　　　　　　　　　　　　　　　　　　　　　41 250
　　　贷：利润分配——未分配利润　　　　　　　　　　　　　　　　　　41 250

（3）财务报表调整和重述（财务报表略）。中华股份公司在列报20×6年财务报表时，应调整20×6年资产负债表有关项目的年初余额，利润表有关项目及所有者权益变动表的上年金额也应进行调整。

1）资产负债表项目的调整。调增累计折旧550 000元；调减应交税费137 500元；调减盈余公积41 250元；调减未分配利润371 250元（412 500－41 250）。

2）利润表项目的调整。调增营业成本上年金额550 000元；调减所得税费用上年金额137 500元；调减净利润上年金额412 500元；调减基本每股收益上年金额0.137 5元。

3）所有者权益变动表项目的调整。调减前期差错更正项目：盈余公积上年金额41 250元，未分配利润上年金额371 250元，所有者权益合计上年金额412 500元。

4）应在报表附注中说明：本公司发现20×5年漏记固定资产折旧550 000元，在编制20×5年与20×6年比较财务报表时，已对该项差错进行更正。更正后，调减20×5年净利润及留存收益412 500元，调增累计折旧550 000元。

为便于记忆，现将准则内容梳理如图14－1所示。

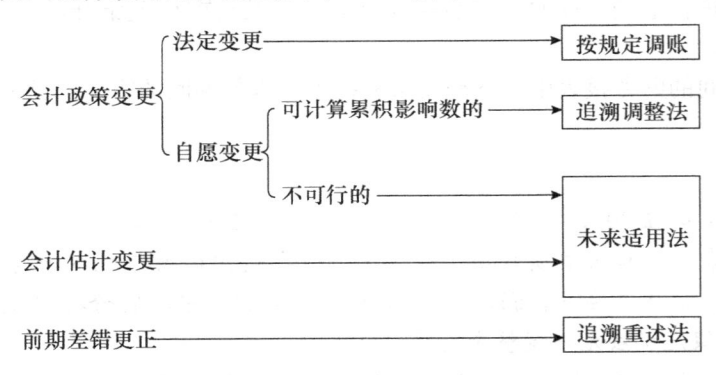

图14－1　会计调整方法一览表

练习题

一、单项选择题

1. 下列关于会计估计及其变更的表述中，正确的是（　　）。
   A. 会计估计应以最近可利用的信息或资料为基础
   B. 对结果不确定的交易或事项进行会计估计会削弱会计信息的可靠性
   C. 会计估计变更应根据不同情况采用追溯重述或追溯调整法进行处理
   D. 某项变更难以区分为会计政策变更和会计估计变更的，应作为会计政策变更处理

2. 甲公司20×8年3月在上年度财务会计报告批准报出前发现一台管理用固定资产未计提折旧，属于重大差错。该固定资产系20×6年6月接受乙公司捐赠取得。根据甲公司的折旧政策，该固定资产20×6年应计提折旧100万元，20×7年应计提折旧200万元。假定甲公司按净利润的10%提取法定盈余公积，不考虑所得税等其他因素，甲公司20×7年度资产负债表"未分配利润"项目年末数应调减的金额为（　　）万元。

A. 90　　　　　　B. 180　　　　　　C. 200　　　　　　D. 270

二、多项选择题

1. 下列关于会计政策及其变更的表述中，正确的有（　　）。
A. 会计政策涉及会计原则、会计基础和具体会计处理方法
B. 变更会计政策表明以前会计期间采用的会计政策存在错误
C. 变更会计政策能够更好地反映企业的财务状况和经营成果
D. 本期发生的交易或事项与前期相比具有本质差别而用新的会计政策，不属于会计政策变更

2. 下列各项中，属于会计估计变更的有（　　）。
A. 固定资产的净残值率由8%改为5%
B. 固定资产折旧方法由年限平均法改为双倍余额递减法
C. 投资性房地产的后续计量由成本模式转为公允价值模式
D. 使用寿命确定的无形资产的摊销年限由10年变更为7年

3. 下列各项中，属于会计政策变更的有（　　）。
A. 无形资产摊销方法由生产总量法改为年限平均法
B. 因执行新会计准则将建造合同收入确认方法由完成合同法改为完工百分比法
C. 投资性房地产的后续计量由成本模式改为公允价值模式
D. 因执行新会计准则对子公司的长期股权投资由权益法改为成本法核算

三、判断题

1. 对于比较财务报表可比期间以前的会计政策变更的累积影响，应调整比较财务报表最早期间的期初留存收益，财务报表其他相关项目的金额也应一并调整。（　　）

2. 企业在报告年度资产负债表日至财务报告批准日之间取得确凿证据，表明某项资产在报告日已发生减值的，应作为非调整事项进行处理。（　　）

四、计算分析题

1. 甲股份有限公司为上市公司（以下简称甲公司），系增值税一般纳税人，适用的增值税税率为13%。甲公司20×8年度财务报告于20×9年4月10日经董事会批准对外报出。报出前有关情况和业务资料如下：

(1) 甲公司在20×9年1月进行内部审计过程中，发现以下情况：

1) 20×8年7月1日，甲公司采用支付手续费方式委托乙公司代销B产品200件，售价为每件10万元，按售价的5%向乙公司支付手续费（由乙公司从售价中直接扣除）。当日，甲公司发出B产品200件，单位成本为8万元。甲公司据此确认应收账款1 900万元、销售费用100万元、销售收入2 000万元，同时结转销售成本1 600万元。

20×8年12月31日，甲公司收到乙公司转来的代销清单，B产品已销售100件，同时开出增值税专用发票；但尚未收到乙公司代销B产品的款项。当日，甲公司确认应收账款130万元、应交增值税销项税额130万元。

2) 20×8年12月1日，甲公司与丙公司签订合同销售C产品一批，售价为2 000万元，成本为1 560万元。当日，甲公司将收到的丙公司预付货款1 000万元存入银行。20×8年12月31日，该批产品尚未发出，也未开具增值税专用发票。甲公司据此确认销售收入1 000万元、结转销售成本780万元。

3) 20×8年12月31日，甲公司对丁公司长期股权投资的账面价值为1 800万元，拥有丁公司60%有表决权的股份。当日，如将该投资对外出售，预计售价为1 500万元，预计相关税费为20万元；如继续持有该投资，预计在持有期间和处置时形成的未来现金流量的现值总额为1 450万元。甲公司据此于20×8年12月31日就该长期股权投资计提减值准备300万元。

(2) 20×9年1月1日至4月10日，甲公司发生的交易或事项资料如下：

1) 20×9年1月12日，甲公司收到戊公司退回的20×8年12月从其购入的一批D产品，以及税务机关开具的进货退出相关证明。当日，甲公司向戊公司开具红字增值税专用发票。该批D产品的销售价格为300万元，增值税税额为39万元，销售成本为240万元。至20×9年1月12日，甲公司尚未收到销售D产品的款项。

2) 20×9年3月2日，甲公司获知庚公司被法院依法宣告破产，预计应收庚公司款项300万元收回的可能性极小，应按全额计提坏账准备。

甲公司在20×8年12月31日已被告知庚公司资金周转困难可能无法按期偿还债务，因而相应计提了坏账准备180万元。

(3) 其他资料。

1) 上述产品销售价格均为公允价格（不含增值税）；销售成本在确认销售收入时逐笔结转。除特别说明外，所有资产均未计提减值准备。

2) 甲公司适用的所得税税率为25%；20×8年度所得税汇算清缴于20×9年2月28日完成，在此之前发生的20×8年度纳税调整事项，均可进行纳税调整；假定预计未来期间能够产生足够的应纳税所得额用于抵扣暂时性差异。不考虑除增值税、所得税以外的其他相关税费。

3) 甲公司按照当年实现净利润的10%提取法定盈余公积。

要求：

(1) 判断资料(1)中相关交易或事项的会计处理，哪些不正确（分别注明其序号）。

(2) 对资料(1)中判断为不正确的会计处理，编制相应的调整分录。

(3) 判断资料(2)相关资产负债表日后事项，哪些属于调整事项（分别注明其序号）。

(4) 对资料(2)中判断为资产负债表日后调整事项的，编制相应的调整分录。

(逐笔编制涉及所得税的会计分录；合并编制涉及"利润分配——未分配利润""盈余公积——法定盈余公积"的会计分录；答案中的金额单位用万元表示。)

2. 甲公司经董事会和股东会批准，于20×7年1月1日开始对有关会计政策和会计估计作如下变更：

(1) 对子公司（丙公司）投资的后续计量由权益法改为成本法。对丙公司的投资20×7年初账面余额为4 500万元，其中，成本为4 000万元，损益调整为500万元，未发生减值。变更日该投资的计税基础为其成本4 000万元。

(2) 对某栋以经营租赁方式租出的办公楼的后续计量由成本模式改为公允价值模式。该楼20×7年初账面余额为6 800万元，未发生减值，变更日的公允价值为8 800万元。该办公楼在变更日的计税基础与其原账面余额相同。

(3) 将全部短期投资重分类为交易性金融资产，其后续计量由成本与市价孰低改为公允价值。该短期投资20×7年初账面价值为560万元，公允价值为580万元。变更日该交易性金融资产的计税基础为560万元。

(4) 管理用固定资产的预计使用年限由10年改为8年，折旧方法由年限平均法改为双倍余额递减法。甲公司管理用固定资产原每年折旧额为230万元（与税法规定相同），按8年及双倍余额递减法计提折旧，20×7年计提的新旧额为350万元。变更日该管理用固定资产的计税基础与其账面价值相同。

(5) 发出存货成本的计量由后进先出法改为移动加权平均法。甲公司存货20×7年初账面余额为2 000万元，未发生跌价损失。

(6) 用于生产产品的无形资产的摊销方法由年限平均法改为产量法。甲公司生产用无形资产20×7年初账面余额为7 000万元，原每年摊销700万元（与税法规定相同），累计摊销额为2 100万元，未发生减值；按产量法摊销，每年摊销800万元。变更日该无形资产的计税基础与其账面余额相同。

(7) 开发费用的处理由直接计入当期损益改为有条件资本化。20×7年发生符合资本化条件的开发费用1 200万元。税法规定，资本化的开发费用计税基础为其资本化金额的150%。

(8) 所得税的会计处理由应付税款法改为资产负债表债务法。甲公司适用的所得税税率为25%，预计在未来期间不会发生变化。

(9) 在合并财务报表中对合营企业的投资由比例合并改为权益法核算。

上述涉及会计政策变更的均采用追溯调整法，不存在追溯调整不切实可行的情况；甲公司预计未来期间有足够的应纳税所得额用以利用可抵扣暂时性差异。

要求：根据上述资料，不考虑其他因素，回答下列第(1)至(3)题。

(1) 下列各项中，属于会计政策变更的有（   ）。

A. 管理用固定资产的预计使用年限由10年改为8年

B. 发出存货成本的计量由后进先出法改为移动加权平均法

C. 投资性房地产的后续计量由成本模式改为公允价值模式

D. 所得税的会计处理由应付税款法改为资产负债表债务法

E. 在合并财务报表中对合营企业的投资由比例合并改为权益法核算

(2) 下列各项中，属于会计估计变更的有（   ）。

A. 对丙公司投资的后续计量由权益法改为成本法

B. 无形资产的摊销方法由年限平均法改为产量法

C. 开发费用的处理由直接计入当期损益改为有条件资本化

D. 管理用固定资产的折旧方法由年限平均法改为双倍余额递减法
E. 短期投资重分类为交易性金融资产，其后续计量由成本与市价孰低改为公允价值

(3) 下列关于甲公司就其会计政策和会计估计变更后有关所得税会计处理的表述中，正确的有（　　）。

A. 对出租办公楼应于变更日确认递延所得税负债 500 万元
B. 对丙公司的投资应于变更日确认递延所得税负债 125 万元
C. 对 20×7 年度资本化开发费用应确认递延所得税资产 150 万元
D. 无形资产 20×7 年多摊销的 100 万元，应确认相应的递延所得税资产 25 万元
E. 管理用固定资产 20×7 年度多计提的 120 万元折旧，应确认相应的递延所得税资产 30 万元

第 15 章
Chapter 15　资产负债表日后事项

学习目标

1. 掌握资产负债表日后事项的调整事项之会计处理要领；
2. 了解资产负债表日后事项的非调整事项之常见情形。

15.1　资产负债表日后事项概述

15.1.1　定　义

资产负债表日后事项（events after the balance sheet date），是指资产负债表日至财务报告批准报出日之间发生的有利或不利事项。"财务报告批准报出日"是指董事会或类似机构批准财务报告报出的日期，通常是指对财务报告内容负有法律责任的单位和个人批准财务报告对外公布的日期。"有利事项和不利事项"，是指资产负债表日后事项肯定对企业财务状况和经营成果具有一定影响（既包括有利影响也包括不利影响），该影响程度应根据重要性原则进行判断。

资产负债表日后事项涵盖的期间是自资产负债表日次日起至财务报告批准报出日止的一段时间。具体而言，资产负债表日后事项涵盖的期间应当包括：(1) 报告年度次年的 1 月 1 日（或报告期间下一期间的第一天）至董事会或类似机构批准财务报告对外公布的日期；(2) 财务报告批准报出以后、实际报出之前又发生与资产负债表日后事项有关的事项，并由此影响财务报告对外公布日期的，应以董事会或类似机构再次批准财务报告对外公布的日期为截止日期。如果公司管理层由此修改了财务报表，注册会计师应当根据具体情况实施必要的审计程序并针对修改后的财务报表出具新的审计报告。

如果资产负债表日后事项表明企业不再符合持续经营假设，则不应在持续经营基础上编制财务报表。

【例 15-1】

中原重工股份公司 20×7 年度的财务报告于 20×8 年 3 月 1 日编制完成，注册会计师完成年度财务报表审计工作并签署审计报告的日期为 20×8 年 4 月 16 日，董事会批准财务报告对外公布的日期为 20×8 年 4 月 17 日，财务报告实际对外公布的日期为 20×8 年 4 月 23 日，股东会召开日期为 20×8 年 5 月 10 日。

根据资产负债表日后事项涵盖期间的规定，中原重工股份公司 20×7 年年报资产负债表日后事项涵盖的期间为 20×8 年 1 月 1 日至 20×8 年 4 月 17 日。

如果在 4 月 17 日至 23 日之间发生了重大事项，需要调整财务报表相关项目的数字或需要在报表附注中披露，经调整或说明后的财务报告再经董事会批准报出的日期为 20×8 年 4 月 25 日，实际报出的日期为 20×8 年 4 月 30 日，则资产负债表日后事项涵盖的期间为 20×8 年 1 月 1 日至 20×8 年 4 月 25 日。

15.1.2 分 类

准则把资产负债表日后事项区分为资产负债表日后调整事项（adjusting events after the balance sheet date）和资产负债表日后非调整事项（non-adjusting events after the balance sheet date）。前者是指对资产负债表日已经存在的情况提供了新的或进一步证据的事项。后者是指表明资产负债表日后发生情况的事项。

15.2 资产负债表日后调整事项

15.2.1 调整事项的常见情形

企业发生的资产负债表日后调整事项，通常包括下列各项：(1) 资产负债表日后诉讼案件结案，法院判决证实了企业在资产负债表日已经存在现时义务，需要调整原先确认的与该诉讼案件相关的预计负债，或确认一项新负债。(2) 资产负债表日后取得确凿证据，表明某项资产在资产负债表日发生了减值或者需要调整该项资产原先确认的减值金额。(3) 资产负债表日后进一步确定了资产负债表日前购入资产的成本或售出资产的收入。(4) 资产负债表日后发现了财务报表舞弊或差错。

企业发生的资产负债表日后调整事项，应当调整资产负债表日的财务报表。

15.2.2 调整事项的会计处理原则

涉及损益的事项，通过"以前年度损益调整"科目核算，最后转入"利润分配——未分配利润"科目。

涉及利润分配调整的事项，直接通过"利润分配——未分配利润"科目核算。

不涉及损益以及利润分配的事项，调整相关科目。

通过上述账务处理后，还应同时调整会计报表及其附注的相关项目的数据，包括：(1) 资产负债表日编制的会计报表相关项目的数字；(2) 当期编制的会计报表相关项目的年初数；(3) 提供比较会计报表时，还应调整有关会计报表的上年数；(4) 经过上述调整后，如果涉及报表附注内容的，还应当调整报表附注相关项目的数字。

【例 15-2】

东南纺织股份公司因产品质量问题被消费者起诉。20×7 年 12 月 31 日，法院尚未判决，但考虑到消费者胜诉的可能性较大，东南纺织股份公司为此确认了 500 万元的预计负债。20×8 年 2 月 20 日，在东南纺织股份公司 20×7 年度财务报告对外报出之前，法院判决消费者胜诉，要求东南纺织股份公司支付赔偿款 700 万元。

本例中，东南纺织股份公司在 20×7 年 12 月 31 日结账时已经知道消费者胜诉的可能性较大，但不知道法院判决的确切结果，因此确认了 500 万元的预计负债。20×8 年 2 月 20 日法院判决消费者胜诉为东南纺织股份公司预计负债的存在提供了进一步的证据，应据此对财务报表相关项目进行调整。

15.3 资产负债表日后非调整事项

15.3.1 常见情形

企业发生的资产负债表日后非调整事项，通常包括下列各项：(1) 资产负债表日后发生重大诉讼、仲裁、承诺。(2) 资产负债表日后资产价格、税收政策、外汇汇率发生重大变化。(3) 资产负债表日后因自然灾害导致资产发生重大损失。(4) 资产负债表日后发行股票和债券以及其他巨额举债。(5) 资产负债表日后资本公积转增资本。(6) 资产负债表日后发生巨额亏损。(7) 资产负债表日后发生企业合并或处置子公司。

15.3.2 处理规则

企业发生的资产负债表日后非调整事项，不应当调整资产负债表日的财务报表。企业应当在报表附注中披露资产负债表日后事项的下列信息：(1) 财务报告的批准报出者和财务报告批准报出日。按照有关法律、行政法规等规定，企业所有者或其他方面有权对报出的财务报告进行修改的，应当披露这一情况。(2) 每项重要的资产负债表日后非调整事项的性质、内容及其对财务状况和经营成果的影响。无法做出估计的，应当说明原因。

企业在资产负债表日后取得了影响资产负债表日存在情况的新的或进一步的证据，应当调整与之相关的披露信息。

资产负债表日后，企业利润分配方案中拟分配的以及经审议批准宣告发放的股利或利润，不确认为资产负债表日的负债，但应当在报表附注中单独披露。

【例15-3】

东南纺织股份公司20×7年度财务报告于20×8年3月30日经董事会批准对外公布,20×8年3月10日与银行签订了50 000万元的贷款合同,贷款期限为20×8年3月10日至20×9年3月9日。

本例中,东南纺织股份公司向银行贷款的事项发生在20×8年度,且在公司20×7年度财务报告尚未批准对外公布的期间内,即该事项发生在资产负债表日后事项所涵盖的期间内。该事项在20×7年12月31日尚未发生,与资产负债表日存在的状况无关,不影响资产负债表日企业的财务报表数字。但是该事项属于重要事项,会影响公司以后期间的财务状况和经营成果,因此,需要在报表附注中予以披露。

【例15-4】

长江公司20×7年8月采用融资租赁方式从美国购入某重型机械设备,租赁合同规定,该重型机械设备的租赁期为15年,年租金40万美元。长江公司在编制20×7年度财务报表时已按20×7年12月31日的汇率对该笔长期应付款进行了折算(假设20×7年12月31日的汇率为1美元兑7.85元人民币)。假设国家规定从20×8年1月1日起进行外汇管理体制改革,外汇管理体制改革后,人民币对美元的汇率发生重大变化。

本例中,长江公司在资产负债表日已经按照当天的资产计量方式进行处理,或按规定的汇率对有关账户进行调整,因此,无论资产负债表日后汇率如何变化,均不影响资产负债表日的财务状况和经营成果。但是,如果资产负债表日后外汇汇率发生重大变化,应对由此产生的影响在报表附注中进行披露。

【例15-5】

长江公司20×7年12月购入商品一批,共计8 000万元。至20×7年12月31日该批商品已全部验收入库。货款也已通过银行支付。20×8年1月7日,长江公司所在地发生水灾,该批商品全部冲毁。

自然灾害导致资产重大损失对企业资产负债表日后财务状况的影响较大,如果不加以披露,有可能使财务报告使用者做出错误的决策,因此应作为非调整事项在报表附注中进行披露。本例中水灾发生于20×8年1月7日,属于资产负债表日后才发生或存在的事项,应当作为非调整事项在20×7年度报表附注中进行披露。

练习题

一、多项选择题

下列关于资产负债表日后事项的表述中,正确的有( )。

A. 影响重大的资产负债表日后非调整事项应在报表附注中披露
B. 对资产负债表日后调整事项应当调整资产负债表日财务报表有关项目
C. 资产负债表日后事项包括资产负债表日至财务报告批准报出日之间发生的全部事项

D. 判断资产负债表日后调整事项的标准在于该事项对资产负债表日存在的情况提供了新的或进一步的证据

二、计算分析题

甲公司为上市公司，适用的所得税税率为25%，按净利润的10%提取法定盈余公积。甲公司发生的有关业务资料如下：

（1）20×1年12月1日，甲公司因合同违约被乙公司告上法庭，要求甲公司赔偿违约金1 000万元。至20×1年12月31日，该项诉讼尚未判决，甲公司经咨询法律顾问后，认为很可能赔偿的金额为700万元。

20×1年12月31日，甲公司对该项未决诉讼事项确认预计负债和营业外支出700万元，并确认了相应的递延所得税资产和所得税费用为175万元。

（2）20×2年3月5日，经法院判决，甲公司应赔偿乙公司违约金500万元。甲、乙公司均不再上诉。

其他相关资料：甲公司所得税汇算清缴日为20×2年2月28日；20×1年度财务报告批准报出日为20×2年3月31日；未来期间能够取得足够的应纳税所得额用以抵扣可抵扣暂时性差异；不考虑其他因素。

要求：

（1）根据法院判决结果，编制甲公司调整20×1年度财务报表相关项目的会计分录。

（2）根据调整分录的相关金额，填写下列表格中财务报表相关项目。

（减少数以"—"号表示，答案中的金额单位用万元表示。）

调整项目	影响金额
利润表项目：	
营业外支出	
所得税费用	
净利润	
资产负债表项目：	
递延所得税资产	
其他应付款	
预计负债	
盈余公积	
未分配利润	

中国人民大学出版社　管理分社

教师教学服务说明

中国人民大学出版社管理分社以出版工商管理和公共管理类精品图书为宗旨。为更好地服务一线教师，我们着力建设了一批数字化、立体化的网络教学资源。教师可以通过以下方式获得免费下载教学资源的权限：

★ 在中国人民大学出版社网站 www.crup.com.cn 进行注册，注册后进入"会员中心"，在左侧点击"我的教师认证"，填写相关信息，提交后等待审核。我们将在一个工作日内为您开通相关资源的下载权限。

★ 如您急需教学资源或需要其他帮助，请加入教师QQ群或在工作时间与我们联络。

中国人民大学出版社　管理分社

教师QQ群：648333426（工商管理）　114970332（财会）　648117133（公共管理）
教师群仅限教师加入，入群请备注（学校+姓名）

联系电话：010-62515782，82501868，82501048，62514760

电子邮箱：glcbfs@crup.com.cn

通讯地址：北京市海淀区中关村大街甲59号文化大厦1501室（100872）

管理书社　　　　　　　人大社财会　　　　　　公共管理与政治学悦读坊